주해가 있는 새 고린도전서(상) 강해

주해가 있는 새 고린도전서(상) 강해

1판 1쇄 인쇄 2017년 7월 5일
1판 1쇄 발행 2017년 7월 10일

지은이 김서택
발행인 한동인
펴낸곳 (주)기독교문사
등 록 제1- c0062호
주 소 서울 종로구 율곡로 19가길 5
출판부 T. 741-5183 F. 744-1634
특판부 T. 744-1633 F. 744-1635
도매부 T. 741-5181, 5 F. 762-2234
직영서점 기독교문사
서울 종로40길 18
T. 2266-2117~9 F. 2266-6397

책값은 뒤표지에 있습니다.
ISBN 978-89-466-2550-1
978-89-466-2134-3(전집)

Web www.kclp.co.kr

공급처 기독교문사 도매부 T. 741-5181~3 F. 762-2234

주해가 있는 새 고린도전서(상) 강해

김서택

기독교문사

서 문

오늘날 기독교와 모든 그리스도인은 세상의 거센 도전 가운데 하루하루를 살아가고 있습니다. 교회는 바닷가의 강어귀처럼 민물과 바닷물이 번갈아 가며 드나들고 있습니다. 바닷물이 세면 짠 물이 강으로 올라가고, 민물이 더 많으면 강물이 바다로 밀고 들어갑니다.

고린도전서는 기독교와 복음이 어떠해야 하는지 현실에서 일어나는 여러 문제에 대한 성경적 답변을 제시해주고 있습니다.

사도 바울 당시와 비교하면 오늘날 세상은 더 복잡해졌고 악해졌기 때문에 더 복잡한 기독교적 답변이 마련되어야 할 것입니다.

예를 들면 동성애나 핵전쟁, 지구온난화, 난민 문제, 원전 문제, 이슬람의 테러 문제, 인터넷 문제 등 수많은 문제가 있습니다.

이런 상황에서 고린도전서가 올바른 방향을 제시해줄 거라고 믿습니다. 특히 고린도전서에는 십자가 문제, 결혼, 우상의 음식으로 말미암은 문화적 충격, 은사, 부활 등 주옥같은 말씀이 있습니다.

이 부족한 주해서를 늘 기꺼이 출판해주시는 한동인 사장님과 편집부 가족들에게 감사드립니다. 그리고 늘 저와 함께 귀한 예배로 감동과 부흥 역사의 주역이 되시는 대구동부교회 성도님들께도 감사드립니다.

대구 수성교 옆에서

김서택 목사

CONTENTS

고린도전서(상)

01_고린도에 있는 교회

고린도전서 1:1-9

전체적 설명 고린도전서는 그리스도인이 이 세상에 사는 동안 종종 부딪치는 여러 문제에 대해 실제적 답을 주는 서신서다. 고린도는 그리스에 속한 항구도시로, 사도 바울이 2차 전도여행 때 그리스의 여러 도시를 다니면서 전도한 곳 중 하나다. 항구도시였던 고린도는 아주 세속적이었고 음란했고 게다가 그리스 철학의 영향을 많이 받은 곳이었다. 사도 바울은 고린도처럼 세속적인 도시 사람들이 과연 복음을 받아들일까 심히 두려운 마음을 가졌지만 예수 그리스도의 십자가를 담대하게 전할 때 오히려 놀라운 부흥이 일어났다(행 18장). 3차 전도여행을 위해 고린도를 떠나 소아시아 여러 지역의 교회를 둘러보고 에베소에 왔을 때 사도 바울은 고린도 교회가 직면하고 있는 여러 가지 문제에 대한 소식을 듣게 되었다. 그래서 사도 바울은 에베소에서 고린도 교회가 겪고 있는 현실적 문제들에 대해 성경적인 답을 적어 편지로 보냈다. 고린도전서는 세상의 철학이나 유대인의 표적보다 왜 십자가의 도가 위대한지(2장)를 설명하고 있으며 교인 사이의 분열(1장), 우상의 제물(8장), 음행의 문제(6장), 교인 사이의 재판의 문제(6장), 은사 문제(12장), 부활(15장)에 대해 상세히 설명하고 있다. 사도 바울은 고린도에서 전도하기 이전에는 회당에서 유대인 중심으로 복음을 전했다. 그리고 고린도에서부터 본격적으로 이방인 중심으로 선교를 하게 되었다.

설교 프리노트

1절, "하나님의 뜻을 따라 그리스도 예수의 사도로 부르심을 받은"

고린도는 그리스의 유명한 항구도시로, 상업이나 무역이 발달하고 술집과 사창가가 많아서 아주 세속적이었을 뿐 아니라 아테네처럼 그리스 철학의 영향을 받아 지적 자부심이 강했다. 또한 아테네의 올림픽 경기 같은 이스무스 경기가 열렸는데, 이런 것으로 보아 지적으로 아테네를 능가하고 싶은 경쟁심이 강한 도시였음을 알 수 있다. 그래서 고린도 사람 가운데는 사도 바울의 전도로 예수를 믿고 그들 중심으로 교회가 세워졌음에도 불구하고 그리스 철학과 하나님의 계시를 구별하지 못하는 사람이 많았다. 특히 플라톤의 철학을 비롯해 다른 많은 철학자의 사상이 위세를 떨쳤기 때문에 고린도 교인 가운데 기독교를 이런 철학의 하나로 생각하는 사람이 있었던 것 같다. 그래서 사도 바울은 인간이 스스로 사색해서 만든 철학과 하나님의 뜻은 다르며, 자신은 하나님의 뜻에 따라 그분의 뜻을 전하기 위해 사도로 부르심을 받았다는 사실을 분명히 하고 있다.

"그리스도 예수의 사도"

'사도' 는 부활하신 예수님으로부터 여러 지역에 보냄을 받아 복음의 진리로 교회를 세우고 기독교의 진리를 가르치는 사람들이다. '사도' 는 '보냄을 받았다' 는 뜻을 가지고 있으며, 사도의 가르침과 다른 진리는 모두 거짓이었다. 특히 사도 바울은 예수님의 열두 제자는 아니지만 이방인들의 교회를 세우기 위해 예수님으로부터 특별히 세우심을 입은 사람이었다. 그래서 사도 바울이 가르치는 진리는 플라톤이나 소크라테스처럼 자신이 사색하고 연구한 사상이 아니라 주님이 주신 진리다.

"형제 소스데네"

'소스데네' 는 사도 바울을 도와 이 서신을 작성하는 데 협력하고 있지만 '사도' 가 아니라 '형제'다. 소스데네는 에베소에서 난동이 일어났을 때 법정에 붙들려 갔던 그 소스데네로 생각하면 된다(행 18:17).

2절, **"고린도에 있는 하나님의 교회"**

사도 바울은 고린도에서 예수 믿는 사람들을 '하나님의 교회'요 '성도' 라고 부른다. 사도 바울이나 초창기 그리스도인은 유대인이 주축을 이루었고 그들은 아시아인이었다. 그러나 고린도인은 유럽인이었고 외모나 생활 풍습이 지금의 유대인과는 근본적으로 다른 이방인이었다. 이런 사실에도 사도 바울은 조금도 주저하지 않고 그들을 하나님의 교회라고 일컬었으며 성도라고 불렀다. 이는 누구든지 예수를 믿기만 하면 교인이 될 수 있고 성도가 될 수 있다는 것을 말해준다. 사도 바울은 예수 믿는 고린도인에 대해 그들은 이미 거룩하여졌고(2절) 성도로 구별된 사람이라고 말한다. 그리고 이 고린도전서를 보내는 대상은 고린도 교인만이 아니라 여러 곳에서 예수를 믿고 그 이름을 부르는 모든 사람이다. 기독교의 놀라운 점은 그 개방성에 있다. 모든 사람이 유대교로 개종하고 할례를 받아야 하나님의 성도가 되는 것이 아니라 누구든지 예수를 믿고 그 이름을 부르기만 하면 성도가 될 수 있다.

4절, **"너희를 위하여 항상 하나님께 감사하노니"**

어떻게 보면 고린도 교인은 많은 혼동을 겪고 있으며 진리에 있어 흔들리는 사람이었지만 사도 바울은 그들을 위하여 항상 하나님께 감사드리고 있다. 그 이유는 이 세상에서 누군가 예수를 믿는 것보다 더 귀한 일은 없기 때문이다. 사람에게 있어 가장 복되고 가치 있는 일은 죽을 자리에서 죽지 않고 살아나는 것인데, 예수 믿는 것은 우리 영혼이 사는 것이다. 사도 바울에게는 고린도 교인이 예수를 믿고 그리스도인이 되어준 것만으로도 하나님 앞에 감사한 일이었다.

5절, **"모든 언변과 모든 지식에 풍족하므로"**

고린도 교인은 그리스 철학이나 지식의 영향을 받아 언변술이 뛰어났고 세상적 지식도 풍부했다. 이성이나 세상적 지식은 예수 믿기 전에는 우리 인간의 마음을 교만하게 해서 신앙에 큰 걸림돌이 된 것이 사실이다. 그러나 예수 믿고 난 후에는 언변술이 뛰어난 것이나 세상적 지식이 있는 것이 모두 유익할 수 있다. 우리가 그것을 너무 신뢰하거나 의지하지 않는다면 모든 것은 복음을 위해 유익하게 사용될 수 있기 때문이다. 지식인 가운데는 자신의 지식 때문에 끝까지 하나님을 믿지 않는 사람도 있지만 오히려 지식이 있어 더 많은 이에게 복음을 유익하게 전하는 사람도 많다.

6절, "그리스도의 증거가 너희 중에 견고하게 되어"

고린도 교인 가운데서 지식이나 언변 있는 사람들이 있어 기독교를 변증하고 진리를 확증하는 데 도움이 되었던 것 같다. 물론 고린도 교인 가운데는 세상적 지식으로 말미암아 오히려 복음을 믿지 못하고 철학과 혼동하는 사람도 있었지만 복음을 잘 변증하고 체계를 세우는 데 도움이 되기도 했던 것 같다.

7절, "너희가 모든 은사에 부족함이 없어"

고린도 교인은 뜨거운 열정이 있어 성령의 은사가 풍성한 것이 특징이었다. 고린도 교인 가운데 방언의 은사가 풍성하고 예언의 은사를 가진 사람이 많았던 것으로 알려져 있다. 물론 그들 가운데는 이런 은사 때문에 교만해 서로 충돌하는 사람도 있었지만 예수 그리스도의 오심을 사모하는 데는 의견일치를 보았던 것 같다.

8절, "주 예수 그리스도의 날에 책망할 것이 없는 자로"

주님은 비록 우리가 단숨에 흠이 없는 완전한 그리스도인이 될 수 없지만 지속적으로 하나님의 진리로 다듬어져 예수님이 다시 오실 때 정신적으로나 육체적으로 전혀 책망할 것이 없는 온전한 사람이 되기를 원하신다. 그러므로 우리는 과거에 좀 부족하고 허물이 있었다는 사실에 스스로 책망하거나 낙심할 필요가 없다. 지금이라도 깨닫고 잘못을 바로잡아 나아가기만 하면 된다. 지금 자기 스스로 완전하다고 생각해 교만한 것보다 더 위험한 것은 없다. 우리는 모두 부족한 가운데서 하나씩 하나씩 깨달아 가고 있으며 바로잡아 가는 중이기 때문이다.

9절, "예수 그리스도 우리 주와 더불어 교제하게 하시는 하나님은 미쁘시도다"

우리는 신앙생활을 하는 데 있어 그냥 하루하루 살아가는 것이 아니라 하나님의 아들 예수 그리스도와 교제하면서 살아가고 있다. 즉 우리는 예배와 말씀과 성령을 통해 주님과 교제하면서 세상에서 죄와 싸우기도 하고, 사랑으로 봉사도 하며 인격적으로 성숙해 가고 있다. 우리에게 이런 사귐을 주시는 하나님은 믿음직한 분이며, 우리로 하여금 결코 실패하게 하지 않으신다.

본문 이해를 위한 질문

1. 바울은 지금까지 고린도인이나 그리스인이 알아 왔던 플라톤이나 소크라테스 등 철학자들과 무엇이 달랐는가?

그리스 철학자들은 자신의 이성을 사용해 인간이나 세상의 원리를 알기 위해 노력하고 그것을 지식으로 만들어 가르쳤지만, 사도 바울은 하나님의 뜻에 따라 진리를 전하도록 보냄을 받은 자라는 점에서 다르다. 사람들은 계속 세상 속에서 길을 찾고 있지만 예수님이 길이요 진리요 생명이시다.

2. 고린도 교인은 어떤 사람을 통해 어떤 사람으로 변했는가?

고린도인은 복음을 듣기 전 음란하고 우상 숭배에 빠져 지냈으며 돈이나 쾌락만을 위해 살던 멸망의 사람이었다. 그러나 사도 바울이 전하는 복음을 듣고 하나님의 교회가 되었고 성도가 되었으며 거룩함을 입은 자가 되었다.

3. 고린도 교인에게는 어떤 장점이 있으며, 무엇이 부족했는가?

고린도 교인은 언변과 지식이 풍성해 복음을 이해하거나 체계를 세우는 데 도움이 되었다. 아마 그들은 다른 사람보다 복음을 빨리 알아들었던 것 같다. 또한 고린도 교인에게는 성령의 은사가 풍성하게 나타났지만 그들은 여전히 세상의 때가 묻어 있었고 진리에 혼동을 일으키거나 교만한 마음으로 서로 사랑하지 못하고 충돌을 일으키기도 했다. 게다가 그들은 하나님을 신뢰하지 못하고 자신의 머리나 의지를 믿고 자기주장을 하는 일도 있었다.

성경 강해

우리나라는 어느 곳에 가든지 교회가 있을 정도로 그 수가 많습니다. 그래서 밤에 도시 근교에 있는 산에 올라가 내려다보면 도시 전체가 붉은 십자가등으로 덮일 정도입니다. 더욱이 대도시에는 교인이 수만 명이나 되는 초대형 교회가 있어 주일이 되면 많은 교인이 예배당 안으로 밀려 들어가 예배드리고 나오는 것을 볼 수 있습니다. 그런데 최근에는 갈수록 교회에 나가지 않는다는 사람이 늘더니 이제는 교회나 목회자가 더 이상 필요하지 않다고 주장하는 사람도 심심찮게 볼 수 있습니다.

사도 바울이 쓴 서신서 가운데 가장 흥미로운 것이 바로 이 고린도전서입니다. 그 이유는 고린도전서에서 우리 신앙의 실제적 문제를 다루고 있기 때문입니다. 로마서에서 우리 믿음의 본질적 문제를 다루었다면 고린도전서를 통해 사도 바울은 그리스도인이 이 세상 가운데서 어떻게 살아야 하는지를 교훈해주고 있습니다.

다만 유감스러운 것은 이 고린도전서를 쓴 지가 이미 2,000년 전이다 보니 오늘 우리가 사는 세상과 상황이 너무나 다르다는 점입니다. 오늘 우리가 사는 세상은 적어도 사도 바울이 살았던 2000년 전보다 훨씬 더 복잡하고 다양한 문제를 겪는 세상인 것은 틀림없습니다. 그럼에도 고린도전서가 중요한 것은 이 서신이 오늘 우리가 겪는 신앙 문제에 완전한 답을 제시해주지는 않을지라도 성경적으로 바른 방향은 제시해주고 있다는 사실 때문입니다.

특히 고린도 교회가 흥미로운 이유는 그 교회가 있던 고린도가 그 당시 도덕적으로 가장 타락한 도시였다는 점 때문입니다. 고린도 시는 그리스의 유명한 항구도시로 세속적이고 음란할 뿐 아니라 이교적 색채가 강했습니다. 그런데 놀라운 것은 사도 바울이 이 도시에 와서 전도했을 때 놀라운 부흥의 역사가 일어났다는 사실입니다. 참으로 이상한 것은 지성적인 도시였던 아테네는 사도 바울이 아무리 전도해도 부흥이 일어나지 않았고 믿는 자도 거의 없었는데, 가장 타락하고 음란했던 고린도에서는 믿는 자가 많았고 부흥도 일어났다는 사실입니다. 더욱이 고린도 교인에게 성령의 은사가 많이 나타났습니다. 그중에서도 방언의 은사가 많이 나타났습니다. 그런데 워낙 세속적이고 타락한 도시이다 보니 고린도에서 부흥이 일어나면서 복음과 세상의 타락한 문화가 즉시 충돌을 일으켰습니다. 이것은 강이 바다와 맞닿았을 때 바닷물과 강물이 섞이는 것처럼 고린도 교회에서 하나님의 말씀인 복음과 세상의 타락한 문화가 충돌을 일으킨 것입니다. 이로 말미암아 발생하는 많은 문제에 대하여 사도 바울은 할 수 있는 한 최선을 다해 성경적인 답을 주려고 노력했습니다.

물론 오늘날에도 이런 문제가 많이 일어나고 있습니다. 그중 하나가 나라 전체를 떠들썩하게 만든 동성애자들의 퀴어 축제입니다. 다른 사람들은 대체로 구경만 하고 있는 입장인 데 반해 그리스도인은 그것을 막으려고 무던히도 애를 썼습니다. 또 다른 문제를 들면 고린도 교회도 중직자 가운데 음란 문제를 가진 사람이 있었던 것 같은데, 오늘날 우리 사회에서 목회자 가운데서 성범죄가 일어나는 것을 볼 때 어떻게 해결해야 하느냐 하는 것입니다. 그리고 젊은이들이 결혼 대상을 찾지 못해 많은 어려움을 겪고 있는데, 교회가 어떻게 이들을 도울 수 있느냐 하는 것입니다.

1. 복음과 교회의 정의

우선 우리 신앙이 거센 세상의 흐름에 떠내려 가지 않으려면 복음이 무엇이며, 교회가 어떤 곳인지 분명히 알 필요가 있습니다. 그렇지 않으면 눈에 보이는 실망스러운 현실 때문에 신앙을 버리거나 교회를 부정할 가능성이 높습니다.

고린도전서 서두를 보면 다른 편지처럼 인사로 시작합니다.

1-3절, "하나님의 뜻을 따라 그리스도 예수의 사도로 부르심을 받은 바울과 형제 소스데네는 고린도에 있는 하나님의 교회 곧 그리스도 예수 안에서 거룩하여지고 성도라 부르심을 받은 자들과 또 각처에서 우리의 주 곧 그들과 우리의 주 되신 예수 그리스도의 이름을 부르는 모든 자들에게 하나님 우리 아버지와 주 예수 그리스도로부터 은혜와 평강이 있기를 원하노라"

사도 바울이 고린도전서를 쓴 장소는 에베소로 알려지고 있습니다. 에베소는 원래 사도 바울이 큰 기대를 갖지 않았던 곳인데 이곳에서도 부흥이 일어났습니다. 사도 바울은 2차 전도여행을 마친 후 예루살렘으로 가기 전 에베소에 머물면서 집중적으로 사람들에게 복음을 가르쳤는데, 그때 고린도 교회에 대한 소식을 듣고 그들을 돕기 위해 이 편지를 쓴 것으로 보입니다. 여기에 갑자기 소스데네라는 사람 이름이 등장합니다. 이 사람은 아마도 에베소에서 회당장으로 있던 사람으로, 사도 바울 때문에 에베소에서 소동이 일어났을 때 그를 대신해 군중으로부터 매를 맞았던 사람이었다고 생각됩니다. 물론 소동이 일어났을 때 소스데네는 그리스도인이 아니었지만 나중에 복음을 듣고 예수를 믿게 되었고, 이 고린도전서를 대필한 것으로 추측됩니다.

여기에 보면 사도 바울은 하나님의 뜻에 따라 그리스도의 사도로서 이 편지를 쓰고 있음을 알 수 있습니다. 그리고 이 편지를 보내는 대상은 고린도에 있는 하나님의 교회 교인이었습니다. 즉 그들은 '그리스도 예수 안에서 거룩하여지고' '성도'로 부르심을 입은 자들이었습니다. 그리고 고린도에 있지는 않지만 여러 곳에서 우리의 주님이신 예수 그리스도의 이름을 부르는 자들이라고 말씀합니다. 여기서 우리가 알 수 있는 것은 사도 바울은 사사로운 자신의 생각이나 철학을 이야기하기 위해 이 서신을 쓴 것이 아니라 하나님의 사도로서 우리 삶에 적용되어야 하는 진리를 편지에 쓰고 있다는 것입니다. 즉 그가 편지를 보내는 대상은 하나님의 교인이고 그리스도의 이름을 부르는 자들입니다.

여기서 우리는 복잡한 이 세상에서 두 가지에 대해 분명히 알 필요가 있습니다. 하나는 우리가 이 세상을 살면서 도대체 복음이 무엇이며, 복음을 믿을 필요가 있느냐 하는 것입니다. 또 하나는 도대체 교회는 무엇이며, 자신이 교회에 소속됨으로써 얻는 유익이 무엇인가 하는 것입니다.

기독교에 대해 적대적인 철학자 프리드리히 니체는 이 세상에 관심을 가지고 진지하게 살아가야 하는데 기독교가 죽은 뒤의 천국을 가르침으로써 쓸데없이 미래에 관심을 갖게 했다고 했습니다. 니체는 현실에 집중해야 함에도 사람들의 관심을 온통 천당에 가느냐 지옥에 가느냐 하는 것에 쏠리게 했다는 것입니다.

여기서 우리는 과연 그의 말이 옳은지 알아볼 필요가 있습니다. 그동안 우리나라 그리스도인은 대교회야말로 하나님의 축복이며 부흥의 산 증거라고 믿었습니다. 그런데 대교회가 여러 차례 실망스러운 모습을 보여주자 이제 교회가 필요 없다는 성급한 결론을 내리기에 이르렀습니다.

이런 상황을 바로 이해하려면 두 가지 비유가 필요합니다. 하나는 사막의 길을 찾는 비유이고, 다른 하나는 안전한 배를 타고 바다를 항해하는 비유입니다. 처음 세례 요한이 유다 광야에서 사람들에게 하나님 말씀을 외치고 회개의 세례를 주었을 때 유다 사회는 그에 대해 많은 관심을 가졌습니다. 그래서 산헤드린 공회는 대표를 보내 세례 요한에게 "네가 누구냐?"라고 물었습니다. 세례 요한은 "나는 그리스도가 아니라"고 대답했습니다. 그러자 그들은 또다시 세례 요한에게 물었습니다. "그러면 누구냐?" 그때 세례 요한은 "나는 …… 광야에서 외치는 자의 소리로라"고 대답했습니다. 광야는 그야말로 나무도 없고 물도 없는 황무한 곳으로 사람이 살기 어려운 곳입니다. 이런 황무지에 버려진 사람은 반드시 길을 찾아서 사람이 사는 곳으로 가야 하는데 길을 모르는 자는 절대로 사막을 벗어날 수 없습니다. 그런데 마침 길을 잘 아는 사람을 만나 길을 물어볼 수 있다면 그곳을 벗어나 살 수가 있습니다.

사람은 광야 같은 세상에서 길을 찾아 헤매고 있습니다. 물론 이 세상에서 성공의 길을 찾는 데 성공해 잘살기도 하고 안정된 삶을 살기도 하지만 그것으로 이 광야를 벗어났다고 말할 수 없습니다. 그때 누군가가 하나님 말씀으로 살 수 있는 바른 길을 제시해줄 때 사람은 바른 길을 찾아갈 수 있습니다. 그런데 이 세상에 사는 어느 누구도 인생을 다 살아보지 않았기 때문에 자기 생각을 가지고 바른 길을 가르쳐줄 수가 없습니다. 바른 길은 오직 성경 말씀밖에 없습니다. 그래서 목사든 선교사든 그 누구든 성경이 아닌 이야기를 한다면 바른 길을 가르쳐주는 것이 아닙니다. 오직 성경 말씀만 믿고 길을 가르쳐주어야 그 말을 들은 사람이 바른 길을 갈 수 있고 살 수가 있습니다. 이것이 바로 복음입니다.

여기서 교회는 천국을 향해 가는 사람이 타고 있는 배에 비유할 수 있습니다. 사람은 아무리 힘 좋고 수영 실력이 뛰어나다고 해도 혼자 헤엄을 쳐서 바다를 건너갈 수 없습니다. 사람들은 보통 배를 타고 바다를 건너갑니다. 그런데 배를 탈 때 중요한 것은 배의 크기나 화려함이 아닙니다. 배에서 가장 중요한 것은 엔진이 튼튼한가 하는 것입니다. 배의 엔진이 튼튼하지 않으면 큰 바다를 항해하거나 큰 파도를 뚫고 지나가지 못합니다. 그리고 그 배에는 앞으로 나아가야 할 지도가 있어야 합니다. 배가 방향을 잃고 자기 멋대로 간다면 암초에 부딪쳐 결국 침몰하고 말 것입니다. 우리가 함께 모여 예배드리는 이 교회는 바다를 항해할 배입니다. 교회에서 가장 중요한 것은 외적 화려함이나 교회를 다니는 사람의 지적 수준이나 세상의 성공이 아니라 하나님 말씀이 살아있어야 한다는 것입니다. 하나님 말씀이 그 교회를 이끌어가게 해야 한다는 것입니다. 그렇지 못하고 어떤 목회자나 유명한 사람의 사상이라든지 비전, 교회의 사업 등이 그 교회를 이끌어간다면 결국 그 배는 방향을 잃고 침몰할 것입니다.

복음이 아닌 것을 복음으로 믿고 따라간다면 한평생 우리 믿음은 헛되고, 우리 영혼은 사기를 당하게 될 것입니다. 믿음이 무엇인지 바로 알지 못하면 아무리 구원을 위해 애쓴다고 해도 결국 구원에 도달하지 못할 것입니다. 교회를 바로 알지 못하고 눈에 보이는 교회에 실망해 그 존재를 부정하면 기쁨 없이 힘들게 믿음으로써 볼품없는 열매를 맺게 될 것입니다.

2. 고린도에 변한 것

고린도는 그리스에서 아테네와 쌍벽을 이루는 도시라고 말할 수 있습니다. 아테네가 수도로서 철학과 정치의 중심지였다면, 고린도는 항구도시로 상업과 우상 숭배의 중심지였다고 말할 수 있습니다. 당시 아테네에서는 올림픽 경기가 열렸고, 고린도에서는 이스무스라는 경기가 열렸습니다. 고린도는 발칸 반도가 끝나고 펠로폰네소스 반도가 시작되는 목이 잘록한 부분에 있는 항구도시로, 이곳에는 두 바다가 서쪽에서 깊이 들어가 두 바다 사이의 거리가 수십 킬로미터밖에 되지 않았습니다. 고린도에는 두 개의 항구가 있었는데 사람들은 '두 바다 사이의 고린도'라고 불렀습니다. 또한 고린도는 수많은 상점과 술집, 창녀, 우상 신전이 있던 곳으로 이방 신전이 30개 정도 있었습니다. 그중 대표적인 이방 신전인 아프로디테 신전에는 여사제가 1,000명이나 있었고, 이들 모두는 창녀였습니다. 고린도에는 멜카트 신전도 있었는데, 이곳은 호모섹스의 본산이었습니다. 그렇다 보니 당시 '고린도인'이라고 하면 '음란한 사람'이라는 뜻으로 인식되었습니다.

사도 바울은 2차 전도여행 때 아테네를 거쳐 고린도로 와서 복음을 전했는데, 이 도시가 너무 세속적이어서 도무지 전도할 자신이 생기지 않았습니다. 그래서 고린도에서 복음을 전하기 전 "두려워하고 심히 떨었노라"고 말했습니다. 고린도인이 너무 세상적이어서 도무지 복음을 받아들일 것 같지 않았기 때문입니다. 사도 바울의 고린도 전도는 몇 가지 특징이 있습니다. 하나는 고린도에서부터 사도 바울이 순수하게 이방인 중심으로 전도를 했다는 사실입니다. 즉 지금까지 사도 바울은 하나님을 아는 유대인 중심으로 전도하면서 헬라인에게도 복음을 전하다가 유대인이 반대하고 핍박하자 이제는 이방인 중심으로 전도를 하게 되었습니다. 당시 사도 바울은 고린도인이 복음을 들을 때 돈을 내라고 하면 철학 강의를 배우는 것처럼 생각할까 봐 일체 생활비를 받지 않고 자기 스스로 일해 돈을 벌면서 전도하고 교회를 세웠습니다. 그리고 고린도인을 보고 하나님의 능력 외에는 도저히 이들을 바꿀 수 없다고 판단해 전도할 때 인간적인 변증의 방법을 쓰지 않고 오직 예수님의 십자가만 가지고 설교했습니다. 그런데 예상치 못하게 이것이 적중되면서 많은 사람이 예수를 믿게 되었고 부흥이 일어났습니다.

성경 본문은 고린도에 일어난 변화에 대해 이렇게 말씀합니다.

2절, "고린도에 있는 하나님의 교회 곧 그리스도 예수 안에서 거룩하여지고 성도라 부르심을 받은 자들과"

고린도는 사도 바울이 가서 예수님의 복음을 전하기 전에는 하나님과 아무 상관도 없는 도시였고 장차 멸망할 도시였습니다. 사실 고린도는 로마에 의해 한 번 멸망을 당한 적이 있는데, 주전 150년 고린도가 너무 번창하자 로마가 이를 시기해 로마 장군 뭄미우스가 쳐들어와 도시를 파괴하고 모든 주민을 노예로 팔아버리고 10년간 폐허로 방치했다고 합니다. 존 번연이 쓴 『천로역정』을 보면 앞으로 망할 세상을 '장망성' 이라고 부릅니다. 고린도는 장망성처럼 타락하고 음란한 멸망의 도시였지만 사도 바울이 와서 전도하고 교회가 세워짐으로써 하나님의 축복이 임하고 부흥이 일어나는 도시로 변했습니다. 이것은 우리나라도 마찬가지입니다. 우리나라도 130년 전 선교사들이 와서 복음을 전하기 전까지만 해도 하나님과 아무 상관없는 은둔의 나라였고, 가난하고 깨어나지 못한 나라였습니다. 그런데 선교사들이 와서 복음을 전함으로써 이곳에 하나님의 나라가 임하게 되었고, 부흥이 일어나면서 지금은 선교하는 나라가 되었습니다. 처음 외국인 선교사가 와서 복음을 전할 때 도무지 우리나라 사람들이 복음을 받아들일 것 같지가 않았다고 합니다. 머리에 상투를 얹었고 말도 통하지 않았고 조상 대대로 미신과 조상신을 섬겼던 우리나라 사람들이 하나님을 믿으리라고 기대하기 어려웠던 것입니다. 그러나 우리나라 사람들은 복음을 믿었고 하나님의 사랑을 받아들임으로써 지금 세계에서 최고로 하나님과 가까운 사람이 되었습니다. 우리는 이 믿음을 지켜야 합니다.

원래 고린도인은 음탕하고 더러운 우상 숭배자였습니다. 그런데 그들이 예수 그리스도의 복음을 믿음으로써 '거룩하여졌다' 고 말씀합니다. 원래 고린도인의 사고 속에는 하나님이라는 개념이 없었습니다. 그들의 머릿속은 장사해 돈을 벌고 시간이 남으면 음탕한 짓을 하는 것으로 가득했고, 우상 숭배에서도 벗어나지 못했습니다. 그러나 복음을 듣고 받아들였을 때 거룩해지게 되었습니다. 고린도 교인이 어느 정도로 거룩하게 되었을지 궁금할 것입니다. 보통 거룩하다고 하면 매일 새벽기도에 나가고 음탕한 것은 보지도 않고 하루 종일 종교적인 생활만 하는 사람을 생각할지도 모릅니다. 물론 고린도 교인이 예수를 믿었다고 해서 완전히 세상과 단절되었다고 말할 수는 없습니다. 장사하다 보면 욕을 하기도 하고 가끔씩 옛날 버릇이 나오기 했을 것입니다. 그러나 예수를 믿었을 때 그들의 마음속에서 죄의 지배가 끝나게 되었고, 이제 하나님의 거룩하심 안에서 자라나게 되었습니다. 이는 실로 엄청난 은혜입니다. 모든 성도가 간절히 원하는 것이 있다면 혈기를 부리지 않고 말이나 생각에 허물이 없는 완전한 신자가 되는 거라고 생각합니다. 그것이 바로 우리 안에서 시작되었고 진행되고 있습니다. 우리 안의 타락한 본성이 워낙 뿌리가 깊어 완전히 천사처럼 되지는 않겠지만 성령 충만하고 은혜를 받으면 받을수록 진도가 더욱 빨라질 것입니다.

사도 바울이 고린도에 와서 복음을 전하고 부흥의 역사가 일어났다고 해서 고린도 시 전체가 예수를 믿는 것은 아니었습니다. 그러나 고린도에 거룩한 자들이 생긴 것 자체는 엄청난 일이자 기적이었고, 이 도시를 존재할 가치가 있는 도시로 만들었습니다.

본문을 보면 고린도 교인을 "성도라 부르심을 받은 자들"이라고 말씀합니다. 여기서 '성도'는 영어로는 'saint', 즉 '성자'입니다. 보통 "저 사람은 성자야"라고 할 때 우리는 그 사람이 화를 낼 줄도 모르고 기도를 많이 하고 금욕적 생활을 하는 사람이라고 생각할 것입니다. 그래서 천주교에서는 아무나 '성자'라 부르지 않고 어떤 특별한 사람만 '성자'라고 부릅니다. 또한 천주교에서는 시성식이라는 것을 하는데 특별히 순교한 사람을 성자라고 부릅니다. 여기서 사도 바울은 전혀 순교를 하지 않았고 아직 신앙적으로 부족한 것이 많고 때로는 서로 다투기도 하는 고린도 교인을 향해 '성자' 라는 표현을 쓰고 있습니다. 이는 그들의 성품까지 완전히 변화되었다는 뜻이 아니라 하나님의 사람으로 구별되었다는 뜻입니다. '성도'는 이 세상의 많은 사람 가운데서 특별히 하나님의 소유로 구별된 사람을 말합니다.

예를 들어 우리나라 군인은 일단 구별된 옷을 입고 다른 머리 스타일을 하고 국가의 명령에 따라 움직입니다. 우리는 군인처럼 옷이나 머리 스타일이 특별하게 구별되는 것은 아니지만 양심에 하나님의 인침을 받았고 이 세상에서 하나님 말씀에 따라 움직이는 하나님의 사람입니다. 그래서 우리는 이 세상 사람과 같을 수가 없습니다. 이것은 군인이 일반인과 다르듯 그리스도인도 일반인과 다릅니다.

3. 고린도인에게 있는 것과 부족한 것

고린도 교회의 특이한 점은 바울이 그곳에서 예수님의 십자가를 가지고 전도했을 때 이를 적극적으로 받아들이면서 예수 믿는 사람이 많아지고 이방인 중심으로 교회가 세워졌다는 것입니다. 그뿐 아니라 하나님이 고린도 교인을 사랑하셔서 그분의 은사를 퍼부어주심으로써 교회는 은사가 넘치게 되었습니다.

4-5절, "그리스도 예수 안에서 너희에게 주신 하나님의 은혜로 말미암아 내가 너희를 위하여 항상 하나님께 감사하노니 이는 너희가 그 안에서 모든 일 곧 모든 언변과 모든 지식에 풍족하므로"

그리스 사람은 원래부터 어떤 정치적 주제를 가지고 토론하는 것을 좋아했습니다. 그래서 누구든지 출세를 하고 싶다거나 정치를 하려고 하면 대중 앞에서 연설을 잘해야 했습니다. 특히 그리스에서는 비극 작가들이 있어 큰 대회 때마다 비극적 이야기를 가지고 연기했는데, 이런 비극이나 정치적 웅변을 통해 사람들은 정치를 배우고 정치에 참여할 수 있었습니다.

고린도 교인 가운데는 그리스 철학의 영향을 받아 '언변과 지식'이 뛰어난 사람이 많았습니다. 그래서 다른 지방 사람보다 기독교 진리에 대해 웅변적으로 이야기를 잘할 수 있었던 것 같습니다. 사실 고린도 교인 가운데 정식으로 공부를 한 사람은 많지 않았지만 지식에 대한 자부심은 아주 높았던 것 같습니다. 그래서 고린도 교인은 기독교를 믿을 때도 할 수만 있으면 지식인 수준으로 믿으려고 했습니다.

사실 복음은 유대에서 시작되었고 그 내용이 히브리적인 것이 특징입니다. 당시 고린도 교인은 생각하는 것이 유대인과 달랐습니다. 그들은 복음도 할 수 있으면 자신들이 가진 철학적 틀 안에서 받아들이려고 했던 것 같습니다. 이로 말미암아 기독교의 지적 수준이 높아졌는지는 몰라도 복음의 본질이 조금씩 변질되었습니다. 예를 들면 믿음의 개념 자체가 변했습니다. 본래 믿음은 믿고 순종하는 것인데 고린도인에게는 지적 이해나 수용이 된 것입니다. 그 당시 플라톤이 제자들을 가르쳤던 아카데미아는 아주 유명한 학원이었는데, 교회도 진리를 가르치는 학원 정도로 생각했습니다. 그러나 교회는 하나님의 영이 계신 성전입니다. 예를 들면 독일인은 대단히 철학적인 사고를 가졌는데 광산 노동자들이 칸트의 『순수이성비판』을 읽을 정도였습니다. 그들은 베토벤의 피아노 협주곡이나 교향곡을 다 외우고 있으며 연주회에 악보를 가져가서 들을 정도입니다. 그렇다 보니 독일 목회자나 신학자는 기독교도 철학으로 이해되어야 한다고 생각했습니다. 독일 신학의 특징은 너무 복잡해서 제대로 이해하기 어려운데, 그런 신학을 한 사람은 엄청난 자부심을 갖게 됩니다. 그러나 그 결과 교회는 텅텅 비게 되었습니다.

고린도 교인에게는 성령의 은사가 흘러넘쳤습니다. 이것은 참 좋은 현상입니다. 그중에서도 특히 고린도 교인에게는 방언의 은사가 많았습니다. 방언은 신비로운 언어로 엑스타시 상태에서 말합니다.

고린도 교인은 이 방언의 은사 때문에 자신들이 다른 교인보다 더 우월하다고 생각했습니다. 그래서 예언도 무시하고 교회 안에서 형제 간의 사랑도 무시했습니다.

어떻게 보면 고린도 교인은 그리스도인이 좋아하는 지식과 체험을 다 가진 자들이었다고 볼 수 있습니다. 그럼에도 더 중요한 것을 알지 못했습니다. 어떻게 하면 기도가 응답되고, 어떻게 하면 교회가 성전이 되어 능력이 나타나는지 그 비결은 하나도 모르고 그냥 스스로 똑똑하고 체험이 있다는 자부심에 만족했던 것입니다.

7절, "우리 주 예수 그리스도의 나타나심을 기다림이라"

이는 무슨 말씀입니까? 지금 우리가 알고 있으며 체험하고 있는 것이 완전하지 않다는 말씀입니다. 나중에 그리스도께서 오실 때 보면 우리가 전부인 줄 알았던 것이 진리의 아주 작은 부분이었음을 알게 되리라는 뜻입니다.

오늘 우리나라 기독교는 예수를 믿으면 구원받는다는 진리를 너무 쉽게 생각해 예수를 믿으면 이미 천국에 간 것으로 생각합니다. 이미 구원을 받았기 때문에 이제 더는 배울 것이 없다고 생각해 선교하고 봉사하고 교회의 사회적 책임에 열심을 내려고 합니다. 이론적으로 생각해 보면 나무랄 데가 없어 보이지만 여기에 아주 중요한 것이 빠져 있습니다.

무엇입니까? 우선 우리 기독교가 살아있는 진리가 되려면 성경 공부로 안 된다는 것입니다. 하나님 말씀을 따라가다 보면 결국 모든 것을 다 버리고 십자가만 붙들어야 하는 시점에 다다르게 됩니다. 느슨하게 믿으면 세상과 천국을 다 가질 수 있을 것 같지만 자신도 모르게 세상 속으로 떠내려가 있고 진리는 희석되어 엉뚱한 데서 실컷 헤매게 됩니다.

우리는 교회 안에서 함께 말씀을 듣는 가운데 모난 부분은 깨어지고 다듬어질 부분은 다듬어져 하나의 건물로 만들어져야 합니다. 우리가 서로에 대한 신뢰와 사랑으로 연합될 때 안에서부터 성령이 차오르는 것을 체험할 수 있습니다. 이것이 바로 성전의 비밀입니다.

사도 바울은 두 가지를 강조하고 있습니다.

8절, "주께서 너희를 우리 주 예수 그리스도의 날에 책망할 것이 없는 자로 끝까지 견고하게 하시리라"

사도 바울은 스스로 많은 것을 알고 있다고 생각하는 고린도 교인을 향해 그들이 유식하고 많은 은사와 체험이 있는 것은 사실이지만 하나님의 눈으로 볼 때 책망 받을 것도 많고 아직 뿌리가 약해 흔들리고 있음을 지적합니다. 그들은 너무 모르면서 알고 있다고 생각했으며, 진리에 있어 완전히 어린 아이 상태를 벗어나지 못했음에도 온전히 믿었다고 생각했습니다. 이런 모습은 하나님 앞에서 아직 깨끗하지 못하고 책망 받아야 할 부분이 많이 있다는 뜻입니다. 온전히 다듬어지지 못한 돌이었던 것입니다.

9절, "너희를 불러 그의 아들 예수 그리스도 우리 주와 더불어 교제하게 하시는 하나님은 미쁘시도다"

여기서 중요한 것은 교회는 사람과의 교제 이전에 그리스도 예수 우리 주와의 교제가 이루어져야 한다는 사실입니다. 교회는 교인이나 세상을 향해 무엇인가 하려고 하기 전에 그리스도와 하나 되어야 하고 그리스도로부터 온전한 은혜를 공급받아야 합니다. 교회가 아무리 훌륭하고 좋은 은사가 많다고 해도 그리스도로부터 지속적으로 은혜가 공급되지 않으면 영적 당뇨에 걸린 환자가 되어 살이 썩어 들어가기 시작합니다.

본문에서 "하나님은 미쁘시도다"라고 했는데 이것은 다른 말로 표현하면 '틀림이 없으시다'라는 뜻입니다. 사람은 자신이 뿌린 대로 거두게 되어 있습니다.

오늘날 한국 교회는 많은 혼란과 고통을 겪고 있으며 세상에서도 신뢰를 많이 잃은 상태입니다. 그 이유는 외적으로는 비만해졌지만 그리스도와의 관계가 막히는 바람에 영적 당뇨에 걸려 시력이 어두워지고 죄가 소화되지 않고 살이 썩게 된 것입니다. 이는 목회자들의 성공에 대한 야망과 교인들이 너무 쉽게 믿으려고 한 데서 찾아볼 수 있습니다.

한국 교회는 아주 짧은 기간에 기적적인 성장과 부흥을 이루었으며, 지금도 하나님의 은사가 흘러넘칩니다. 그러나 세상과의 관계에서 많은 문제점을 드러내고 있습니다. 우리는 하나님의 성도이며 하나님의 백성이기 때문에 서로 사랑하고 축복할 때 더 큰 신앙의 열매를 맺을 수 있습니다.

성경 토의

1. 오늘날 한국의 그리스도인은 교인 수는 많지만 세상에 빛과 소금으로 살지 못해 많은 비판을 받고 있다. 그리스도인이 많다는 것은 일단 감사한 일이긴 한데, 지금 우리에게 부족한 점이 무엇이라고 생각하는가?

2. 한국 교회가 커지고 교인 수가 많아지면서 교회 안에 지식인도 많아지고 성공한 사람도 많아졌다. 이것은 분명 감사한 일이다. 그러나 한국 교회는 여전히 많은 부분에서 성숙하지 못한 모습을 보이고 있다. 무엇 때문이라고 생각하는가?

3. 사도 바울은 우리 신앙은 하나님의 아들 예수 그리스도와 교제하는 것이며, 하나님을 신뢰하는 것이라고 말했다. 한국 교회는 주님을 중심에 모시고 교제를 잘하면서 하나님을 신뢰하고 있는가, 아니면 인간이 중심이 되어 자신의 머리나 방법을 신뢰하고 있는가?

02_교회의 인간적 요소

고린도전서 1:10-17

전체적 설명

세속적 문화와 사상 가운데서도 고린도인이 예수를 믿고 큰 부흥이 일어난 것은 너무 감사한 일이지만 그들 역시 인간으로서의 연약한 점이 있어 여러 부분에서 부정적인 면이 드러나게 되었다. 그중 가장 심각한 것은 고린도 교회 안에 여러 분파가 생기기 시작했다는 점이다. 물론 이런 분파를 반드시 부정적으로 볼 필요는 없지만 고린도 교인 사이에서는 자신들이 가르침을 받은 지도자나 자기가 좋아하는 가르침에 따라 분열이 일어났다. 그 가운데 가장 심각한 문제는 베드로를 중심으로 한 예루살렘 사도의 가르침을 받은 자와 이방인 복음화를 중심으로 한 사도 바울을 따르는 자, 알렉산드리아 출신의 아볼로를 추종하는 자 사이에서 분파가 생겼다는 것이다. 사도 바울은 말씀을 가르치는 자는 모두 종에 불과하고, 주인은 오직 예수 그리스도 한 분이라고 가르치고 있다.

설교 프리노트

10절, "형제들아 … 모두가 같은 말을 하고 너희 가운데 분쟁이 없이"

'형제' 는 같은 부모 밑에서 태어난 피를 나눈 가장 가까운 사람을 말하는데, 이것이 그리스도인에게도 적용되고 있다. 그리스도인은 예수의 피로 태어난 가장 가까운 사람인 것이다. 여기서 "같은 말을 하고" 는 오직 우리 가운데 하나님 말씀만 두고 하나님 말씀만 믿고 따르는 것을 말한다. 하나님 말씀을 따르지 않고 다른 이야기를 듣고 다른 말을 따라가는 것은 바른 믿음이 아니다. 하나님의 백성을 하나 되게 하는 것은 오직 동일한 하나님 말씀과 동일한 믿음이다. 아무리 피부색이 다르고 언어가 다르더라도 우리는 같은 믿음을 가진 자를 금방 알아볼 수 있다. 그 이유는 일단 하나님 말씀을 듣는 자는 겸손하기 때문이다. 하나님의 백성은 하나님 말씀 하나로 하나 되는 것이지 권위나 억압으로 하나 되는 것이 아니다.

본문을 보면 "너희 가운데 분쟁이 없이" 라고 말씀하는데 사람은 모두 교만한 본성이 있어 웬만하면 다른 사람을 잘 인정하지 않고 자기 생각을 주장하기가 쉽다. 여기서 '분쟁' 은 '천 같은 것이 찢어지는 것' 이라는 의미다. 그러나 하나님의 백성이 겸손하지 않으면 천이 찢어지는 정도가 아니라 그리스도의 몸이 찢어지고 성전이 찢어지게 된다. 교회 안에 분쟁이 일어나면 어떤 사람이 더 우월하고 똑똑한다는 사실이 드러나는 게 아니라 교회의 기능이 마비되고 만다. 예를 들어 병원에서 의사나 간호사끼리 분쟁이 일어나면 환자를 제대로 치료할 수 없는 것처럼 교회는 영혼을 가르치고 구원하는 일이 마비되고 만다.

11절, "글로에의 집 편으로"

글로에는 고린도에 사는 부요한 사람으로 그 집에 속한 많은 노예와 함께 예수를 믿고 예배드렸던 것으로 보인다. 글로에는 고린도 교회에서 분쟁이 일어나고 음란이나 우상의 제물을 먹는 것 등의 문제가 발생하자 너무 답답해 자신의 노예를 에베소에 있는 사도 바울에게 보내 이런 경우 어떻게 해야 하는지 질문한 것이다.

"너희 가운데 분쟁이 있다는 것이라"

사도 바울은 자신의 사명이 이방인 선교라고 여겨 고린도 교회를 세우고 난 후에는 다시 아시아로 와서 갈라디아 여러 지방에서 복음을 전하면서 교회를 둘러보았다. 사도 바울이 떠난 뒤 여러 지도자가 고린도에 와서 말씀을 전하게 되었는데, 그들을 추종하는 교인 사이에서 자신의 스승이나 가르침이 더 옳고 우월하다는 자부심 때문에 다툼이 생기게 된 것이다.

12절, **"나는 바울에게, 나는 아볼로에게, 나는 게바에게, 나는 그리스도에게 속한 자라 한다는 것이니"**

'게바'는 베드로의 히브리식 이름으로, 베드로는 예수님을 3년 따라다니면서 그분의 말씀을 직접 듣고 오순절 부흥의 주역을 담당한 제자였기 때문에 예루살렘 사도들의 가르침을 받은 제자들이 스스로를 더 정통파라고 생각한 것은 어찌 보면 당연한 일이었다. 예루살렘 제자들에게 배운 사람은 아무래도 유대교의 영향이 뿌리 깊이 남아 있을 수밖에 없는데, 그중에서도 바리새파의 교훈이 남아 있었다.

아볼로는 알렉산드리아 출신으로 구약 성경에 조예가 깊은 사람이지만 복음에는 좀 약한 측면이 있었다. 사도 바울은 이방인 선교를 위해 주님이 특별히 택하신 자였지만 아무래도 유대인 가운데 반감을 가진 사람이 많았고, 그를 사도로 인정하지 않는 사람도 많았던 것 같다.

"그리스도에게 속한 자"라고 해서 특별히 예수께 배운 사람이 있는 것은 아니었다. 오히려 그들은 예수님의 산상설교 등을 문자적 의미로 지킴으로써 스스로 더 좋은 신앙을 가졌다고 생각한 것 같다.

사실 그 지도자들은 모두 주님의 귀한 종이었고 고린도 교회를 말씀으로 더 풍성하게 하기 위하여 보냄을 받은 자들이었는데, 사람들은 오히려 그들을 통해 자신을 높이려는 유혹에 빠지게 되었다.

13절, **"그리스도께서 어찌 나뉘었느냐"**

그리스도인끼리 분열하고 다툰다면 그리스도의 몸이 찢어져 서로 치고받으며 싸우는 것이 된다. 예를 들어 손이 미쳐 자기 머리를 때리고 발이 미쳐 자기 배를 찬다면 이것은 정상적인 몸이 아니다. 그러나 우리는 인간이기에 자주 그리스도를 찢어 자기 몸을 때리고 물고 꼬집고 할 때가 있다.

"바울이 너희를 위하여 십자가에 못 박혔으며"

이는 가장 무서운 말이며 준엄한 책망의 말이다. 교회 안에서는 교회를 세운 사람도 주인이 아니고 헌금을 많이 해서 예배당을 지은 사람도 주인이 아니고 교회를 담임하고 있는 목사도 주인이 아니다. 교회의 주인은 오직 십자가에 못 박혀 돌아가신 주님이다. 그러나 우리는 교회를 너무 사랑한 나머지 교회를 자기 것으로 생각해 포기하지 못할 때가 많다. 이것이 오히려 교회에서 다툼이 일고 분열이 일어나게 만든다.

14절, "나는 그리스보와 가이오 외에는"

이 두 사람은 사도 바울이 고린도에서 초기에 세례를 준 사람인 것 같다. 목회자가 교인에게 세례를 주는 것은 주님을 대신해 주는 것이지 자기 신자로 만들기 위해 세례를 주는 것이 아니다. 그러나 자칫 잘못하면 자기에게 세례 준 사람을 지나치게 추종한 나머지 분열이 일어날 수 있다. 새들 가운데 부화해서 처음 본 대상을 어미로 생각하는 새가 있다. 그래서 부화되면서 사람을 가장 먼저 보면 그 사람이 자기 어미인 줄 알고 평생 따라다닌다는 것이다. 마찬가지로 어린 신자는 자기에게 말씀을 가르쳐주고 신앙을 갖게 한 지도자를 너무 신뢰한 나머지 주님처럼 추종하려고 하는 성향이 있다. 그러나 그것은 옳지 않은 것이고 신앙이 제대로 성숙하지 못한 것이다.

16절, "내가 또한 스데바나 집 사람에게 세례를 베풀었고"

이것을 보면 사도 바울이 이 서신을 구술하도록 했음을 알 수 있다. 그는 처음에 자신이 그리스보와 가이오 외에는 세례를 주지 않은 것으로 기억하고 있었지만, 글을 적게 하고 나서 보니 스데바나 집 사람에게도 세례를 준 사실이 기억이 난 것이다. 그러자 사도 바울은 본문을 수정하지 않고 이렇게 덧붙임으로써 가능한 한 정확하고 정직하게 기록하려고 애쓰고 있다.

17절, "그리스도께서 나를 보내심은 세례를 베풀게 하려 하심이 아니요"

이것은 주님이 사도 바울뿐 아니라 모든 복음 전도자에게 주신 일차적 사명이다. 주님이 우리를 보내신 것은 세례 받게 하는 것이 목적은 아니다. 전혀 믿음도 없이 세례만 받게 한다면 아무 소용이 없기 때문이다. 전도자나 설교자가 복음만 바로 전하면 믿는 자는 누구든지 세례를 받고 교인이 되어 신앙생활을 할 것이다.

"말의 지혜로 하지 아니함은"

세례 받는 교인의 숫자를 늘리려면 듣기 좋은 감동적인 말로 설득해 예수를 믿게 하면 된다. 그러나 이것은 바른 신앙이 아니다. 복음을 바로 전하면 말의 지혜가 아니라 성령의 능력으로 사람의 마음속에 변화가 일어난다.

본문 이해를 위한 질문

1. 그리스도인은 서로 어떤 관계이며, 교회가 분쟁하면 어떻게 되는가?

그리스도인은 모두 하나님의 아들 예수 그리스도의 피로 태어난 자들이며, 서로 형제요 자매의 관계에 있다. 즉 우리는 이 세상에서 가장 가까운 사람이며 믿을 수 있는 사이이다. 그리고 교회가 분쟁하면 영혼을 구원하는 기능이 제대로 발휘되지 못한다.

2. 고린도 교회 안에 어떤 분파가 생겼는가?

참으로 다행스러운 것은 아직 이단의 분파는 들어오지 않았고 오직 하나님 말씀을 전한 사람들을 중심으로 바울파, 아볼로파, 게바파 등으로 분열이 일어날 조짐을 보이고 있다.

3. 교회의 참된 주인은 누구인가?

그리스도인 역시 인간이기에 신앙이 어렸을 때는 자기에게 말씀을 전하고 신앙을 갖게 해준 전도자를 부모처럼 믿고 따르게 된다. 그러나 교회의 주인은 개척자도 아니요 목회자도 아니요 헌금을 많이 한 자도 아니다. 오직 십자가에 못 박혀 죽으신 주님만이 교회의 주인이시다.

성경 강해

최근 교회에 대해 더는 사랑을 느낄 수 없고 교회로부터 점점 소외되고 있기 때문에 더 이상 교회에 출석하지 않겠다는 사람이 많아지고 있습니다. 게다가 교회 목사나 장로, 교인끼리도 생각이 달라 서로 싸우고 분쟁이 일어나는 것을 종종 봅니다.

그렇다 보니 과연 이들이 예수님의 사랑으로 은혜 받은 자인지 의심스러울 때가 많습니다. 이것이 바로 교회가 가진 인간성입니다. 교회는 두 가지 본성을 가지는데, 하나는 사람의 눈에 보이지 않는 신적 본성이 있습니다. 이것은 예배드리는 가운데 우리가 하나님을 체험하고 성령으로 은혜 받는 것을 말합니다. 교회에는 또 다른 속성이 있는데, 바로 인간적 본성입니다. 즉 교회에는 직분을 가진 많은 사람이 있어 때로는 자신의 개성이나 가치관을 가지고 열심히 봉사할 때도 있지만 때로는 비판하기도 하고 다투고 분열하기도 합니다.

신앙생활을 하면서 가장 이해되지 않는 한 가지는 왜 하나님은 인간의 영혼을 구원하는 이 중요한 일을 천사에게 맡기지 않고 우리 인간에게 맡기셨을까 하는 것입니다. 하나님의 복음이 얼마나 중요한 일이고, 우리 영혼을 구원하는 것이 얼마나 중요한 일입니까! 이런 일이라면 하나님은 천사를 시켜 구원하셔야 군소리도 없고 착오도 없고 분열도 없을 텐데, 아직 아무것도 모르고 인격적으로도 성숙하지 못한 우리 인간에게 이 일을 시키셔서 많은 모순이 일어나는 것입니다. 예를 들어 복음 전하는 일을 천사에게 시키면 절대 자신의 생각을 가감하지 않고 하나님 말씀을 전할 것이며, 교회 일에 군소리하거나 분쟁이 일어나지 않을 것입니다. 누가 뭐라고 할 때 "이건 천사가 하라고 시킨 거야"라고 말하면 찍 소리도 못 할 것입니다. 그런데 사람이 복음을 전하게 되면 복음이 왜곡되기도 하고 희석되기도 하는 심각한 문제가 발생합니다. 교회 일이나 하나님의 말씀을 전할 때 사람은 혈기로 하기도 하고 자신의 세상적 경험이나 지식을 가지고 하기도 합니다. 게다가 좋아하는 사람을 따르다가 다툼이 생기거나 분열이 일어날 때도 있습니다. 이런 일들은 복음의 효과적 측면이나 하나님의 명성에 엄청난 손실을 가져오기도 합니다. 그럼에도 하나님은 왜 이렇게 오류가 많고 인격이 준비되어 있지 않은 인간을 통해 그분의 일을 하도록 하시는 걸까요? 가장 중요한 이유는 하나님은 우리를 천사보다 높은 지위에 두기를 원하신다는 것입니다. 천사가 복음의 일을 하면 우리는 천사보다 못한 자가 될 것이며, 결국 천사 숭배 같은 우상 숭배에 빠지고 말 것입니다. 그래서 하나님은 그분과 우리 사이에 천사를 끼워 넣지 아니하셨습니다. 하나님은 우리가 하는 일의 효과나 정확성보다 우리의 겸손을 원하십니다. 즉 하나님은 우리가 스스로 부족하다는 것을 알고 겸손한 마음으로 그분의 일을 받아들이고 감당하기를 원하시기 때문에 가장 부족한 자들을 사용해 하나님의 일을 하게 하시는 것입니다.

사도 바울은 에베소에 있을 때 고린도 교회의 소식을 들었습니다. 가장 먼저 들었던 소식은 세워진 지 얼마 되지 않은 고린도 교회에 분열이 일어나고 있다는 것이었습니다. 어떤 사람은 자기는 바울에게서 배웠다고 하고, 어떤 사람은 자기는 아볼로에게서 배웠다고 하고, 어떤 사람은 자기는 베드로에게서 배웠다고 하며 다투고 분열하고 있었던 것입니다. 이것이 바로 교회가 가진 인간적 속성입니다. 영적으로는 이미 하나 되어 있고 연합되어 있음에도 인간적으로는 서로 다른 듯 생각되고 차이가 많이 나서 함께 모일 수 없는 듯 생각되는 것입니다.

1. 교회의 역할

일단 교회는 예수 믿는 사람들로 구성된 단체라고 말할 수 있습니다. 교회는 예배당 건물이나 교회 조직 이전에 예수 믿는 사람의 모임입니다. 그러나 예수 믿는 사람이라고 해서 따로 무슨 표시를 하고 다니는 것은 아니기 때문에 사람들은 자연스럽게 그리스도인이 모이는 장소를 중심으로 그들을 부릅니다. 즉 우리나라에서도 '무슨 교회의 교인'이라는 식으로 부르는데, 그리스도인이 모이는 장소 때문에 완전히 다른 사람으로 분리되는 것은 아닙니다. 그러나 우리 인간은 다른 교회에 속한 사람은 자기와 다른 사람인 것처럼 생각할 때가 종종 있습니다. 아무리 같은 그리스도인이라고 해도 소속된 공동체가 다르면 무엇인가 자기 자신과 다르다고 생각한다는 것입니다.

우리는 교회에 대한 여러 가지 오해를 봅니다. 어떤 사람은 교회가 진리를 가르쳐주는 학원이라고 생각합니다. 사실 사람은 교회에서 기독교 진리를 배우지만 돈을 주고 배우지는 않습니다. 우리는 예배드리는 가운데 자연적으로 하나님의 진리를 배웁니다. 그런데 요즘에는 더 많은 사람을 교회에 오도록 하기 위해 성경 외의 다른 유익한 기술이나 지식을 많이 가르치고 있습니다. 예를 들어 외국어라든지 꽃꽂이라든지 한문 같은 것을 가르쳐줍니다. 물론 이것이 나쁜 것은 아니지만 조심해야 할 부분이 있습니다. 또 어떤 사람은 교회가 사회를 바르게 하는 곳이라고 생각합니다. 그래서 교회가 세상일에 대해 끊임없이 목소리를 내야 하고 주장하는 바를 행동으로 옮겨야 한다고 말합니다.

성경에 보면 교회는 가장 먼저 구약 이스라엘의 복을 물려받은 집단으로, 하나님께 예배하는 공동체임을 알 수 있습니다. 우리는 예배를 통해 하나님을 우리 가운데 모시고, 하나님의 다스림을 받고, 예배를 통해 그리스도와 한 몸으로 아주 견고하게 연합됩니다. 두 번째로 교회는 사람의 영혼을 치료하는 병원 역할을 합니다. 병원에 크고 작은 다양한 병을 가진 환자가 찾아와 치료를 받듯 교회는 인생에 실패한 많은 사람이 찾아와 치료 받는 곳입니다. 예수님도 의인을 위해 온 것이 아니라 죄인을 위해 왔다고 말씀하시고, 건강한 사람에게는 의사가 필요 없고 병든 자에게 필요하다고 말씀하십니다. 교회에 가면 세상에서 성공한 사람, 실패한 사람 등 다양한 환자를 보게 됩니다. 세 번째로 교회는 이 세상에 빛을 비추는 등대입니다. 등대가 있는 곳에는 반드시 암초가 있어 배가 부딪혀 침몰할 가능성이 높습니다. 이처럼 교회는 세상 죄가 범람하는 곳에 세워져 진리를 밝히고 비추어야 합니다.

교회는 사람들이 상상하지 못하는 영적 요소가 있습니다. 먼저 교회는 성령의 전이라는 것입니다. 예수 믿는 사람이 모여 예배드리고 하나가 될 때 교회에 성령이 충만하게 임하는데, 우리는 하나님 말씀을 듣고 죄 씻음을 받으며 능력으로 충만해집니다. 그래서 교회는 사람이 모이는 이상의 기적이 있고 신비가 있습니다. 우리는 개인적으로 얼마든지 하나님 말씀을 듣고 기도하고 성령을 받을 수 있지만 교회에 모여 함께 예배드릴 때 그 강도가 수십 배 또는 수백 배 강해집니다. 또한 교회는 이 세상에서 장자 같은 역할을 하기 때문에 교회가 부흥되고 바른 역할을 감당하면 하나님은 그 사회를 살려주고 축복해주십니다. 반면 교회가 빛을 잃고 침체에 빠지면 교회와 세상은 함께 멸망할 수 있습니다.

그리스도인은 교회를 통해 이 세상에서 천국의 모든 축복과 은사를 받습니다. 그래서 우리는 천국에 가기 전에 교회를 통해 천국을 누리게 됩니다. 교회는 다른 곳에 선교사나 전도자를 보내어 교회를 개척하고 복음을 전해야 합니다. 교회가 그 역할을 하지 못해 말씀이 없어지거나 성령의 역사가 없어지면 생선이 썩을 때 머리부터 썩듯이 교회가 세상보다 더 썩어 도덕적으로 더 부패하고 목회자는 더 타락한 모습을 보여주게 됩니다.

2. 교회 지도자의 역할

사도 바울은 어떤 교인으로부터 고린도 교회 안에서 분열의 조짐이 있다는 소식을 들었습니다. 사실 이것은 어떻게 보면 좋은 일이고, 고린도 교인이 어리고 순진해서 일어난 일이었습니다. 그 당시 교회는 사도나 목회자로부터 하나님 말씀을 배우면 그것이 전부인 줄 알았고, 그것이 아니면 큰일 나는 줄로 알 만큼 순수했습니다.

11-12절, "내 형제들아 글로에의 집 편으로 너희에 대한 말이 내게 들리니 곧 너희 가운데 분쟁이 있다는 것이라 내가 이것을 말하거니와 너희가 각각 이르되 나는 바울에게, 나는 아볼로에게, 나는 게바에게, 나는 그리스도에게 속한 자라 한다는 것이니"

여기 보면 글로에라는 사람이 나오는데 많은 노예를 거느린 것으로 보아 부자였던 것 같습니다. 그는 자기 집의 모든 하인과 노예에게 예수를 믿도록 해서 온 집이 교회가 되었습니다. 글로에는 사도 바울을 통해 예수를 믿게 되었는데, 고린도 교회가 파벌로 나누어지는 상황을 안타깝게 생각한 듯합니다. 그래서 자기 종이나 노예를 사도 바울에게 보내어 고린도 교회 안에서 사람들이 바울파와 게바파, 아볼로파로 분열되는 조짐이 보이는데 어떻게 하면 좋겠느냐고 질문한 것입니다. 이것을 통해 우리는 고린도에 최초로 들어가 복음을 전함으로써 부흥을 일으킨 사람은 사도 바울이었지만, 그 후 또 다른 복음 전도자들이 들어가 말씀을 전해 또다시 부흥이 일어난 것을 알 수 있습니다. 그런데 고린도 교회 안에서 말씀의 역사가 일어나는 것은 좋았지만 문제는 말씀을 전하는 종에 따라 가르침의 내용이나 강조점이 좀 달랐다는 것입니다. 교인들은 말씀을 전해준 하나님의 종이 너무 좋다 보니 하나님 말씀을 자기들에게 가르쳐준 종만 최고라고 생각했습니다. 그래서 같은 사람에게 말씀을 배운 자끼리 서로 통하고 서로 친하게 지내면서 다른 사람에게 배운 사람을 자기들보다 못하다고 여겨 조금씩 멀리했습니다. 그러던 어느 날 고린도 교인은 다른 사람에게 배운 사람에 대해 "네가 믿는 것은 틀렸어. 나는 너보다 더 정통인 분한테서 배웠어"라고 하면서 다툼이 일어나 서로 미워하게 된 것입니다.

사례가 적당한지 모르겠지만 어느 집에 여자 아이들이 모여 재미있게 놀다가 한 아이가 다른 집 아기를 보면서 "우리 아기가 세상에서 가장 예뻐"라고 자랑합니다. 그러자 다른 아이가 "아니야. 우리 동생이 세상에서 가장 예뻐!"라고 말합니다. 그때 한 여자 아이가 "너희 동생은 너무 잘 울어. 그렇게 우는 애는 안 예뻐"라고 말하자 다른 집 아이가 "네 동생은 얼굴이 호박 같아!"라고 합니다. 말로 옥신각신하더니 아이들은 머리채를 잡고 싸우기 시작합니다. 어느 집 아이든 아이는 모두 예쁜데 자기 동생이 가장 예쁘다고 생각했던 것입니다.

사실 사도 바울이나 베드로, 아볼로는 모두 탁월한 말씀의 종들이었습니다. 물론 베드로가 직접 고린도까지 갔는지 알 수 없지만 그는 주님의 말씀을 직접 들었던 사람으로, 예수님의 산상설교나 변화산에서 일어났던 일들을 생생하게 증언해줄 수 있었습니다. 한편 아볼로는 구약 성경에 조예가 깊은 사람이었습니다. 그래서 하나님 말씀을 전할 때 구약 성경의 깊은 샘에서 진리를 끄집어내어 증거 하다 보니 그 설교 내용이 깊이 있고 풍성했습니다. 그리고 사도 바울은 구원의 진리에 대해 그 누구보다 탁월한 지식을 가지고 있었습니다. 고린도 교인이 베드로나 그가 보낸 제자, 아볼로, 사도 바울의 가르침을 받았다는 것은 정말 귀한 하나님 말씀을 들은 것이었습니다. 그런데 문제는 고린도 교인이 너무 순진해 자기에게 말씀을 가르친 종만 최고이고, 다른 사람의 가르침은 별로 중요하지 않다고 생각했다는 점입니다. 게바에게서 배운 사람은 사도 바울이나 아볼로에게서 배운 사람을 자기들보다 못하게 여겼고, 사도 바울에게서 배운 사람은 게바나 아볼로에게서 배운 사람을 자기들보다 못하게 여겼던 것입니다. 그렇다 보니 그들은 함께 모인 자리에서도 별로 어울리지 않았고, 때로는 심한 논쟁을 벌이고 다투기도 했습니다. 이런 모습은 사실 악하다고 하기보다 순진한 것이고, 자신들이 배운 가르침에 대해 상당한 자부심을 가지고 있어 생긴 현상이었습니다. 그럼에도 다툼이나 분열이 있다는 사실은 이들이 성숙하지 못했다는 것이고, 무엇인가 바른 가르침이 필요하다는 것을 의미합니다.

여기서 사도 바울은 아주 중요한 교훈을 줍니다. 그것은 말씀을 가르치는 종은 주님이 보낸 종에 불과하고, 결국 중요한 것은 예수님이라는 사실입니다.

13절, "그리스도께서 어찌 나뉘었느냐 바울이 너희를 위하여 십자가에 못 박혔으며 바울의 이름으로 너희가 세례를 받았느냐"

결국 교회의 주인은 오직 예수님 한 분뿐이고, 말씀의 종은 어디까지나 주님이 고용해 쓰시는 종에 불과합니다. 예를 들어 대기업에 많은 임원이 있지만 그 기업의 회장은 한 사람밖에 없는 것과 같습니다. 사도 바울은 "그리스도께서 어찌 나뉘었느냐"라고 질문합니다. 그리스도가 여러 명일 수 없다는 것입니다. 교회의 주인은 교회를 개척한 사람도 아니고 헌금을 많이 낸 사람도 아니고 오직 십자가에 못 박힌 예수님밖에 없습니다. 그래서 교회에서 큰소리를 칠 수 있는 유일한 분은 십자가에 못 박힌 예수님밖에 없습니다. 누군가가 교회에서 큰소리를 치고 싶다면 먼저 십자가에 못 박힌 후에 큰소리를 쳐야 할 것입니다.

고린도 교회에 이런 다툼과 분열이 생기게 된 것은 교인의 마음속에 누구에게서 배웠다는 교만함이 생겼기 때문입니다. 다시 말해 그들의 신앙은 한때 주님과 가까워지고 있다가 어느 순간 자신들도 모르는 사이에 주님으로부터 멀어져 이런 다툼과 분열이 일어난 것입니다.

예를 들어 우리 몸에 많은 지체가 있는데 그중 중요하지 않은 것이 없습니다. 그러나 몸에 많은 것이 붙어 있다고 해서 다 좋다고 말할 수는 없습니다. 모든 지체는 신경과 혈관, 뼈대로 견고하게 연합되어 있어야 건강한 것이지, 신경이 끊어지고 혈관이 막히고 뼈대가 부러진 상태에서 많은 것이 붙어 있다면 건강하다고 할 수 없습니다. 즉 우리 몸에서 열이 나거나 통증이 느껴지는 것은 이 연결이 뭔가 잘못되었다는 뜻입니다. 결국 많은 은사와 교인을 하나 되게 하는 것은 그리스도의 십자가이고 하나님의 사랑입니다. 십자가의 감격이 있고 십자가의 능력을 믿는다면 우리는 분열될 수가 없습니다. 그런데 십자가의 감격도 없고 십자가의 능력도 믿지 않은 기독교 지도자나 교인이라면 이것은 혈관이나 신경, 뼈대 없이 붙어 있는 것과 같습니다.

3. 교회의 하나 됨

사도 바울은 고린도에서 복음을 전해 대부흥을 일으켰습니다. 고린도에서 복음을 전할 때 처음부터 아주 조심했던 것이 두 가지 있습니다. 첫 번째는 여기서 그리스도의 십자가 외에는 전하지 않겠다는 결심입니다. 사실 지식인들이 가장 빠지기 쉬운 유혹은 자신의 설교나 가르침을 지적으로 만드는 것입니다. 사도 바울은 그리스 철학자 소크라테스나 플라톤에 대해 알고 있었을 것입니다. 사도 바울의 마음속에서 일어날 수 있는 가장 큰 유혹은 자신의 설교를 그리스 철학과 접목시켜 대단히 지적인 설교를 하고 싶다는 생각이었을 것입니다. 그렇게 되면 사람들이 자신을 정말 뛰어난 설교자나 신학자로 생각하고 우습게 여기지 못할 테니 말입니다. 그런데 여기서 우리가 알아야 할 것은 고린도는 유럽에 속해 있지만 사도 바울은 아시아 출신이라는 점입니다. 아시아 출신 설교자가 유럽 철학에 대해 해박한 지식으로 설교한다면 사도 바울을 엄청나게 추종했을지도 모릅니다. 그러나 그는 아테네 전도에서 지적인 설교가 사람을 변화시키거나 성령의 역사를 일으키지 못한다는 사실을 알았습니다. 사도 바울은 오히려 엄청나게 무식한 설교를 하기로 결심합니다. 사실 우리나라에도 지적인 설교를 원하고 좋아하는 사람들이 있는데, 사도 바울은 엄청난 지식이 있었음에도 지적인 설교를 하지 않았습니다.

당시 고린도나 그리스에서는 돈을 받고 지식을 가르치는 소피스트가 큰 인기를 끌었습니다. 소피스트는 말하는 재능으로 정치에서 이기게 하고, 의회나 원로원에서 관심을 끌게 만드는 선생이었습니다.

고린도 교회의 미래를 위해 사도 바울이 조심한 것이 있습니다. 그것은 가능한 한 고린도에서 자기 자신이 직접 사람들에게 세례 주는 것을 삼갔다는 사실입니다. 이처럼 그는 고린도 교회를 자신의 교회로 만들지 않기 위해 절대 자기 중심으로 권력화하지 않으려고 노력했습니다.

사도 바울은 고린도에서 부흥이 일어나 많은 신자가 생겼을 때 직접 세례를 주지 않았습니다. 그래서 고린도 교회에서 그가 직접 세례를 준 사람은 극소수였습니다.

14-15절, "나는 그리스보와 가이오 외에는 너희 중 아무에게도 내가 세례를 베풀지 아니한 것을 감사하노니 이는 아무도 나의 이름으로 세례를 받았다 말하지 못하게 하려 함이라"

사도 바울이 고린도에서 직접 세례를 준 사람은 그리스보와 가이오밖에 없습니다. 그 외에는 다른 목회자들이 세례를 주었습니다. 사도 바울이 이렇게 직접 세례 주는 것을 꺼린 이유는 나중에 이 세례를 가지고 분열이나 자랑이 일어나는 것을 우려했기 때문입니다.

예수님도 믿는 자들에게 세례를 주셨는데 실제로는 단 한 명도 직접 세례를 주지 아니하시고 모두 제자들이 준 것입니다. 세례 받는다는 것은 이 세상과 끊어지고 이제부터 예수님과 연결되는 것을 의미합니다. 그래서 예수의 이름으로 세례를 받으면 누가 세례를 주었든지 간에 예수님이 세례를 주신 것과 같습니다.

이 말을 하고 보니 세례를 준 다른 사람이 생각났습니다. 그런데 사도 바울은 이미 쓴 글을 지우거나 하지 않고 기억나는 사람을 적고 있습니다.

16절, "내가 또한 스데바나 집 사람에게 세례를 베풀었고 그 외에는 다른 누구에게 세례를 베풀었는지 알지 못하노라"

아마도 스데바나 집도 글로에 집처럼 모든 이가 한꺼번에 예수를 믿음으로써 세례를 받았던 것 같습니다. 당시 사도 바울은 다른 목회자를 부를 수가 없어 어쩔 수 없이 자기가 직접 세례를 주었던 것으로 보입니다. 그러나 그 외에는 진짜 기억이 나지 않는다고 말합니다.

사도 바울은 자신이 고린도에서 복음을 전하고 부흥이 일어났지만 고린도 교회의 주인이 되려고 하지 않았습니다.

17절, "그리스도께서 나를 보내심은 세례를 베풀게 하려 하심이 아니요 오직 복음을 전하게 하려 하심이로되 말의 지혜로 하지 아니함은 그리스도의 십자가가 헛되지 않게 하려 함이라"

복음을 전해 예수를 믿게 한다는 뜻은 한 사람 한 사람이 죄에서 떠나 구원받게 한다는 것입니다. 세례를 주는 것은 그 사람을 교회에 심어 신앙이 자라게 하고 열매 맺게 한다는 것입니다. 즉 알곡을 모아 하나님의 곳간에 들이는 것이 세례입니다. 사도 바울은 여러 곳을 다니면서 복음을 전하고 교회를 세우고 거기에 목회자를 세우는 것을 자신의 사명으로 생각했을 뿐 자기가 모든 교회를 지배해야 한다고 생각하지 않았습니다. 사도 바울은 교회를 세웠다고 해서 자신의 권력 아래 두려고 하지 않았습니다. 그는 모든 교회는 주님의 교회이고, 주님이 또다시 적당한 종을 보내어 교인을 지키고 부흥시키시리라는 것을 믿었습니다.

교회를 사랑하는 것은 좋지만 인간적으로 너무 사랑하면 결국 그것이 언젠가는 독이 되어 다툼과 분열의 불씨가 되는 것을 볼 수 있습니다. 사실 우리나라 사람은 교회를 너무 사랑해서 교회를 자기 교회로 만들려고 하다가 서로 다투고 분열했습니다. 우리나라 목회자와 교인 모두 교회를 너무 사랑하기 때문에 포기하지 못해 싸우는 것입니다. 이처럼 교회를 너무 사랑해서 포기하지 못하는 것은 욕심입니다. 사람이 무엇을 사랑하는데 포기하지 못할 정도로 사랑하는 것은 하나님으로부터 멀어진 증거입니다. 하나님께 가까워지면 가까워질수록 자기 것은 없어집니다. 모든 것이 하나님의 것인 줄 알기 때문입니다. 우리의 지나친 사랑은 결국 욕심에서 온 것이고, 자기도 모르는 사이에 하나님으로부터 멀어진 이기적이고 탐욕적인 사랑인 것입니다.

예수님은 "누구든지 나를 따라오려거든 자기를 부인하고 자기 십자가를 지고 나를 따를 것이니라"(마 16:24)고 말씀하셨는데 우리는 자기를 부인하지 못하고 자기 십자가를 지지 못해서 하나님의 교회를 욕되게 하는 것을 봅니다.

10절, "형제들아 내가 우리 주 예수 그리스도의 이름으로 너희를 권하노니 모두가 같은 말을 하고 너희 가운데 분쟁이 없이 같은 마음과 같은 뜻으로 온전히 합하라"

여기서 "주 예수 그리스도의 이름으로 너희를 권하노니"는 아주 강한 명령입니다. 이것은 주님이 직접 명령하신 것입니다. 또한 "같은 말을 하고"라고 말씀합니다. 여기서 '같은 말'은 오직 사도들이 전한 말을 가리킵니다. 이는 철학이나 사변적인 자기 생각을 가지고 말하지 말라는 의미입니다. 그리고 다른 사람을 이기고자 하는 것은 바로 분쟁하는 마음이고 교만한 생각입니다. 우리는 다른 사람을 이겨야 할 이유가 없습니다. 모두 소중한 주님의 형제이기 때문에 꼭 이겨야 하고 우리 뜻대로 되어야 할 필요가 없습니다. 사람은 자기가 원하는 교회를 만들려는 욕심이 있는데, 거기서부터 다툼은 시작됩니다. 교회는 주님의 것이고, 주님이 양 떼를 바른 진리로 인도하실 것입니다. 오늘날 우리 그리스도인은 교회에 너무 많은 것을 요구하고 있으며, 목회자는 너무 많은 것을 하려고 합니다. 그러나 교회는 자선단체도 아니고 세상적 지식을 많이 가지고 있는 곳도 아닙니다. 우리는 성령의 전이고 영혼을 치료하는 병원입니다. 우리가 하나님의 진리로 충만할 때 그분은 세상도 깨끗하게 하고 구원하여 주실 것입니다.

오늘도 주님이 우리 안에 충만히 계셔서 우리와 이 세상을 변화시켜 주시기를 바랍니다.

성경 토의

1. 우리 그리스도인 사이에서 서로 깊이 이해하지 못하고 분쟁이 자주 일어나는 이유는 무엇이며, 교회 안에서 분쟁이 일어나면 어떤 결과가 나타나는가?

2. 교회는 누가 말씀을 가르치느냐에 따라 다양한 차이가 나타나는데, 우리가 이것을 극복할 수 있는 방법은 무엇인가? 또한 실제로 한국 교회에서 어떤 차이가 있다고 생각하는가?

3. 교회의 주인은 누구이며, 주님과 교회를 위해 크게 기여한 사람을 어떻게 차별화시킬 수 있는가?

03_십자가의 유일성

고린도전서 1:18-21

전체적 설명

병원은 다양한 활동을 할 수 있지만 궁극적으로 병과 싸워 환자의 생명을 살리는 것이 목적이 되어야 한다. 예를 들어 병원에서는 병의 예방을 위해 건강 강좌를 개설할 수도 있고, 장례 사업을 할 수도 있고, 복지 사업을 하거나 지역사회의 친교를 위한 사업을 할 수도 있다. 그러나 궁극적으로 병원에서 의사가 해야 할 일은 환자의 병을 치료하기 위해 수술을 하고 약을 처방하여 환자의 생명을 살리는 것이다. 마찬가지로 종교나 철학은 인간을 위해 많은 일을 할 수 있지만, 궁극적으로는 죽어가는 영혼을 치료해 살리는 일을 해야 한다. 일반적으로 사람들은 철학이나 겉으로 나타나는 표적 같은 것을 좋아하지만 기독교는 오직 예수 그리스도의 십자가만 붙들어야 한다. 이 십자가만이 하나님과 우리를 화해하게 하고 우리 죄를 씻고 우리 영혼을 살게 하기 때문이다. 기독교나 교회는 때때로 너무 많은 지식이나 너무 많은 물건을 가지려고 하다가 가장 중요한 십자가의 능력을 잃어버린다.

설교 프리노트

18절, "십자가의 도가 멸망하는 자들에게는 미련한 것이요"

사도 바울은 기독교의 핵심을 한 마디로 "십자가의 도"라고 말한다. 기독교는 플라톤의 철학처럼 이데아의 세계를 추구하지도 않고, 전 세계의 평화를 추구하지도 않는다. 또한 어떤 신비로운 체험을 추구하는 종교도 아니고, 인간의 무조건적인 행복을 추구하는 사상도 아니다. 기독교는 오직 예수 그리스도의 십자가 죽음을 믿는 신앙이다. 그러므로 이 세상에서 공부를 많이 한 사람에게는 기독교가 아주 무식한 종교로 생각될 수도 있다. 믿음의 대상이 세상에서 위대한 사상을 가진 사람도 아니고, 그 진리를 많은 공부와 사색을 통해 깨닫는 것도 아니고, 오직 십자가 위에서 처형당한 사람을 믿는 종교라니 미련하게 보일 수밖에 없다.

"구원을 받는 우리에게는 하나님의 능력이라"

십자가가 위대한 이유는 이것이 인간의 머리에서 나온 것이 아니기 때문이다. 모든 인간은 죄로 말미암아 하나님과 원수 된 상태에 있는데, 하나님은 아들의 십자가의 죽음을 통해 우리와 화해하기를 원하신다. 그래서 예수님의 십자가는 우리 죄인과 하나님을 화해시킬 뿐 아니라 우리의 모든 죄를 하나님의 아들에게 전가시키는 유일한 통로가 된다. 십자가를 통해 하나님은 우리 죄인을 의롭다 인정하시고 우리에게 무한정으로 그분의 축복과 능력 안으로 들어오게 하신다.

19절, "내가 지혜 있는 자들의 지혜를 멸하고"

여기서 '지혜'는 인간의 처세술을 의미한다. 인간의 지혜는 이 세상에서 처신을 하거나 셈을 하거나 인간관계를 개선하는 데 큰 도움이 된다. 그러나 하나님을 알게 하지 못하고 그분과 어떤 관계에 있는지 알게 하지 못한다. 더욱이 지혜 있는 자는 자신의 지혜를 맹신한 나머지 자기 머리로 이해되는 것만 받아들이려고 한다. 결국 세상의 지혜 있는 자는 하나님의 지혜가 자기 머리로 너무 미련하게 생각되어 끝까지 받아들이지 않는다. 여기에 하나님의 놀라운 지혜가 숨어 있다. 하나님은 머리 좋은 자나 세상에서 성공하고 똑똑한 자를 구원하기보다는 겸손하고 하나님 말씀을 믿는 자를 구원하기를 원하신다. 그래서 인간의 지혜로는 구원을 받는 데 실패한다.

20절, "지혜 있는 자가 어디 있느냐"

사도 바울이 "지혜 있는 자가 어디 있느냐"고 질문한 것은 이 세상에 지혜 있는 자가 전혀 없다는 뜻이 아니다. 특히 그리스에는 지혜자라고 해서 많은 철학가가 있었다. 철학가는 '지혜를 사랑하는 자'라는 뜻이다. 그리고 '선비'는 '글을 쓰는 자' 또는 '책을 쓰는 저자'를 의미한다. 특히 그리스에서는 비극 작가들이 많은 인기를 누렸고, 또 나름 제자들을 가르치고 책을 쓰는 사람도 많았다. 플라톤도 많은 책을 썼고 아리스토텔레스도 많은 저술을 남겼다. 그리고 옛날 도서관에는 수많은 파피루스나 양피지 책이 보관되어 있었다. '변론가'는 소피스트라고 해서 웅변술을 터득한 사람을 가리키는데, 그들은 군중의 마음을 움직이고 설득하는 데 탁월한 능력을 가졌다. 그럼에도 이런 사람들 가운데서 어느 누구도 하나님을 만났다거나 하나님 앞에서 죄가 없다고 떳떳하게 말할 수 있는 사람은 없었다. 단지 그들은 신의 뜻을 알고자 할 때 델포이 같은 신전에 가서 무녀들이 하는 말을 듣고자 했다.

21절, "이 세상이 자기 지혜로 하나님을 알지 못하므로"

우리 인간의 지혜는 이 세상에서 일어나는 일이나 경험적으로 반복되는 일은 추론할 수 있지만 인간의 본질이라든지 하나님 자신에 대해서는 아무것도 알지 못한다. 이것은 오직 하나님이 내리신 계시의 말씀만으로 알 수 있다. 그래서 하나님은 이것을 '전도의 미련한 것'으로 구원하기를 기뻐하셨다. 여기서 우리는 두 가지 사실을 알 수 있는데 여기 '전도'는 사람의 입으로 전해주는 하나님 말씀을 의미한다. 즉 사람이 신에 대해 사색하거나 자기 멋대로 생각해서 알게 된 논리가 아니라 하나님 말씀을 전해 듣는 것을 말한다. 이것이 사람들의 입장에서 보면 너무 미련하게 생각될 수 있다. 그러나 하나님은 이 말씀의 증거를 통해 사람을 구원하기로 작정하셨다.

본문 이해를 위한 질문

1. 복음이 왜 십자가의 도이며, 이것이 멸망할 사람들에게 미련하게 보이는 이유는 무엇인가? 그리고 십자가의 도를 모른다고 해서 왜 멸망한다고 말하는가?

복음은 단순히 인간을 유익하게 하는 종교가 아니라 하나님과 화해하는 것이며, 죄를 완전히 해결하는 것이다. 하나님은 십자가를 통해 우리 인간과 화해하기를 원하시기 때문에 이것을 믿지 않는 자는 저절로 멸망하게 된다.

2. 십자가의 도가 구원받는 사람에게 능력인 이유는 무엇인가?

예수님이 우리 죄를 대신해 십자가에서 죽으신 것을 믿을 때 하나님은 우리와 화해하시며 우리의 모든 죄를 예수께 전가시키고 우리를 의롭다고 인정하신다. 그리고 하나님은 우리에게 능력을 주셔서 계속 믿음으로 살아가게 하신다.

3. 왜 하나님은 지혜 있는 자들의 지혜를 폐하시는가?

하나님이 지혜 있는 자들을 싫어하셔서 일부러 그런 것이 아니라 지혜 있는 자들이 자기 지혜만 믿는 교만한 마음이 있어 하나님의 계시를 업신여기고 무시하고 받아들이지 않기 때문에 폐하시는 것이다.

성경 강해

기독교를 믿지 않는 사람은 왜 그리스도인이 십자가 외에 다른 구원의 길을 일체 인정하지 않는지 이해하지 못합니다. 사실 이 세상에는 기독교 외에도 훌륭한 종교가 많고, 또 다른 종교 성직자들 가운데서 타의 모범이 되고 인격적으로 훌륭한 사람도 많습니다. 그런데 왜 기독교는 오직 예수 그리고 십자가 외에는 일체 구원을 인정하지 않느냐 하는 것입니다. 이것은 우리가 그렇게 하고 싶어 그런 것이 절대로 아닙니다. 이것은 하나님이 그렇게 정하신 것입니다.

예를 들어 열쇠로 잠겨 있는 집이나 문을 열고 들어가려면 오직 하나의 열쇠로 문을 열고 들어갈 수 있습니다. 아무리 많은 열쇠를 가지고 있어도 그 자물쇠에 맞지 않으면 문은 절대 열리지 않습니다. 그런데 왜 사람은 그 불편한 열쇠를 만들어 문을 잠그고 다니는 걸까요? 그것은 그 안에 있는 가족의 생명이나 그 안에 들어 있는 물건이 너무 소중하기 때문에 다른 사람에게 빼앗기지 않으려고 그러는 것입니다.

마찬가지로 하나님은 복음 안에 천국의 모든 생명과 축복을 다 집어넣으셨기 때문에 이것을 아무나 도둑질해 가지 못하도록 열쇠를 달아 놓으셨습니다. 그 열쇠가 바로 예수님의 십자가입니다. 그래서 하나님은 십자가 없이는 그 누구라도 하나님의 진리를 갖지 못하게 하셨고, 예수를 믿지 않고서는 절대로 하나님의 구원을 받을 수 없도록 해놓으셨습니다. 아무리 지식이 많고 언변이 좋은 사람이라도 십자가를 무시하는 사람은 절대로 구원받을 수 없게 해놓으셨습니다.

유명한 목회자 가운데서도 십자가를 통해 다시 한 번 자신의 인생이 변한 사람이 많습니다. 네덜란드의 수상을 지낸 아브라함 카이퍼는 젊고 유능한 학자요 목회자였는데, 어떤 교인 집을 방문했다가 할머니 한 분이 십자가에 대해 말하는 것을 듣고 복음의 사람으로 변했습니다. 유능한 의사였던 로이드 존스는 의사의 길을 포기하고 시골 웨일스의 개척교회에 전도사로 가게 되었습니다. 아주 열정적이고 유능한 설교자였던 그는 어느 날 자신의 설교를 들은 한 노 목사님으로부터 설교에 십자가가 없다는 말을 들었습니다. 그 말에 그는 며칠 동안 두문불출한 채 방에서 십자가에 대한 책을 읽고 묵상한 뒤 은혜를 받았다고 합니다. 『그리스도의 십자가』라는 아주 유명한 책의 저자 존 스토트 목사는 자신이 쓴 책에서 왜 예수님의 십자가가 아니면 안 되는지 훌륭하게 논증하고 있습니다.

1. 인간의 지혜가 지닌 한계

고린도는 도덕적으로 타락하고 문란한 도시이면서 그리스 철학의 영향을 많이 받은 도시였습니다. 고린도인은 쉽게 말해 돈도 좋아하고 세상의 쾌락도 좋아했지만 높은 지적 수준을 동경했습니다. 사실 지적 수준이 높지 않았지만 그들은 지적 수준이 높은 사람을 좋아했고, 자신들도 지적으로 보이는 것을 좋아했습니다.

사도 바울이 고린도에 와서 복음을 전함으로써 많은 사람이 예수를 믿고 그리스도인이 되었으며, 이곳에 영적 부흥이 일어났습니다. 그러나 교인들 가운데 왜 기독교는 소크라테스나 플라톤의 철학과 달라야 하며, 왜 그리스도인은 이런 철학을 배우거나 따라가면 안 되는지 이해하지 못하는 사람이 많았습니다. 이런 사람은 대개 지식을 좋아하거나 철학에 관심이 많았습니다. 또 어떤 사람은 유대교도 같은 하나님을 믿으며 영성에 깊이가 있는데, 왜 기독교가 유대교와 달라야 하는지 이해하지 못했습니다. 이런 사람들은 대개 종교에 관심이 많았습니다.

고린도 교인은 교회를 하나의 그릇으로 생각할 때 가능하면 좋은 내용을 많이 담는 것이 사람에게 많은 유익을 줄 수 있다고 생각했습니다. 요즘 교회들 가운데도 성경 외에 아주 많은 것을 가르치는 교회가 있습니다. 즉 전도하려면 사람들을 자꾸 교회에 나오게 해야 하는데 그렇게 하려면 꼭 신앙적인 내용이 아니더라도 사람들이 원하는 것을 교회가 제공해주어야 한다고 주장합니다. 그러나 사도 바울은 교회가 많은 것을 담는 그릇이기 이전에 먼저 하나님의 세계를 열 수 있는 열쇠를 가져야 한다고 생각했습니다. 교회에 인간적인 내용이나 세상적인 것을 아무리 많이 담아도 부흥은 일어나지 않습니다. 우리가 천국 열쇠를 가지고 하늘 문을 열어 성령과 은혜가 교회에 부어져야 교회에 진정한 부흥이 일어납니다. 그래서 사도 바울은 교회가 붙들어야 하는 유일한 진리는 오직 '그리스도의 십자가' 라고 말합니다. 즉 기독교는 영혼에 대한 많은 관심을 담고 있는 것도 아니고 지식에 대한 사랑을 담고 있는 것도 아니고 많은 종교적 체험을 담고 있는 것도 아니라고 말합니다. 교회가 담고 있는 유일한 내용은 예수 그리스도의 십자가여야 한다는 것입니다.

사도 바울은 이렇게 말합니다.

18절, "십자가의 도가 멸망하는 자들에게는 미련한 것이요 구원을 받는 우리에게는 하나님의 능력이라"

"십자가의 도"는 오직 십자가에 못 박혀 죽으신 예수를 하나님의 아들로 믿는 것을 말합니다. 하나님의 아들이 이 세상에 오셔서 우리 죄를 대신해 죽었다는 것을 믿는 것이 바로 십자가의 도입니다. 그런데 사람들에게 십자가의 도가 미련하게 보이는 이유는 십자가에 못 박혀 죽은 자를 믿는 종교이기 때문입니다. 사람들은 살아있는 사람을 믿어야지 왜 죽은 사람을 믿느냐고 합니다.

우리 인간에게는 엄청난 지혜가 있는데 이 지혜를 가지고 엄청난 지식 체계를 만들어내고 문명과 기술을 만들어냈습니다. 이 엄청난 지혜를 가지고 우리 인간은 하늘을 날게 되었고 우주선을 발사하게 되었으며 백층이 넘는 고층 빌딩을 세우고 있습니다. 그런데 우리 인간의 이 뛰어난 머리로 하나님을 모른다고 해서 구원받지 못하느냐는 것입니다. 특히 인간에게는 단순한 지식이나 기술 외에 종교적 본성과 사고가 있습니다. 소크라테스처럼 지혜를 사랑하거나 영혼을 사랑하는 마음이 있습니다. 그는 지혜를 너무 사랑한 나머지 기꺼이 죽는 길을 택했습니다. 그럼에도 우리 인간의 지혜나 지혜를 사랑하는 마음으로 구원받지 못하느냐는 것입니다. 우리 인간은 종교적 수양을 하거나 금식하면 이상한 종교적 체험을 하게 됩니다. 환상을 보거나 병이 낫거나 이상한 진리를 터득하기도 합니다. 그런데 사람들은 이런 것으로 구원받지 못하느냐 하는 것입니다. 여기서 사도 바울은 인간의 노력으로는 절대로 하나님 앞에 나아갈 수 없기 때문에 오직 우리가 구원받는 길은 예수 그리스도의 십자가를 믿는 것밖에 없다고 말합니다. 즉 기독교는 구원을 받는 데 인간의 지혜나 종교적 체험은 아무 소용이 없고 아무 도움도 되지 않고 오직 예수님의 십자가를 믿는 믿음밖에 다른 길이 없다고 말하고 있습니다.

21절, "하나님의 지혜에 있어서는 이 세상이 자기 지혜로 하나님을 알지 못하므로 하나님께서 전도의 미련한 것으로 믿는 자들을 구원하시기를 기뻐하셨도다"

여기서 성경은 인간의 지혜에 대해 놀라운 말씀을 합니다. 인간의 지혜는 뛰어나고 놀라운 것이지만 이것으로는 하나님을 알지 못한다고 말씀합니다. 인간의 지혜는 동물의 본성과 마찬가지로 이 세상에서 사는 데 유익한 도구일 뿐입니다.

우리 인간의 지혜는 이 세상을 사는 데 얼마나 편하고 얼마나 많은 자료를 모으며 얼마나 좋은 기계를 만들어 사느냐 하는 것이지 우리 영혼을 구원할 수 있는 지혜는 되지 못합니다.

우리 인간은 자신의 지혜를 많이 개발할수록 엄청나게 똑똑한 사람이 되고 엄청난 기술과 지식을 만들어낼 수 있습니다. 그럼에도 우리 인간의 지혜를 가지고는 자기 영혼에 대해 확실한 것을 알 수 없고 자기 영혼을 구원할 수도 없습니다.

우리 인간의 지혜는 이 세상에 사는 처세나 인간관계의 도리에 대해서는 많은 것을 가르쳐주지만, 자신이 과연 어떤 존재인지에 대한 것과 우리가 하나님께 갈 수 있는 길에 대해서는 아무것도 가르쳐주지 못합니다. 그래서 인간의 지혜를 가지고 하나님을 논증하면 할수록 그분에 대해 모르게 되고 맙니다.

20절, "지혜 있는 자가 어디 있느냐 선비가 어디 있느냐 이 세대에 변론가가 어디 있느냐 하나님께서 이 세상의 지혜를 미련하게 하신 것이 아니냐"

본문 말씀을 보면 세 종류의 지식인이 등장하고 있습니다. 첫 번째는 '지혜 있는 자'로 그리스의 철학자를 말합니다. 그리스 철학자들은 이 세상의 근본에 대해 연구했는데, 그들이 인류에 공헌한 것이 있습니다. 옛날에는 지식이 신화나 신에 대한 말과 뒤섞여 진정한 과학이 없었는데, 그들이 차츰 인간 학문의 영역을 만들어낸 것입니다. 예를 들어 과거 전염병이 퍼졌을 때 무당이나 제사장 같은 사람은 신의 진노라고 해서 아무 대책을 세우지 않는 데 반해 과학자들은 병에 걸린 사람들에게서 공통으로 드러난 것이 무엇인지 알아보고 그들 모두가 한 우물에서 물을 마셨다는 사실을 알아낸 뒤 물을 통해 전염되었다고 주장했습니다. 물론 당시 사람들은 그 주장을 조롱하고 비웃었지만 그들은 진정으로 학문을 만들어낸 업적을 세웠습니다.

두 번째로 '선비'라고 했는데, 이들은 주로 책을 보관하고 만드는 사람을 말하는 것 같습니다. 인간의 탁월한 능력 가운데 하나는 지식을 기록하고 보관하는 것입니다. 더 거슬러 올라간 과거에는 지식을 모두 외워 기억했는데 차츰 양피지나 파피루스에 기록해 보관하게 되었습니다. 옛날 터키에는 이런 문서가 보관된 도서관이 있었습니다. 유대의 서기관들은 문서를 기록하고 보관하는 데 탁월한 능력을 가진 사람들이었습니다.

마지막으로 '변론가'는 그야말로 말을 가지고 이치를 따지는 궤변가를 가리킵니다. 특히 그리스에서는 소피스트라고 해서 말을 잘하는 사람이 있었고, 이들은 정치 토론장이나 법정에서 훨씬 유리한 변론을 하곤 했습니다. 우리나라에서도 법정에서 변호사의 변론에 따라 죄의 형벌이 달라지는 것을 볼 수 있습니다. 특히 미국에서는 변호사의 변론에 따라 죽을 사람이 살기도 하고 살 사람이 죽기도 한다고 합니다.

사도 바울은 과연 이런 철학자나 변론가, 지식인이 하나님을 알 수 있느냐고 질문하고 있습니다. 이들이 하는 것은 모두 막연한 추측이지 정확한 지식은 아니었습니다. 그나마 지혜를 사랑하는 사람이 신에 가깝다고 했는데 그것도 막연한 추측일 뿐입니다. 많은 사람이 왕궁으로 몰려간다고 해서 궁궐의 문을 열 수 있는 것이 아니라 그 문을 열 수 있는 열쇠가 있어야 하고, 왕의 뜻에 맞는 말을 할 수 있어야 합니다.

세상 사람들이 십자가를 미련하게 생각하는 이유는 십자가가 인간이 가진 모든 능력을 부정하기 때문입니다. 또한 우리가 하나님께 나아갈 수 있는 길은 오직 예수님의 십자가를 믿는 것밖에 없다고 말하기 때문입니다.

하나님은 오직 '전도의 미련한 것'으로 구원받기를 기뻐하셨다고 말씀합니다. 이처럼 우리 인간은 하나님 말씀을 들어야 하며, 그 말씀을 믿어야 구원받을 수 있습니다.

2. 하나님의 지혜가 지닌 성격

인간의 지혜가 뛰어난 것은 사실이지만 그 지혜로 모든 것을 다 알 수 없기 때문에 우리는 알지 못하는 어떤 힘을 믿어야 합니다. 이것이 바로 신앙의 영역입니다.

예를 들어 의사는 환자를 치료하거나 수술할 때 약의 힘으로 열을 떨어뜨리고, 막힌 것은 수술해서 뚫고, 새로운 관을 만들어 피나 양분을 통하게 하지만 죽어가는 사람을 살리지는 못합니다. 즉 인간이 살려고 하면 그 몸 안에 생명력이 있어야 합니다.

하나님은 우리 인간이 지혜를 가지고 이 세상의 많은 일을 알고 유익한 것을 만들 수 있지만 구원받지는 못하게 하셨습니다.

19절, "기록된 바 내가 지혜 있는 자들의 지혜를 멸하고 총명한 자들의 총명을 폐하리라 하였으니"

다음은 이사야 29장 14절 말씀입니다. "그러므로 내가 이 백성 중에 기이한 일 곧 기이하고 가장 기이한 일을 다시 행하리니 그들 중에서 지혜자의 지혜가 없어지고 명철자의 총명이 가려지리라."

유다 백성과 이스라엘 백성은 그 당시 유일하게 하나님을 믿었습니다. 이들은 우상 숭배자들에게 둘러싸여 지냈는데, 옛날이나 지금이나 나라가 고립된다는 것은 아주 힘겨운 일입니다. 그래서 이스라엘과 유다의 모든 지혜 있는 자와 명철한 자는 하나님을 믿는다고 고집해서는 안 되고, 다른 종교도 받아들여 문화의 물꼬를 터서 교류해야 살 수 있다고 주장했습니다. 이것은 누가 생각해도 당연한 일이었습니다. 그러나 선지자들은 유다와 이스라엘 백성은 아무리 왕따를 당하고 고립된다고 해도 절대로 다른 나라의 종교나 사상을 받아들여서는 안 된다고 했습니다. 이상한 것은 인간의 지혜나 이론을 따르면 처음에는 잘 되는 것 같지만 나중에는 꼭 망하게 된다는 사실입니다. 그런데 놀랍게도 이스라엘 백성이 죽을 각오로 하나님 말씀에 순종하며 살기로 하자 살길이 열렸을 뿐 아니라 부흥이 일어났습니다.

"지혜 있는 자들의 지혜를 멸하고 총명한 자들의 총명을 폐하리라"는 말씀은 하나님께 도달하는 데 있어 인간의 지혜와 명철을 차단하셔서 인간의 지혜나 명철로는 절대 그분께로 올 수 없도록 하신다는 뜻입니다. 우리가 하나님께 갈 수 있는 길은 오직 믿음이지 지혜가 아닙니다.

사실 이 세상의 모든 종교는 하나님이 있기를 바라는 마음에서 시작되었습니다. 세상의 모든 종교에서 우리 인간의 심성을 생각하거나 여러 가지 지혜를 가지고 논리적으로 생각할 때 신은 분명 있을 것 같습니다. 그래서 인간은 스스로 다양한 생각이나 노력, 체험을 통해 하나님을 찾아가고 있습니다. 인간의 지혜와 감정이 얼마나 풍부하고 수준이 높은가 하면 모두 나름대로 하나님을 생각하고 찾을 때 엄청난 사상이나 종교적 체험, 도덕적 선행이 나오게 됩니다. 이로 말미암아 사람들은 사상과 철학을 만들고 종교적 체계를 만들었습니다. 그러나 그들이 미처 깨닫지 못한 것이 있으니 그 지혜나 체험이 차단되어 있다는 것입니다. 사람들이 자기 논리나 자기 체험을 통해 만족을 얻고 시원함을 얻고 도덕적 깨달음을 얻는 것은 이 세상을 살아가는 일종의 지혜에 속하는 것이고 지적 최면이지 진정으로 하나님께 도달한 것이 아닙니다. 하나님께 가려면 우주를 통과하고 태양을 통과해 가야 하는데 우리 인간은 그 열과 에너지를 감당할 수 없습니다. 그리하여 하나님이 그 우주 공간과 태양열을 뚫고 우리에게 구원의 길을 열어주셨는데 그 하나는 하나님 말씀이고, 다른 하나는 하나님의 아들 자신입니다. 이 두 가지는 결국 하나입니다. 하나님의 아들 자신이 하나님 말씀이기 때문입니다. 우리는 하나님의 아들을 믿음으로써 하나님 말씀을 통해 그분께 나아갈 수 있습니다. 그러나 이것은 지식의 영역이 아니고 믿음의 영역입니다.

3. 인간의 상태

왜 하나님은 지혜 있는 자들의 지혜와 총명 있는 자들의 총명을 차단시키셔서 그분께 올 수 없도록 하셨을까요? 이는 바로 인간이 어떤 상태에 있느냐 하는 것과 직결된 문제입니다.

22-23절, "유대인은 표적을 구하고 헬라인은 지혜를 찾으나 우리는 십자가에 못 박힌 그리스도를 전하니 유대인에게는 거리끼는 것이요 이방인에게는 미련한 것이로되"

원래 유대교는 하나님 말씀, 즉 구약 성경을 믿는 것이었습니다. 유대인이 율법을 계속 파고들었다면 그들은 틀림없이 예수께 나아오게 되었을 것입니다. 그러나 계속 성경만 연구하다 보니 아무것도 없는 것 같고 권위가 좀 부족한 것 같았습니다. 결국 유대인은 구약 성경을 버리고 의식이라든지 기적 같은 것을 믿기 시작했습니다. 그러자 다른 사람이 자신의 말을 훨씬 더 잘 듣고 권위도 서는 것 같았습니다. 그때부터 유대인은 성경 말씀을 버리고 종교적 지식이나 체험을 추구하기 시작했습니다. 원래 표적은 하나님 말씀이 선포될 때 나타나는 증거였고 기적이었습니다. 즉 하나님의 백성 가운데 하나님 말씀이 능력 있게 선포되면 영적 부흥이 일어나면서 병이 낫고 기도가 응답되며 기적이 나타났습니다. 그런데 유대인은 어느 순간부터 하나님 말씀 없이 나타나는 현상만 믿게 되었습니다. 자기들 나름대로 격식을 만들고 금식도 하고 고행했을 때 그들에게 신비로운 체험이 생기게 되었고, 이 세상에서는 얻을 수 없는 종교적 만족감이나 희열을 체험하기도 했던 것입니다. 그러면서 유대인은 더욱 오만해지고 고집스러워졌습니다. 그들의 종교 체험은 죽은 체험이었기 때문입니다.

철야를 하거나 금식을 하거나 고행을 하면 어느 순간 말할 수 없는 희열이 생기는데, 이것은 하나님이 주시는 기쁨이 아니라 호르몬의 영향이고 본능적인 것입니다. 인간의 몸은 아주 예민해서 어떤 자극에 대하여 우리가 생각하지 못하는 반응이 나타나고, 사람들은 이것을 어떤 도의 경지에 오른 것이라고 스스로 믿습니다. 헬라인은 자신들의 그 뛰어난 지혜를 통해 인간의 영혼이 가진 고상함을 알게 되었습니다. 그래서 그들은 영혼 불멸의 상태를 생각하게 되었고, 인간이 죽어 육체를 벗어나면 영혼은 자유를 얻고 진정한 지혜를 알게 된다고 생각했습니다. 철학자들은 인간이 육체를 가진 동안에는 완전할 수 없다는 것을 알면서도 철학을 해야 한다고 주장했습니다. 그렇게 해야 영혼에 때가 덜 묻고 덜 더러워져 죽어도 영혼이 살 수 있다고 여겼던 것입니다.

중요한 것은 왜 하나님은 십자가의 도가 아니면 그분께 올 수 없도록 차단시키셨는가 하는 것입니다. 그것은 우리 인간이 하나님과 어떤 상태에 있느냐 하는 것과 관계가 있습니다. 즉 우리 인간이 정상적인 상태에 있고 아무런 문제가 없다면 자신의 지성이나 노력, 종교적 체험으로도 하나님께 나아갈 수 있을지도 모릅니다. 그러나 중요한 사실은 우리 인간은 모두 죄에 빠져 있고 하나님과 원수 된 상태에 있어 그분께 나아갈 수가 없다는 것입니다. 즉 우리 인간과 하나님 사이에는 단순히 피조물과 창조주의 차이를 떠나 모든 인간이 하나님을 불신하고, 하나님 말씀을 거역한 죄의 상태에 빠져 있어 그분께 나아갈 수가 없다는 것입니다.

십자가는 하나님과 그분의 화해를 나타냅니다. 우리는 하나님과 화해해야 하는데 인간은 모두 죄에 빠져 있어 그분과의 화해 대상이 될 수 없습니다. 그래서 하나님은 그분의 유일한 독생자를 인간의 대표로 삼으셔서 하나님과 화해하도록 하신 것입니다. 십자가는 하나님을 찾는 인간의 노력이나 체험이 아니라 하나님과의 화해인 것입니다. 하나님은 오직 예수 그리스도의 십자가를 통해 우리 인간이 죄 용서를 받게 하셨고 하나님의 축복 안에 들어올 수 있게 하셨습니다. 즉 하나님이 우리에게 요구하신 것은 뛰어난 지식이나 신비한 체험이 아니라 겸손한 마음이고 그분을 믿는 믿음입니다.

23-24절, "우리는 십자가에 못 박힌 그리스도를 전하니 유대인에게는 거리끼는 것이요 이방인에게는 미련한 것이로되 오직 부르심을 받은 자들에게는 유대인이나 헬라인이나 그리스도는 하나님의 능력이요 하나님의 지혜니라"

여기에 보면 당시 사람에게 십자가의 도가 얼마나 무시당하고 있었으며, 얼마나 업신여김을 당했는지 알 수 있습니다. 그러나 하나님이 우리 인간에게 찾아오신 최초의 행위는 '케리그마', 즉 하나님 말씀을 선포하시는 것입니다. 우리는 오직 십자가에 못 박히신 예수를 전한다고 했습니다. 그 이유는 우리가 구원받는 데 가장 먼저 필요한 것이 지혜나 종교적 체험이 아니라 하나님과의 화해이기 때문입니다. 우리가 하나님 앞에 죄 용서를 받지 않고 구원받을 수 있는 길은 전혀 없습니다. 우리 인간에게는 엄청난 지혜가 있고 수많은 종교적 체험과 사상이 있지만 이것으로는 하나님과 화해할 수가 없습니다.

우리 인간의 교만이 저지른 죄가 너무 커서 우리의 힘이나 노력으로는 영원히 용서받을 수 없습니다. 우리 인간은 하나님의 거룩하심과 그분의 자존심에 너무 깊은 상처를 드렸기 때문에 우리의 힘과 노력만으로는 절대 구원받을 수가 없습니다. 우리가 구원받을 수 있는 길은 이제 하나님 앞에서 자신이 교만한 죄인이었음을 인정하고 죄 용서를 받는 것밖에 없는데, 이것은 오직 십자가를 믿고 하나님 말씀을 믿는 것 외에 다른 방법이 없습니다.

당시 고린도 교회 안에서 많은 철학과 종교적 체험이 있었지만 이것으로는 하나님과 화해할 수가 없었습니다. 사도 바울은 교회 안에 하나님과 화해하는 복음이 있다고 말합니다. 우리가 하나님 앞에서 구원받고 축복받는 데는 많은 지식이나 종교적 체험이 필요하지 않습니다. 오직 예수님의 십자가를 믿고 하나님 말씀을 믿을 때 하나님은 우리의 죄를 용서하시고 구원해주십니다.

그러면 어떻게 십자가가 우리의 지혜가 되고 능력이 될 수 있을까요? 우선 십자가는 하나님의 진리의 창고에 들어가는 열쇠가 됩니다. 예수님의 십자가를 믿을 때 우리는 비로소 성경의 진리 창고 안으로 들어갈 수 있는데, 그 안에 무한한 지혜와 능력과 축복이 들어 있습니다. 결국 교회는 이 보물창고 안에 들어가 진리와 능력을 가져오는 비법을 가져야 이 악한 세상 가운데서 교인을 지키고 부흥을 일으킬 수 있습니다. 결국 마귀와 우리 사이에 지혜와 믿음의 대결이 벌어지는 것입니다. 우리는 많은 생각과 모략으로 세상을 이기는 것이 아니라 하나님을 믿을 때 이길 수 있습니다. 하나님 말씀은 좌우에 날선 검과 같아서 모든 것의 관절과 골수를 쪼개어 볼 수 있게 합니다. 게다가 예수님의 십자가는 하나님의 능력이 되게 합니다. 십자가를 통해 하나님께 나아갈 때 그분은 우리에게 하나님의 능력을 부어주십니다. 그리하여 기도가 응답 되게 하시고 영적 부흥이 일어나게 하시고 병이 낫게 하시고 기적이 일어나게 하십니다. 이 세상의 진정한 지혜와 능력은 우리가 무엇을 잘하게 하는 것이 아니고 다른 사람을 움직이게 하는 것입니다. 그런데 다른 사람을 움직이는 것보다 더 큰 지혜와 능력은 하나님을 움직이게 하는 것입니다.

25절, "하나님의 어리석음이 사람보다 지혜롭고 하나님의 약하심이 사람보다 강하니라"

예를 들어 어린 아이가 아무리 강하다고 해도 어른보다 더 강할 수는 없습니다. 여성은 힘이 약하지만 어린 아이 하나쯤은 얼마든지 안고 다닐 수 있고 어려운 상황일 때 도와줄 수 있는 힘을 가졌습니다. 아이가 머리가 좋다고 하지만 어른보다 더 지혜로울 수 없고, 학생이 머리가 좋다고 하지만 교수님보다 더 많은 것을 알 수는 없습니다. 마찬가지로 우리 인간은 하나님이 만드신 피조물에 불과하기에 피조물이 머리가 좋아도 하나님의 미련하심보다 더 지혜롭지 못할 것입니다. 즉 자동차가 아무리 복잡해도 그 자동차를 만든 기술자는 모든 것을 알고 있기 때문에 속이거나 할 수가 없습니다. 궤변을 늘어놓고 아무리 잘난 척해도 하나님은 우리 인간을 속속들이 아시기 때문에 인간은 그분을 속일 수 없고 그분보다 더 큰 능력을 가질 수도 없습니다.

하나님의 진리 안에는 세상에서 절대로 알 수 없는 비밀이 있습니다. 이 비밀만 알고 있으면 교회가 아무리 작고 교회 건물이 아무리 초라해도 우리는 걱정할 필요가 없습니다. 오늘날 현대 교회처럼 아무리 교회가 크고 웅장하고 그 구성원이 세상적으로 성공했더라도 이 비밀을 알지 못하면 곧 밑천이 드러나고 얼마 가지 않아서 헐벗고 비참한 상태에 빠지게 될 것입니다.

성경 토의

1. 오늘 우리나라의 기독교가 부흥되고 많은 지식인이 예수를 믿게 됨으로써 십자가의 도가 교회의 성공에 밀려 무시당하는 경우가 있는가? 기독교는 믿지 않는 사람이 십자가의 도가 미련하고 독선적이라고 말하는 것을 어떻게 생각해야 하는가?

2. 오늘날 한국 기독교가 능력을 잃어버리고 사회에서 많은 지탄을 받는 이유가 뭐라고 생각하는가? 우리가 능력을 되찾고자 할 때 그 비결이 어디에 있다고 생각하는가?

3. 하나님은 전도의 미련한 것으로 구원하기를 기뻐하신다고 했는데 전도의 미련한 것은 무엇이며, 구체적으로 어떻게 하는 것을 말하는가? 오늘날 교회가 믿지 않는 사람을 교회 안으로 끌어들이기 위해 사용하는 많은 전도 전략은 '전도의 미련한 것'인가, 아니면 '인간의 현명한 것'에 속하는가?

04_하나님 앞에서의 자랑

고린도전서 1:22-31

전체적 설명

사람이 죄를 지어 감옥에 갇히면 아무리 돈이 많은 부자이고 정치적으로 높은 자리에 있다고 해도 그는 오직 죄수일 뿐이다. 물론 감옥 안에서도 높은 자리에 있다가 감옥에 온 사람과 일반 잡범은 다른 대우를 받겠지만 다른 사람들이 보기에 모두 똑같은 죄인일 뿐이다. 마찬가지로 사람들은 재산이 많아서 부자이거나 정치적으로 높은 자리에 있거나 학식이 많으면 자랑거리로 삼지만 하나님 앞에서는 모두 똑같은 죄인일 뿐이다. 따라서 우리 인간에게 가장 중요한 문제는 어떻게 하면 하나님 앞에서 의인이 될 수 있느냐 하는 것이다. 하나님 앞에서 의인만 될 수 있다면 우리는 이 세상에서 가장 성공한 사람이 될 수 있다.

그렇다면 우리가 하나님 앞에서 의인될 수 있는 방법은 무엇인가? 하나님은 이 세상에서 돈이 아주 많고 성공한 사람을 의인으로 삼으시는 것이 아니라 역설적으로 천하고 멸시받는 사람을 믿음으로 의인이 되게 하셔서 하나님 자신이 영광 받기를 원하신다.

설교 프리노트

22절, "유대인은 표적을 구하고 헬라인은 지혜를 찾으나"

사도 바울 당시 로마 제국에서 개성이 가장 뚜렷한 두 민족을 꼽으라면 바로 유대인과 헬라인이었다. 특히 헬라인은 지식으로 유명했는데, 로마로부터 상당한 인정을 받았다. 특히 로마 귀족의 자녀들 사이에서는 아테네나 로도 섬 등으로 유학하는 것이 성공의 지름길로 인식되었고, 귀족의 가정교사들 가운데서 헬라인은 특별 대접을 받았다. 한편 유대인은 독특한 유일신 신앙으로 로마로부터 특별대우를 받았다. 그러나 헬라인과 유대인이 같이 사는 지역에서는 두 민족 사이에 자주 충돌이 일어나곤 했다. 원래 유대교는 구약 율법을 가지고 하나님을 믿는 신앙이었는데 중간에 변해 하나님 말씀은 없어지고 금식이나 제사 등 형식을 중시하게 되었다. 거기서 한 걸음 더 나아가 공로나 종교적 형식 같은 것을 중시했다. 반면 헬라인은 플라톤의 철학이나 세상의 지식 등을 중요하게 생각했다. 본문에서 사도 바울이 언급하고 있지 않지만 로마인은 당연히 군사력이나 세상의 출세를 중요하게 생각했을 것이다. 그러나 유대인이나 헬라인은 그런 것을 천박하게 여겼다.

23절, "우리는 십자가에 못 박힌 그리스도를 전하니"

기독교가 이 세상 사람의 기대와 근본적으로 다른 점이 있다. 이 세상에서 지성인이나 종교인은 보통 사람은 감히 가까이 다가갈 수 없는 지적 경지나 종교적 경지에 올랐다고 여겨 높이 평가한다. 예를 들어 우리나라 경우에도 종교인이라고 하면 수년 동안 고행하면서 도를 닦아 보통 사람은 감히 흉내 낼 수 없는 경지에 오른 스님이라든지 수도사를 높이 평가하고, 학자라고 하면 공부를 엄청나게 많이 해서 보통 사람은 흉내 낼 수 없는 지식을 가졌다고 해서 존경할 것이다. 반대로 누구든지 믿을 수 있고 누구든지 구원받을 수 있는 종교라면 사람은 시시하게 생각해 업신여길 것이다. 그런데 기독교는 그야말로 누구든지 믿을 수 있는 종교이고, 아무런 공로 없이도 구원받을 수 있는 신앙이기 때문에 기독교에 대해 큰 기대를 걸었던 사람은 업신여기게 되었다. 기독교는 누구든지 십자가에 못 박하신 예수를 믿기만 하면 죄 용서를 받고 영생을 얻는다. 그래서 유대인은 십자가에서 저주를 받아 죽은 예수를 믿는다고 꺼림칙하게 생각하고, 이방인은 미련하다고 생각한다.

24절, "오직 부르심을 받은 자들에게는 유대인이나 헬라인이나"

여기에는 하나님의 '부르심'에 대한 교리가 나타나 있다. 십자가의 이 복음은 인간의 머리나 의지로는 아무도 믿을 수 없기 때문에 하나님이 미리 택하고 인도하셔야 믿을 수가 있다. 자연 상태에서는 유대인이나 헬라인, 동양인이나 서양인 누구든지 자기 힘으로는 믿을 수 없기 때문에 하나님이 택하여 몰아가셔서 강권적으로 믿음을 주셔야 한다. 이런 점에서는 이 세상 어떤 사람도 차별이 없다. 단지 누구든지 하나님의 손에 붙들려 예수를 믿으면 하나님의 축복 세계 안으로 당당하게 들어갈 수 있다. 즉 이 세상에서 예수 그리스도의 십자가 없이는 어느 누구도 하나님을 바로 알 수 없고, 하나님의 축복 안으로 들어갈 수가 없다.

25절, "하나님의 어리석음이 사람보다 지혜롭고"

우리가 하나님을 모른다고 해도 인간적으로 생각했을 때 인간의 머리가 아무리 좋다고 해도 하나님보다 더 좋을 수는 없다. 하나님은 우리를 만드신 분이기 때문이다. 예를 들어 아무리 물건이 잘 만들어졌다고 해도 그 물건을 만든 사람보다 머리나 기술이 더 좋을 수는 없다. 그래서 피조물인 우리 인간이 하나님 말씀을 들어야지, 우리가 생각하는 것을 가지고 하나님을 만들어 믿으려고 해서는 안 된다. 인간의 어리석음은 바로 스스로를 하나님보다 더 지혜롭다고 생각해서 그분을 판단하려고 하는 것이다.

26절, "육체를 따라 지혜로운 자가 많지 아니하며"

얼핏 보면 이 말씀은 앞선 사도 바울의 말과 모순되는 것 같다. 사도 바울은 고린도 교인이 "언변과 모든 지식에 풍족하므로"라고 했는데, 여기서는 "지혜로운 자가 많지 아니하며… 문벌 좋은 자가 많지 아니하도다"라고 말한다. 아마도 고린도 교인이 다른 지역에 있는 그리스도인과 비교하면 언변이나 지식이 뛰어난 것은 틀림없지만, 같은 고린도인과 비교하면 아무래도 가난하고 비천한 계층에 있는 사람이 많았던 모양이다. 특히 고린도에는 노예가 많았는데, 그들이 복음을 듣고 예수를 많이 믿은 것 같다. 또한 고린도의 지식인이나 부자라고 해도 아테네 사람이나 다른 유명한 도시의 부자만큼은 인정받지 못했을 수도 있다. 결국 누구든지 예수를 믿고 구원받는 것은 그것이 무엇이든 이 세상에서 부족한 것이 있기 때문이다.

27절, **"하나님께서 세상의 미련한 것들을 택하사"**

하나님이 우리를 복음으로 부르고 구원하신 목적이다. 우리는 대체로 하나님이 우리를 구원하신 것은 사랑하기 때문이라고 믿는다. 그러나 그것보다 더 중요한 것은 하나님이 우리를 통해 영광 받기를 원하시기 때문이다. 자기가 똑똑하기 때문에 당연히 구원받아야 한다고 생각하는 사람은 아무리 구원해 봐야 감사해하지 않는다. 그러나 자기는 도무지 구원받을 자격이 없다고 생각하는 사람을 하나님이 은혜로 구원하시면 그분께 감사하고 영광을 돌릴 것이다. 하나님은 이것을 원하신다. 진정으로 구원받는 자의 특징은 이처럼 자기는 자랑할 것이 아무것도 없다는 사람이다.

29절, **"이는 아무 육체도 하나님 앞에서 자랑하지 못하게 하려 하심이라"**

이 세상에는 어느 인간도 구원받을 지혜나 능력이 없기에 하나님의 전적인 능력 없이는 구원받을 사람이 한 명도 없다. 그래서 어느 누구도 구원받았다고 해서 하나님 앞에서 자랑할 수가 없다. 자랑하는 사람은 오직 주님 안에서 자랑할 뿐이다(31절).

30절, **"우리에게 지혜와 의로움과 거룩함과 구원함이 되셨으니"**

우리는 그리스도의 십자가 공로로 말미암아 모든 죄를 벗어버리고 예수님의 새로운 성품을 공급받는다. 우선 예수님은 지혜이므로 우리에게 복음을 믿게 하시고 우리를 의롭다 하시고 거룩하게 하시고 결국에는 완전한 구원을 얻게 하신다. 이것이 모두 예수 그리스도에게만 있다.

본문 이해를 위한 질문

1. 유대인이나 헬라인이 구하는 것과 우리 믿는 자가 구하는 것은 무엇이 다른가?

유대인은 표적을 구하고 헬라인은 지식을 구하지만, 우리는 십자가에 못 박히신 예수를 전한다. 그래서 유대인은 복음을 아주 싫어하고 헬라인은 업신여긴다. 그러나 누구든지 하나님의 은혜가 아니면 예수를 믿을 수가 없다.

2. 하나님의 생각은 어떻게 다르신가?

하나님은 우리 인간의 구원을 통해 하나님 자신이 영광 얻기를 원하신다. 그래서 하나님은 어차피 인간이 자기 힘으로는 구원받을 수 없기에 세상에서 비천하고 멸시받는 사람을 구원해서 감사하게 하시고 그분께 영광을 돌리게 하신다.

3. 인간이 스스로 자랑하는 것은 구원에 어떤 영향을 미치는가?

사람이 스스로 자랑한다는 것은 자기 자신을 전혀 모르기 때문이다. 이런 사람은 복음의 가치를 업신여기고 끝까지 자신의 머리를 믿으려고 한다. 그러나 인간의 지혜나 행위로는 하나님의 의로우심과 거룩하심에 미칠 수 없기에 모두 망하고 만다. 구원받은 사람 가운데는 자신을 자랑하는 자가 없다. 모두 하나님께 영광 돌리며 그리스도를 자랑한다.

성경 강해

사람은 누구나 다른 사람이 자기를 인정해주고 칭찬해주면 기분이 굉장히 좋습니다. 운동선수는 경기할 때 자신의 실력도 중요하지만 관중의 박수와 응원을 통해 큰 힘을 내곤 합니다.

사람은 누구나 다른 사람이 칭찬하고 소중하게 대해 주면 스스로 멋있고 일을 잘하고 있다고 생각합니다. 반면 다른 사람이 업신여기고 무시하면 스스로 못생겼고 일을 잘못한다고 생각합니다.

요즘 우리는 한때 칭찬받고 박수를 받던 사람이 갑자기 인기가 떨어져 무지무지하게 욕을 먹고 심지어 범죄자가 되어 감옥에 들어가는 것을 봅니다. 도대체 무슨 일 때문에 그토록 인정받고 존경받던 사람이 칭찬 대신 욕을 먹고 손가락질을 당하고 다른 사람들로부터 비판받게 된 것일까요? 이는 인간이 불완전해서 그런 것인데 옛날에 칭찬받고 인정받던 사람이 나중에 그 능력을 잃어버리면 욕을 먹게 됩니다. 과거에는 칭찬받았지만 몰래 나쁜 짓을 해서 그 사실이 들통 났다거나 그 사람 자체가 나쁘게 변했다면 비판을 받게 됩니다. 그렇다 보니 사람들은 아무리 성공하고 유명해져도 사실 불안할 때가 많습니다. 요즘 우리나라에서 어느 정도 유명하고 성공했다는 사람 가운데서 완전히 정직하거나 깨끗한 사람은 단 한 명도 없을 것입니다.

하나님은 우리 인간의 말과 행동을 지켜보며 점수를 매기고 계십니다. 그런데 사람들은 이 사실을 모르고 있습니다. 우리 가운데 털어 먼지 안 나는 사람은 단 한 명도 없는데, 하나님은 우리의 일거수일투족을 보고 계시며 말과 행동의 진실성을 다 보고 계십니다. 이처럼 우리는 하나님 앞에서 모든 행실에 대해 일일이 평가 받는다는 사실을 모르고 있습니다. 한 걸음 더 나아가 우리는 하나님이 어떤 기준을 가지고 평가하시는지 그 평가 기준조차 모르고 살아갑니다. 사실 고린도 교회의 모든 분쟁은 바로 여기서 시작되었습니다. 고린도 교인은 모두 예수 그리스도의 복음을 듣고 그분을 믿고 난 뒤 세상적 기준으로 높아지고 똑똑해지려고 했습니다. 그러나 이것은 하나님의 기준과 전혀 맞지 않는 것이고 전부 실패한 신앙이었던 것입니다. 이런 점에서 한국 교회는 고린도 교회와 아주 비슷하다고 볼 수 있습니다. 처음 복음을 받아들일 때 우리는 모두 가난하고 무식했지만, 한국 교회는 하나님의 복을 받아 부흥이 일어나고 많은 복을 받았습니다. 그러자 우리는 세상적 기준을 가지고 성공을 판단하게 되었습니다. 교회도 세상적 기준으로 교인 수가 많고 재정이 튼튼하면 좋은 교회라고 여기며, 교인 역시 세상적으로 성공한 것을 하나님 앞에서 좋은 믿음의 기준으로 삼으려고 합니다. 그런데 본문을 보면 사도 바울은 전혀 그렇지 않다고 하면서 이것이 하나님 앞에서 크게 부끄러운 것이 되리라고 말합니다.

1. 고린도 교인의 변한 기준

우리나라 사람은 남의 아이를 입양해 키우는 것을 선호하지 않지만 미국을 비롯해 서양에서는 남의 아이를 입양해 자기 아이 못지않게 잘 키우는 사람이 많습니다. 그런데 귀엽고 착하던 아이가 청소년이 되면 부모와 싸우기도 하고 집을 나가기도 하면서 갈등을 일으킵니다. 오죽했으면 미국에서는 '십대' 라고 하면 아예 폭탄을 대하듯 하는 것을 종종 봅니다.

마찬가지로 하나님이 처음 우리를 택해 예수를 믿게 하시고 하나님의 자녀가 되게 하시는 것은 대개 우리가 가난하고 병들고 못살 때입니다. 이런 상황에서는 다른 대안이 없기 때문에 죽자 살자 하나님 말씀을 믿게 되고 하나님의 사랑에 의지하게 됩니다. 이렇게 죽기 살기로 믿으면 하나님은 너무 좋아하셔서 우리에게 많은 복을 주어 잘살게 됩니다. 헐벗고 굶주리던 아이가 자라 부자가 되기도 하고 공부를 할 수 없어 놀고 있던 아이가 공부해서 유명한 학자나 교수가 되기도 합니다. 그런데 문제는 이렇게 복을 받고 나면 과거처럼 죽기 살기로 하나님 말씀을 붙들거나 하나님의 사랑에 의지하지 않게 됩니다. 제법 어른이 되고 유식한 자가 되었기 때문에 자기 나름대로 신앙을 정의하고 하나님을 믿으려고 하는데, 그렇게 되면서 하나님과 우리 사이에 갈등이 일어납니다. 그러다가 심한 경우에는 하나님과 완전히 결별하게 되는 상태에 이릅니다.

고린도 교회의 형편을 보면 하나님과 고린도 교인이 결별할 상태는 아니지만 상당한 위기 상태까지 간 것을 알 수 있습니다.

26절, "형제들아 너희를 부르심을 보라 육체를 따라 지혜로운 자가 많지 아니하며 능한 자가 많지 아니하며 문벌 좋은 자가 많지 아니하도다"

본문은 "형제들아 너희를 부르심을 보라" 고 말씀합니다. 여기서 '너희를 부르심' 은 고린도 교인이 처음 예수를 믿을 때의 형편을 말합니다. 고린도 교인이 처음 예수를 믿었을 때 인간적인 측면에서 그들 가운데 지혜로운 자가 많지 않다고 했습니다. 이것은 세상적으로 철학을 공부했다거나 다른 공부를 한 사람이 많지 않았다는 뜻입니다. 이 말은 사실 고린도 교인이 예수 믿을 때 대부분 무식한 자였다는 뜻입니다. 그리고 “능한 자가 많지 아니하며”라고 했는데 여기서 ‘능한 자’는 세상적으로 힘 있는 자를 말합니다. 세상적으로 능력 있는 자는 대부분 정치인이나 부자를 가리킵니다. 고린도 교인 가운데는 부자나 정치가가 없었던 것입니다. 다음으로 “문벌 좋은 자가 많지 아니하도다”라고 했는데, ‘문벌 좋은 자’는 집안이 좋은 귀족을 말합니다. 고린도에 사는 예수 믿은 사람 가운데 귀족이 없었다는 것을 알 수 있습니다.

사도 바울이 고린도에 와서 복음을 전할 때 그것을 듣고 예수를 믿었던 고린도인은 모두 가난하고 무식하고 천한 가문 출신이었습니다. 결국 예수를 믿은 고린도인은 노예이거나 아주 가난하거나 여성, 하층민이 대부분이었습니다. 그러면 지금 고린도인은 어떨까요? 아마도 처음 복음을 들었을 때와는 많이 달라졌을 것입니다. 고린도에 부흥이 일어나면서 고인도 교인이 복을 받아 공부도 하고 돈도 많이 벌고 정치적으로 힘 있는 자도 많아졌을 뿐 아니라 학문적으로 뛰어나고 권력을 가진 자들이 예수를 믿고 고린도 교회 안으로 들어오게 되었습니다. 그렇다 보니 고린도 교인 가운데 부자도 많아지고 지식층도 많아졌습니다. 문제는 사람들이 이렇게 부자가 되고 유식해지면 자신이 정신적으로 성숙했다고 여겨 죽기 살기로 하나님 말씀만 믿는 것을 무식하게 생각한다는 것입니다. 또한 신앙의 정체성도 자기 나름대로 재해석하려고 하며, 구원의 기준도 자기 나름대로 세우려고 한다는 것입니다. 이를 신앙이 자라는 과정으로 볼 수도 있지만 여기서 자칫 잘못하면 원래 순수했던 신앙이 변질되고 맙니다.

이스라엘 백성이 처음 출애굽할 때 오직 모세의 말밖에 없었고 그들은 하나님의 능력 외에는 믿을 것이 없었습니다. 그런데 광야라는 현실 가운데서 모세가 극단적으로 하나님 말씀대로 몰고 갈 때 이스라엘 백성은 걱정하고 염려하다가 나중에 반항하기에 이르렀습니다. 결국 신앙에서 실패하면서 60만 명 가운데 단 두 명, 여호수아와 갈렙을 제외하고는 약속의 땅에 들어가지 못한 채 죽고 말았습니다. 그럼에도 가나안 땅에 들어가 생활이 안정되고 경제적으로 풍족해졌을 때 이스라엘 백성은 하나님과 바알을

같이 믿어야 한다고 주장했습니다. 바알을 믿는 가나안 족속이 배울 것이 많고 아주 똑똑하기 때문에 너무 극단적으로 하나님을 믿으면 안 된다고 생각한 것입니다. 그러다가 결국 이스라엘 백성은 가나안 땅에서 부패하고 멸망당합니다. 그때 선지자가 탄식하기를 "왜 너희는 너희들이 멸망시키고 쫓아낸 사람들의 종교를 따라가느냐"라고 했습니다. 부자가 되고 나서 과거 가난했을 때처럼 믿는 것은 참으로 어려운 일입니다. 이것은 지식에 있어서도 마찬가지입니다. 유학을 갔다 오고 공부를 많이 하고 나서 대학도 못 가고 가난하고 무식할 때처럼 믿는 것은 참으로 어렵습니다.

그런데 하나님과 우리 인간은 차이가 너무 크기 때문에 사람이 아무리 가난하거나 부자거나 귀하거나 미천하거나 하나님 앞에서는 아무 차이가 없습니다. 하나님이 우리에게 원하시는 것은 무식하고 가난할 때 믿음이 옳은 믿음이니 나중에 아무리 부자가 되고 유식하고 세상적으로 성공해도 그 신앙을 바꾸지 말라는 것입니다. 그럼에도 우리 인간은 꼭 '티'를 내고 싶어 합니다. 즉 부자가 되었으면 그런 티를 내고 싶고 공부를 좀 했으면 그런 티를 내고 싶어 예전처럼 무식한 방법으로 믿지 않으려고 합니다. 과거 무식하게 믿는 방법의 장점이 무엇인가 하면 죽기 살기로 하나님 말씀을 붙들기 때문에 부흥이 일어나고 덜 부패한 채로 살게 된다는 것입니다.

고린도 교회는 예전과 비교해 잘사는 사람이 많아지고 유식한 사람이 많아졌습니다. 그렇다 보니 과거 이스라엘 백성처럼 죽기 살기로 하나님 말씀만 붙들고 사는 것이 어려웠습니다. 즉 그런 식으로 믿는 것이 무식하게 보였고 창피하게 느껴졌던 것입니다.

우리나라는 처음 복음을 받아들일 때 모두 가난하고 무식하고 철저하게 버림받은 상태였습니다. 남자들은 상투를 틀고 등에 긴 담뱃대를 꽂고 조상신을 믿고 미신을 믿던 무식한 사람이었지만, 복음을 듣고 나서 죽기 살기로 하나님 말씀을 붙들었습니다. 목회자도 성경만 가지고 설교했으며, 교인도 하나님 말씀을 듣기 위해 죽기 살기로 교회에 모여들었습니다. 결국 우리나라에 엄청난 부흥이 일어났고, 사람들은 경제적으로 잘살게 되었습니다. 그러자 예전처럼 죽기 살기로 예수를 믿는 것이 아니라 신앙이 하나의 명품이 되었고 교회도 성공의 상징처럼 여겨지게 되었습니다. 또한 목회자들은 부드럽고 세련되고 유식한 설교를 하게 되었습니다. 교회 안에 부자가 많고 유식한 사람이 많은 것을 자랑하게 되었습니다. 그 결과 일제강점기처럼 죽기 살기로 믿지 않게 된 것입니다. 이스라엘 백성의 부흥 비결은 광야 때처럼 믿은 것입니다. 우리나라 교회가 부흥하려면 일제강점기 처럼 믿으면 됩니다. 그런데 누가 그때처럼 무식하게 믿으려고 하겠습니까? 지금 믿는 사람의 수가 늘어났을지 몰라도 부흥에서 멀어지고 구원에서 멀어지고 있습니다.

성공하고 어느 정도 생활이 안정되면 우리는 하나님보다 사람에게 더 신경을 쓰게 되고, 다른 사람에게 더 큰 영향을 미치려고 합니다. '이 정도 위치에 있으면 이제는 다른 사람에게 영향을 미칠 수 있어야 한다'는 것입니다. 그런데 우리가 다른 사람에게 영향을 미칠 수 있는 방법은 하나님을 움직이는 데 있습니다. 하나님께 몰두할수록 하나님은 사람의 마음을 움직이시는데, 어느 정도 올라가면 우리는 하나님을 제쳐두고 자신이 직접 다른 사람에게 영향을 미치고 싶어 합니다.

우리는 자신에 대해 진지하게 생각해볼 필요가 있습니다. 처음 예수를 믿을 때 우리의 형편은 가난하고 보잘것없었습니다. 그때 우리는 하나님에 대해 필사적이었고 그분은 우리 인간을 사랑하셨습니다. 그리고 하나님은 우리를 축복하셔서 세상적으로 안정되고 유식하게 되고 경제적으로도 부유하게 하셨습니다. 문제는 우리 마음에 하나님을 향한 간절함이 줄어들고 오히려 다른 사람에게 인정받고 더 큰 영향을 미칠 생각을 하게 되었다는 것입니다. 그렇다면 하나님은 우리의 이런 두 가지 모습 가운데 어떤 모습을 더 사랑하실까요? 가난하고 병들고 어려울 때의 우리일까요, 아니면 하나님의 복을 받아 성공하고 안정되고 높은 자리에 올라갔을 때의 우리일까요?

하나님은 우리의 두 모습 다 사랑하십니다. 하나님은 우리가 가난하고 병들었을 때나 성공하고 안정되었을 때나 동일하게 사랑하십니다. 문제는 우리 마음에 있습니다. 우리는 이 세상에서 안정되고 지식이나 돈, 지위를 갖게 되면 하나님에 대하여 필사적인 모습을 잃어버리고 맙니다. 그리고 우리 신앙도 서서히 형식적이고 의식적인 신앙으로 변하게 됩니다. 그렇다고 해서 신앙이 뜨거워지고 간절해지기 위해 다시 병들거나 가난해질 수는 없습니다. 언제나 복음의 본질을 붙들어야 우리의 신앙이 처음이나 나중이나 같을 수 있습니다. 아무래도 사회적 성공은 신앙적으로 마이너스임에 틀림없습니다. 오늘날 우리는 절대 사회적 성공이 신앙에 있어 마이너스라고 생각하지 않지만, 이런 자랑이나 감투를 주렁주렁 매달고 하나님 앞에 나아가려는 것이 얼마나 신앙적으로 마이너스인지 모릅니다.

2. 하나님의 의도

하나님은 우리 인간을 구원하실 때 아무 차별이 없으십니다. 그러나 우리를 구원하시는 데는 하나님의 놀랍고 무서운 감춰진 의도가 있습니다.

27절, "그러나 하나님께서 세상의 미련한 것들을 택하사 지혜 있는 자들을 부끄럽게 하려 하시고 세상의 약한 것들을 택하사 강한 것들을 부끄럽게 하려 하시며"

본문을 보면 "세상의 미련한 것들"이라고 말씀합니다. 여기서 '미련한 것'은 주로 육체노동을 하는 사람을 말합니다. 당시 그리스에는 많은 노예가 있었는데 사람들은 노예에게 인격이 없다고 생각했습니다. 아무래도 육체노동을 하는 사람은 대학에서 공부하거나 가르치는 사람보다 공부를 많이 못했을 가능성이 높습니다. 이 세상에서는 공부를 많이 하지 못한 것을 부끄럽게 여기지 공부를 많이 하고 유식한 것을 부끄럽게 여기지 않습니다. 그리고 "세상의 약한 것들"은 여자나 가난한 자를 가리킵니다. 한편 "강한 것들"은 돈이 많거나 정치적 권력을 가진 사람을 가리킵니다. 이 세상에서는 가난하고 힘없는 것을 부끄럽게 여기는 데 반해 돈 많고 높은 지위에 있는 것은 자랑스럽게 생각합니다. 그러나 하나님은 구원에 있어 정반대를 원하십니다. 하나님은 미련한 것을 택하시고 똑똑한 자를 버리시며, 약한 자를 택하고 강한 자들을 버리신다는 것입니다. 왜 하나님은 세상에서 똑똑하고 유능한 자를 더 구원하지 않고 가난하고 미련한 자를 구원하시는 것일까요?

하나님은 우리를 구원하면서 생각하신 것이 있습니다.

바로 하나님은 이 세상에서 자랑할 것이 많은 사람보다 자랑할 것이 아무것도 없는 사람을 구원하겠다고 생각하셨습니다. 자랑할 거리가 많은 사람을 구원하면 전부 자기가 잘나서 구원받을 줄 알고 자기가 구원받을 것을 당연하게 여겨 하나님께 제대로 영광을 돌리지 않을 것이기 때문입니다. 그런데 아무것도 자랑할 것이 없는 사람을 구원하면 그들은 자기 공로가 아닌 줄 알고 오직 하나님께 감사하며 영광을 돌릴 것입니다. 그 대표적인 예가 부자와 거지 나사로의 비유입니다. 부자는 이 세상에서 많은 것을 가졌고 자랑할 것이 많은 사람이었습니다. 그는 자신이 천국에 가지 못한다는 것을 꿈에도 생각해보지 않을 정도로 당연히 천국에 간다고 생각했습니다. 그러나 그는 지옥에 갔고 그의 집 앞에서 구걸하던 거지는 천국에 기서 아브라함의 품에 안겼습니다. 부자는 도저히 이 상황이 이해되지 않아서 아브라함에게 묻습니다. “아버지 아브라함이여, 도대체 내가 왜 이 지옥에 있어야 하고 저 거지는 천국에 있습니까?” 그러자 아브라함은 “너는 세상에 있을 때 모든 것을 다 누렸기 때문에 지옥에 가는 것이 당연하고, 나사로는 아무것도 가지지 못했기 때문에 천국에서 위로받는 것이다”라고 대답했습니다. 천국에 가려면 거지 나사로처럼 자랑할 것이 없어야 합니다. 무엇인가 자랑할 것이 많으면 위험하다고 생각하기를 바랍니다.

하나님은 다른 어떤 것보다 말씀만 붙드는 사람을 구원하기를 좋아하십니다. 그래서 백부장 경우에는 자기 하인이 병들어 죽게 되었을 때 예수님이 가서 고쳐주려고 하시자 절대로 오지 말라고 하면서 “말씀만 하사 내 하인을 낫게 하소서”(눅 7:7)라고 했습니다. 다른 유대인은 예수님이 오직 말씀만 하시는 것은 성의가 부족하다고 생각해 불만이 많았습니다. 그러나 예수님은 이 백부장의 말을 듣고 “이스라엘 중에서도 이만한 믿음을 만나보지 못하였노라”(눅 7:9)고 칭찬하셨습니다. 어떤 사람은 자기 경험을 중요시하고 어떤 사람은 자기 느낌이나 감정을 중요시하는데, 어떻게 되든지 하나님 말씀만 결사적으로 붙드는 신앙이 합격입니다.

이런 증거는 복음서에 많이 나타납니다. 예수님은 많은 음식을 준비하는 마르다를 칭찬하지 아니하고 말씀 듣는 마리아에게 "좋은 편을 택하였으니 빼앗기지 아니하리라"(눅 10:42)고 하셨습니다. 예수님은 우리가 구원받는 데 다른 많은 것이 필요하지 않다고 말씀하셨습니다. 우리는 오직 하나님 말씀 하나만 결사적으로 붙들면 됩니다. 그리고 예수님은 끝까지 물고 늘어지는 신앙을 좋아하셨습니다. 자기 딸이 귀신 들렸다고 고쳐 달라는 가나안 여자를 '개'에 비유하면서 가라고 하셨지만 이 여자가 끝까지 예수님을 붙들고 늘어졌을 때 그 딸의 병을 고쳐주셨습니다. 열두 해 동안 혈루증을 앓던 여자도 예수님의 옷자락을 결사적으로 붙들었을 때 병이 나았습니다.

하나님은 우리 인간과 비교했을 때 그 능력과 부에서 너무 엄청난 차이가 나기 때문에 인간의 자랑을 좋아하지 않으시고 인간의 능력을 별로 기뻐하지 않으십니다. 그러므로 우리가 세상에서 성공하지 못한 것이 하나님 앞에서는 크게 불리하지 않습니다.

"낮은 형제는 자기의 높음을 자랑하고 부한 자는 자기의 낮아짐을 자랑할지니 이는 그가 풀의 꽃과 같이 지나감이라"(약 1:9-10)

여기서 "낮은 형제"는 가난과 질병 가운데 있고 자랑할 것이 아무것도 없는 교인을 말합니다. 사도 야고보는 "자기의 높음을 자랑하고"라고 했습니다. 세상적으로 불리한 이런 조건이 하나님 앞에서는 은혜 받을 조건이기 때문입니다. 그래서 그런 형제나 자매는 '지금이야말로 하나님이 나에게 하늘의 큰 축복을 주시려고 하는구나' 라고 생각하라는 것입니다. 반대로 "부한 자는 자기의 낮아짐을 자랑할지니"라는 말은 아무래도 돈이 있고 세상에 할 일이 많으면 믿음에 있어 자신이 부족하고 손해를 많이 보고 있음을 인정하고 빨리 세상 자랑이나 욕심, 야망을 버리라는 것입니다.

28절, "하나님께서 세상의 천한 것들과 멸시 받는 것들과 없는 것들을 택하사 있는 것들을 폐하려 하시나니"

"세상의 천한 것들"은 노예나 가난한 자, 무식한 자들을 말합니다. 그런데 이런 사람들이 결사적으로 하나님 말씀을 믿을 때 하나님은 더 좋아하고 기뻐하면서 그들을 천국의 복의 상속자로 삼으시고 믿음에서 아주 크게 부요한 자로 삼으십니다. 그런데 우리는 가난하고 무식하고 별 볼일 없다가 하나님의 복으로 성공하고 나면 지혜 있고 유식하고 똑똑한 자가 되려고 합니다. 이것이 바로 실패하는 지름길입니다. 우리는 성공하고 난 후에도 여전히 하나님 앞에서 무식하고 가난한 자로 남아 있어야 합니다. 교회는 바로 이것을 시험하는 시험장입니다. 교회 안에서 겸손하지 않으면서 하나님 앞에서 겸손하고 교회 밖에서 겸손하다는 것은 거짓말입니다. 하나님 앞에서 그처럼 똑똑하고 잘난 체하면서 성경 말씀대로 믿는다는 것은 거짓말입니다. 결국 이런 사람은 부자가 되고 유식한 자가 되면서 스스로의 함정에 걸려듭니다. 그러므로 빨리 무식해지기를 바랍니다. 빨리 가난해지기를 바랍니다.

3. 최종적 칭찬

살면서 칭찬이 얼마나 힘이 되고 격려가 되는지 모릅니다. 특히 공부하는 학생이나 운동선수, 청년에게 그들이 가진 사소한 장점일지라도 격려하고 칭찬해주면 자신감이 생겨 나중에는 그 사람의 인생이 바뀌고 운명이 바뀔 때가 많습니다. 그러나 사람은 칭찬에 너무 인색해 한평생 살면서 칭찬하는 말을 거의 하지 않을 뿐 아니라 오히려 잘하지 못하는 것만 이야기해 자신감을 잃고 정체성도 찾지 못해 폐인이 되는 경우를 종종 봅니다. 정신적으로 완벽주의 성향이 있거나 열등감을 가진 사람은 다른 사람을 들들 볶아 정신병자처럼 만들어놓기도 합니다. 우리에게는 칭찬과 격려가 필요합니다. 그러나 아무리 몸에 좋은 약일지라도 너무 많이 먹으면 독이 되는 것처럼 칭찬보다 더 독이 되는 것은 없습니다. 예를 들면 잠이 오지 않거나 불안할 때 신경안정제나 수면제를 먹으면 도움이 되지만 많이 먹으면 결국 죽게 됩니다. 그래서 약국에 가도 이런 약은 의사의 처방이 없으면 절대로 팔지 않습니다. 마찬가지로 우리 인간에게 칭찬은 너무 필요하고 좋은 것이지만 칭찬이 인생의 목적이 되거나 칭찬받기에 연연해한다면 그 사람의 인생에 독이 되어 결국 망하고 맙니다.

29절, "이는 아무 육체도 하나님 앞에서 자랑하지 못하게 하려 하심이라"

이 세상을 사는 동안 격려와 칭찬이 필요하고 때로는 힘이 되기도 하지만 하나님 앞에서 우리 인간의 자랑은 아무런 도움이 되지 않습니다. 오히려 독이 됩니다.

우리 인간은 모두 하나님 앞에서 원수였고 적대감이 넘치는 자들이었지만 오직 하나님의 말할 수 없는 사랑으로 구원을 받았습니다. 이것을 증거하는 것이 바로 예수님의 십자가입니다. 만약 우리 인간이 스스로의 힘으로 조금이라도 구원받을 수 있었다면 십자가는 세워질 필요가 없었을 겁니다. 우리 인간으로는 도저히 구원받을 길이 없었기 때문에 하나님의 아들이 이 세상에 와서 죽으심으로써 우리의 죄를 담당하셨습니다.

예를 들어 큰병으로 병원에서 수술을 받을 때 환자가 할 수 있는 것은 아무것도 없습니다. 환자를 마취하는 것에서부터 시작해 수술하고 회복시키는 것까지 전부 의사와 간호사가 합니다. 그래서 병이 나은 뒤 환자는 수술받을 때 자신이 무엇을 잘했기 때문에 수술에 성공했다는 말을 할 수가 없습니다. 환자는 할 수 있는 것이 아무것도 없었기 때문입니다. 마찬가지로 하나님 앞에서 아무것도 자랑할 것이 없어야 제대로 구원받은 사람입니다. 그래서 제대로 구원받은 사람의 특징은 아무것도 자랑할 것이 없습니다. 교회 안에서 이것도 했고 저것도 했다고 자랑하는 것은 구원이 무엇인지 모르기 때문입니다. 물론 아무것도 몰라서 자랑할 수도 있는데, 이런 사람도 천국에 들어갈 수 있을 것입니다. 그러나 하나님은 우리가 이렇게 무식한 상태에 머물러 있는 것을 기뻐하지 않으십니다. 다른 것은 몰라도 하나님께 영광을 돌리는 것은 알아야 합니다. 하나님은 우리가 천국 가기 전에 자랑할 것을 전부 없애버리는 경우도 많습니다. 그러면 가진 것이 아무것도 없어 하나님만 자랑하게 될 것이기 때문입니다.

우리는 하루라도 빨리 자신이 자랑스럽게 생각하는 것을 처리해야 합니다. 즉 어떻게 하면 이것을 없는 것처럼 할 수 있을까 생각해야 합니다.

성경 본문은 하나님이 인정하시는 기준이 얼마나 까다롭고 어려운지 말씀하고 있습니다.

30-31절, "너희는 하나님으로부터 나서 그리스도 예수 안에 있고 예수는 하나님으로부터 나와서 우리에게 지혜와 의로움과 거룩함과 구원함이 되셨으니 기록된 바 자랑하는 자는 주 안에서 자랑하라 함과 같게 하려 함이라"

세상에서 열심히 노력하면 좋은 결과를 얻을 수 있습니다. 게다가 하나님의 일을 할 때도 열심히 하고 여기저기 뛰어다니며 많은 사람을 만난다면 좋은 결과가 나올 수 있습니다. 그러나 하나님은 그런 정도로는 칭찬 받을 수 없다고 말씀하십니다. 우리는 이 세상 사람이 아니고 하나님으로부터 태어나서 예수 그리스도 안에 있는 사람입니다. 그래서 우리에게 가장 중요한 것은 예수님이 자신을 사용하시게 해야 한다는 것입니다. 즉 주님이 우리 삶의 주인이 되셔서 자신을 사용하신 것만 인정받을 수 있습니다. 또 다른 하나는 오직 하나님이 주시는 능력으로 일해서 결과가 나타나는 것입니다. 그렇다면 이 세상에서 열심히 일해 돈도 많이 벌고 사업이나 공부에 성공한 것은 아무 소용이 없는 일인가요? 그렇지 않습니다. 그것도 우리 인간에게는 도움이 되고 하나님이 주시는 축복이라고 말할 수 있지만 이것이 하나님 앞에 자랑은 되지 못합니다. 단지 이 세상에서 사람들의 칭찬을 받음으로써 상을 이미 받는 것으로 끝납니다. 그래서 우리에게는 굉장한 지혜가 필요합니다. 우리는 이 세상에 사는 동안 유익한 존재가 되어야 합니다. 이때 다른 사람의 인정이나 칭찬을 받기 위한 목적으로 좋은 일을 해서는 안 됩니다. 이것은 이 세상에서 자기 상을 이미 받는 것이기 때문입니다.

우리는 오직 하나님 앞에서 상 받는 것만 생각하고 모든 것을 참고 기다려야 합니다. 이 세상에서 인정받고 칭찬받는 것은 좋지만 그것을 목적으로 삼지 않도록 조심해야 합니다. 결국 사람은 자기가 주인이 되어 살든지, 아니면 하나님의 종으로 살든지 둘 중 하나를 선택해야 합니다. 사람에게 멋있게 보이는 것은 자기가 주인이 되어 모든 것을 결정하고 남이 하지 못하는 엄청난 일을 해내는 것입니다. 사람은 이런 식으로 자기가 주인이 되어 큰일을 해내는 사람을 칭찬하고 높이 평가하고 박수갈채를 보냅니다. 반면 하나님의 종이 되고 그리스도의 종이 되면 어떤 중요한 결정도 스스로 내리지 못하고 우유부단하고 소극적으로 주님이 시킨다고 확신이 서는 일만 하게 되는데, 사람들은 이런 사람을 별로 좋아하지 않습니다. 오히려 자기 뜻에 맞지 않는다고 욕하고 비난하고 심지어는 박해까지 합니다. 그래서 예수님은 다른 사람이 우리에 대하여 욕하고 비난하고 못된 말이나 행동으로 대적할 때 기뻐하라고 하면서 천국에서 상이 크다고 말씀하십니다. 여기서 우리는 하나님의 의도를 분명하게 알 수 있습니다. 하나님은 우리가 이 세상에서 하나님의 종으로 그리스도의 몸종으로 시키는 대로만 하기를 원하십니다. 그러면 우리는 자랑할 것이 아무것도 없게 됩니다. 모든 것은 하나님이 시켜서 한 일이고 자신은 몸종으로 사용된 것밖에 없기 때문입니다. 하나님은 이런 사람을 아주 존귀하게 대하고 높이실 것입니다.

본문은 "자랑하는 자는 주 안에서 자랑하라"고 말씀합니다. 우리는 이 세상에 있을 때 다른 사람의 칭찬과 격려를 듣고 힘을 내기도 합니다. 그러나 우리의 최후 칭찬은 하나님 앞에서 받게 될 것입니다. 사람은 이 세상에서 성공한 것에 대해 자랑스럽게 생각할 수 있습니다. 사실 우리는 이 세상에서 이룩한 모든 것에 대해 스스로 대단하게 생각할 수도 있습니다. 그러나 정신을 차리고 자기도취에 빠지지 않도록 해야 합니다. 결국 이 세상에서 우리 것은 아무것도 없으며, 우리를 칭찬하는 사람이나 욕하는 사람이나 모두 모르고 그런 소리를 하는 것입니다. 모든 것을 바로 보고 계신 분은 우리 주님밖에 없습니다.

자랑할 것이 하나둘씩 없어져 더는 자랑할 것이 없을 때 우리는 하나님 앞에서 합당한 자가 됩니다.

성경 토의

1. 세상 사람은 유독 기독교에 대하여 독선적이라고 손가락질하거나 편협하다고 비판하거나 예수 믿는 것을 아주 싫어하는데, 그 이유가 무엇이라고 생각하는가?

2. 예수를 믿고 나서 복을 받고 성공했어도 자기 자신을 자랑하거나 무슨 공로가 있는 것처럼 생각해선 안 되는 이유가 무엇이며, 이런 자랑이 기독교나 교회에 치명적 영향을 끼치는 이유가 무엇이라고 생각하는가?

3. 우리 그리스도인은 믿는 자들 가운데 부자나 성공한 사람보다 가난하거나 비천한 사람이 많은 것을 당연하게 생각하고, 그것을 부끄러워해서 안 되고, 오히려 부자나 지식인이 많은 것을 자랑해선 안 되는 이유가 무엇이라고 생각하는가?

05_전도의 미련함

고린도전서 2:1-5

전체적 설명

우리는 사람에게 복음을 전하거나 설교자가 교인 앞에서 설교할 때 과연 그들이 이 말씀을 받아들일 것인지 걱정하거나 두려워할 때가 많다. 그러나 하나님 말씀은 사람의 지식이나 정보와 달리 두 가지 루트를 통해 전달된다. 하나는 일반 지식이나 정보처럼 언어를 통해 사람의 귀를 통하여 뇌에 전달되는 방식이다. 하나님 말씀을 전달하는 또 다른 루트가 있는데, 그것은 성령의 감동을 통해 가슴과 뇌에 전달되는 방식이다. 이 두 가지 루트 가운데 하나님 말씀은 사람이 하는 말의 논리나 설득보다 성령의 감동과 하나님의 능력이 더 중요하다. 고린도에서 처음 전도할 때 사도 바울은 복음, 즉 하나님 말씀이 과연 고린도인에게 받아들여질 것인지 걱정하고 두려워했다. 그럼에도 사도 바울이 오직 예수 그리스도께서 십자가에 못 박히신 것만 전할 수 있었던 것은 하나님의 능력을 믿었기 때문이다.

설교 프리노트

1절, "내가 너희에게 나아가 하나님의 증거를 전할 때에"

이 시기는 사도 바울이 2차 전도여행을 하면서 아테네를 지나 고린도에서 처음 복음을 전할 때다. 사도 바울은 아테네처럼 지성이 넘치는 도시에서 하나님 말씀을 전하면 많은 사람이 복음을 받아들일 거라고 기대했지만 그들의 반응은 아주 냉소적이었다. 그러고 나서 고린도에서 전도하게 되었을 때 고린도 사람이 너무 세속적이고 우상 숭배가 심각한 것을 보자 감히 복음을 전할 엄두를 내지 못했다. 고린도 사람은 생활하는 것이 음란하고 비도덕적이었지만 그리스의 철학이나 수사학 등 지적 가르침을 좋아했다. 지성이 넘치는 도시 아테네에서 그다지 성공적인 결과를 내지 못했던 사도 바울은 음란하고 비도덕적인 고린도 사람들이 복음을 받아들이지 않을 것처럼 보였다. 사도 바울은 과연 고린도에서 복음을 전해야 할지, 전한다면 당시 소피스트들이 했던 것처럼 웅변술이나 수사학적 방법을 쓸 것인지 많이 고민했던 것으로 보인다. 그러다가 그는 인간적인 지혜나 말의 기교를 사용하지 않고 하나님의 능력에 의지하기로 결심했다.

2절, "예수 그리스도와 그가 십자가에 못 박히신 것 외에는"

사도 바울은 세상적 지식이 많은 사람이었다. 그는 그리스인이 좋아하는 비극과 서사시, 철학, 수사학에 대해서도 아는 것이 많았다. 그런 그가 지성의 도시 아테네에서 하나님에 대해 변증하고 그리스도의 부활을 증거 했지만 아테네 사람은 부활의 가르침을 받아들이지 않았다. 플라톤의 철학에 깊이 빠져 있어서 사람의 영혼은 깨끗하고 영원하지만 인간의 육체는 부정하고 유익하지 못하다고 믿었기 때문이다. 사도 바울은 고린도에서 그의 가르침을 받아들이든지 말든지 하나님께 맡기고 오직 그리스도가 하나님의 아들 되심, 즉 그리스도가 하나님의 아들이지만 인간이 되셔서 이 세상에 오셨다는 것만 전했다. 하나님이 우리 인간을 사랑하셔서 우리 죄를 대신하여 예수님을 십자가 위에서 죽게 하셨다는 것만 전했다. 즉 사도 바울은 사람들에게 복음을 이해시키려고 하지 않고 일

방적으로 하나님 말씀을 선포하기만 했다. 그랬더니 하나님의 강력한 성령의 역사가 나타나면서 믿는 사람이 생겨나기 시작했고 부흥이 일어났다.

3절, "약하고 두려워하고 심히 떨었노라"

사도 바울이 고린도에서 복음을 전할 때 사람은 그에 대해 두려움이 없는 담대한 성격의 소유자로 생각했을 것이다. 그러나 사실은 정반대였다. 사도 바울은 고린도에서 '약했다'. 여기서 약하다는 것은 자신감이 전혀 없었다는 뜻이다. 사도 바울은 고린도에서 단 한 명도 예수님을 믿게 할 자신이 없었다. 그리고 그는 '두려워했다'. 여기서 두려워한다는 것은 사람들의 반대를 무서워했다는 뜻이다. 그는 복음을 싫어하는 사람이 나타나 그에게 욕하고 몽둥이로 때리고 훼방을 놓지 않을까 두려워했다. 그리고 '심히 떨었다'고 했다. 이것은 사도 바울이 설교하려고 하거나 설교할 때 공포감에 사로잡혀 자신도 모르게 몸을 떨었다는 뜻이다.

4절, "내 말과 내 전도함이"

이런 인간적 약점과 두려움에도 불구하고 사도 바울이 고린도에서 복음을 전할 수 있었던 것은 복음에 대한 확신이 있었기 때문이다. 그것은 바로 우리가 하나님 말씀을 전할 때 전도의 주체는 성령님이시고 우리는 하나님의 성령이 쓰시는 도구이라는 확신이다. 즉 우리가 하나님 말씀을 전하기만 하면 하나님의 성령이 사람을 설득시키시고 믿을 자로 하여금 믿게 하시는 것이다. 복음을 전할 때 성령의 능력을 믿지 못해 지나치게 인간적 기교를 쓰거나 세상적 지식으로 전하려고 할 때 복음의 가치는 희석되고 성령의 능력은 방해를 받게 된다.

"성령의 나타나심과 능력"

설교하거나 복음을 전할 때 "성령의 나타나심"을 어떻게 알 수 있을까? 설교하는 자는 복음을 전하기 전이나 전하는 도중 마음이 뜨거워지고 자신의 말에 권세가 있고 사람의 완고한 마음이 하나님 말씀 앞에 굴복되는 것을 느낄 수 있다. 그리고 성령의 가장 강한 능력은 돌보다 더 단단한 사람의 마음을 녹여 예수를 우리의 주로 믿고 자신의 죄를 회개하게 하는 것이다.

5절, "너희 믿음이 사람의 지혜에 있지 아니하고"

사도 바울은 고린도에서 복음을 전할 때 세상적 지식이나 방법을 쓰지 않고 오직 예수 그리스도의 하나님의 아들 되심과 그분의 십자가 죽음만을 전했음에도 많은 고린도 사람이 예수 믿은 것을 보며 그들의 믿음이 하나님의 능력으로 된 것임을 보여주는 증거로 받아들였다. 고린도 교인의 믿음이 인간의 설득이나 말의 기교로 된 것이라면 너무 쉽게 허물어졌을 것이다. 그러나 하나님의 능력을 통해 세워진 믿음은 인간의 지혜로 쉽게 깨뜨릴 수가 없다.

본문 이해를 위한 질문

1. 사도 바울은 고린도에서 처음 복음을 전할 때 무엇을 가지고 전했는가?

사도 바울은 사람의 말과 지혜의 아름다운 것으로 복음을 전하지 않고 오직 예수 그리스도의 하나님의 아들 되심과 그분의 십자가 죽음만을 전했다.

2. 사도 바울은 고린도에서 복음을 전할 때 어떤 상태였는가?

사도 바울은 복음을 전할 자신이 없었고, 반대하는 사람으로부터 조롱당하거나 공격당할 것을 두려워했으며, 마음속으로는 떨었다고 말한다.

3. 사도 바울이 복음의 능력을 믿고 전도한 결과는 어떠했는가?

성령이 함께하신다는 것을 체험할 수 있었으며, 하나님의 능력이 나타나면서 많은 사람이 회개하고 예수 믿게 되는 것을 보았다. 그리고 그들의 믿음은 그만큼 하나님의 능력 위에 견고하게 서 있게 되었다.

성경 강해

사람은 자기에게 유익하고 재미있는 이야기를 들으라고 하면 뛸 듯이 좋아하면서 듣겠지만 듣고 싶지 않고 따분한 이야기를 들으라고 하면 전혀 기쁘지 않을 것입니다. 그리고 사람은 친한 사람끼리 만나 시시한 이야기를 할 때는 시간 가는 줄 모르고, 재미있는 영화나 드라마를 보는 데는 시간이 아깝지 않지만, 가만히 앉아 설교를 몇 십 분 들어야 할 때는 인격적 모독이라고 생각하는 경우도 있습니다.

요즘은 길을 걷는데 누군가 길을 막아선 채 전도지를 나눠주며 예수 믿으라고 하면 무슨 부정한 것을 피하듯 외면하고 지나갈 때가 많습니다. 미국의 영향을 받는 교회에서는 예배드릴 때 목사 한 사람이 강대상에 서서 재미없는 설교를 길게 하는 것보다 설교 전에 영상물을 보여주고, 평신도가 나와 간증하고, 드라마 같은 것을 보여주고, 설교보다 교인끼리 둥그렇게 둘러앉아 커피를 마시고 간식을 먹어 가면서 자기 생각을 이야기하는 자유로운 방식의 성경공부를 더 좋아합니다.

요즘 같은 시대에 옛날처럼 강단 중심의 설교가 필요할까 하는 것에 대해 회의적 시각을 가진 그리스도인이 많습니다. 과거 청년수련회를 가면 설교 시간에 설교라는 단어 대신에 주제 강의 또는 주제 강연이라고 쓴 경우가 종종 있었습니다. 그래서 주체하는 사람에게 설교라고 하지 않고 왜 강의라는 단어를 썼느냐고 물어보면 내용이 없는 설교보다 무엇인가 내용이 있어 보이는 강의가 더 들을 만한 내용이 있다는 식으로 대답했습니다. 지금까지 그것을 뭐라고 부르든지 간에 한결같이 설교를 해왔는데, 그 이유는 하나님 말씀과 설교에 대한 믿음을 가지고 있기 때문입니다.

1. 복음의 능력

다른 사람 앞에 서서 무엇인가 가르치고 보여준다는 것은 월등한 실력을 갖추지 않으면 여간 어려운 일이 아닙니다.

예를 들면 대학 교수가 되고 싶어 하는 사람이 많은데 대학생 앞에서 무엇인가를 강의하려면 지식 면에서 월등한 차이가 있어야 합니다. 또 연주자가 다른 사람 앞에서 악기를 연주할 때도 실력이 월등해야지, 잘하지도 못하는 사람이 남들 앞에서 연주한다고 이상한 소리를 내면 욕만 얻어먹을 것입니다.

학생들이 보기에는 교수들이 쉽게 강의하는 것 같지만 실제로는 강의 시간보다 훨씬 긴 시간을 투자해 충실하게 강의안을 준비해야 제대로 된 강의를 할 수 있습니다. 그러지 않고 우스갯소리나 하고 농담이나 하면서 그 시간을 보낸다면 결국 학교에서 쫓겨나고 말 것입니다.

하나님은 우리 예수 믿는 사람을 세상에 보내어 하나님과 구원의 진리에 대해 증거 하게 하셨습니다. 그런데 우리는 예수 믿지 않는 다른 사람과 비교해 지식이 월등히 높은 것도 아니고 어떤 분야에서 실력이 뛰어난 것도 아닙니다. 단지 다른 사람보다 먼저 예수를 믿었다는 것밖에 없습니다. 그래서 우리는 다른 사람에게 기독교에 대해 설명하거나 예수 믿으라고 전도하는 것이 자신 없을 때가 많습니다. 나 혼자 예수 믿는 것은 얼마든지 할 수 있지만, 다른 사람에게 예수를 믿으라고 전도하는 일에는 자신 없어 합니다. 우리가 믿는 것이 눈에 보이지 않기 때문입니다. 우리는 눈에 보이지 않는 하나님과 구원에 대하여 다른 사람을 설득할 만큼 자신감을 갖고 있지 않습니다.

1절, “형제들아 내가 너희에게 나아가 하나님의 증거를 전할 때에 말과 지혜의 아름다운 것으로 아니하였나니”

사도 바울은 고린도에서 전도할 때 고린도인이 좋아하는 웅변술이나 수사학적 말재간을 사용하지 않았습니다. 고린도인은 그리스 사람으로, 그들에게 호머가 끼친 영향은 거의 절대적이었습니다. 호머는 맹인이었다고 알려져 있는데 그리스 사람은 호머가 쓴 『일리아드』를 시를 비롯한 문학과 사상의 표준으로 삼았습니다. 그래서 그리스 사람에게 문학이라고 하면 서사시였습니다. 또한 그들에게 덕이라고 하면 용기를 의미했는데, 이는 다른 사람에게 복수하는 것이었습니다. 이런 그리스 사람에게 영혼이라든지 도덕적 가치는 아예 존재하지 않습니다. 그리고 나중에 그리스에서는 비극이 유행했습니다. 이 비극은 국가적 가치와 개인적 양심이 갈등을 일으키는 내용이 주를 이루었습니다. 나중에 사포라는 여성이 등장하면서

시는 남녀 간의 사랑을 노래하는 것으로 변했습니다. 사포는 레스보스 섬 출신으로 알려져 있는데, 여기서 여성 동성애자 레즈비언이라는 단어가 시작되었다고 합니다. 그리스의 시나 소크라테스의 대화록을 보면 처음에 그리스 사람은 영혼에 대해 관심이 전혀 없었다가 점점 영혼이나 양심에 대하여 관심을 갖게 되는 것을 볼 수 있습니다. 그러나 그들은 영혼에 대해 막연하게 추측만 할 뿐 결정적인 것을 알지 못했습니다. 여기에 휘발유를 끼얹고 폭탄을 던진 이가 바로 사도 바울입니다. 그런데 그리스인 가운데서 사도 바울이 그처럼 위대한 진리를 가지고 그리스 세계로 들어올 거라고 생각한 사람은 없었습니다.

옛날에 서양 선교사들이 우리나라에 처음 복음을 들고 들어왔을 때 그들은 한 번도 복음을 들은 적이 없고 하나님을 믿어 본 적이 없는 사람들이 과연 예수를 믿을지 확신을 가질 수 없었습니다.

선교사들은 통역하는 사람을 데리고 시골 구석구석을 다니면서 예수 믿으라고 전도했습니다. 그런데 놀랍게도 한 번도 복음을 들어본 적이 없는 많은 사람이 예수를 믿었고 교회가 세워지게 되었습니다. 참으로 놀라운 일이 아닐 수 없습니다.

그러자 선교사들은 선교는 하나님이 하신다는 것을 깨닫게 되었습니다. 즉 사람은 하나님을 통해 사용될 뿐이고, 결국 사람의 마음을 열어 예수 믿게 하는 분은 하나님이시라는 것입니다.

사도행전을 보면 처음 오순절에 성령이 임하셨을 때 세계 여러 곳에서 예루살렘 성전에 제사를 드리러 왔던 사람들은 모두 다른 나라에서 왔고 서로 말이 통하지 않았습니다. 그런데 놀랍게도 성령의 충만함을 받은 사람이 하나님의 진리를 말할 때 갑자기 이것이 전 세계어로 동시통역되면서 모든 사람이 자기 나라 말로 알아듣는 기적 같은 일이 일어났습니다. 그런데 이런 일이 오늘 우리에게도 일어나고 있습니다. 우리 교인은 모두 다른 형편과 처지에서 살고 있으며 지적 수준이나 생활 수준, 직업이 다르지만 한 곳에 모여 예배를 드립니다. 그런데 우리는 예배 중에 하나님 말씀을 들을 때 각자 자기에게 맞는 하나님 말씀을 듣습니다. 이것이 바로 하나님 말씀을 들을 때 나타나는 놀라운 현상입니다.

고린도에서 전도하려고 할 때 사도 바울은 돈으로 전도할 수 있는 것도 아니고 사람의 병을 치료할 수 있는 것도 아니었습니다. 사도 바울이 고린도인에게 가장 매력적으로 보일 수 있는 방법은 그의 지식을 이용하는 것이었습니다. 그런데 그는 말과 지혜의 아름다운 것으로 전도하지 않았습니다. 다르게 말하면 사도 바울은 고린도 사람에게 자신이 가진 탁월한 지식과 멋진 강의를 통해 그들의 관심을 끌고 싶다는 생각이 치밀어올랐지만, 그 방법을 쓰지 않았습니다. 그 이유는 그렇게 한다고 해서 고린도인이 눈에 보이지 않는 하나님을 믿는 것이 아니었기 때문입니다. 사도 바울이 아무리 유명해지고 추종자가 많아진다고 해도 그의 추종자들이 구원받는 것은 아닙니다. 사실 이것은 말씀을 전하는 자에게 있어 중요한 양심의 문제입니다. 어떤 사람은 사람들이 듣기 좋아하는 말을 해서 그들을 기쁘게 하고 행복하게 해주어 많은 지지자나 교인을 모으는데, 과연 그들 전부가 구원받을 수 있느냐 하는 것입니다.

하나님 말씀을 전하는 사람을 대략 세 부류로 나눈다면 어떤 사람은 상대가 아주 좋아하는 이야기를 해줍니다. 사람들이 복을 받아 부자가 되고 세상에서 성공하고 병이 낫고 천국에 간다는 이야기를 합니다. 그러면 사람들은 이런 설교자를 좋아할 것입니다. 또 어떤 사람은 자신이 가진 해박한 지식을 가르칩니다. 이런 사람은 책도 많이 읽고 깊이 있는 사고도 해서 그의 이야기를 들으면 배울 것이 있어 나름 지지자를 가지게 되고 존경도 받게 됩니다. 그러나 전도자는 무엇보다 성경 자체의 능력을 믿어야 합니다.

사람이 어떤 지식을 인식하는 방법이 두 가지 있는데, 대개는 귀로 듣고 머리로 이해합니다. 이는 보통 강의나 강연을 할 때 이루어집니다. 하나님 말씀은 두 가지 루트로 전달되는데, 하나는 귀로 듣고 머리로 전해지지만 다른 하나는 가슴을 통해 영혼에 전달됩니다. 사람들이 하나님을 믿는 것은 가슴을 통해 영혼으로 전달되는 루트입니다. 이것은 절대로 사람의 말재간이나 능력으로 되지 않고 오직 성령의 능력으로 됩니다. 그래서 설교

전에 반드시 기도가 필요합니다. 말을 잘하고 준비를 아무리 많이 했어도 성령이 역사하지 않으시면 한 사람도 은혜를 받을 수 없기 때문입니다. 어느 때는 말도 어눌하고 설교 내용도 매끄럽지 못했는데 사람들이 눈물을 흘리면서 회개할 때가 있습니다. 이것은 바로 성령께서 말씀하셨기 때문입니다.

처음에는 지적 내용이 많이 담긴 강의식 설교가 수준 높은 설교라고 생각했습니다. 그런데 지식이 그리 많지 않아서 도저히 지적인 설교를 할 수가 없었습니다. 시간이 흘러 생각이 바뀌면서 지적 설교가 아니라 성경 자체가 말하고자 하는 것을 확성기가 소리를 멀리 전하듯 설교하겠다는 생각으로 말씀을 전하게 되었습니다. 성경이 말하는 것을 확대하고 구체화하는 식으로 설교할 때 더 강한 성령의 역사가 나타나는 것을 체험했습니다. 나중에 알고 보니 성경이 말하게 하는 것이 올바른 설교 방법이었던 것입니다.

설교하다 보면 다른 논리가 필요하지 않을 정도로 성경 자체가 논리적으로 되어 있는 것을 발견합니다. 그리고 목사가 성경 자체를 자꾸 설교함으로써 교인들이 하나님의 뜻을 깨닫고 부흥이 일어나고 능력이 나타난다는 것을 알았습니다. 나중에 책을 많이 읽고 나서야 강의식의 지적 설교가 별로 좋은 설교가 아닐 수 있다는 사실을 깨달았습니다.

2. 사도 바울의 두려움

사도 바울은 고린도에서 전도를 시작하기 전에 굉장히 두려워하며 떨었습니다.

3절, "내가 너희 가운데 거할 때에 약하고 두려워하고 심히 떨었노라"

처음 고린도에 와서 고린도인을 만났을 때 사도 바울이 느낀 것은 절망감이었습니다. 고린도인을 보니 술을 많이 마시고 욕도 잘하고 음란하고 방탕한 생활에 찌들어 있었습니다. 또한 그리스의 영향을 받아 따지기를 좋아하고 매사에 잘난 체하면서 철학적으로 보이려고 애쓰고 있었습니다. 사도 바울이 보기에 고린도인은 양극단의 모습을 가지고 있었는데, 그들은 세상에서 타락할 대로 타락했으면서도 자기들이 지적이고 똑똑하다고 생각했습니다. 이런 고린도 사람을 보면서 사도 바울은 과연 자신이 하나님의 사랑을 이야기하고 예수님의 십자가를 이야기하면 믿을까 하는 의구심이 들었습니다. 그는 고린도에서 전도하기 전 인간적인 생각에 빠져 자신은 아무것도 할 수 없다는 부정적인 생각을 하기도 했고, 고린도인에게 전도하는 것이 두려웠다고 말합니다.

사실 이것은 모든 전도자가 복음을 전하기 전에 겪는 일로, 특히 설교자들이 설교하기 전에 종종 겪곤 합니다. 사람들은 설교자가 강단 위에 서서 담대하게 설교하는 것을 보며 대단한 믿음을 가졌다고 생각하겠지만, 사실은 설교할 내용에 자신이 없을 때가 너무 많습니다. 또한 이 내용을 가지고 설교할 때 교인들이 상처를 받아 비난하거나 반발하지 않을까 두려워하기도 하고, 심지어 설교하기 전에 다른 곳으로 도망치고 싶다는 생각이 들기도 합니다.

예를 들어 요나의 경우입니다. 왜 하나님은 요나를 이스라엘과 원수 사이인 니느웨에 설교하라고 보내셨을까요? 니느웨 사람은 모두 우상 숭배자였고 살인자였고 약탈자인데 왜 하필 하나님은 요나에게 니느웨에 가서 말씀을 전하라고 하셨을까요? 니느웨 사람들이 자기 말을 받아들이지 않을 거라고 생각한 요나는 그 악한 사람들에게 자기가 가야 한다는 사실 자체가 너무 두려워 정반대 지역으로 도망을 쳤습니다. 그런데 도망을 가던 중 요나는 폭풍을 만나 바다에 빠지고 물고기 뱃속에서 천신만고 끝에 살아나 결국 니느웨에 갔습니다. 그는 니느웨 사람들이 받아들이든지 안 받아들이든지, 자기를 죽이든지 말든지 무조건 하나님 말씀을 외쳤습니다. 이때 놀라운 일이 일어났는데, 왕으로부터 어린 아이까지 회개하는 역사가 일어난 것입니다.

우리는 하나님 말씀을 전할 때 성령이 역사하시는 것을 믿어야 합니다. 우리가 하나님 말씀을 갖고 설교하거나 개인적으로 권할 때 성령께서 사람들의 마음을 보여주셔서 자기가 악한 것을 보고 "형제들아 우리가 어찌할 꼬"라고 하면서 회개하는 사람이 나오게 됩니다. 물론 그중에 시기하는 마음이 커져 돌을 던지고 욕을 하면서 죽이려고 하는 사람도 있지만 이것이 바로 복음이 제대로 증거 되고 있다는 사실을 보여줍니다. 복음은 건강 상담이 아니고 엑스레이이기 때문입니다. 사람들 가운데는 자기가 건강한 줄 알고 있었는데 암 환자라는 진단이 나오면 그 사실을 믿고 싶지 않아 의사와 싸우는 사람도 있습니다.

사도 바울은 고린도에서 복음을 전하기 전 심히 두려워하고 떨었는데 주님이 나타나 힘을 주시고 위로해주셨습니다. "밤에 주께서 환상 가운데 바울에게 말씀하시되 두려워하지 말며 침묵하지 말고 말하라 내가 너와 함께 있으매 어떤 사람도 너를 대적하여 해롭게 할 자가 없을 것이니 이는 이 성중에 내 백성이 많음이라 하시더라"(행 18:9-10).

사실 하나님의 종들도 설교하기 전이나 낯선 장소에 가서 말씀을 전하기 전에 두려워하며 불안해합니다. 마음속으로는 말씀을 듣기 위해 모인 사람들에게 도무지 은혜를 줄 자신이 없으며, 창피를 당하고 비웃음을 당하지 않을까 걱정합니다. 그때 설교자가 두려워하면서 기도할 때 주님은 다른 사람은 모르는 방법으로 위로해주시고 힘을 주시는데 갑자기 두려운 마음이 없어지면서 담대한 마음으로 설교하게 됩니다. 그러면 대개 그 결과는 폭발적 부흥으로 나타납니다. 사도 바울은 "내가 연약할 때가 더 강하다"라고 고백합니다. 이렇게 두려워하면서 기도하고 말씀을 전할 때 하나님이 함께 역사하시지 않은 적이 없었기 때문입니다.

어느 날 청년들에게 '성령의 불같은 능력'이라는 주제로 설교하려고 하는데 갑자기 마음속에 '성령의 불같은 능력이 임하지 않고 오히려 분위기가 썰렁하고 아무 감동도 일어나지 않으면 어떻게 하나' 라는 두려움이 생겼습니다. 그때 주님은 아무 걱정하지 말고 성경 그대로 설교하기만 하면 된다고 말씀하셨습니다. 그래서 일부러 사람들에게 은혜를 주려고 노력하지 않고 성경 말씀 그대로 설교했는데 교인들에게 성령의 충만함이 임하기 시작했습니다.

이 세상에서 상황이 가장 긴박하게 돌아가는 곳이 있다면 병원의 응급실일 것입니다. 거기서는 한순간에 생사가 갈리기도 합니다. 그렇다 보니 응급실의 의사나 간호사는 항상 뛰어다닙니다. 그런데 이것보다 더 긴급한 것이 그리스도의 십자가입니다. 우리 모두는 하나님 앞에서 멸망을 피할 수 없는 죄인인데 십자가 보혈 외에는 구원받을 수 있는 길이 없기 때문입니다. 그럼에도 지금 이 순간에도 많은 사람이 십자가 보혈 없이 죽어가고 있습니다.

3. 복음을 증거 한 결과

우리는 다른 사람에게 십자가를 설득시킬 수 없습니다. 단지 믿음으로 전하기만 하면 하나님이 그들을 설득해 믿게 하실 것입니다. 이때 예수 믿게 된 사람은 우리에게 고마워하지만 믿지 않는 사람은 비난하면서 핍박할 것입니다. 우리는 이 두 가지를 모두 각오해야 합니다. 사도 바울은 자신이 그리스도를 기쁘게 하지 않고 사람을 기쁘게 한다면 그리스도의 종이 아니라고 했습니다.

4절, "내 말과 내 전도함이 설득력 있는 지혜의 말로 하지 아니하고 다만 성령의 나타나심과 능력으로 하여"

우리는 하나님 말씀을 가지고 전할 때 자신도 알지 못하는 가운데 성령이 역사하시는 것을 믿어야 합니다. 어떤 사람은 구변이 좋은 것을 가지고 사람을 웃기거나 은혜를 끼치려고 하는데 사실 사람은 그 자리에선 웃고 기분이 좋을지 몰라도 집에 가면 아무 변화도 느낄 수 없습니다. 그러나 하나님 말씀을 전하면 하나님이 그 말씀을 듣는 사람을 만나십니다. 즉 우리는 설교를 통해 하나님과 만납니다. 그래서 로이드 존스 목사는 성경 강해와 설교는 반드시 예배 중에 이루어져야 한다고 했습니다.

사도 바울은 얼마든지 더 지적이고 매력적으로 설교할 수 있었지만 그렇게 하지 않았다고 말합니다. 사람의 말 재주로 은혜를 끼치는 것은 진정한 은혜가 아니기 때문입니다. 자칫 잘못하면 사람을 속이는 것이 될 수도 있습니다.

결국 사람이 은혜를 받고 축복받는 것은 사람의 말 재주에 좌우되는 것이 아니라 하나님의 능력에 달려 있습니다.

우리가 생각하기에는 도저히 믿을 것 같지 않던 사람이 말씀을 듣고 나서 뜨거운 반응을 보이고, 그 후부터 완전히 딴 사람이 되는 경우가 너무 많습니다. 가장 중요한 증거는 각 사람의 마음속에 성령이 십자가로 인을 치시는 것입니다. 어떤 설교자가 말을 너무 잘해서 믿었다면 시간이 흐른 후에 의심이 생겨날 것입니다.

예수님의 복음과 십자가 진리는 병원에서 엑스레이를 찍는 것과 같습니다. 보통 사람은 하나님의 존재나 그분의 필요성을 느끼지 못합니다. 이것은 아프지 않은 사람에게 병원에 가서 치료를 받으라고 하는 것과 같습니다. 어떤 사람이 병원에 가서 검사를 받았는데 자신이 암 환자이고 심각하다는 사실을 알게 된다면 더 이상 지식이나 즐거움을 추구하지 않고 병 치료에 매달릴 것입니다. 그리고 그때부터 의사가 하는 잔소리 한 마디 한 마디는 자기를 살리기도 하고 죽이기도 하는 생명의 말씀임을 깨닫게 될 것입니다.

모든 인간은 죄로 말미암아 하나님과 적대적인 관계에 있기 때문에 그분과 화해하는 것보다 더 중요한 일은 없습니다. 하나님은 오직 예수 그리스도의 십자가를 통해서만 우리 인간과 화해하겠다고 하셨기 때문에 십자가 없이는 구원도 없습니다. 기독교는 사람에게 많은 것을 주기 이전에 하나님과 각 사람을 화해시키는 일을 해야 합니다.

오늘날 많은 사람은 기독교가 너무 지적이고 풍성한 세계를 가졌다고 생각합니다. 사실 그리스도인이나 목회자에게 이것보다 더 하고 싶은 일은 없을 것입니다. 그러나 인간의 마음이 얼마나 단단한지 하늘에서 불이 떨어지고 죽은 사람이 벌떡 일어나도 절대 그것만으로 하나님을 믿지 않습니다. 결국 하나님 말씀을 가지고 전할 때 성령께서 그 마음을 비추어주셔야 합니다. 성령께서 우리 안에 있는 근본적인 죄 덩어리와 암 덩어리를 보여

주시기 전까지 사람은 십자가의 필요성을 느끼지 못합니다. 그런데 자신 안에 있는 엄청난 죄의 덩어리를 보았을 때 "오호라 나는 곤고한 사람이로다 이 사망의 몸에서 누가 나를 건져내랴"(롬 7:24)라고 탄식하게 됩니다. 그때는 예수님의 십자가 외에는 길이 없습니다. 예수님의 십자가는 죄의 덩어리를 찔러 깨뜨리고 우리 안의 불신앙을 수술해서 하나님의 사랑을 체험하게 합니다. 예수님을 믿기 전까지 하나님은 단순히 멀리 계신 절대자였고 너무 무서운 심판자였지만 예수를 믿음으로써 우리를 사랑하는 아버지로 믿게 됩니다. 그때 우리는 자녀가 자기 아버지를 부르듯 "아버지, 아버지"라고 하면서 기도하게 됩니다.

"이방인들이 듣고 기뻐하여 하나님의 말씀을 찬송하며 영생을 주시기로 작정된 자는 다 믿더라"(행 13:48). 여기서 "하나님의 말씀을 찬송하며"라고 말한 이유는 하나님 말씀이 우리를 변화시키시는 줄 알기 때문입니다. 다른 사람이 아무리 조롱하고 비난한다고 해도 하나님이 영생을 주시기로 작정한 사람은 모두 믿었다고 말씀합니다.

하나님은 이미 그 사람을 위해 많은 일을 하시는데, 사람들의 마음을 가난하게 해놓으십니다. 그러므로 우리는 오직 사용되기만 기다리면 됩니다.

우리가 보기에 전혀 문제가 없는 것처럼 보이는 사람도 건강에 문제가 있다거나 아이가 병에 걸렸다거나 직장에서 퇴직당해 아주 어려운 처지에 놓여 있는 등 하나님 말씀을 들을 준비를 시키십니다. 하나님이 이런 식으로 마음을 준비시키는 사람은 다 영생을 얻기로 작정되어 있는 것입니다. 그런데 우리는 어떤 사람이 하나님이 택하신 사람이며 어떤 사람이 버리기로 작정하신 사람인지 알지 못합니다. 알 수 없으니 주위의 모든 사람에게 복음을 전해야 합니다.

어떤 목회자는 죄 설교를 하면 사람들이 싫어한다는 이유로 평소 성도들이 많은 관심을 가진 건강에 대한 특강으로 설교를 대신하는 경우도 있습니다. 그러나 영혼이 죄로부터 치료되는 것이 복음이 아니라면 복음은 존재할 이유가 없습니다.

십자가의 설교를 듣는 사람에게 어떤 결과가 나타납니까?

아무리 무서운 죄에 빠져 있을지라도 예수님의 십자가의 능력으로 다시 일어설 수 있습니다. 십자가는 과거의 우리 옛 사람을 십자가에 못 박는 것입니다.

5절, "너희 믿음이 사람의 지혜에 있지 아니하고 다만 하나님의 능력에 있게 하려 하였노라"

사람의 지혜는 일시적으로 그 사람의 마음을 즐겁게 해주지만 이야기가 끝나면 과거의 자신으로 돌아갈 수밖에 없습니다. 감동적인 영화를 보면 자신이 벤허가 되기도 하고 모세가 되기도 하지만 영화가 끝나면 역시 과거의 자기 자신으로 돌아가야 합니다. 창녀가 영화를 보았다면 그는 여전히 창녀의 삶으로 돌아갈 것이고 소매치기가 영화를 보았다면 소매치기로 돌아가서 다시 수입을 올려야 할 것입니다. 그러나 그리스도의 십자가 설교는 우리의 비참하고 더러웠던 과거를 십자가에 못 박아 예수님과 함께 장사 지내 버립니다. 우리의 옛사람은 예수님과 함께 무덤 속에 장사되고 우리는 새 사람으로 다시 태어납니다. 물론 우리가 갑자기 딴 사람이 되는 것은 아닙니다. 그러나 그 마음속의 죄책감으로부터 자유롭게 됩니다.

성령은 우리에게 새 마음을 주시고 새로운 감정을 주십니다. 감정이 새로워지면 풀잎이나 돌 하나도 예전과는 다르게 느껴집니다. 하나님은 우리 모두에게 두 번째 인생을 살게 하십니다. 우리의 첫 번째 인생은 정욕과 죄로 더럽혀진 삶입니다. 그리고 두 번째 인생은 그리스도가 우리에게 돌려주신 새로운 삶입니다.

이제 우리는 무엇을 위해 살아야 가치 있는 삶인지 고민하게 될 것입니다. 또한 우리는 함부로 자신의 자유를 남용하지 못할 것입니다. 이 자유가 너무나도 아깝기 때문입니다. 우리는 또다시 죄에 빠져 허덕이기에 너무나도 아까운 새로운 삶을 얻었습니다. 이것은 정말 고민할 가치가 있습니다.

성경 토의

1. 우리가 다른 사람에게 복음을 전하거나 목회자가 설교하면서 흔히 가지는 두려움은 어떤 것이며, 우리는 어떻게 이 두려움을 극복해야 하는가?

2. 우리 그리스도인과 목회자들 가운데 세상의 지식인이나 성공한 사람에 대하여 열등감을 가지는 경우가 많은데, 이런 열등감의 원인은 어디에 있는가? 그리고 하나님 앞에 자격 없는 자이며 무능하다는 느낌이 들 때 우리는 어떻게 해야 하는가?

3. 하나님 말씀을 있는 그대로 믿고 전할 때 어떤 결과가 나타나리라고 생각하는가? 교회마다 복음의 기초가 하나님의 능력 위에서 있게 하려면 무엇이 필요하다고 생각하는가?

06_인간 머리로는 알 수 없는 지혜

고린도전서 2:6-11

전체적 설명

우리는 때때로 이 세상에서 학문적 식견이 뛰어나고 높은 자리에 오른 똑똑한 사람이 왜 성경을 믿지 않고 예수를 믿지 않는지 이해되지 않을 때가 많다. 그러나 복음에는 아주 놀라운 비밀과 함정이 있다. 그것은 이 세상에서 자기가 똑똑하고 지식이 많다고 생각하는 사람은 절대로 하나님 말씀을 믿을 수가 없다는 사실이다. 하나님은 오직 자신이 죄인이고 부족하다고 생각하는 사람만 하나님 말씀을 믿도록 해놓으셨다. 그래서 누구든지 하나님 말씀 앞에서 낮아지지 않으면 절대로 성경을 바로 알거나 복음을 믿을 수가 없다. 복음은 하나님의 감춰진 비밀로 성령의 깨우침 없이는 절대로 깨달을 수 없기 때문이다.

설교 프리노트

6절, "우리가 온전한 자들 중에서는 지혜를 말하노니"
여기서 "온전한 자들"은 지식 단계에서 전문적 지식을 가진 사람을 말한다. 세상의 학문에 입문조차 못한 사람이 있는가 하면 어느 분야에서 전문적 지식을 가진 사람도 있다. 예를 들어 어떤 전문적 지식을 가르치는 강의를 듣거나 세미나에 참석했을 때 사전적 지식이 없으면 설명을 들어도 도대체 무슨 소리를 하는지 이해하지 못한다. 요즘은 어떤 학문에 대해 전문적 지식을 가졌다는 소리를 들으려면 대학에서 특정 학문을 전공하고 석사 이상의 공부를 해야 한다. 마찬가지로 당시 그리스에서는 철학이나 논리학, 수사학에 대하여 전문적 지식을 가진 사람과 그런 지식이 없는 사람을 구별해 불렀던 것 같다. 사도 바울은 복음에도 '전문적인 사람' 이 있다고 말한다. 이들이 바로 '온전한 사람' 인데 이들은 신학을 공부했거나 어떤 학위를 가진 사람을 말하는 것이 아니다. 이들은 바로 예수 믿고 거듭난 사람을 말한다. 즉 우리 예수 믿는 사람에게는 어떤 지식이 있는데, 이것은 세상 사람이 가진 지식도 아니고 통치자들의 지식도 아니다. 특히 당시 통치자들은 나름 논리학이나 법학, 철학 등에 상당한 지식이 있어야 했는데, 사도 바울은 그것을 "이 세상에서 없어질 통치자들의 지혜"라고 말한다. 즉 세상의 지혜나 지식은 당장은 대단한 것처럼 보이지만 그것은 일시적인 것으로 시간이 지나면 쓸모없는 것이 되고 만다.

7절, "오직 은밀한 가운데 있는 하나님의 지혜를 말하는 것"

하나님의 지혜는 인간에게는 감춰져 있다. 하나님의 지혜는 우주를 창조하고 이 세상의 생명체를 만들었지만 감춰져 있다. 그리고 우리 인간에게 구원을 주는 지혜만 성경에 기록되어 있는데, 이 세상 사람은 그 가치를 알지 못한다. 특히 예수 그리스도에 대한 지식과 하나님이 우리 같은 이방인을 택하셔서 예수 믿게 하신 것은 하나님의 마음속에 깊이 감춰진 진리다.

"우리의 영광을 위하여"

우리가 예수 믿는 것은 피조물에게 최고의 영광이고 축복이다. 하나님은 이것을 만세전에 미리 정하셔서 감춰놓았다가 이제 그것을 알게 하셨다. 우리 인간의 지혜는 아무리 엄청난 것일지라도 이 세상에서 살기 위한 것이지 하나님 앞에 나아갈 수 있는 지식이 되지 못한다.

8절, "이 지혜는 이 세대의 통치자들이 한 사람도 알지 못하였나니"

사도 바울 시대에 고린도에는 로마의 통치자도 있었고 그리스의 통치자도 있었다. 그러나 그들은 아무도 하나님의 지식을 알지 못했다. 하나님의 지혜는 그분이 계시해주지 않으시면 아무도 알 수 없기 때문이다. 게다가 이 세상에서 높은 지위에 올라간 사람은 세상의 지혜나 지식이 전부라고 생각해 다른 지식을 인정하지 않는다. 그래서 로마의 통치자나 유다의 지도자도 예수님을 알아보지 못하고 영광의 주를 영접하고 경배하는 대신에 십자가에 못 박아 죽였다. 만약 그들이 조금이라도 하나님에 대한 지식이 있었다면 절대로 영광의 주를 죽이지 않았을 것이다.

9절, "하나님이 자기를 사랑하는 자들을 위하여 예비하신 모든 것"

예수님도 이와 비슷한 말씀을 하셨다. "그들이 보아도 보지 못하며 들어도 듣지 못하며 깨닫지 못함이니라 …… 너희가 듣기는 들어도 깨닫지 못할 것이요 보기는 보아도 알지 못하리라"(마 13:13-14). 이 말씀은 이사야 6장 9-10절을 인용한 것이다. 하나님이 깨닫게 해주지 않으시면 인간의 머리로는 아무리 보아도 그것이 무슨 뜻인지 알지 못하고 들어도 이해할 수가 없다. 예를 들어 우리가 외국어를 배우지 않으면 그것을 아무리 들어도 깨닫지 못하며 그 글을 아무리 읽어도 알지 못하는 것과 같다. 여기서 우리는 하나님 말씀을 깨닫는다는 것이 얼마나 큰 하나님의 사랑인지 알아야 한다.

10절, "하나님이 성령으로 이것을 우리에게 보이셨으니"

하나님의 지혜를 이해한다는 것은 미련한 우리 인간의 지혜와 능력으로는 불가능하다. 하나님의 모든 지혜와 뜻은 성령님만이 이해하시는데 성령이 깨닫게 해주셔야 우리는 하나님의 뜻을 알 수 있다.

11절, "사람의 일을 사람의 속에 있는 영 외에 누가 알리요"

우리의 생각은 자신 외에는 아무도 알지 못하고 직접 말해주지 않는 이상 다른 사람은 알 수가 없다. 요즘 사람은 심리학이라든지 범죄 수사를 통해 당사자가 말하지 않는 것까지 알아내고 있다. 그러나 심리학이나 범죄 수사를 통해 조사하더라도 그 자신만이 그 사정을 가장 정확하게 알 수 있다. 마찬가지로 하나님의 일은 하나님만이 가장 정확하게 아실

수 있다. 인간이 추측하는 것은 결코 하나님의 생각이 되지 못한다. 따라서 인간이 자신의 논리나 추측으로 하나님의 지혜를 안다는 것은 절대 불가능하다.

본문 이해를 위한 질문

1. 하나님의 지혜를 알 수 있는 자들은 어떤 자인가?

하나님의 지혜는 아무나 알 수 없고 오직 '온전한 자들' 만 알 수 있는데, 바로 예수 믿는 자들이다.

2. 세상의 지혜로 하나님의 지혜를 알 수 있는가?

아무리 공부를 많이 한 사람일지라도 세상의 지혜로는 하나님의 지혜를 알 수 없다. 인간의 지혜는 오직 세상에서만 통하는 것으로, 하나님의 세계는 우리 인간의 눈에 보이지도 않고 지각할 수도 없다.

3. 하나님의 지혜를 알 수 있는 비결은 무엇인가?

하나님은 우리 인간처럼 인격적이시기 때문에 하나님 외에는 절대로 그분의 생각을 알 수 없고 성령의 깨우침 없이는 그분의 지혜를 알 수 없다. 그래서 우리 속에 성령이 오셔야 하나님의 비밀을 알 수 있고 그분을 믿을 수 있다.

성경 강해

우리나라에서 공부를 잘하는 비결은 교과서나 참고서를 달달 외우는 것입니다. 그러나 인생의 위기가 닥쳤을 때 살아날 수 있는 비결은 교과서를 달달 외우는 것이 아니라 경험과 순발력이 아주 중요합니다. 그래서 미국은 화재에 대비해 유치원에서도 정기적으로 대피훈련을 합니다. 반면 우리나라는 화재가 일어나지 않기를 바라다가 화재가 일어나면 우왕좌왕해 큰 피해를 입습니다.

이런 것을 보면 학생들을 교실 안에 가둬놓고 교과서만 달달 외우게 하는 것이 얼마나 잘못된 교육인지 알 수 있습니다. 학교에서는 평소 아이들을 들판이나 산 같은 곳에 올라가 스스로 길을 찾기도 하고 해결 방법을 고민해보는 등 생존 훈련을 시킬 필요가 있습니다.

옛날에는 세상의 지혜라고 하면 보통 두 가지를 떠올렸습니다. 하나는 소크라테스나 공자처럼 인간 됨됨이를 중요시하는 지혜였습니다. 이런 지혜를 추구하던 사람은 당시 세상에서 인정받지 못해 모두 배고프고 고달픈 인생을 살다가 죽었습니다. 심지어 소크라테스는 청년들에게 나쁜 사상을 가르친다고 해서 사형을 당했습니다. 그러나 그의 제자들이 스승의 가르침에 대한 가치를 깨닫고 그 가르침을 책으로 엮어 역사에 길이 남게 된 것입니다. 다른 하나는 처세에 능하고 경쟁에서 이기는 것을 가르치는 지혜인데, 이것은 마키아벨리의 『군주론』이라든지 손무의 『손자병법』을 생각나게 합니다. 사람들은 권모술수의 대가라고 하면 대개 마키아벨리를 생각하는데, 사실 그는 정치와 거리가 먼 서기관이었고 외교관이었습니다. 마키아벨리 이전에는 플라톤이 『군주론』에서 말한 것처럼 대개 정치라고 하면 도덕의 실천 정도로 생각했는데, 마키아벨리는 정치를 도덕으로부터 분리시켰다는 평가를 받고 있습니다. 중국에서도 정치가 혼란스러울 때 혀 하나만 가지고 여러 나라를 돌아다니면서 군주를 설득하던 논객이 있었는데, 이들은 크게 한번 성공하고 나서 그 자신도 다른 사람의 시기나 권모술수에 걸려들어 비참하게 죽고 말았습니다.

사람들은 대개 권모술수로 성공한 사람을 두려워하지만 존경하지는 않습니다. 반면 인간 됨됨이를 중요하게 생각하는 지혜를 가르쳐준 선생은 두고두고 존경을 받습니다.

1. 온전한 지식을 가진 자들

이 세상에는 어느 영역이든 그 분야의 전문가나 그 학문에 정통한 학자가 있어 새로운 것을 연구하기도 하고 지식을 발전시키기도 합니다. 그런데 이런 전문 지식을 가지려고 하면 대개 석사 이상의 학위를 가져야 합니다.

성경 본문에 보면 사도 바울은 우리가 이해하기 어려운 말을 하고 있습니다.

6절, "그러나 우리가 온전한 자들 중에서는 지혜를 말하노니 이는 이 세상의 지혜가 아니요 또 이 세상에서 없어질 통치자들의 지혜도 아니요"

여기서 사도 바울은 "우리가 온전한 자들 중에서는 지혜를 말하노니"라고 말합니다. 그런데 '온전한 자들'은 헬라어로 '텔레이오이스'라고 해서 어떤 과정을 마친 합당한 자격을 가진 자를 가리킵니다. 즉 어느 분야에서 전문적 지식을 가진 사람을 말합니다. 요즘은 전문적 내용을 가르치려면 전문적 교육 과정을 이수해야 합니다. 그렇지 않으면 무슨 발표를 듣거나 논문을 읽어도 무슨 내용인지 알 수가 없습니다.

하나님의 지혜의 놀라운 점은 누구든지 예수를 믿고 거듭난 자는 하나님의 진리를 다 알아들을 수 있다는 것입니다. 즉 기독교에서는 전문가만 알아들을 수 있는 무슨 특별한 진리가 따로 존재하지 않습니다. 물론 신학을 공부하다 보면 전문적 내용이 많지만 그것 모두 성경을 바로 이해하기 위한 기초 지식에 불과합니다. 기독교 신앙의 대표작이라고 하면 존 칼뱅이 쓴 『기독교 강요』를 드는데, 칼뱅은 이 책을 쓴 목적이 어떤 어려운 기독교 진리를 가르치려고 하는 것이 아니라 성경 본문을 이해하기 위한 입문서를 쓴 것이라고 말했습니다.

이 세상에는 많은 지혜와 지식이 있어 사람을 유식하게 하고 똑똑하게 만들어주지만 인간이 알지 못하는 최고의 지혜나 지식은 아직 감추어져 있습니다. 이것이 사실이라면 그 중요한 지식을 모르고 그것보다 훨씬 더 저차원적인 지식을 알면서 자신이 지식인이고 모든 것을 안다고 으스대는 것은 거짓과 기만에 찬 행동입니다. 사실 지식은 파고들면 파고들수록 내용이 없다는 것을 알게 됩니다.

우리 인간에게 가장 어려운 일은 하나님을 아는 것입니다. 여기서 하나님을 안다고 하는 것은 막연하게 그분이 있을 것 같다고 말하는 게 아닙니다. 여기서 하나님을 안다는 것은 진짜 그분을 사랑하고 그분의 모든 것을 믿을 뿐 아니라 그분의 영이 우리 안으로 들어와서 우리가 하나님을 아버지라고 부를 수 있는 것을 말합니다. 우리가 하나님을 막연하게 알 때는 그 존재를 믿고 그분의 진노를 사지 않으려고 노력합니다. 그러나 우리가 하나님을 안다고 하는 것은 하나님이 우리를 정말 사랑하시고 우리 아버지가 되시며, 하나님이 말씀하신 모든 것이 진실로 옳다는 사실을 믿는 것을 말합니다.

여기서 사도 바울은 모든 지혜를 두 단계로 나눕니다. 하나는 하나님을 아는 지혜, 다른 하나는 하나님을 알려고 하지만 아직 모르는 지혜입니다. 다른 말로 표현하면 살아있는 지혜와 죽은 지혜입니다.

사도 바울은 세상 지혜에 대해 두 가지를 말하고 있습니다. 하나는 '세상의 지혜'이고, 다른 하나는 '없어질 통치자의 지혜'입니다. 특히 그리스에는 말을 잘하는 소피스트들이 있었는데 이들은 사람을 설득하는 데 아주 탁월한 능력이 있어 재판에서 이기고 정치가가 되기도 했습니다. 소크라테스가 소피스트 고르기아스와 논쟁을 벌인 일이 있는데 거기서 소크라테스는 고르기아스에게 "너희의 지혜가 무엇이냐"라고 묻습니다. 그러자 고르기아스는 "사람들을 설득해서 자기가 말하는 것을 믿게 하는 능력이다"라고 대답합니다. 이 말에 소크라테스는 조롱하는 투로 "옳고 그른 것은 중요하지 않고 말로 남을 설득해 믿게 하는 것이 무슨 소용이 있느냐"라고 반박합니다.

요즘 우리 사회에는 무슨 말이든지 사람을 선동하고 설득해서 자기 말을 믿게 만들어 세상을 흔드는 사람이 많습니다. 그런데 시간이 흐른 뒤에 보면 그들의 주장이 모두 엉터리라는 사실이 드러납니다. 어떤 비구니는 산에 고속철도 굴을 뚫으면 산 위에 사는 도롱뇽이 다 죽는다고 단식 투쟁을 벌여 사람을 설득하려고 했는데, 나중에 보니 굴을 뚫어도 산에 도롱뇽이 많이 사는 것으로 밝혀졌습니다. 우리 사회에는 이처럼 근거 없는 지혜가 사람들에게 엄청난 영향을 주기도 하는데 나중에 알고 보면 사실이 아닐 때가 종종 있습니다. 사실 이런 주장을 하는 사람도 알고 보면 천재입니다. 천재가 아니면 이런 것을 생각할 수 없기 때문입니다. 다만 이런 천재가 항상 정직한 것은 아닙니다. 사실 천재라면 정직하고 양심적이어야 하는데, 보통 사람은 천재의 말을 듣고 그냥 따라가기 때문입니다.

세상의 지혜에 반대되는 것이 '통치자의 지혜' 입니다. 통치자는 일반인 지혜자와 달리 결정권이 있습니다. 통치자들의 지혜는 나라를 지킬 수도 있고 전쟁을 일으킬 수도 있습니다. 즉 사람을 살리거나 죽게 할 수 있는 지혜입니다. 그래서 통치자들의 지혜는 단순히 말로 떠들어대는 지혜가 아니라 책임이 뒤따르는 지혜입니다. 사실 권력자도 권력을 가졌지만 과연 전쟁을 하는 것이 유리한지 백성을 압제하는 것이 유리한지 알지 못합니다. 제삼자의 위치에서 보면 잘 알 것 같은데 막상 자기 자신이 그 위치에 있게 되면 결코 쉬운 일이 아닙니다. 그래서 하나님은 유다 왕들에게 하나님 말씀의 길을 제시해주셨는데, 유다의 지도자 가운데 그 길을 갈 용기를 가진 자는 많지 않았습니다. 왜냐하면 인간의 눈으로는 미래가 전혀 보이지 않기 때문입니다.

역사를 보면 권모술수를 써서 전쟁에서 이기고 높은 자리에 오른 사람 가운데 자기가 앞으로 어떻게 될 줄 모르고 교만하게 굴거나 엉뚱한 짓을 하다가 망하는 사람이 종종 등장합니다. 그뿐 아니라 소크라테스, 공자처럼 참된 인간의 도리를 찾으려고 했던 사람은 그 답을 찾지 못한 채 인생을 끝마쳤습니다. 결국 사도 바울은 "온전한 자들 중에서는 지혜"라는 말을 통해 이 세상의 어떤 학문이나 지혜, 권력도 전부 미완성의 지혜밖에 되지 못한다고 말하고 있습니다. 그러나 우리의 미래는 단순히 아마추어냐 프로냐 하는 문제가 아니라 사느냐 죽느냐 하는 문제와 직결되어 있습니다. 사람이 이 세상의 지혜를 붙들고 있는 동안 어떻게 해서든 세상에서 유리하게 사는 것은 틀림없지만 미래를 완전하게 보장해주지는 못합니다. 그러나 하나님의 지혜를 알게 될 때 당장은 어설퍼 보이고 불리해 보이지만 결국 우리는 생명의 길로 가게 됩니다.

출애굽한 후 광야로 나왔을 때 이스라엘 백성은 하나님의 지혜를 믿지 못했습니다. 그래서 먹을 것이 없으면 하나님을 원망하고 마실 물이 없으면 하나님을 의심했습니다. 가나안 땅을 정탐하고 난 뒤에는 자신들의 힘으로는 절대 가나안 땅에 들어가지 못할 거라고 하면서 다시 애굽으로 돌아가 종이 되자고 했습니다. 결국 이스라엘 백성은 광야에서 40년을 지냈지만 한 걸음도 광야를 벗어나지 못한 채 떠돌기만 했습니다. 이것이 바로 인간의 지혜입니다. 이스라엘 백성은 그들 가운데 있는 하나님의 능력을 알지 못했습니다. 그들 가운데 계신 하나님은 아무것도 없는 중에 온 세상을 창조하고 죽은 자에게 생명을 주는 창조자 하나님이셨습니다. 이스라엘 백성이 하나님 말씀을 믿었을 때 그들은 기적을 통해 요단강을 건넜습니다. 그리고 하나님의 능력으로 여리고 성을 무너뜨리고 기브온에서 태양과 달이 머무는 기적을 체험하게 되었습니다.

우리는 이 세상에서 아무것도 가진 것이 없다고 걱정할 필요가 없습니다. 우리에게 아무것도 없으면 하나님의 능력으로 만들면 되기 때문입니다. 아브라함이 믿었던 하나님은 없는 것을 있게 하시고, 죽은 자를 살리시는 하나님입니다.

2. 사랑하는 자들을 위해 준비하신 하나님의 지혜

인간의 가장 치명적 문제는 세상의 지혜는 아주 가치 있게 생각하면서도 하나님의 존재나 지혜의 필요성을 느끼지 못한다는 것입니다. 이 세상에서 성공하고 풍족하게 사는 데 하나님의 존재나 하나님의 지혜가 필요하지 않기 때문입니다. 이 세상에서 가장 어려운 것 중 하나가 본인이 필요를 느끼지 못하는 것을 억지로 하도록 하는 것입니다. 예를 들어 본인은 아프지 않는데 병원에 가서 진찰을 받으라고 하면 절대로 가지 않을 것입니다. 마찬가지로 학생들이 공부가 재미없는 이유는 공부해야 할 필요성을 느끼지 못하는데 자꾸 공부하라고 하기 때문입니다. 수학을 왜 해야 하는지 모르는데 수학 문제를 풀게 하고, 영어를 왜 해야 하는지 모르는데 영어 단어나 문법을 외우게 하니 공부가 재미없는 것입니다. 하나님의 존재를 알아야 할 필요성을 느끼지 못하는데 하나님을 믿으라고 하면 재미가 없습니다.

사실 우리 인간은 겉으로 보면 아주 똑똑하고 완전한 두뇌를 가진 것 같지만 실제로는 중병에 걸려 있어 하나님의 필요성을 느끼지 못하고 있습니다. 이것이 인간 문제의 가장 어려운 부분입니다. 이것은 환자가 조금 아프면 자기 발로 병원에 찾아가 고쳐 달라고 하겠지만 중병으로 혼수상태에 빠져 있으면 자기가 아픈지도 모르고 치료를 받아야 하는지도 모르는 것과 같습니다. 우리 인간의 모순은 바로 여기에 있습니다.

7절, "오직 은밀한 가운데 있는 하나님의 지혜를 말하는 것으로서 곧 감추어졌던 것인데 하나님이 우리의 영광을 위하여 만세 전에 미리 정하신 것이라"

우리 인간은 모두 깊은 혼수상태에 빠져 오직 살기 위해 몸부림을 치면서 세상 지혜가 전부인 줄 알고 있지만 진짜 지혜는 우리 인간에게 감춰져 있습니다. 이 세상에서 큰돈을 들여 공부하고 어렵게 학위를 따고 다른 사람을 가르치는 지식은 진짜 지식이 아닙니다. 하나님은 진짜 지식을 감춰 놓으셨습니다.

어느 날 하나님 말씀이 우리를 찾아올 것입니다. 처음 하나님 말씀을 들었을 때 우리는 그 가치도, 얼마나 대단한지도 몰랐습니다. 하나님의 복음은 이 세상에서 값싼 지식을 배우는 것보다 더 싸고 더 쉽게 들을 수 있다 보니 아무것도 아닌 취급을 받습니다. 우리는 친구를 통해 전도를 받기도 하고 부모님을 통해 전도를 받기도 하는데 나중에 알고 보니 이 안에 하나님의 영광이 가득 들어 있는 것입니다.

엄청나게 비싼 진주나 다이아몬드가 있으면 절대로 다른 사람에게 빼앗기거나 빌려주지 않을 것입니다. 그런데 다른 사람은 자꾸 그것이 가짜이고 아무 가치가 없다고 말합니다. 배가 아파서 그것을 갖지 못하게 하려고 그렇게 하는 것입니다. 하나님은 이 세상의 어떤 철학자나 대학자도 갖지 못한 지식을 아무것도 모르는 우리에게 공짜로 주셨습니다. 이 가치를 알아야지 우리는 속지 않고 망하지 않습니다.

놀라운 사실은 하나님의 백성이 인간의 지식은 그처럼 대단하게 생각하지만 정작 하나님의 지식에 대해선 그 가치를 모른다는 것입니다. 그 말씀

안으로 들어가는 법조차 모르고 있습니다.

교회는 하나님의 금광에 들어가는 입구입니다. 우리는 설교 시간을 통해 하나님의 금광에서 보물을 캐내어 자기 것으로 가집니다. 그러나 어떤 사람은 금광 입구에 와서 세상 이야기만 실컷 하고 돌아가거나 엉뚱한 계획을 잔뜩 세우고 그것이 기독교인 것처럼 생각합니다.

중요한 것은 우리에게 성령의 역사가 나타나고 부흥이 일어나야 한다는 사실입니다. 그렇게 할 수 있는 것은 하나님의 말씀과 기도밖에 없습니다.

그런데 우리가 하나님의 지혜를 만나기까지 이 지혜는 수천 년, 수만 년 동안 하나님의 가슴 안에 감춰져 있었습니다. 하나님의 아들이 준비되어 엄청난 희생을 치르기 전까지 힘을 발휘할 수 없었기 때문입니다.

드디어 하나님의 아들이 인간이 되사 십자가에서 죽고 부활하셨을 때 하나님과 우리를 가로막고 있던 담이 허물어졌습니다. 성전 맨 안쪽에 있던 휘장이 찢어졌습니다. 이제 우리는 마음껏 하나님의 세계 안으로 뛰어 들어가 하나님의 지혜와 축복을 가질 수 있게 되었고, 그것을 이 세상에 가지고 와서 축복할 수 있게 되었습니다.

본문을 보면 세상 통치자들의 무지를 볼 수 있습니다.

8절, "이 지혜는 이 세대의 통치자들이 한 사람도 알지 못하였나니 만일 알았더라면 영광의 주를 십자가에 못 박지 아니하였으리라"

이 세상의 무지는 하나님의 세계를 전혀 보지 못한다는 것입니다. 하나님의 세계와 이 세상이 유리벽으로 되어 있다면 하나님은 얼마든지 세상의 모든 것을 보시지만 인간은 하나님의 세계를 전혀 보지 못합니다. 이는 요즘 아파트를 보면 건물 안에서는 밖을 볼 수 있지만 밖에서는 안이 보이지 않는 것과 같습니다.

인간이 하나님의 세계의 영광을 매일 볼 수 있다면 정신을 차리지 못할 것입니다. 베드로와 요한, 야고보는 높은 산에서 하나님 나라의 영광을 보았는데 너무 좋은 나머지 베드로는 "여기 있는 것이 좋사오니…… 여기서 초막 셋을 짓되 하나는 주님을 위하여, 하나는 모세를 위하여, 하나는 엘리야를 위하여 하리이다"(마 17:4)라고 말했습니다. 엘리사는 자신이 사는 도단 성이 아람 군대에 포위되었을 때 자기 종 게하시의 눈을 열어 하나님 나라의 불 말과 불 병거를 보게 해달라고 했습니다. 하나님이 게하시의 눈을 열어주시자 아람 군대는 완전히 장난감 군대밖에 안 되고 무시무시한 하나님 나라의 불 말과 불 병거가 엘리사를 둘러싸고 있는 것을 보게 되었습니다.

우리는 하나님의 세계를 전혀 보지 못하기 때문에 세상에서 죽어라 돈을 벌려고 하며 높은 자리에 올라가려고 하며 열심히 공부하려고 합니다. 그런데 하나님의 세계를 한번 보고 나면 이 세상이 아무것도 아니라는 사실을 깨닫게 됩니다. 사도 요한은 밧모 섬에 유배되어 가장 비참한 상태에 빠져 있었습니다. 밧모 섬은 물이 없고 겨울에는 땔감이 없어 생활하기에 열악한 환경이었는데, 특히 사도 요한은 죄수의 신분으로 고생이 심했습니다. 사도 요한은 그 열악한 환경에서 하나님의 어마어마한 계획을 보고 감동한 나머지 울다가 죽은 사람처럼 되어버립니다. 그러고 나서 정신을 차린 뒤 요한계시록을 썼는데, 요한이 본 묵시는 성경 묵시 가운데서 가장 환상적이었습니다. 이것은 〈반지의 제왕〉 〈해리 포터〉와 비교도 되지 않는 판타지였습니다.

주님이 하늘로 올라가시고 이미 수십 년이 지나도 재림하지 않으시자 교회는 느슨해지고 세상적인 것을 따라가기 시작했습니다. 그러나 요한이 하나님의 세계를 보니 주님은 여전히 살아계실 뿐 아니라 번쩍번쩍 빛나는 모습과 주석 같은 발을 가지고 일곱 금 촛대와 일곱 별을 붙들고 계셨습니다.

이 세상의 지혜로는 하나님의 세계를 전혀 보지 못합니다. 그래서 이 세상의 통치자들은 단 한 명도 하나님의 아들이 이 세상에 오신다는 것을 알지 못했습니다. 하나님의 아들이 자기들을 통치자로 세우셨음에도 그들 중 아무도 그분을 알아보지 못했을 뿐 아니라 오히려 십자가에 못 박아 죽게 했습니다.

로마는 자신에게 주어진 그 엄청난 성공과 부에 도취되어 하나님의 아들이 이 세상에 오신 것을 전혀 알지 못했습니다.

이 세상의 지혜는 하나님을 모르는 죽은 지혜입니다. 학생들이 학교에서 삼각함수나 미적분을 공부하지만 하나님을 모르는 지식은 죽은 지식입니다. 사도 바울은 이 세상의 통치자들이 하나님을 아는 지혜만 있었다면 하나님의 아들을 십자가에 못 박지 않았을 거라고 말합니다. 오히려 이 세상에 엄청난 부흥을 일으키고 최고의 정치인이 되었을 것입니다.

우리 인간의 지혜로는 하나님의 세계를 볼 수가 없습니다. 그런데 하나님의 지혜는 우리를 하나님의 세계 안으로 들어가게 해서 모든 좋은 것을 가지게 합니다.

9절, "기록된 바 하나님이 자기를 사랑하는 자들을 위하여 예비하신 모든 것은 눈으로 보지 못하고 귀로 듣지 못하고 사람의 마음으로 생각하지도 못하였다 함과 같으니라"

하나님의 지혜나 축복은 오직 하나님이 사랑하는 자들을 위해 준비하신 것인데, 이것은 눈으로 볼 수도 없고 귀에 들리지도 않고 사람의 생각으로 추리해낼 수 있는 것도 아닙니다.

3. 하나님의 성령

오늘날 우리 인간은 경제를 말하고 법을 말하지만 그 모든 지혜는 하나님을 알게 하지 못하고, 그 능력을 알게 하지 못하는 두더지의 지혜밖에 되지 못합니다.

우리 인간이 하나님의 지혜와 능력 앞에 나아가려고 하면 태양을 뚫고 우주를 뚫고 하나님 앞에 나아가야 하는데 그것은 불가능한 일입니다. 그래서 하나님은 그분의 말씀과 아들을 보내셨습니다. 우리는 하나님의 말씀 안에서, 예수 그리스도를 믿는 믿음 안에서 태양을 뚫고 우주를 뚫고 하나님 앞에 나아갈 수 있습니다.

여기서 사도 바울은 하나님이 우리에게 지혜를 주시는 방법을 자세히 보여줍니다.

10절, "오직 하나님이 성령으로 이것을 우리에게 보이셨으니 성령은 모든 것 곧 하나님의 깊은 것까지도 통달하시느니라"

사실 우리 능력으로는 하나님 말씀을 이해할 수가 없습니다. 그리고 우리 능력으로는 하나님의 아들을 믿을 수가 없습니다. 하나님은 우리 인간의 머리로는 도무지 이해할 수 없는 방법으로 일하시는데, 우리 각자에게 성령을 주시는 것입니다. 즉 우리가 예수 믿고 하나님의 지혜를 깨닫는 것은 하나님의 성령을 통해 이루어집니다.

우선 하나님의 성령은 우리의 지각을 수천만 배 커지게 해서 보지 못하는 것을 알게 하시고 믿지 못하던 것을 믿게 하십니다. 사람에게 가장 어려운 것이 자기 안에 죄가 있다는 사실을 깨닫는 것인데, 이것은 하나님의 성령의 깨우침이 없으면 불가능합니다. 죄를 깨닫게 되면 우리는 예수님의 십자가를 믿을 수밖에 없습니다. 이때 예수님의 십자가가 얼마나 생생한지 예수님이 눈앞에 계신 것처럼 느껴집니다. 그리고 성령님은 우리 안에 성령의 생수가 터지게 해서 죄의 불이 꺼지게 하시고 죄로 말미암아 불타버린 우리 속사람을 하나씩 하나씩 치료해주시고 깨끗한 새 사람으로 만들어주십니다. 즉 우리 내면은 죄의 불로 전부 새카맣게 타버려 흉측하게 변형되었지만 성령님은 먼저 우리에게 하나님 말씀을 생각하게 하시고, 아름다운 감정을 주시고, 죽은 신경 조직 하나하나를 회복시켜 우리를 아름답게 만들어주십니다.

우리는 성령님이 주시는 사랑으로 말미암아 처음으로 자신의 소중함을 깨닫습니다. 우리는 자신이 소중하다는 것을 알게 됨으로써 다른 사람도 사랑하게 됩니다. 그러나 이것으로 하나님의 치료가 다 끝난 것은 아닙니다. 하나님은 우리 안을 하나님 말씀으로 채워주셔서 인격 전부와 육체 전체를 보석이 되게 하십니다. 우리가 하나님 말씀을 듣고 기도할 때마다 하나님으로부터 은혜와 축복이 임하는데, 어느 때는 충만하게 되고 어느 때는 흘러넘치기도 합니다. 하나님의 은혜가 우리 안에서 넘치면 감정을 주체하지 못해 울게 되고 미치게 됩니다.

우리는 하나님 말씀을 통해 어마어마한 하나님의 세계를 탐험하게 됩니다. 성경 말씀은 하나님의 놀라운 세계입니다. 성경 안에는 광야도 있고 산맥도 있고 큰 바다도 있고 들판도 있는데, 우리는 그 놀라운 세계를 탐험하면서 상상할 수 없는 하나님의 세계를 알게 됩니다. 우리가 이 시대를 알고, 사람을 아는 것은 시사 주간지 《타임 매거진》을 보거나 심리학을 본다고 해서 되는 것이 아니라 성경을 깊이 이해하는 가운데서 이루어집니다.

11절, "사람의 일을 사람의 속에 있는 영 외에 누가 알리요 이와 같이 하나님의 일도 하나님의 영 외에는 아무도 알지 못하느니라"

사람이 가진 생각은 그 본인만이 알 수 있는데, 그 사람의 영만 알 수 있다는 것입니다. 오늘날 사람은 내면의 생각을 알아내기 위해 많은 말을 하고 질문을 합니다. 그러나 입을 굳게 다물고 말하지 않으면 아무도 그 사람의 생각을 알 수 없습니다. 성령님은 하나님의 모든 일을 알고 계십니다. 그러므로 성령을 받지 못한 사람은 절대로 하나님의 계획이나 축복에 대해 알 수 없습니다. 성령님은 하나님의 백성에게 수시로 말씀합니다. 성령님은 성경 말씀을 통해 우리에게 말씀하고 영감을 통해 우리로 하여금 깨닫게 하십니다.

여기서 가장 궁금한 것은 하나님의 지혜를 가질 때 이 세상에서 우리가 어떻게 될 것인가 하는 점입니다. 즉 자녀들이 학교에서 공부를 잘하게 되고 남편이나 자신이 좋은 직장에 취직될 것인가 하는 것입니다. 물론 처음부터 하나님을 믿는다고 해서 세상 공부를 잘하거나 세상에서 돈을 잘 버는 것은 아닙니다. 오히려 우리는 하나님의 지식에 서툴러 세상일에도 부족하고 하나님의 일에서도 부족합니다. 그러므로 자꾸 연습을 해야 합니다. 계속 연습하면 나중에 자신이 잘할 수 있는 것을 찾게 됩니다. 세상일에 죽어라 하고 노력하는 사람은 전문가가 될 수 있지만 그것을 즐기며 좋아하는 사람을 이길 수는 없습니다.

우리는 하나님의 지혜가 이 세상에서 먹고 사는 문제를 해결한다는 것을 믿어야 합니다. 다만 하나님 말씀을 파내기 위해 우리는 세상의 것을 많이 놓쳐야 합니다. 세상의 모든 것을 가진 상태에서는 죽어라 하고 하나님 말씀을 붙들고 파고들게 되지 않습니다. 하나님 말씀을 살아있는 말씀이 되게 하려면 세상에서 손해를 보고 어려움 가운데서 그 말씀을 우리 것으로 만들어야 합니다. 그때 성경은 요셉의 지혜처럼 살아있는 지혜가 되어 우리를 죽음에서 살릴 수 있습니다.

언젠가는 하나님의 심판의 불이 세상의 모든 것을 태울 것입니다. 그때 이 세상에서 끝까지 불타지 않는 것은 우리의 믿음과 인격밖에 없습니다. 이 세상에서 아무리 많은 것을 가졌어도 나중에 심판의 불에 전부 타서 재가 되고 맙니다. 우리가 하나님 말씀으로 보석이 된 것과 보석으로 세워진 성전과 우리의 믿음은 영원히 불타지 않고 남을 것입니다.

예수님은 썩어질 양식을 위해 일하지 말고 영원히 썩지 않을 양식을 위해 일하라고 말씀하십니다. 오늘 이 시간 우리 모두가 보석이 되기를 원합니다. 우리 교회가 살아있는 성전이 되기를 원합니다. 우리 모두가 하나님의 지혜로 충만해지기를 원합니다.

성경 토의

1. 예수 믿는 사람은 이 세상에서 공부를 많이 한 사람도 아니고 학문적으로 대단한 사람도 아니다. 그럼에도 우리는 하나님의 세계에 대하여 어떤 지식을 가지고 있으며, 이 지식을 어떻게 사용해야 하는가?

2. 세상에서 학문을 많이 하고 높은 지위에 있는 사람이 하나님의 존재를 믿지 않고 성경 말씀의 가치도 인정하지 않는 이유는 무엇인가?

3. 우리 인간은 자신의 존재도 잘 알지 못하고 하나님도 알지 못한다. 인간을 가장 잘 알 수 있는 방법은 무엇이며, 우리는 어떻게 할 때 하나님의 세계를 잘 알게 되는가?

07_영에 속한 사람

고린도전서 2:12-16

전체적 설명

사람들은 대개 '영의 세계'라고 하면 죽은 사람의 영혼 세계라든지 어떤 귀신이나 신들의 세계라고 추측한다. 그래서 영의 세계는 보통 사람은 접근할 수가 없고 영매나 무당 등 종교인을 매개로 해서 접근할 수 있다고 생각한다. 이런 영의 세계가 사람의 미래를 알아내기도 하고 사람의 정신 상태를 조종한다고 생각해 두려움을 가진 사람들이 있다. 그 두려움은 어두운 영의 세계로 많이 과장되었고 개중에는 잘못 알려진 것도 많다. 성경은 예수 믿는 사람에게 임하는 새로운 영의 세계에 대하여 말씀하고 있다. 즉 영의 세계는 이 세상에 임한 하나님의 세계를 말하며, 밝고 깨끗하고 능력 있는 성령의 세계다. 누구든지 예수 믿는 사람은 이 영의 세계에 속한 사람이 되고, 하나님이 주신 성령으로 능력을 가진 사람이 되어 깨끗한 삶을 살아가게 된다.

12절, "우리가 세상의 영을 받지 아니하고"

설교 프리노트

'세상의 영'은 사탄의 영을 말하는 게 아니라 일반 사람이 가진 정신세계라고 말하는 것이 좋다. 사람이 사탄의 영을 받아들이면 정상적인 상태로 있을 수 없기 때문이다. 그러나 이 세상 사람의 정신세계는 하나님을 믿지 않는 상태이므로 정욕적이고 미신적이고 하나님의 세계에 대해 아무것도 알지 못한다.

"하나님으로부터 온 영을 받았으니"

누구든지 예수 믿는 사람은 하나님이 주시는 성령을 받는다. 성령은 우리의 감겨 있던 영의 눈을 뜨게 하고 죄로 죽어 있던 영적 감각을 살아나게 함으로써 하나님을 알게 하고 하나님으로부터 오는 축복을 받게 한다. 따라서 누구든지 예수를 믿는 사람은 새로운 영적 세계가 열리는데 그것은 믿지 않는 사람이 가졌던 미신적이고 마귀적인 영의 세계와는 완전히 다른 것이다. "하나님께서 우리에게 은혜로 주신 것들"은 하나님이 우리에게 아무 공로 없이 거저 주시는 많은 은혜를 말한다.

13절, "사람의 지혜가 가르친 말로 아니하고"

고린도에서는 사람의 사상이나 철학을 갖고 신이나 우주의 기원, 인간의 정신세계에 대해 많은 것을 가르쳤다. 물론 그런 가르침이 다 무익한 것은 아니었지만 그것은 막연한 추측이나 상상에 불과했다. 소크라테스와 플라톤을 비롯해 다른 철학자들의 가르침은 인간 속에 있는 좋은 점을 많이 보여주지만 확실한 것은 아니었다. 그러나 "성령께서 가르치신 것"은 하나님이 직접 우리를 깨닫게 해주시는 것으로, 우리 인간이나 하나님에 대하여 확실한 진리였다. 성령은 우리 인간이 하나님을 대적하는 본성으로 죄에 빠져 있다는 것과 하나님이 그리스도를 통하여 우리 인간에게 주시는 한없는 은혜와 축복에 대해 가르쳐주신다.

"영적인 일은 영적인 것으로 분별하느니라"

우리가 이 세상에서 돈을 벌거나 결혼생활을 하고 출세하는 데는 하나님 말씀이 크게 도움이 되지 않을지도 모른다. 그러나 우리가 자신을 알고 하나님을 알고 우리 인생이 구원을 받는 데는 사람의 가르침이 전혀 도움이 되지 않는다. 그 지혜는 눈에 보이지 않는 것을 알지 못하기 때문이다. 우리 영혼이 살고 우리 인생이 구원받으려면 하나님의 지혜 없이는 불가능하다.

14절, "육에 속한 사람은 하나님의 성령의 일들을 받지 아니하나니"

여기서 "육에 속한 사람"은 예수를 믿지 않고 하나님의 성령이 없는 사람을 말한다. 이들은 하나님을 모르기 때문에 오직 이 세상에서 잘 먹고 잘살고 출세하는 것밖에 알지 못한다. 특히 마음에 성령이 들어오지 않은 사람은 생각이 경직되어 있고 자기가 생각하는 것 외에는 모두 받아들이지 않고 틀렸다고 생각한다. 그래서 믿지 않는 자는 성령이 하시는 지혜를 깨달을 수 없고 오히려 그 말씀을 믿는 자를 어리석고 미련하다고 여긴다. 사실 자연 상태에서는 어느 누구도 자기 힘으로 예수를 믿거나 하나님 말씀을 믿는 것이 불가능하다. 그런데 하나님의 성령은 자연 상태에 있는 사람의 마음속에 기적을 일으켜 그분의 말씀을 조금씩 믿게 하시고 나중에는 전폭적으로 받아들이게 하신다. 이것이 우리 인간의 인생에 일어날 수 있는 가장 놀라운 일이다.

15절, "신령한 자는 모든 것을 판단하나"

지식에서 높은 단계와 낮은 단계가 있을 때 높은 단계에 있는 사람은 낮은 단계의 지식을 이해할 수 있지만, 낮은 단계에 있는 사람은 자기보다 고차원의 단계에 있는 지식을 이해하지 못한다. 아직 그 단계를 배우지 못했고 그럴 만한 실력도 갖추지 못했기 때문이다. 예를 들어 대학원생은 중 · 고등학교 학생의 지식을 이해하고 가르칠 수 있지만 중 · 고등학생은 아무리 대학원 강의를 들어도 알아듣지 못하고 올바르게 판단할 수도 없다. 마찬가지로 하나님의 지혜는 이 세상의 모든 학문이나 정치, 예술을 판단할 수 있지만 세상적 지식을 가지고는 하나님의 지혜를 다 알 수 없고 판단할 수도 없다. 그럼에도 세상의 지혜를 가진 자들이 종종 자신의 지식으로 신앙 세계를 판단할 수 있다고 생각하는 것을 본다.

16절, "누가 주의 마음을 알아서 주를 가르치겠느냐"

피조물과 창조자 사이에서 피조물은 창조자의 마음을 알 수가 없다. 예를 들어 그림과 책은 작가와 저자가 자기 생각대로 그리거나 만드는 것이지 피조물이 이래라저래라 할 수는 없다. 마찬가지로 인간은 주님의 마음을 알 수가 없다. 그러나 우리는 주님의 마음을 가졌기 때문에 주님과 함께 창조에 동참할 수 있고, 인간 구원에 동역할 수가 있다.

본문 이해를 위한 질문

1. 영의 세계는 어떤 세계를 말하는가?

보통 예수를 믿지 않는 사람이 생각하는 영의 세계는 어두운 영의 세계다. 즉 죽은 사람의 세계에 접촉하는 것이나 사탄의 세계에 들어가는 것이라고 생각한다. 그러나 이런 영의 세계는 미신적이고 공상적이고 거짓으로 가득 차 있다. 반면 하나님의 영의 세계는 빛의 세계이고 말씀의 세계다.

2. 이 세상에 어떤 일이 일어나고 있는가?

하나님의 세계로부터 차단되어 있던 이 세계에 예수님이 오시고 성령이 오심으로써 참된 영의 세계가 열리게 되었다. 누구든지 예수 믿는 사람은 하나님과 영생의 세계를 바로 알 수 있고, 하나님이 은혜로 주시는 복을 다 받을 수 있다.

3. 여전히 예수를 믿지 않는 사람은 어떤 상태에 있는가?

그들은 여전히 영의 세계를 모르기 때문에 성령의 가르침을 받지 않고 오히려 그것을 미련하게 생각한다. 반면 하나님의 성령의 지혜를 가진 사람은 세상의 모든 지식을 판단할 수 있다.

성경 강해

사람들은 누구나 '영의 세계'가 있는지, 그런 세계가 있다면 우리에게 어떤 영향을 미치는지, 어떤 사람이 그곳에 들어갈 수 있는지 궁금해합니다. 우리는 보통 '영의 세계'라든지 '영의 세계의 이야기'라고 하면 고개를 갸우뚱거리면서 도대체 무슨 이야기를 하려고 하는 건지 쉽게 이해할 수 없을 때가 많습니다. 보통 사람이 '영의 세계'라고 하면 '죽은 자의 세계' 아니면 '사람이 아닌 귀신이나 영의 세계'를 떠올립니다. 살아있는 사람에게 죽은 자의 세계나 영들의 세계는 도무지 알 수 없는 세계이고 만날 수도 없는 세계인 것은 분명합니다. 그런데 사람은 자기 의지와 상관없이 이런 영의 세계와 만나야 할 때가 있습니다. 그중 하나가 사람이 악한 영이 들려서 미치는 것입니다. 지금은 정신이상이라면 귀신 들린 것보다는 분열증이나 우울증인 경우가 많지만, 옛날에는 악령이 들려서 소리를 지르고 미쳐 날뛰는 경우가 많았습니다. 또 어떤 사람은 자신이 처한 어려움을 귀신의 도움을 받아 해결 방법을 알아내거나 미래의 재앙을 피하기 위해 귀신을 불러내려고 하기도 합니다. 그뿐 아니라 누구든지 가까운 사람이 죽으면 그의 영이나 혼이 어디에 있을지 궁금증을 갖습니다. 요즘 공포영화가 인기를 끌면서 '퇴마'나 '엑소시즘'이라고 해서 귀신과 싸우거나 사람에게서 귀신을 쫓아내는 영화가 만들어지고 있습니다. 그리고 천주교에서는 아예 귀신 쫓아내는 것을 전담하는 신부가 임명되기도 합니다.

여기서 우리는 '영의 세계'란 죽은 귀신이나 악령의 영역을 말하는데, 정상적인 사람은 그곳과 접촉할 수 없고 오직 영력이 센 종교인이 대항하거나 대화를 나눌 수 있다고 생각한다는 것을 알 수 있습니다. 이런 의미에서 본다면 영의 세계는 너무 무섭고 보통 사람은 감당해내기 어려운 영역이라는 생각이 듭니다. 사실 성경에서도 예수님이 오시기 전에는 이런 영의 세계에 대해 확실하게 말씀하시지 않아서 분명치 않는 부분이 있었습니다. 그러나 예수님이 오신 후에는 이 영의 세계가 확실히 밝혀지게 되었습니다. 이제 우리에게 영적 세계는 단순히 죽은 귀신의 세계나 악령의 세계가 아닌 살아있는 사람도 얼마든지 들어갈 수 있는 축복의 세계가 된 것입니다.

1. 어두운 영의 세계

먼저 알아야 할 것은 지금까지 우리가 무서워하고 공포에 떨어야 했던 죽은 자의 세계나 악령의 세계가 영의 세계 전부를 말하는 것이 아니라는 사실입니다. 영의 세계에는 어두운 영의 세계와 환하고 밝은 영의 세계가 있는데, 지금까지 우리가 들었던 것은 모두 어두운 영의 세계에 대한 이야기였습니다.

성경에도 어두운 영의 세계에 대한 이야기가 나옵니다. 우리는 이런 이야기를 들으면 일단 무섭고 머리카락이 쭈뼛 서며 도대체 뭐가 뭔지 알 수가 없습니다.

그중 하나가 사울 왕이 블레셋과 전쟁하기 전에 무당을 찾아가 죽은 사무엘의 귀신을 불러 달라고 부탁하는 것입니다. 이때 무당은 죽은 사무엘의 귀신을 불러오는데 그는 사울 왕에게 수염이 하얀 노인 한 명이 땅에서 올라온다고 말합니다. 사울 왕은 이 노인이 진짜 사무엘의 죽은 영이라고 믿었습니다. 무당은 자기 입으로 죽은 사무엘이 말하는 것처럼 "내가 죽어 평안하게 좀 쉬려고 하는데 왜 나를 불러 귀찮게 하느냐"라고 책망합니다. 이는 사무엘이 무당의 입을 통해 하나님 말씀을 하는 것처럼 보이지만, 사실은 사탄의 영이 죽은 사무엘을 흉내를 내어 말하는 것에 불과했습니다. 그런데 사울은 그 무당의 말이 진짜 죽은 사무엘의 말이라고 믿어 기절할 정도로 큰 충격을 받았으며, 그다음 날 사무엘의 영이 말한 대로 전쟁에서 전사합니다. 여기서 보는 영의 세계는 사악하고 어두운 영의 세계, 즉 사탄의 세계로 하나님의 세계인 것처럼 속였음을 알 수 있습니다.

복음서를 보면 이방인 거라사 인의 땅에 가셨을 때 예수님은 무려 군대 규모의 귀신이 들려 미친 사람을 만납니다. 그 사람 안에 들어 있는 귀신들이 예수님을 알아보고 벌벌 떨었는데 예수님이 "그 사람에게서 나오라"(눅 8:29)고 말씀하시자 자기들을 무저갱에 넣지 말아 달라고 부탁합니다. 대신 자기들을 옆에 있는 돼지에게로 들어가게 해달라고 부탁하는데 예수님이 허락하시자 귀신들은 돼지에게로 들어가 몰사당하게 됩니다. 여기서

‘무저갱’은 귀신들이 갇혀 있는 어떤 영역으로, 바로 어두운 영의 세계입니다. 그런데 이들 귀신은 거기서 나와 사람을 미치게 만들거나 사회를 혼란에 빠뜨리기도 합니다.

사도행전에는 사도 바울이 빌립보에서 전도할 때 점치는 여종에게 들어간 귀신 이야기가 나옵니다. 이 여종은 계속 사도 바울을 따라다니며 이 사람은 “지극히 높은 하나님의 종”(행 16:17)이라고 하면서 훼방을 놓습니다. 우리 생각으로는 이 점치는 여자가 사도 바울이 하나님의 종이라고 말하면 도움이 될 것 같지만 사실 같은 말도 수십 번 하면 방해가 됩니다. 사도 바울은 도저히 이대로 가만히 있어서는 안 되겠다는 생각이 들어 여자 속에 있는 귀신이 떠나도록 명령합니다. 그 순간 점치는 여종은 정신이 멀쩡해졌는데, 이 여종은 점을 치는 능력을 잃어버려 점을 치지 못하게 되었습니다. 이 여종의 주인은 점을 쳐서 얻는 수입이 없어지자 바울과 실라를 고발해 매를 맞게 하고 감옥에 갇히게 했습니다. 여기서 우리는 이 여종의 점치는 능력도 어두운 영의 세계였다는 것을 알 수 있습니다. 이 여종은 사도 바울과 만남으로써 어두운 사탄의 영의 세계가 하나님의 영과 격돌하게 되고, 여기서 사탄의 영의 세계는 여지없이 패배합니다. 또 한 번은 사도 바울이 에베소에서 병든 자를 고치고 귀신 들린 자들을 고쳐주었는데 어떤 사람들이 바울을 흉내 내기 시작했습니다. 즉 제사장 스게와와 일곱 아들이 바울을 흉내 내어 귀신을 쫓아내려고 하자 귀신이 굴복하지 않고 오히려 그들의 몸 위로 뛰어올라 그들의 옷을 벗기고 “내가 예수도 알고 바울도 알거니와 너희는 누구냐”(행 19:15)라고 소리를 지르자 벌거벗은 몸으로 도망쳤다고 합니다.

이것을 보면 영의 세계가 모두 같은 것이 아니라 사탄이 지배하는 어두운 영의 세계가 있는가 하면, 하나님 말씀이 지배하는 환하고 밝은 영의 세계가 있음을 알 수 있습니다. 즉 우리 예수 믿는 사람은 어두운 영의 세계의 지배나 영향을 받는 것이 아니라 이것과는 완전히 다른 하나님 말씀의 영의 세계에 속해 있습니다. 그런데 복음을 통해 이 두 세계가 격돌하게 될 때 어두운 영의 세계는 빛의 세계에게 패배하고 맙니다.

이것은 출애굽할 때도 보게 되는데, 모세가 지팡이를 던져 뱀으로 변하게 하자 애굽의 마술사들도 지팡이를 뱀으로 변하게 합니다. 그런데 모세가 행한 능력이 순수한 기적이라면 애굽의 마술사들이 행한 기적은 속임수였습니다. 즉 애굽의 마술사들은 뱀이 기절한 것을 가지고 와서 지팡이라고 속였습니다. 애굽의 마술사들이 모세의 능력을 흉내 낸 것입니다. 그런데 모세의 뱀이 애굽 마술사들의 뱀들을 잡아먹었습니다. 하나님의 영의 세계가 사탄의 영의 세계를 이긴 것입니다.

여기서 우리가 알 수 있는 것은 영의 세계는 분명히 존재하는데 이것이 다 같지 않다는 것입니다. 영의 세계는 분명하게 구별되는데 하나는 하나님이 지배하시는 환하고 밝은 영의 세계가 있고, 다른 하나는 사탄이 지배하는 어두운 영의 세계가 있습니다. 그런데 이 어두운 영의 세계는 하나님이 어둠 가운데 가두어놓으셨는데 가끔씩 풀려 나와 사람들을 미치게 하고 두려움에 떨게 합니다. 그래서 사람은 이 어두운 영의 세계가 무서워 미신을 믿고 무당이나 종교인의 도움으로 그런 영을 물리치려고 합니다. 그러나 그들에게는 그만한 능력이 없습니다. 어두운 영의 세계에서 무당이나 종교인은 영을 지배하는 사람 아니라 사탄에 의해 사용되는 종임을 알아야 합니다. 거기에 비해 하나님의 환하고 밝은 영의 세계는 그분의 말씀과 축복이 지배하는 세계입니다. 그래서 사도 바울은 "그가 우리를 흑암의 권세에서 건져내사 그의 사랑의 아들의 나라로 옮기셨으니"(골 1:13)라고 말합니다.

우리가 알아야 할 것은 보통 사람이 영의 세계라고 말하는 것은 어두운 영의 세계로, 이는 하나님을 모르는 무지의 세계이고 미신의 세계입니다. 여기서 사탄은 큰 능력을 행하거나 재앙을 일으키지 못합니다. 단지 사탄이 안개와 같은 무지로 사람을 두렵게 해서 미신을 믿게 할 것뿐입니다. 그런데 복음으로 하나님의 세계가 쳐들어오게 되면 어두운 영의 세계는 여지없이 깨어집니다. 예를 들어 깡패나 창녀가 있는 곳에 경찰이 들이닥치면 그들이 도망치는 것과 같습니다.

2. 하나님의 영의 세계의 침투

사실 하나님 말씀이 이 세상을 비추기 전까지 이 세상은 안개가 자욱하게 낀 것 같은 무지와 미신의 세계였습니다. 우리나라 서해안에는 자주 짙은 안개가 끼는데 운전하는 사람이 바로 앞에 있는 차를 보지 못해 추돌 사고가 일어나 많은 사람이 죽고 다치는 것을 봅니다. 마찬가지로 복음의 빛이 없는 세상은 무지와 미신으로 뒤덮인 어두운 세상입니다. 이런 세상에서 사람은 자기 가치도 모르고 하나님도 모르고 오직 귀신이나 귀신의 진노를 두려워하면서 살아갈 것입니다. 그런 와중에 악령에 완전히 사로잡혀 미치거나 무당이 되는 자도 더러 있습니다.

어두운 영의 세계가 무엇인지 안다면 우리는 영적 세계에 대한 불안과 두려움을 떨쳐버릴 수가 있습니다. 중요한 것은 이런 어둠의 세계와는 완전히 다른 하나님의 영적 세계가 있는데, 이 세계는 단순히 죽은 자의 세계나 귀신의 세계가 아니고 산 자의 세계이며 빛의 나라이고 사랑의 나라이고 축복의 나라입니다. 그런데 사람은 사탄의 영의 세계는 믿으려고 하면서 이런 하나님의 세계는 믿으려고 하지 않습니다. 또한 우리가 사는 이 세상이 너무 좋다고 하면서 이 세상의 복에 만족한 채 더 높은 빛의 세계를 알려고 하지 않습니다.

우리는 하나님의 영의 세계에 대한 두 가지 오해를 해결해야 합니다. 하나는 하나님의 세계에서도 영력이 센 특별한 사람과 영력이 별로 없는 사람이 있는가 하는 것입니다. 성경에 보면 엘리야나 사도 바울처럼 영적 능력이 센 사람이 있는데, 하나님의 영의 세계에도 영력에 센 특별한 사람이 있는가 물어본 것입니다. 즉 기도원에서 기도를 열심히 하는 사람은 영력이 일반 신자보다 더 센가 하는 질문입니다. 또 하나는 영적 사람 또는 영에 속한 사람은 하나님의 영향을 받아 죄를 전혀 짓지 않는 완벽한 생활을 하는가 하는 것입니다.

먼저 하나님의 영의 세계에서 특별한 능력을 가진 사람이 따로 있는가 하는 것입니다. 본질에서는 차이가 없지만 성숙에서는 차이가 있다고 말할 수 있습니다. 어린 아이와 어른 모두 소중한 사람이지만 어른은 어린 아이에 비해 훨씬 아는 것도 많고 힘도 셉니다. 마찬가지로 모든 그리스도인은 하나님의 영의 세계 사람입니다. 하나님의 세계는 죽은 자의 세계가 아니라 산 자의 세계이기 때문입니다. 그러나 우리 믿음이 얼마나 성숙하느냐에 따라 엄청난 힘의 차이가 나타납니다. 특히 사도 바울은 우리가 "그리스도의 장성한 분량이 충만한 데까지"(엡 4:13) 이르기를 바란다고 했습니다.

다음은 영의 세계에 들어가면 정말 나쁜 생각을 한 번도 하지 않고 전혀 죄를 짓지 않는 완전한 신자가 될 수 있느냐 하는 것입니다. 그렇지는 않습니다. 아무리 환하고 밝은 영의 세계에 들어와 있다고 해도 인간인 이상 나쁜 생각을 하기도 하고 정욕에 빠지기도 합니다. 그러나 이것은 어디까지나 우리가 죄의 유혹을 받는 것이지, 죄의 노예가 되거나 죄의 종이 된 것은 아닙니다. 우리는 죄를 물리치겠다고 마음을 먹으면 얼마든지 물리칠 수 있습니다.

예를 들어 요즘 텔레비전을 보면 채널이 수백 개입니다. 그러나 라디오나 텔레비전이 없거나, 있어도 고장이 났다면 그 전파를 하나도 수신하지 못합니다. 예를 들어 방송국에서 태풍이나 지진 등 자연재해가 일어날 거라고 방송을 내보내지만 사람들이 그 방송을 듣지 못하면 결국 엄청난 피해를 보거나 생명을 잃게 됩니다. 마찬가지로 예수를 믿지 않는 사람은 텔레비전 수상기 자체가 고장이 나서 하나님이 수백 개, 수천 개 채널을 통해 은혜를 주셔도 하나도 받지 못합니다. 이처럼 예수 믿지 않는 일반인은 영의 세계의 축복을 전혀 알지 못합니다.

요즘 현대인은 인터넷을 통해 많은 거래를 하고 정보를 얻습니다. 그런데 일반인이 그 사이트에 들어올 수 없도록 막아놓는 기관도 있습니다. 예를 들어 대학교에서는 학생의 성적이나 신상 정보 사이트는 일반인이 들어오지 못하게 막아놓고, 은행의 계좌 거래나 국방부의 작전에 관련해서도 일반인은 절대로 들어오지 못하게 막아놓았습니다. 그 사이트에 들어가 정보를 보려면 정당한 자격을 가지고 비밀번호를 입력해야 들어갈 수 있습니다. 이것은 하나님의 은혜의 세계도 마찬가지입니다. 정당한 자격을 가진 자가 아니면 하나님의 환하고 밝은 영의 세계로부터 은혜를 받을 수 없고, 그 안에 접속해서 무엇인가를 얻을 수도 없습니다. 즉 일반인은 하나님의 빛의 영역으로부터 철저히 차단되어 있습니다.

그런데 하나님으로부터 매일 전파가 오고 있다면 우리는 그 전파를 꼭 수신해야 합니다. 어른들 가운데는 하루라도 텔레비전 뉴스를 듣지 않으면 답답해 살 수 없는 사람도 있을 것입니다.

하나님이 사용하시는 전파는 일반 전파가 아니라 성령 전파입니다.

12절, "우리가 세상의 영을 받지 아니하고 오직 하나님으로부터 온 영을 받았으니 이는 우리로 하여금 하나님께서 우리에게 은혜로 주신 것들을 알게 하려 하심이라"

사도 바울은 "우리가 세상의 영을 받지 아니하고"라고 말합니다. 여기서 '세상의 영'은 '하나님을 믿지 않는 사람의 정신 상태'를 말합니다. 하나님을 믿지 않는 사람은 일단 눈에 보이는 세계만 압니다. 이들은 눈에 보이는 세계에 대해서는 많은 것을 배워 알고 있습니다. 그러나 자신들의 지각이 전부 뿌연 안개에 싸여 있다는 사실을 모를 뿐 아니라 사탄이 눈에 보이지 않게 지배하고 있다는 사실도 알지 못합니다. 그들은 막연하게 귀신을 두려워하고 운명을 무서워하고 있습니다. 하나님의 빛의 세계를 전혀 알지 못하기 때문입니다. 그들은 오직 눈에 보이는 재물을 최고로 중요하게 여기고 성적 쾌락을 추구하면서 살아갈 뿐입니다.

하나님은 우리에게 이 시대의 어느 누구도 경험하지 못한 그분의 영을 받게 하셔서 하나님의 세계를 알게 하고 보게 하십니다. 즉 우리는 살아있는 상태에서 하나님의 모든 세계를 알게 됩니다.

일단 우리는 하나님의 성령을 받음으로써 그분이 살아계실 뿐 아니라 우리를 만드시고 우리의 죄를 용서하신 아버지임을 알게 됩니다. 하나님은 천국에 들어가기 전 그분의 보물 창고에서 우리에게 겸손을 주시고 지혜를 주시고 믿음을 주시고 인내를 주시고 기도하게 하시며 성경의 모든 비밀을 알게 하십니다. 또한 우리의 눈을 뜨게 하셔서 우리 자신이 얼마나 보배롭게 만들어졌으며, 성령을 받음으로써 우리 안에 있는 지각이나 감정, 육신이 얼마나 귀하게 움직일 수 있는지 깨닫게 하십니다. 그뿐만이 아닙니다. 하나님 앞에 있는 어마어마한 영광과 존귀와 능력을 깨닫게 하십니다. 하나님은 우리와의 사이를 가로막고 있는 벽을 허무셔서 우리 안에 그분의 축복이 마음껏 부어지게 하시며, 우리 자신도 하나님의 세계 안에서 모든 복을 마음껏 누리게 하십니다.

하나님의 이런 복을 받고자 한다면 하나님의 영을 받을 수 있는 사람이 되어야 합니다. 우리가 하나님의 영을 받을 수 있는 유일한 방법은 예수를 믿고 거듭나는 것밖에 없습니다. 니고데모는 유대 사회에서 성공한 사람이었고 높은 지위를 가졌으며 율법을 가르치는 학자였습니다. 그러나 예수님은 그에게 "물과 성령으로 나지 아니하면 하나님의 나라에 들어갈 수 없느니라"(요 3:5)고 말씀하셨습니다. 우리가 하나님의 영을 받을 수 있는 유일한 길은 예수님을 믿는 것입니다.

사도 바울은 하나님이 그분의 영을 받게 하시는 것은 "하나님께서 우리에게 은혜로 주신 것들을 알게 하려 하심이라"고 했습니다.

하나님은 우리에게 세상의 지식으로는 도저히 알 수 없는 엄청난 진리를 깨닫게 하고 믿게 하셨습니다. 그중 가장 중요한 것이 하나님이 우리를 사랑하셔서 그분의 아들을 보내셨다는 것입니다. 사람들은 하나님께 아들이 있다는 것을 알지 못했습니다. 하나님께 아들이 있다는 사실은 비밀 중의 비밀이었기 때문입니다. 그런데 하나님은 우리를 너무 사랑하셔서 우리 죄를 담당하도록 그분의 아들을 세상에 보내셨습니다.

사람들 가운데는 기독교를 믿어 보려고 신약 성경을 읽다가 예수님이 물 위를 걸어가시고, 보리떡 다섯 개와 물고기 두 마리로 오천 명을 먹이시고, 죽은 나사로를 다시 살리셨다는 부분에서 읽기를 멈춥니다. 예수님이 하나님의 아들이라는 사실을 믿지 못하기 때문입니다. 그런데 이것은 지금 시대뿐 아니라 예수님 당시에도 예수님이 하나님의 아들이심을 믿지 않아서 십자가에 못 박아 죽였습니다.

하나님의 영은 예수님의 십자가에 못 박히심이 우리 죄를 대신한 거라고 말씀하십니다. 2000년 전 십자가에서 죽으신 예수님이 지금 우리와 무슨 상관이 있을까요? 성령은 예수님이 지금 우리 앞에 못 박혀 계신 것처럼 생생하게 느끼게 하십니다. 하나님의 행위는 영원한 현재이기 때문입니다. 우리는 예수님의 부활을 믿습니다. 예수님 당시의 사람들은 예수님의 부활을 믿지 못하고 제자들이 시신을 훔친 거라는 거짓말을 믿었지만 우리는 예수님의 부활을 믿습니다. 우리는 예수님이 우리의 모든 죄를 도말하셨다는 것을 믿습니다. 하나님 앞에 기도하기만 하면 성령을 무한정으로 주시고 우리에게 하나님의 신령한 복을 내려주시는 것을 믿습니다.

결국 모든 것은 인간의 힘으로 결정되는 것이 아니라 하나님의 축복으로 결정됩니다.

3. 영적 분별력의 차이

우리는 모두 똑같은 인간으로 이 세상을 살아가고 있으며, 예수 믿는 사람보다 믿지 않는 사람 가운데 전문 지식이나 삶의 지혜가 뛰어난 사람이 많습니다. 신문 칼럼을 보면 이 세상에 전문 지식을 가진 똑똑한 사람이 많다는 것을 알 수 있습니다. 그러나 오늘 본문은 결국 인간의 가치를 결정하는 것은 이 세상의 지혜나 지식이 아니라 하나님이 주시는 분별력이라고 말씀합니다.

13절, "우리가 이것을 말하거니와 사람의 지혜가 가르친 말로 아니하고 오직 성령께서 가르치신 것으로 하니 영적인 일은 영적인 것으로 분별하느니라"

하나님이 주신 지혜는 정말 뛰어나고 훌륭해서 우리 인간은 온 세상을 정복하고 뛰어난 지식과 기술과 문명을 만들어내는 데 성공했습니다. 우리 인간의 지혜가 얼마나 뛰어난가 하면 유명한 대학의 도서관에는 수백만 권의 책이 진열되어 있고, 백층이 넘는 빌딩을 지을 수 있고, 의술이 발달해 수많은 병을 치료할 수 있습니다. 그럼에도 인간의 모든 지혜는 한 마디로 말해 생명을 연장시키는 지혜밖에 되지 못합니다. 우리 인간은 이 세상에 대한 많은 지식을 모으고 연구하는 데 성공했지만, 하나님에 대해서는 여전히 알지 못하며 거듭남이라든지 죄 용서라든지 성령이 우리 안에서 행하시는 것을 전혀 이해하지 못합니다. 이것은 모두 영적 세계에 속하는 일이기 때문입니다. 영적 세계는 이 세상 안에서, 예수 믿는 사람 안에서 일어나는 모든 신비로운 일을 말합니다. 즉 예배를 드리면서 우리가 새 힘을 얻고 하나님의 능력으로 변화되는 것을 세상 사람은 이해하지 못합니다.

세상 사람의 눈에는 그리스도인이 정체를 알 수 없는 사람처럼 보일 것입니다. 우리가 세상 사람이 알지 못하는 세계를 알고 있으며, 그들이 알지 못하는 능력을 가지고 있기 때문입니다.

겉으로 보기에 하나님을 믿는 사람은 미련하고 어리석게 보입니다. 하나님을 믿는 사람은 눈에 보이는 것을 믿지 않고 눈에 보이지 않는 것을 믿기 때문입니다.

14절, "육에 속한 사람은 하나님의 성령의 일들을 받지 아니하나니 이는 그것들이 그에게는 어리석게 보임이요, 또 그는 그것들을 알 수도 없나니 그러한 일은 영적으로 분별되기 때문이라"

이 세상에는 좋은 것이 너무 많습니다. 이 세상에는 명예도 있고 권력도 있고 돈도 있습니다. 돈을 가진 자는 없는 자에게 일을 시킬 수 있습니다. 권력을 가지면 힘 없는 자를 죽일 수도 있고 살릴 수도 있습니다. 그런데 예수 믿는 사람은 이런 것을 믿지 않고 눈에 보이지 않는 것을 믿습니다. 하나님과 그분의 말씀은 눈에 보이지 않기 때문에 세상 사람의 눈에는 하나님을 믿는 사람이 어리석게 보이는 것입니다.

그런데 이 세상의 지식이나 돈, 권력, 인기는 우리 자신의 가치를 바꾸지 못합니다. 우리 인간은 흙으로 만들어졌고 잡석과 같은 가치를 가지고 있는데, 지식이나 권력은 겉모양을 도금할 뿐 그 안을 바꾸지 못합니다. 우리 안을 바꿀 수 있는 것은 하나님 말씀입니다. 하나님 말씀을 먹고 고난을 통과할 때 우리는 보석으로 변하게 됩니다.

요즘 유행하는 말 가운데 "금수저냐 흙수저냐"라는 말이 있습니다. 즉 부모로부터 얼마나 많은 돈을 물려받았느냐는 뜻입니다. 인생이 얼마나 못났으면 숟가락을 가지고 왈가왈부하는지 모르겠습니다. 숟가락이 없으면 손으로 먹으면 되는 것이지 왜 금수저를 물고 태어나야 행복하다고 하느냐는 것입니다. 이는 빛의 세계를 몰라서 그런 것입니다.

권력이나 돈은 하나님의 능력과 축복에 비하면 그야말로 장난감 정도밖에 되지 않습니다. 예를 들어 어떤 아이가 덩치가 엄청나게 큰 레슬링 선수 앞에서 힘 자랑을 하고 있다면 그 선수는 아이가 가소로울 것입니다. 10만 원을 가진 자가 수백억 원을 가진 부자 앞에서 돈 자랑을 한다면 정말 가소로울 것입니다.

하나님의 지혜와 세상의 지혜는 과연 어느 것이 더 위에 있을까요? 바로 하나님의 지혜입니다.

15-16절, "신령한 자는 모든 것을 판단하나 자기는 아무에게도 판단을 받지 아니하느니라 누가 주의 마음을 알아서 주를 가르치겠느냐 그러나 우리가 그리스도의 마음을 가졌느니라"

전문적 지식을 가진 사람의 말이나 생각하는 것을 보면 너무 유식하고 똑똑해서 우리의 짧은 지식으로는 도저히 말 상대가 되지 않는다는 생각이 들 것입니다. 예를 들어 중학교에 다니는 학생과 대학원에 다니는 학생이 있을 때 대학원생은 중학생이 공부하는 것은 도와줄 수 있지만, 중학생은 대학원생이 공부하는 것을 도와줄 수 없습니다. 대학원생이 중학생보다 지적 수준이 월등하게 높기 때문입니다.

마찬가지로 성경은 신령한 자는 모든 것을 판단하지만 아무에게도 판단받지 않는다고 했습니다. 이것은 예수 믿는 사람은 사소한 실수나 잘못을 저지르지 않기 때문에 다른 사람이 함부로 비판해서는 안 된다는 뜻이 아닙니다. 우리도 얼마든지 실수를 저지를 수 있고 잘못한 것에 대해서는 비판을 받을 수도 있습니다.

이 말씀은 이미 우리 안에 일어나고 있는 하나님의 일에 대해서는 세상 사람이 비판할 수준이 되지 않는다는 뜻입니다. 이들이 생각하는 것은 오직 이 세상에서 생존하는 데 필요한 지식이기 때문입니다.

본문에 보면 "누가 주의 마음을 알아서 주를 가르치겠느냐"라고 질문하고 있습니다. 예를 들어 아무리 자동차가 뛰어나도 자동차 기술자보다 더 뛰어날 수 없습니다. 마찬가지로 인간의 머리가 아무리 뛰어나도 만들어진 그대로 굴러가는 것밖에 하지 못합니다. 새로운 창조를 하지 못합니다.

지금 인간은 가장 중요한 기능을 잃어버린 채 살아가고 있습니다. 그 기능은 우리 인간이 만들어진 것은 하나님의 영광을 높이기 위해 만들어졌다는 것입니다. 하나님께 영광을 돌릴 줄 모르는 인간은 중요한 기능이 고장 난 자동차나 기계와 같습니다. 이 기계는 겨우겨우 돌아가고 있지만 원래 만들어진 기능을 다하지 못하고 있습니다.

예를 들어 자동차가 만들어졌으면 사람을 태우고 달려야 하는데 그러지 못하고 그것으로 포장마차를 해서 우동을 판다든지, 고장 난 피아노를 장난감이나 장식장으로 쓰는 것과 같습니다. 이것은 스스로 아무리 똑똑하고 대단하다고 생각할지라도 자신을 몰라도 너무 모르는 것입니다. 그런데 성령이 오시면 우리는 자동차를 달리게 할 수 있고 피아노를 연주를 할 수 있습니다. 성령은 우리 안의 모든 죽은 기능을 살려놓으십니다. 우리의 지혜나 지각을 인간으로서 가장 성숙한 수준까지 올려놓습니다. 세상의 지혜는 한 쪽만 파고 들어가는 지혜로 전체적인 것을 알 수 없어 아집과 독선이 가득합니다. 반면 하나님의 지혜는 사물의 본질을 보는 지혜이고 미래까지 내다볼 수 있는 지혜이기 때문에 가장 높은 수준의 지혜입니다. 세상 지혜를 가진 사람들이 한 번씩 엉뚱한 짓을 하는 것을 보면 결국 자기 자신이나 다른 사람을 멸망의 길로 끌고 가고 있으며, 지금 당장은 유익하고 성공한 것처럼 보이지만 결국에는 망하는 것을 봅니다.

특히 인간의 지혜는 사람의 부패를 이기지 못하고 탐욕을 이기지 못하기 때문에 겉은 번지르르하지만 결국 썩게 됩니다. 그러나 하나님의 지혜는 절대 부패하지 않습니다. 하나님의 지혜는 죄와 심판을 이기는 능력이 있습니다.

이 세상에서 가장 아름다운 것은 모두 성령으로 한 것입니다. 세상 사람이 예수 믿는 사람을 어리석고 미련하게 보는 것은 그들이 보지 못하는 것이 많기 때문입니다. 우리는 그런 말을 듣는 것을 두려워할 필요가 없습니다. 하나님을 높여 드릴 때 우리는 전혀 때 묻지 않고 이물질이 없는 순수하고 아름다운 세계 가운데 있게 됩니다.

성경 토의

1. 영의 세계에는 두 가지가 있는데 어떤 차이가 있으며, 하나님을 모르는 영의 세계와 성령이 주시는 영의 세계는 어떻게 다른가?

2. 예수 믿지 않는 사람은 왜 세상적 지식이 많아도 성경의 가르침을 미련하다고 하면서 받아들이지 않고 비판하는가? 그리고 우리는 어떻게 해서 그 무지에서 벗어나 예수를 믿게 되었는가?

3. 이 세상의 학문이나 정치, 예술, 철학이 전문 지식임에도 예수 믿는 사람들이 세상적 지식을 판단하고 분별할 수 있는 이유가 무엇이며, 세상적 지식과 하나님의 지혜 가운데 어느 것이 더 높은가?

08_영적 성숙

고린도전서 3:1-15

전체적 설명

그리스도인은 세상 사람의 지혜로는 알 수 없는 하나님의 세계에 속해 있다. 그럼에도 모든 그리스도인은 다 똑같은 것이 아니라 어린 아이 상태에 있는 사람도 있고, 장성한 어른의 상태에 있는 사람도 있다. 이 영의 세계에 속한 사람은 어린 아이가 자라듯 하나님 말씀을 먹으면서 자라기 때문이다. 그래서 아무리 예수 믿고 성령을 받았다고 해도 어린 사람은 아무래도 자기중심적으로 생각하게 되고 시기심이나 분쟁을 좋아하는 본성을 가지고 있다. 아무리 예수 믿는 사람이나 목회자라고 해도 말씀으로 자라지 않으면 분쟁하고 시기심을 가지며 파벌을 만들게 된다. 이에 대해 예수 믿는 사람 본인은 물론이고 세상 사람도 이해하지 못한다.

설교 프리노트

1절, "형제들아 내가 신령한 자들을 대함과 같이"

사도 바울은 먼저 고린도 성도를 향해 "형제들아"라고 부르고 있다. 이것은 우리가 주 안에서 아무 본질적 차이가 없고 똑같은 하나님의 은혜와 축복을 공유

하는 자라는 뜻이다. 그럼에도 "신령한 자들을 대함과 같이" 대할 수가 없다고 말한다. 여기서 '신령한 자'는 그리스도 안에서 어느 정도 성숙한 자를 말한다. 그리스도 안에서 어느 정도 성숙하면 다른 그리스도인을 더 많이 이해하게 되고, 지나친 자기중심적 태도에서 벗어날 수 있다. 그러나 아무리 그리스도 안에서 거듭난 자라고 해도 성숙하지 못하면 아무래도 세상 사람의 특성을 많이 드러내게 된다. 고린도 교인은 영적인 사람이긴 했지만 성숙한 성도에까지 이르지 못했다. 그래서 사도 바울은 고린도 교인을 어린 아이 대하듯 하지 않을 수 없었던 것이다. 즉 어린 아이가 떼를 쓰면 어른은 달래기도 하고 안 되면 야단을 치기라도 해야 한다.

2절, "내가 너희를 젖으로 먹이고 밥으로 아니하였노니"

고린도에서 말씀을 가르칠 때 사도 바울은 주로 예수님의 십자가 구원을 중심으로 가르쳤다. 그는 이것을 음식에 비유하면 어린 아이가 먹는 부드러운 음식 정도에 해당되는 것이지 어른이 먹는 모든 음식은 아니라고 했다. 즉 어린 아이가 먹을 수 있는 음식은 제한되어 있는데, 태어난 지 얼마 안 된 아이는 젖을 먹지만 좀 더 자란 아이는 영양이 풍부한 부드러운 음식을 먹는다. 거기서 더 자라면 거의 어른이 먹는 음식을 먹을 수 있다. "밥으로"는 의역으로 '고기'를 말한다. 어른이 힘을 내려면 단단한 음식인 육식을 해야 한다. 사도 바울이 단단한 음식으로 생각한 것은 구약 성경 전체와 바울 서신 전체, 복음서 전체였던 것 같다. 그런데 고린도 교인은 사도 바울로부터 성경 전체를 다 배운 것이 아니라 일부만 배웠다. 사도 바울은 고린도 교인이 지금도 성경 전체를 배울 수 있는 수준이 되지 못했다고 말한다. 이것은 스스로 어른이 된 것처럼 생각하던 고린도 교인에게 충격적으로 받아들여졌을 것이다.

3절, "너희는 아직도 육신에 속한 자로다"

이것은 고린도 교인이 아직 거듭나지 못했거나 성령을 받지 못했다는 뜻이 아니다. 또한 그리스도인 가운데도 육에 속한 그리스도인이 따로 있다는 뜻도 아니다. 이것은 비유를 들어 설명하면 고린도 교인은 분명히 영에 속한 사람이지만 말과 행동의 수준이 육에 속한 사람처럼 유치하다는 뜻이다. 사도 바울은 그 증거로 고린도 교인이 서로에 대해 가지고 있던 시기와 분쟁에 대해 말한다. 즉 그리스도인이 성숙하면 시기와 분쟁이 없어야 하는데, 고린도 교인은 그런 습성을 버리지 못하고 있었던 것이다.

4절, "어떤 이는 말하되 나는 바울에게라 하고"

어린 아이는 부모나 형제, 선생님을 따르게 되어 있다. 어린 아이는 자기가 힘이 없고 약하기 때문에 힘이 센 사람에게 의지해야 자기가 도움을 받을 수 있고 살 수 있다는 사실을 아는 것이다. 특히 신앙이 어린 사람은 자기에게 말씀을 가르쳐준 사람을 절대적으로 신뢰하고 따르게 되어 있다. 우선 고린도 교회는 사도 바울이 맨 먼저 와서 말씀을 가르치고 전도해 교회가 세워졌기 때문에 그의 가르침을 전적으로 따르는 자들이 있었을 것이다. 그리고 나중에 구약 성경 지식이 풍부한 알렉산드리아 출신의 아볼로가 오면서 구약 성경을 강해하면서 그의 가르침으로 은혜 받은 사람이 있었다. 또한 예루살렘에서 열두 제자의 가르침을 받은 목회자나 교인이 오면서, 특히 예수님의 생전 가르침을 듣고 은혜 받은 베드로를 추종하는 사람도 있었다. 그런데 그들은 서로 화합하지 못하고 자신이 배운 것이 더 정통적 가르침이고 옳다고 여겨 분파를 만들게 되었다. 사도 바울은 이것이야말로 '육의 사람', 즉 세상 사람이 하는 행위라고 책망하고 있다.

5-9절, "그런즉 아볼로는 무엇이며……"

이것이 바로 영적으로 성숙한 그리스도인의 생각이다. 교회나 성도는 하나님의 밭인데 이 밭에는 여러 일꾼이 고용되어 일한다. 즉 아볼로나 바울 모두 주인이신 주님이 고용한 일꾼이지 주인은 아닌 것이다. 비유를 들어 설명하면 바울은 씨를 심었고 아볼로는 물을 주었지만 식물을 자라게 하신 분은 하나님이고 하나님만이 주인이시다. 식물이 보기에 비록 씨를 심는 자가 다르고 물 주는 자가 다르고 풀을 뽑는 자가 다르지만 결국 주인은 한 사람인 것이다. 그러나 사람의 눈에는 하나님이 보이지 않고 말씀을 가르치는 자만 보이기 때문에 그 사람이 부모로 보이고 선생으로 보이고 절대적으로 추종해야 할 대상처럼 보이는 것이다.

10-11절, "내가 지혜로운 건축자와 같이 터를 닦아 두매……"

지금까지 사도 바울은 밭에서 농사를 짓는 비유를 들다가 이번에는 집을 건축하는 비유를 들고 있다. 이는 농부들이 농사짓는 것도 다 같은 것이 아니라 그의 부지런함과 노력에 따라 결실이 달라질 수 있다는 뜻이다. 사도 바울은 이번에 건축의 비유를 이야기함으로써 건축 재료가 다르면 결과가 어떻게 달라지는지 설명하고자 한다. 물론 교회에는 많은 설교자와 목회자가 시대를 달리해 교인을 가르치지만 교회의 기초가 다를 수 없다. 사도 바울은 사도의 직분을 가진 자로서 교회의 기초를 닦았다. 사도는 교회가 세워질 기초가 되는 진리를 가르치고 선포하는 자다. 그 기초 위에 여러 설교자와 목회자가 말씀을 가르치게 된다. 그리고 사도 바울이 기초를 닦은 그 땅은 오직 예수 그리스도다. 즉 모든 교회는 예수 그리스도라는 땅에 사도가 기초를 닦은 터 위로 세워진 집인 것이다. 그 위에 한옥을 지을 수도 있고, 현대식 건물을 지을 수도 있고, 예술적 감각이 뛰어난 집을 지을 수도 있다.

12절, "금이나 은이나 보석이나 나무나 풀이나 짚으로"

집을 짓는 재료를 말한다. 옛날에는 집을 지을 때 돌로 집을 짓는 사람이 있고 흙이나 나무로 집을 짓는 사람이 있었다. 사도 바울은 집 재료를 두 가지로 말했는데 하나는 귀금속이나 보석으로 짓는 것이다. 즉 "금이나 은이나 보석"이다. 이런 재료는 구하기가 어려울 뿐 아니라 비싸서 집을 지을 때 잘 쓰지 않는 재료다. 그러나 이런 보석으로 집을 지으면 견고해서 오래갈 것이다. 반면 나무나 풀, 짚으로 집을 지으면 빨리 지을 수는 있겠지만 재료가 값싼 것이다 보니 오래가지 못하고 빨리 썩든지 붕괴되든지 할 것이다. 여기서 사도 바울이 건축 재료로 보석을 이야기한 것은 성경 말씀을 말한다. 성경 말씀을 가르치고 목회하는 것은 보석으로 집을 짓는 것과 같아서 빨리 세워지지도 않고 빨리 부흥되지 않는다. 또한 나무나 풀, 짚은 당시 사람들이 좋아하던 세상의 유행이나 철학 등을 가리킨다. 그런 세상적 지식을 가르치면 집이 빨리 세워지고 부흥하는 것 같지만 오래가지 못하고 썩어버린다.

13절, "각 사람의 공적이 나타날 터인데"

어떤 건축가가 집을 지을 때 그 집이 보기에도 좋아야 하지만 어떤 상황에서도 안전하고 오래 유익하게 쓸 수 있어야 그 공로를 인정받을 수 있다. 마찬가지로 하나님의 교회도 오랫동안 사람의 영혼을 살리고 하나님의 축복이 임해야 교회로서 가치가 있다. 그런데 성경 말씀을 보면 건축물을 불로써 시험하게 된다고 하셨다. 즉 화재가 났을 때 빨리 타서 없어지는 집이 있는가 하면, 불이 나더라도 잘 타지 않고 굳건하게 오래 버티는 집이 있다. 여기서 '불'은 세상의 어려운 시련이나 핍박, 전쟁, 환난을 가리킨다. 어려움이 닥치면 진리가 아닌 가르침 위에 세워진 교회는 타서 아무것도 남지 않는다. 특히 교회의 진리는 세상의 불을 물리치는 능력이 있어야 한다. 그래야 진리의 가르침으로 세워진 교회가 세상의 불을 이기고 승리할 수 있다.

15절, "누구든지 그 공적이 불타면 해를 받으리니"

큰 교회를 세우고 성공적인 목회를 했다고 사람의 칭송을 받아도 세상의 불 시험을 이기지 못해 교회가 새카맣게 다 타버리면 목회자의 명성도 사라지고 수치를 당하게 된다. 하나님의 종은 천사처럼 존귀한 자이지만 시험에 자신이나 온 교회가 넘어가면 세상에서 욕을 먹고 손가락질을 당하고 모든 수고가 헛되이 사라지고 만다.

"자신은 구원을 받되"

세상의 흔한 재료로 집을 지은 건축가들은 자신의 목숨을 건질 수는 있다. 그러나 불 가운데 겨우 목숨만 건지는 정도이지 아무것도 갖지 못할 것이다. 어떤 건축가가 집을 잘못 지어 불이 나는 바람에 많은 사람이 불에 타 죽었다면 그는 죄책감을 느낄 것이다. 자칫 잘못하면 자기 자신도 구원받지 못할 수도 있다. 다른 사람은 망하게 하고 자신만 구원받는다면 부끄러운 구원이 되기 때문이다.

본문 이해를 위한 질문

1. 같은 믿음의 형제요 성령을 선물로 받았다고 해도 우리는 어떤 차이가 있는가?

우리 신앙이 어느 정도 성숙했느냐에 따라 장성한 어른일 수도 있고 어린 아이의 상태일 수도 있다.

2. 교회에 여러 말씀의 종이 와서 교인을 가르치면 어떤 차이가 있는가?

하나님의 종도 받은 은사에 따라 유익을 끼치는 부분이 다른데, 심는 사람도 있고 물을 주는 사람도 있다. 그러나 모든 것의 주인은 한 분 하나님이시다.

3. 하나님의 집을 건축하는 데 어떤 재료가 있으며, 무엇으로 그 결과가 나타나는가?

건축 재료에는 비싼 귀금속류가 있는가 하면 저렴한 나무나 풀, 짚이 있는데 불이 한번 일어나면 어떤 재료를 썼느냐에 따라 다른 결과가 나타난다.

성경 강해

우리는 어린 시절에 오랫동안 간직하고 싶은 좋은 추억도 만들고 좋은 친구도 사귀고 또 크고 작은 실수를 통해 많은 것을 배웠습니다. 어린 시절이 아름다운 이유는 생각하는 것이 순수하고 깨끗했기 때문입니다. 이것은 짐승의 경우에도 마찬가지입니다. 사나운 사자나 표범, 하이에나, 늑대도 새끼 때는 그렇게 귀엽고 사랑스러울 수가 없습니다. 모든 짐승이 새끼 때가 좋다고 해서 자라지 않는다면 결국 멸종하고 말 것입니다. 새끼로만 있으면 매일 장난치고 놀 수는 있지만 사냥을 못해 굶어죽거나 사나운 다른 짐승이 공격해 오면 물려 죽을 수밖에 없습니다.

이것은 신앙에서도 마찬가지입니다. 신앙이 어렸을 때는 순수하고 모든 것을 긍정적으로 생각하기 때문에 세상이 아름답게 느껴집니다. 그러나 신앙이 자라는지 자라지 않는지 본인이나 다른 사람은 잘 알지도 못하고 느끼지도 못합니다. 신앙이 순수한 것이 좋다고 해서 자라지 않는 채로 정체되어 있다면 나중에 심각한 위기를 맞게 됩니다. 그것이 바로 우리 한국 교회가 처한 현실입니다.

우리 한국 교회는 목회자 중심으로 많은 추종자가 생기기도 하고 다툼과 분열이 일어나기도 합니다. 교회의 목회자가 바뀌면 교인들이 옛날 목사님과 새 목사님 중심으로 갈라져 싸우는 경우도 많습니다.

이런 현상은 2000년 전 고린도 교회에서도 나타났습니다. 고린도 교인도 사도 바울이 떠난 뒤 갈라져 싸우게 되었는데, 그중에서도 바울파와 아볼로파가 가장 치열하게 반목했습니다. 이 소식을 들은 사도 바울은 자신도 아볼로도 아무것도 아니고 오직 하나님만이 교회의 주인이시라고 했습니다. 그리고 이런 싸움이나 파벌이 일어나는 이유는 고린도 교인이 말씀 안에서 제대로 성숙하지 못했기 때문이라고 말합니다.

1. 그리스도인의 성숙

1절, "형제들아 내가 신령한 자들을 대함과 같이 너희에게 말할 수 없어서 육신에 속한 자 곧 그리스도 안에서 어린 아이들을 대함과 같이 하노라"

성경 본문을 보면 "신령한 자 …… 육신에 속한 자"라는 말이 나옵니다. 여기서 '신령한 자'는 원래 모든 그리스도인이 신령한 자이고 영에 속한 사람이지만 그렇지 못한 자도 많다는 것입니다. 즉 모든 그리스도인은 영적으로 생각해야 하는데 육신적인 사람, 즉 세상 사람의 수준에서 생각하고 반응하고 느끼는 자가 많다는 뜻입니다. 이런 사람은 그리스도 안에서 어린 아이입니다.

같은 그리스도인이라도 성숙에 따라 엄청난 차이가 있습니다. 같은 하나님의 백성이라도 모세나 엘리야 같은 사람이 있는가 하면, 전혀 믿지 않는 사람도 있습니다.

우리는 모세나 엘리야, 사도 바울은 하나님이 특별하게 쓰신 사람으로 자신과 전혀 상관없는 사람이라고 생각해 그냥 넘어갈 때가 많습니다. 그러나 사도 야보고는 그런 생각을 하지 못하도록 "엘리야는 우리와 성정이 같은 사람이로되 그가 비가 오지 않기를 간절히 기도한즉 삼 년 육 개월 동안 땅에 비가 오지 아니하고 다시 기도하니 하늘이 비를 주고 땅이 열매를 맺었느니라"(약 5:17-18)고 말합니다. 또한 사도 바울은 "우리가 다 하나님의 아들을 믿는 것과 아는 일에 하나가 되어 온전한 사람을 이루어 그리스도의 장성한 분량이 충만한 데까지 이르리니"(엡 4:13)라고 했습니다. 이것은 우리 신자들도 제대로 믿음이 자라기만 하면 예수님의 장성한 수준까지 올라갈 수 있다는 뜻입니다.

사도 바울은 하나님의 백성 가운데 '신령한 자'와 '육에 속한 자'를 완전히 구별하고 있지 않습니다. 누구든지 예수 그리스도를 믿는 자는 영에 속한 자이고 신령한 자입니다. 그러나 예수를 믿는다고 해도 성숙한 사람과 성숙하지 못한 사람이 있는데, 그 차이는 엄청납니다.

『성령 충만을 받는 법』이라는 작은 소책자를 보면 그리스도인이지만 성령을 받았느냐의 여부에 따라 '성령 충만한 사람'과 '육에 속한 사람'을 나눕니다. 즉 사람을 믿지 않는 자와 육에 속한 그리스도인, 성령 충만한 그리스도인으로 나눕니다. 그러나 사도 바울은 그리스도인 가운데서 성령을 받았거나 성령 체험의 여부를 가지고 '신령한 사람'과 '육에 속한 사람'을 나누고 있지 않습니다. 여기서 사도 바울은 누구든지 예수 믿고 성령을 받으면 다 영의 사람이고 빛의 영적 세계에 속한 사람이지만, 믿음 안에서 성숙 여부에 따라 엄청난 차이가 날 수 있다고 말합니다. 그래서 "육신에 속한 자 곧 그리스도 안에서 어린 아이들"이라고 말합니다. 사실 모든 사람은 똑같이 소중하고 저마다의 가치가 있지만 어른과 어린 아이 사이에는 아는 것이나 힘, 경제력에서 엄청난 차이가 납니다. 사실 어린 아이가 어른이 되려면 배워야 하고 영양가 높은 음식을 먹으며 많은 시간을 기다려야 합니다.

여기서 사도 바울은 아주 심각한 이야기를 하고 있는데, 신앙적으로 성숙하지 못한 고린도 교인에게 "신령한 자들을 대함과 같이 너희에게 말할 수 없어서"라고 말합니다. 신앙적으로 어린 사람은 세상 이야기에 관심을 가질 뿐 깊이 있는 하나님 말씀과 그분의 사역 이야기를 하면 관심도 없고 흥미도 느끼지 못하고 잘 알아듣지도 못합니다. 물론 이들도 똑같은 하나님의 자녀이고 영적인 사람이지만, 영적으로 성숙하는 데 실패해 언제나 신앙적으로 유치한 상태에 머물러 있습니다.

우리가 신앙에서 제대로 성숙했다면 성숙한 사람을 만났을 때 나눌 수 있는 이야기는 무궁무진합니다. 사도 바울은 드로아에서 얼마나 열성적으로 하나님 말씀을 전했는지 밤을 거의 새우다시피 했는데, 그때 청년 유두고가 창문에 앉아 졸다가 떨어져 죽는 일까지 있었습니다. 청소년 시절 친구들과 같이 있으면 밤새도록 자지 않고 소곤거리면서 많은 이야기를 나눕니다. 그때는 때가 덜 묻었고 앞으로 일어날 일에 호기심이 많아 밤새 이야기해도 시간이 부족할 지경입니다. 그리스도인은 성숙할수록 하나님의 나라와 하나님의 축복에 대해 말할 것이 너무 많습니다. 그런데 유감스럽게도 아직 신앙적으로 성숙하지 못한 사람은 그런 이야기를 이해하지 못하다 보니 재미가 없습니다.

2절, "내가 너희를 젖으로 먹이고 밥으로 아니하였노니 이는 너희가 감당하지 못하였음이거니와 지금도 못하리라"

갓난아기는 단단한 밥을 먹을 수 없기 때문에 엄마는 젖을 먹이다가 좀 더 자라면 부드러운 식감의 이유식을 먹입니다. 아기한테 이가 나서 자기 스스로 음식을 씹을 수 있게 되면 그때는 조금씩 단단한 음식을 먹입니다. 여기서 '밥'은 의역인데, 단단한 음식이나 고기류를 말합니다.

사도 바울은 자신이 고린도에서 예수 그리스도의 십자가 외에는 전하지 않았다고 말했는데 그것은 젖이었습니다. 사도 바울이 고린도에 왔을 때 고린도 교인은 어려운 구약 성경 강해라든지 방대한 성경 지식을 배울 준비가 되어 있지 않았습니다. 그래서 고린도 교인에게는 주로 젖을 먹였습니다. 이런 것을 보면 같은 하나님 말씀이라고 해도 질이나 내용에서 많은 차이가 나는 것을 알 수 있습니다.

똑같은 하나님 말씀이라고 해도 내용이 부드러운 젖이 있는가 하면 유동식이 있고, 단단한 고기나 딱딱한 현미밥 같은 음식도 있습니다. 그런데 고린도 교인은 사도 바울의 사정으로 유동식만 먹었던 것입니다. 결국 많은 은혜를 받고 부흥이 일어나기는 했지만 장성한 신앙인이 되지는 못했습니다. 그러면서 사도 바울은 고린도 교인은 지금도 단단한 음식을 감당하지 못할 수준이라고 말합니다. 참으로 가슴 아픈 일입니다. 고린도 교인은 옛날에만 자라지 못했던 것이 아니라 그 후에도 성장하지 못해 계속 신앙에 있어 어린 아이 상태로 남아 있었습니다. 어린 아이는 신체적으로나 정신적으로 성장해야 하는데, 고린도 교인은 성장이 멈춘 신자였던 것입니다.

2. 영적 성장의 비결

사도 바울은 우리 신앙에 어린 아이의 신앙과 장성한 신앙이 있는데, 그 차이가 엄청나다고 말합니다. 장성한 신앙과 어린 아이 신앙의 차이는 모세와 그의 인도를 받으면서 툴툴거리고 매사에 불평하며 따라오는 이스라엘 백성의 차이와 같습니다.

3절, "너희는 아직도 육신에 속한 자로다 너희 가운데 시기와 분쟁이 있으니 어찌 육신에 속하여 사람을 따라 행함이 아니리요"

사도 바울은 우리 신앙이 성장을 멈춘 신앙인지 장성하게 잘 자란 신앙인지 보여주는 기준이 있다고 말합니다.

신앙이 아직 성숙하지 못했을 때는 아무래도 관심이 세상과 자기 자신에게 많이 집중됩니다. 물론 신앙이 어린 자도 하나님 말씀을 듣고 사모하지만 그럼에도 세상에서는 성공이나 자기 생각을 많이 합니다. 대화 내용도 세상 돌아가는 이야기가 많고 자신이나 자녀가 성공하는 것을 중요하게 생각합니다. 그렇다 보니 기도의 응답이나 하나님의 능력을 잘 알지 못하고 사탄의 세력과 대적해 싸우는 것을 잘 알지 못합니다. 이때 가장 먼저 나타나는 현상이 '시기'입니다.

'시기'는 다른 사람이 자신보다 잘 되거나 유명해지면 화가 나는 것을 말합니다. 사실 시기는 모든 사람에게 다 필요하고 누구에게나 다 있습니다. 사람은 시기심이 있기 때문에 열정을 가지고 노력하게 됩니다. 그런데 성숙하면 이런 시기심에 덜 빠지게 됩니다. 다른 사람이 잘 되는 것이 좋기 때문입니다. 반면 사람이 정신적으로 성숙하지 못하면 시기심을 이기지 못합니다. 갑자기 다른 사람에게 하나님의 능력이 나타나거나 아름답게 자라게 될 때 그리스도인이 시기심을 이기지 못하면 한창 아름답게 성숙하는 하나님의 백성을 미워하거나 하나님의 능력이 나타나는 것을 비방할 수 있는데, 이는 아까운 시간을 허비하는 것입니다. 그리고 신앙이 성숙하지 못하면 자꾸 싸우게 되고 다툼에 끼어들게 됩니다. 신앙생활을 하다 보면 다른 점이 많은데, 이때 신앙이 어리면 이런 차이점을 자꾸 부각시키고 자기 자신이 더 옳다는 주장을 내세우다가 싸우게 됩니다.

어렸을 때 보면 남자 아이와 여자 아이는 자주 싸웁니다. 남자와 여자는 다른 것이 많기 때문입니다. 그러나 나이가 들면 서로 사랑해서 목숨까지 내놓기도 합니다. 신앙이 어린 사람의 중요한 특징은 사람을 너무 추종한다는 것입니다. 본문의 3절 끝을 보면 "사람을 따라 행함이 아니리요"라고 말씀합니다. 어린 아이의 특징이 어른을 죽자고 따라다니는 것입니다. 어린 아이는 어른으로부터 떨어지면 죽는 줄 알기 때문입니다. 어떤 아이는 학교만 보내면 너무 울어 나중에 정신치료까지 받았는데, 알고 보니 엄마가 자기를 버리고 도망갈지도 모른다는 불안한 마음을 늘 가지고 있었다는 것입니다. 그런데 시간이 지나 아이가 자라면서 그런 불안이 사라지자 더는 울지 않게 되었습니다.

신앙이 어렸을 때는 자기에게 말씀을 가르쳐준 사람을 죽자고 따라다니지만 어느 정도 성숙하면 슬슬 홀로서기를 해야 하고 나중에는 그 사람을 능가해야 합니다. 그럼에도 자기는 성장하지 않으면서 죽자고 다른 사람을 추종하고 붙잡고 늘어지는 사람이 있는데 이것이 나중에는 분쟁의 불씨가 되기도 합니다.

사도 바울은 고린도 교인 사이에서 자신과 아볼로를 추종하는 사람으로 분열이 일어났다는 소식을 듣고 개탄합니다. 하나님 앞에서는 사도 바울도 아무것도 아니고 아볼로도 아무것도 아니기 때문입니다.

4절, “어떤 이는 말하되 나는 바울에게라 하고 다른 이는 나는 아볼로에게라 하니 너희가 육의 사람이 아니리요”

하나님의 백성이 성장하기 위해선 많은 사람의 도움이 필요하고 많은 음식을 먹어야 합니다. 아이가 성장하면 유치원 선생님이 아무리 좋아도 초등학교에 올라가야 하고 또 중 · 고등학교, 대학교로 진학해야 합니다. 이 과정에서 어떤 때는 좋은 선생님을 만나기도 하지만 어떤 때는 괴팍한 선생님을 만나 고전하기도 하는데, 자라는 과정이기에 이런 어려움도 극복할 줄 알아야 합니다. 우리 신앙도 자라면서 많은 사람의 도움을 필요로 합니다. 그런데 신앙은 사실 한두 사람의 도움이 장기적으로 영향을 미칠 때가 많습니다. 아이들은 대학에 진학하면서 교회를 옮기기도 하고 어른들도 직장을 옮기면서 또 다른 영적 지도자를 만나 말씀을 배우기도 합니다. 이는 우리의 영적 성숙을 위해 필요한 것입니다.

영적 세계에서 위험성은 자기에게 절대적 영향을 준 사람을 거의 영적 아버지로 생각하고 절대적으로 순종하고 따르거나, 오랫동안 목회했다는 이유로 교회를 자기 교회로 여겨 자신에게 소유권이 있다고 생각하는 것입니다.

5절, “그런즉 아볼로는 무엇이며 바울은 무엇이냐 그들은 주께서 각각 주신 대로 너희로 하여금 믿게 한 사역자들이니라”

고린도 교인은 사도 바울의 가르침을 받았고 아볼로라는 목회자의 가르침도 받았습니다. 그런데 사도 바울은 자신이나 아볼로가 절대적이 아니라고 했습니다. 자신들은 주어진 역할만 감당했을 뿐이지 주인은 따로 있기 때문입니다.

6-7절, “나는 심었고 아볼로는 물을 주었으되 오직 하나님께서 자라나게 하셨나니 그런즉 심는 이나 물주는 이는 아무것도 아니로되 오직 자라게 하시는 이는 하나님뿐이니라”

사도 바울은 자신이 고린도에 처음 복음의 씨를 뿌렸다고 말합니다. 농사를 지으려고 하면 당연히 씨를 뿌려야 합니다. 그러나 씨를 뿌렸다고 해서 식물이 잘 자라는 것이 아니라 물 주는 것도 중요합니다. 아볼로는 고린도에 와서 물을 잘 주었던 목회자였습니다. 보통 농사지을 때 씨 뿌리는 사람과 물을 주는 사람이 같지만, 다른 경우도 있습니다. 그렇다면 물을 준 사람과 씨를 뿌린 사람이 식물을 자기 것이라고 주장할 수 있느냐 하는 것입니다. 그렇지 않습니다. 밭의 주인이 따로 있기 때문입니다. 넓은 밭을 가진 주인은 사람을 고용해 씨도 뿌리고 물도 주게 합니다. 그러면 그 사역자는 주인으로부터 품삯을 받는데, 그 모든 열매의 주인은 하나님이시고 그리스도이십니다. 이처럼 교회는 목사의 것도 아니고 설립자의 것도 아니고 헌금을 많이 해서 예배당을 지은 사람의 것도 아닙니다. 오직 교회의 주인은 그리스도이십니다. 목회자는 목회를 하면서 교인을 자꾸 자기로부터 떼놓는 시도를 해야 합니다. 우리나라는 유명 목회자의 경우 수만 명의 교인을 모이게 하고 더 나아가 목회자 중심으로 파벌이 생겨나는 것을 봅니다. 이는 교인을 성숙시키는 데 실패한 증거입니다. 교인이 자라면 자랄수록 목회자는 감춰지고 주님이 드러나야 합니다.

여기서 중요한 사실은 우리가 영적으로 어른이 되는 데 가장 중요한 것은 하나님 말씀이라는 사실입니다. 우리는 젖도 먹어야 하지만 단단한 음식도 먹어야 하고 더 중요한 것은 오염되지 않은 하나님 말씀을 먹어야 한다는 것입니다. 영양가 없는 밀 껍질 같은 양식은 아무리 먹어도 자라지 않습니다. 특히 중요한 것은 하나님 말씀을 가능한 한 많이 먹고 잘 소화시켜 자기 것으로 만드는 것입니다.

성경은 엄청난 세계입니다. 이 안에는 산맥도 있고 바다도 있고 호수도 있고 들판도 있는데, 그 안에 깊이 들어가 하나님의 축복을 캐내어 전부 자기 것으로 만들어야 합니다. 즉 우리 속을 하나님의 진리로 채우는 것이 일차적으로 성인이 되는 방법입니다.

3. 영적 성숙의 결과

어른이 되면 힘쓰는 것이 달라지고 지혜가 달라지고 많은 일을 감당할 능력이 생깁니다. 또한 어른이 되면 가정을 이루어 자녀를 키우고 세상이 망하지 않도록 굳게 세우는 일을 하게 됩니다. 신앙 역시 자라면서 지혜도 생기고 능력도 생기고 더 많은 일을 감당하게 되지만, 가장 중요한 것은 교회를 세우고 다른 성도를 도와 강건하게 만들어주는 일입니다.

하나님의 위대한 종은 반드시 다른 사람과의 관계를 통해 만들어집니다. 하나님 말씀을 배웠으면 이것을 다른 사람에게 가르쳐서 실제로 다른 사람 안에서 부흥이 일어나게 해야 합니다.

하나님의 종들의 그릇은 결국 하나님의 위대한 성전을 짓는 것을 통해 나타납니다. 하나님의 종들 가운데 집은 짓지 않고 돌아다니면서 일을 많이 벌이거나 정치에 빠져 지내는 사람을 종종 보는데, 그들은 전부 잘못된 길로 빠진 것입니다.

하나님의 백성은 성숙하면서 다른 성도를 하나님 말씀으로 세워 영적 능력이 충만한 교회를 만드는 데 성공해야 합니다. 이는 개인적으로 자신이 하나님 말씀을 먹는 것보다 더 은혜로운 일입니다. 하나님의 위대한 말씀으로 우리 속을 채우는 것은 자신이 위대한 건축 재료가 되는 것이라면, 실제로 주일학교라든지 개척교회라든지 말씀을 가지고 집을 지어 부흥을 체험하는 것은 아주 중요한 일입니다.

9-10절, "우리는 하나님의 동역자들이요 너희는 하나님의 밭이요 하나님의 집이니라 내게 주신 하나님의 은혜를 따라 내가 지혜로운 건축자와 같이 터를 닦아 두매 다른 이가 그 위에 세우나 그러나 각각 어떻게 그 위에 세울까를 조심할지니라"

사도 바울은 지금까지 농사짓는 밭 이야기를 하다가 집을 짓는 건축 이야기로 화제를 돌리고 있습니다. 하나님 말씀으로 열매 맺는 것이 우리 자신이 하나님 앞에 보석이 되는 것이라면, 하나님의 엄청난 능력을 끌고 오기 위해 우리는 이제 밭에서 집 짓는 것으로 넘어가야 합니다. 즉 하나님의 성전을 지을 때 개인적 능력을 넘어 출애굽기에 나타난 것과 같은 능력이 우리에게도 나타나게 됩니다. 우리가 알아야 할 것은 하나님은 불이시기 때문에 성전을 바로 짓지 않으면 우리 자신이 먼저 타서 없어진다는 것입니다. 그래서 핵 원전을 짓는 데 가장 중요한 것은 뛰어난 기술이고 능력입니다.

사도 바울은 자신을 "지혜로운 건축자"라고 말합니다. 이는 건축 전문가라는 말입니다. 그러나 사도 바울은 집을 완성하는 것이 아니라 터를 닦는 것이 전문이었습니다. 그는 복음의 기초를 닦는 역할을 맡았습니다. 그는 바울 서신을 통해 복음의 기초를 닦고, 교회를 세우고, 장로나 감독을 세웠습니다. 이제 모든 사역자는 이 복음의 기초 위에 자신의 성전을 지어야 합니다. 여기서 중요한 것은 성전을 짓는 기초나 재료를 바로 선택해야 한다는 것입니다.

11절, "이 닦아 둔 것 외에 능히 다른 터를 닦아 둘 자가 없으니 이 터는 곧 예수 그리스도라"

하나님 말씀 외에 다른 기초는 없습니다. 만약 건축하는 사람이 다른 기초 위에 건물을 세운다면 불법 건축물이 되어 철거를 당하게 될 것입니다.

그리고 중요한 것이 재료입니다.

12-13절, "만일 누구든지 금이나 은이나 보석이나 나무나 풀이나 짚으로 이 터 위에 세우면 각 사람의 공적이 나타날 터인데 그 날이 공적을 밝히리니 이는 불로 나타내고 그 불이 각 사람의 공적이 어떠한 것을 시험할 것임이라"

건축 재료를 쓰는 데 좋은 재료를 쓰는 건축자가 있는가 하면 나쁜 재료를 쓰는 건축자도 있습니다. 과거 우리나라에서 건물을 지을 때 부실한 철근을 쓰기도 하고 모래의 성분이 좋지 않는 것을 쓰기도 해서 건물이 무너지기도 하고 비가 오면 물이 새기도 했습니다.

사실 건축할 때 빨리 짓는 것도 중요하지만 좋은 재료를 사용해 무너지지 않도록 튼튼하게 짓는 것이 중요합니다. 성전은 불이신 하나님을 모시는 곳이기 때문에 재료를 보석 종류로 써야 합니다. 철저하게 하나님 말씀을 재료로 써야 하는데, 이는 하나님 말씀으로 변화된 살아있는 성도들로 지어진 집을 말합니다. 우리가 사랑과 신뢰로 결합될 때 밑에서부터 성령의 능력이 차올라오면서 놀라운 기적과 축복이 나타납니다. 반면 이런 보석이 아니고 세상에서 쉽게 구할 수 있는 재료를 가지고 속성으로 집을 짓는다면 하나님의 능력이 나타나지 않을 뿐 아니라 오히려 사탄의 공격으로 무너지고 맙니다.

하나님의 성전을 제대로 짓는 것은 원전 수억 만 배 되는 에너지를 가지는 것인데, 이것은 삼성전자나 현대자동차 공장을 세우는 것과 비교조차 되지 않는 축복입니다. 이것에 실패하고 오히려 교회를 통해 자기 이름이나 드러내고 세상적 인기를 끈 사람은 정말 쓸데없는 짓을 한 것입니다. 성령의 능력이 나타나지 않는 교회는 사람을 치료하지 못하는 병원을 짓는 것과 같고, 빛을 발하지 못하는 등대를 지은 것과 같아서 한평생 쓸데없는 무익한 짓만 실컷 한 것입니다.

하나님은 불로써 각 건물을 시험할 것이라고 말씀하십니다.

13절, "각 사람의 공적이 나타날 터인데 그 날이 공적을 밝히리니 이는 불로 나타내고 그 불이 각 사람의 공적이 어떠한 것을 시험할 것임이라"

온갖 정성을 들여 건물을 지었는데 불이 나는 바람에 다 타버리면 그것만큼 허무한 일은 없습니다. 잘못하면 허무한 정도가 아니라 많은 사람이 죽을 수도 있습니다. 여기서 불로 시험한다는 것은 무슨 뜻일까요? 가장 중요한 것은 좋은 건축 재료를 쓰지 않은 건물은 스스로 부패해서 썩어 무너지게 된다는 것입니다. 그리고 더 두려운 것은 하나님 자신이 불이시기 때문에 부흥이 일어나지 않을뿐더러 그곳에서 하나님의 심판과 재앙이 일어나고 나중에 영원한 책임을 피할 수 없게 된다는 것입니다. 우리는 하나님의 일을 하는 것을 아주 두렵게 생각해야 합니다. 특히 목회하는 사람은 하나님을 두려워해야 하고, 교회의 리더가 되는 사람도 하나님을 두려워해야 합니다.

지금 우리에게는 하나님의 능력이 임하고 있으며, 하늘 문에 열리고 있습니다. 우리 모두 성숙한 신자가 되어 영원히 무너지지 않고 불타지 않는 좋은 성전을 짓기를 바랍니다.

성경 토의

1. 우리 모두는 같은 예수를 믿고 같은 성령을 받았다고 하는데, 많은 다툼이 생겨나고 교회나 교파의 분열이 일어나는 이유는 무엇인가?

2. 우리가 존경하고 따르는 목회자는 하나님 앞에 어떤 자이며, 어떻게 하면 사람을 따르지 아니하고 주님을 따르는 자들로 성숙할 수 있는가?

3. 교회를 세우는 재료로써 금이나 은이나 보석은 무엇이며, 나무나 풀이나 짚과 어떻게 다른가? 그리고 집이 불타는 것을 막는 비결은 무엇이며, 집이 불타버렸을 때 그 집을 건축한 사람은 어떻게 되는가?

09_하나님의 성전

고린도전서 3:16-23

전체적 설명

이 세상 어디서든 참 하나님을 만날 수만 있다면 병도 낫고 위기에서도 벗어나고 중요한 문제에 대한 해답을 찾을 수도 있을 것이다. 그러나 우리 인간은 하나님을 볼 수도 없고 하나님이 어디에 계신지도 모르기 때문에 한평생 인생의 답을 찾지 못하고 방황하게 된다. 사람은 신을 만나기 위해 많은 신전을 세우지만 그것은 하나님을 만나기 위한 노력에 불과하고 진정으로 하나님을 만나는 것은 아니다. 그리스 사람은 신의 뜻을 알기 위해 델포이 신전에 가서 신탁을 받았지만 그것은 진짜 하나님의 음성이 아니었다. 하나님은 우리 예수 믿는 사람들은 하나님의 영이 함께하시기 때문에 그분이 계시는 성전인데, 특히 하나님의 백성이 모인 가운데 그분의 영이 임한다고 말씀하신다. 이렇듯 우리의 모임은 하나님의 성전이므로 더럽히면 멸망당하게 된다.

16절, "너희가 하나님의 성전인 것과"

설교 프리노트

'하나님의 성전'은 하나님이 임재하시는 곳을 말한다. 하나님은 온 세상에 임재하시지만 그분의 성전에 특별한 방식으로 임재하신다. 하나님은 성전에서 우리 인간에게 말씀하시며 죄를 사하여 주시며 우리의 앞길을 인도해주시고 기도를 들어주신다. 하나님을 만날 수만 있다면 그것보다 더 큰 행운은 없다. 그런데 하나님은 우리 인간이 도저히 만날 수 없는 높은 곳에 계셔서 우리 인간의 힘으로는 도저히 가까이 갈 수가 없다. 그러자 하나님은 우리 인간이 언제나 그분을 찾아오도록 성전을 허용하셨다. 그 성전에 가기만 하면 언제나 하나님을 만날 수 있게 해놓으신 것이다. 사도 바울은 고린도 교인이 모인 모임인 교회가 하나님의 성전이라고 말한다. 그리스도인이 모인 곳에서 하나님의 음성을 들으며 죄 씻음을 받고 기도의 응답을 받고 기적을 체험하게 되는 것이다.

"하나님의 성령이 너희 안에 계시는 것을"

하나님의 백성이 모인 곳에는 성령이 계신다. 물론 이 성령은 늘 함께하시지만 우리는 그 성령을 느끼지 못할 때가 많다. 성령이 비둘기처럼 온순하시기 때문이다. 과거에는 성령이 한번 오시면 계속 함께하시는 것이냐, 늘 새롭게 임하시는 것이냐 하는 것을 두고 논란이 있었다. 물론 우리는 성령에 대한 모든 진리를 알지 못하기 때문에 우리 생각을 가지고 성령의 사역을 제한해서는 안 된다. 우리는 모일 때마다 늘 성령이 새롭게 임하시도록 기도하고 사모하는 것이 중요하다.

17절, "누구든지 하나님의 성전을 더럽히면"

우리 성도의 모임이 성령이 임하시는 성전이라는 것은 대단히 놀라운 말씀이다. 하나님이 우리 안에 늘 함께하시기만 한다면 어떤 어려움이 닥쳐도 걱정할 것이 없다. 그러나 하나님의 성전에서 가장 조심해야 하는 것은 우리 인간이 하나님의 성전을 더럽히는 것이다. 하나님의 성전을 더럽힌다면 성전은 더 이상 그 역할을 하지 못한다. 하나님의 성전을 더럽힌다는 것은 옳지 못한 행실로 더럽히는 경우도 있으며, 세상의 거짓된 교훈을 끌어들임으로써 더럽히는 경우도 있다. 그 어떤 경우라도 하나님의 성전을 더럽히면 성전의 기능은 중지될 뿐 아니라 하나님은 그 오염된 성전을 파괴시키실 것이다.

"하나님이 그 사람을 멸하시리라"

하나님을 두려워하지 않고 교회를 인간의 모임이라고 생각해 나쁜 행실과 세상의 가르침으로 오염시키는 자는 하나님의 이름을 욕되게 하는 것이다. 하나님은 그분의 거룩하신 이름을 지키기 위해 성전을 더럽힌 자를 멸하실 것이다. 그러나 하나님은 오래 참으면서 성전을 더럽힌 자가 스스로 회개하기를 기다리시지만 끝까지 회개하지 않을 때는 그 사람을 잘라버리신다. 그때 더럽힌 사람이나 교회는 성령이 떠나고 부패와 미신 가운데 버려졌다가 세상의 악한 세력으로 말미암아 망하게 될 것이다.

"하나님의 성전은 거룩하니 너희도 그러하니라"

여기서 '거룩하다' 는 구별된다는 뜻이다. 교회와 세상은 구별되어야 하고 교인은 하나님을 두려워해야 하며 교회 안에는 오직 하나님의 진리만 있어야 한다. 물론 우리는 인간이기에 완전히 깨끗할 수 없다. 그러므로 우리는 자신의 공로나 자랑에 의지하지 말고 예수 그리스도의 공로에 의지해 모여야 하고 예배드려야 한다.

본문 이해를 위한 질문

1. 오늘날 신약 교회가 하나님의 성전이라고 하는 것은 어떤 의미를 가지는가?

우리는 예배 모임을 통해 특별히 하나님을 만나게 되며, 하나님 말씀을 듣고 기도 응답을 받으며, 인생의 어려운 문제에 대한 해답을 얻는다.

2. 성령이 우리 안에 계신다는 사실을 우리는 어떻게 알 수 있는가?

예배드릴 때마다 우리는 성령께서 새롭게 임하시도록 기도하고 사모해야 한다. 성령이 임하시는 것을 우리 눈으로 직접 볼 수는 없지만 말씀을 듣고 깨닫는 데 따른 감동과 기쁨으로 알 수 있다.

3. 성전을 더럽힌다는 것은 무슨 의미이며, 성전을 더럽히면 어떻게 되는가?

성전은 더럽히는 것은 교회 안에서 음란한 행실이나 탐욕스러운 행동을 하는 것이며, 세상의 가르침을 끌고 들어와서 가르치는 것을 말한다. 성전을 더럽히면 그 교회는 성전의 기능이 정지되고 성령이 떠나셔서 결국 세상 사람들로부터 손가락질당하다가 악한 세력으로 말미암아 망하게 된다.

성경 강해

어떤 사람이 잘 낫지 않는 중병에 걸렸는데 병원에서 그 병을 가장 잘 고칠 수 있는 의사를 만나 치료받게 된다면 그보다 더 기쁘고 고마운 일은 없을 것입니다.

마찬가지로 어떤 학생이 꼭 배우고 싶은 학문 분야가 있는데 마침 그 분야에 정통한 교수가 그 대학에 있어 제자로 들어가 열심히 공부해 유명한 학자가 되었다면 그보다 더 좋은 일은 없을 것입니다. 이렇듯 자기에게 정말 필요한 사람을 만나지 못하면 시간은 시간대로 허비하고 돈은 돈대로 쓰면서 쓸데없는 것만 잔뜩 배우게 됩니다.

마찬가지로 온 세상을 창조하시고 우리에게 생명을 주신 하나님을 만날 수만 있다면 우리는 인생의 많은 의문점에 대해 정답을 들을 수 있고, 하나님으로부터 이 세상을 살아가는 데 가장 중요한 능력이나 지식을 얻을 수 있습니다.

이런 식으로 하나님을 만나거나 하나님의 대리자를 만나 인생이 완전히 바뀐 사람이 있습니다. 옛날 이스라엘 초대 왕 사울은 자기 인생의 진로에 대해 아무것도 알지 못하는 사람이었는데, 갑자기 집에서 키우던 암나귀들을 잃어버리는 바람에 라마의 사무엘을 찾아갔다가 그를 통해 하나님 말씀을 듣게 됩니다. 이때 사울에 대한 하나님의 뜻은 그가 이스라엘 왕이 되는 것이었습니다. 모세의 경우 히브리 노예들을 도우려고 애굽의 노예 감독 하나를 죽이고 무려 40년 동안 미디안 광야에서 방황하다가 불이 붙는 떨기나무에서 하나님의 음성을 듣고 자신에 대한 하나님의 계획을 알게 되었고, 이스라엘 백성을 구하기 위해 바로와 대결하러 가게 됩니다.

사실 우리 인간이 하나님을 믿지 않고 그분을 만나는 법을 몰라서 그렇지 하나님을 제대로 만나게 된다면 정말 놀라운 경험을 하게 될 것입니다. 예를 들어 오래전에 헤어졌던 부모와 자식이 기적적으로 만나더라도 자기 인생의 비밀이 풀리고 인생의 한이 풀리는데, 하물며 우리를 만드신 하나님을 만나게 될 때 어떤 일이 일어날까요? 아마 우리 가슴의 응어리가 풀리고, 이 세상을 살아가야 할 의문점이 해결되고, 마음의 병이나 육체의 병을 다 치료 받을 것입니다.

본문을 보면 오늘 교회에서 예배드리면서 우리가 그런 체험을 하게 된다고 말씀합니다. 예배드리는 교회가 하나님과 우리가 만나는 성전이기 때문입니다. 그런데 예배를 통해 하나님을 만나는 체험을 하는 사람도 있지만 하나님을 만나지 못한 채 신앙생활을 하는 사람도 많습니다. 도대체 어디서 무엇이 잘못되어 그런 것일까요? 교회를 통해, 우리가 드리는 예배를 통해 하나님을 만나고 우리 인생의 의문과 수수께끼가 모두 풀리기를 바랍니다.

1. 하나님과의 만남의 장소

우리나라 사람이 아직까지 풀지 못하고 있는 숙제 중 하나가 오랜 시간 떨어져 산 남북 이산가족이 만나 같이 사는 것입니다. 한국전쟁 때 부모와 헤어진 아이들이 자라서 이제 60이나 70이 되어 거의 80세나 90세가 넘은 아직 살아계신 부모를 만나 뵈올 날을 고대합니다. 그 이유는 바로 인간의 도리이기 때문입니다. 사람은 자기 부모를 만나야 자기 인생의 목적과 가치를 찾을 수가 있습니다. 그런데 더 중요한 것은 우리 인간이 자기를 만드신 하나님을 만나는 것입니다. 우리 인간은 하나님을 만나야 자신이 왜 이 세상에 태어났으며, 왜 자신이 그렇게 죽도록 고생하며, 앞으로 자신이 무엇을 위해 살아야 하는지 모든 의문이 풀립니다. 우리 인간은 하나님을 만나려고 수없이 노력했음에도 다 실패했습니다. 그 실패한 증거가 이 세상에 있는 수많은 종교입니다. 그런데 하나님은 놀랍게도 이 세상에서 가장 보잘것없고 가장 자랑할 것 없는 사람을 통해 우리 인간을 만나고 계셨습니다. 바로 이 세상에 있는 그리스도인의 모임인 교회 예배를 통해서였습니다. 사람은 이것을 이해하지 못했고, 이것을 인정하지 않았습니다. 그러나 사도 바울은 이것이 사실이라고 말합니다.

16절, "너희는 너희가 하나님의 성전인 것과 하나님의 성령이 너희 안에 계시는 것을 알지 못하느냐"

사도 바울은 고린도 교인을 향해 "너희가 하나님의 성전인 것과 …… 알지 못하느냐" 고 말합니다. 여기서 '성전' 은 하나님과 우리 인간이 만나는 장소를 말합니다. 그리고 '너희'는 고린도 교회를 말합니다. 지금까지 우리는 고린도 교회를 많은 문제를 가진 교회로 알고 있습니다. 고린도 교회는 영적으로 성숙하지 못해 세상 사람과 별로 다를 것이 없는 행동을 하고, 사람을 내세워서 분열하고 있으며, 고린도 교인 가운데 세상 풍습을 끊지 못해 우상의 제물을 먹기도 하고 음행에 빠진 지도자도 있습니다. 그럼에도 사도 바울은 신약 교회는 하나님이 우리 인간을 만나시는 성전이라고 말합니다. 그렇다면 하나님은 어떤 방식으로 우리 인간을 만나실까요? 하나님은 우리 가운데 성령을 주심으로써 만나십니다.

사실 우리 인간이 하나님을 만난다는 것은 가장 큰 희망사항인 동시에 가장 큰 위기임을 알아야 합니다. 우리 인간은 아무리 훌륭해 봐야 하나님 앞에서는 벌레밖에 되지 못하지만 하나님은 태양보다 더 뜨거우시며 온 우주보다 더 크신 분입니다. 만약 태양이 떨어지거나 수소폭탄이 떨어진다면 우리는 형체도 없이 사라지고 말 것입니다. 하나님은 이스라엘 백성에게 비밀 하나를 주셨는데, 바로 이스라엘 백성이 인간이 만든 집에 하나님을 모시는 데 성공한 것입니다. 그것은 이스라엘 백성이 대단해서 그런 것이 아니라 하나님이 주신 말씀이 대단했기 때문입니다. 즉 이스라엘의 제사장과 백성이 하나님 말씀에 죽기를 각오하고 순종했을 때 그들은 성전에서 하나님을 만날 수 있었습니다. 하나님은 이스라엘 백성에게 말씀을 주시고, 그들의 죄를 다 용서해주셨으며, 그들에게 새로운 축복을 내려주셨습니다.

사실 이스라엘 백성에게 성전보다 더 큰 위기는 하나님의 아들이 인간의 몸을 입고 이 세상에 오신 것입니다. 하나님의 능력이 인간의 육체 가운데 임하면 인간의 육체는 다 찢어지거나 터져버리고 맙니다. 그런데 하나님의 아들은 죽음을 각오하고 하나님 말씀에 자신을 쳐서 복종시킴으로써 인간으로 사는 데 성공하셨습니다. 그리스도는 우리에게 보혜사 성령도 보내주셨는데, 이 보혜사 성령은 얼마든지 우리 안에 오실 수 있는 성령을 말합니다.

하나님은 우리가 예배를 드리러 모일 때 성령을 우리 가운데 주셔서 한마음이 되게 하시고, 우리에게 하나님 말씀을 듣게 하시고, 우리 모두 하나님의 은혜와 기쁨으로 충만하게 하십니다. 이것이 바로 우리가 하나님과 만나는 것입니다. 우리는 예배를 통해 하나님과 만날 뿐 아니라 그분과 하나로 연합하게 됩니다. 사도 바울은 이것을 알지 못하느냐고 질문하고 있습니다. 즉 우리는 예배드릴 때 좋은 설교를 듣기 위해 모이는 것도 아니고, 단순히 복을 받으려고 모이는 것도 아니고, 많은 교인이 모였다고 자랑하려고 모이는 것도 아니고, 하나님과 하나로 연합하기 위해 모이는 것입니다. 우리가 하나님과 하나로 연합될 때 엄청난 교환이 이루어집니다. 우리 안의 연약함이나 마음의 죄, 원통함, 부족함은 하나님이 다 가져가시고 그분 안에 있는 신령하고 아름답고 신비로운 능력으로 우리는 다시 채움을 받게 됩니다.

사랑하는 사람과 만난다면 다른 사람 몰래 많은 교환이 이루어질 것입니다. 사랑하는 사람이라면 상대방이 가진 좋지 못한 것은 자신이 가져가고 최고로 좋은 것을 가능한 한 많이 주려고 할 것입니다.

하나님과 만나는 데 있어 가장 중요한 조건이 하나 있습니다. 그것은 오직 하나님 말씀만 가지고 만나야지 세상적 사랑이나 욕심이나 야망을 가지고 만나면 안 된다는 것입니다.

17절, "누구든지 하나님의 성전을 더럽히면 하나님이 그 사람을 멸하시리라 하나님의 성전은 거룩하니 너희도 그러하니라"

여기서 “하나님의 성전을 더럽히면”은 그리스도인의 예배나 모임을 이교도 사상으로 오염시키는 것을 뜻합니다. 즉 하나님의 교회를 사상적으로나 도덕적으로 오염시키는 것을 말합니다. 물론 하나님은 구약 시대에 그분의 성전을 더럽히는 자들을 직접 쳐서 죽게 하셨습니다. 그 대표적인 예가 아론의 두 아들 나답과 아비후였습니다. 이들은 하나님이 명령하신 제단의 숯불로 분향하지 않고 다른 불로 분향했다가 불이 나와 제사장이 되자마자 즉사하고 말았습니다. 그리고 엘리 제사장의 두 아들 홉니와 비느하스는 성전의 제물을 탈취하고 여성과 좋지 못한 관계를 맺음으로써 이교 성전화를 시키다가 가정 전체가 몰락하고 맙니다.

아무리 신약 시대라고 하지만 과연 하나님 앞에서 우리는 완전히 거룩할 수 있을까요? 이것은 불가능합니다. 하나님이 우리에게 구약 시대와 똑같이 요구하셨다면 거의 죽고 남은 사람이 별로 없을 것입니다. 예를 들어 토요일에 좋지 않은 영화를 보고 주일 날 예배에 오거나 술 마시고 왔다고 하나님이 치신다면 죽을 사람이 헤아릴 수 없을 만큼 많을 것입니다. 그러나 하나님의 가장 무서운 벌은 죄를 내버려두시는 것입니다. 즉 하나님의 백성이 죄 용서를 받지 않고 오래오래 잘 사는 것이 가장 무서운 벌입니다. 그러면 하나님의 백성은 썩을 대로 썩어 세상 사람의 손가락질과 업신여김을 당하다가 결국 죽게 됩니다. 즉 소금에게 가장 무서운 벌은 맛 잃은 소금으로 내버려두는 것입니다. 빛에게 가장 무서운 벌은 빛을 잃은 희미한 상태로 오래오래 있게 하는 것입니다. 사울 왕에게 가장 무서운 벌은 성령이 떠난 상태에서 오래오래 이스라엘의 왕 노릇을 하도록 한 것이었습니다. 하나님이 교회에 내리시는 가장 무서운 벌은 부패와 잘못된 권위의식을 손대지 아니하고 가만히 내버려두시는 것입니다. 옛날에 하나님이 바로 치셨던 것은 차라리 사랑의 표현이었습니다. 하나님은 다윗이 그분의 말씀을 무시하고 언약궤를 옮겼을 때 바로 쳐서 웃사가 죽게 하셨습니다. 그때만 해도 우리 인간을 사랑하시는 것이었습니다. 오늘날 교회와 목회자가 그 맛을 잃었어도 내버려두신다면 이것은 이미 버리신 것입니다. 우리는 예배 때마다 하나님을 만나야 하고 그분과 연합해야 합니다. 우리는 이 한 가지에 모든 것을 걸어야 합니다. 그래야 성전이 더러워지지 않고 오래갈 수 있습니다.

2. 세상 지혜로 알 수 없는 하나님

우리 인간의 지혜가 얼마나 대단한가 하면 엄청나게 큰 비행기가 수백 명의 승객을 태우고 열 시간 이상을 날아가 안전하게 목표한 곳에 도착하기도 하고 백층이 넘는 빌딩을 짓기도 하고 도서관에 수백만 권이 넘는 책을 비치해놓기도 합니다. 그러나 우리 인간은 뛰어난 머리나 지식을 가졌음에도 하나님을 알지 못하고 죽은 후의 세계에 대해서도 알지 못합니다. 그 이유는 이 세상의 지식과 하나님의 지식이 주파수가 완전히 다르기 때문입니다. 예를 들어 방송국에서 전파를 보낼 때 주파수가 맞으면 모든 이야기를 다 들을 수 있지만, 주파수가 다르면 아무리 많은 이야기를 하고 정보를 보내도 하나도 듣지 못합니다.

18절, "아무도 자신을 속이지 말라 너희 중에 누구든지 이 세상에서 지혜 있는 줄로 생각하거든 어리석은 자가 되라 그리하여야 지혜로운 자가 되리라"

사람은 누구나 이 세상에서 지혜로운 자가 되기를 원합니다. 이 세상의 지혜를 배우지 못하면 자기 생각도 잘 표현하지 못하고 다른 사람이 하는 말도 잘 알아듣지 못하는 무식한 사람이 되고 맙니다. 사람은 이 세상에서 많은 것을 배워야 똑똑한 사람이 될 수 있다고 믿는데, 이것은 사실입니다. 여기서 놀라운 것은 이 세상적 지식이 하나님의 뜻을 깨닫는 데 조금도 도움이 되지 않고 오히려 엄청난 걸림돌이 된다는 사실입니다. 세상 지혜로는 절대로 하나님 말씀을 깨달을 수 없을 뿐 아니라 오히려 세상 지혜를 다 내려놓을 때까지 하나님의 진리 속에 들어가지 못하고 밖으로 빙빙 겉도는 사람이 될 수밖에 없습니다. 우리는 무엇인가 안다고 생각할 때 자기가 이해되는 범위 안에서만 믿으려고 하는데, 하나님의 진리는 우리 인간의 머리로 이해할 수 있는 것이 아닙니다.

2차 세계대전 후 독일에 머리가 아주 좋은 불트만이라는 사람이 있었습니다. 그는 아무리 생각해도 예수님이 물 위를 걸어갔다는 것과 죽은 사람을 살렸다는 것이 말이 안 된다고 생각해 신약 성경에 있는 모든 신화를 다 빼야 젊은이들이 기독교를 믿을 거라고 주장했습니다. 구약 성경을 보면 모세가 지나간 홍해는 히브리어로 '얌숩' 인데, 이는 갈대바다라는 뜻입니다. 그래서 바다가 양쪽으로 갈라진 것이 아니라 이스라엘 백성과 모세가 수위가 낮은 갈대숲으로 건너갔다고 주장했습니다. 성경을 이런 식으로 설명하면 많은 사람이 성경의 사상을 받아들이고 믿을 줄 알았는데 오히려 사람들은 그 주장을 더 믿지 않았습니다. 또한 그는 레위기나 신명기를 모세가 쓴 것이 아니라 유다 백성의 포로기 후반에 다른 누군가가 썼을 것이라고 주장했습니다. 그런데 학자들이 연구해 보니 레위기에는 광야에만 사는 새나 풀의 이름이 많이 나오고 있으며, 신명기 역시 그 형식이 고대 사람이 쓰던 형식의 글임이 밝혀졌습니다.

사람들 가운데 모세가 애굽에서 법 공부를 많이 했기 때문에 그처럼 많은 율법을 쓸 수 있었던 것이 아니냐고 말하는 사람도 있습니다. 어떤 사람은 사도 바울이 그처럼 논리적으로 많은 서신서를 쓸 수 있었던 것은 공부를 많이 했기 때문이라고 말합니다. 또 어떤 사람은 베드로가 베드로전후서밖에 쓰지 못한 것은 공부를 많이 하지 못했기 때문이라고 말하기도 합니다.

그러나 절대로 그렇지 않습니다. 모세나 바울은 세상에서 공부를 많이 했기 때문에 오히려 더 교만했고, 하나님 말씀을 믿는 데 늦었으며, 세상의 지혜로 하나님께 많이 대적했습니다. 광야에서 고난을 받으면서 세상 지식이 다 무너지고 하나님 앞에서 철저히 낮아졌을 때 그들은 하나님 말씀을 깨닫게 되었습니다. 특히 사도 바울은 자기 지식은 사람에게 배운 것이 아니고 하나님이 계시로 보여준 것이라고 했습니다.

본문을 보면 "아무도 자신을 속이지 말라" 고 말씀합니다. 이것은 세상 지식이 많은 것이 하나님 앞에서도 지혜롭다고 생각하지 말라는 것입니다. 하나님의 지혜를 배우는 비결은 빨리 하나님 앞에서 어리석은 자가 되어야 합니다. 무엇인가 가지고 있으며 알고 있다고 생각하는 순간 우리는 엉뚱한 곳을 파고 들어가기 때문입니다. 즉 하나님의 사상이 아니라 자기 하나님을 만들고 있는 것입니다.

하나님 말씀에서 참으로 놀라운 것은 구약 성경과 신약 성경을 보면 누구든지 이해하기 쉽도록 이야기가 참 많습니다. 성경의 이야기는 어린 아이도 알아들을 수 있고 여성도 알아들을 수 있고 배우지 못한 사람도 얼마든지 은혜 받을 수 있는 내용입니다.

오늘날 교회 안에 세상 지혜나 방법을 들여오면 성공할 것 같은데, 처음에는 잘 되는 것 같아 보여도 인간은 너무 복잡하고 인간의 죄와 교만은 너무 미묘하고 성령의 역사는 너무 어렵고 예민하기 때문에 결국 실패하고 맙니다.

미국의 로버트 슐러 목사는 할 수 있는 대로 많은 사람에게 기독교를 받아들이고 세상에서 성공하게 하기 위해선 적극적 사고가 필요하다고 강조했습니다. 그는 굳이 예배당 안으로 교인들이 들어올 필요 없이 밖에서 예배드리도록 주차장에서 설교를 들을 수 있게 했습니다. 또한 예배당 안과 밖을 다 볼 수 있도록 유리로 된 창가에 서서 설교했는데, 그의 음성은 연극배우를 능가할 정도였습니다. 그러나 그의 설교는 망했고, 결국 그의 자랑이던 유리 예배당은 다른 사람한테 팔렸습니다. 그때야 비로소 그는 교회는 건물이 아니라고 했는데, 너무 늦은 후회였습니다.

사도 바울은 세상 지혜의 위험성을 성경을 인용하여 말합니다.

19절, "이 세상 지혜는 하나님께 어리석은 것이니 기록된 바 하나님은 지혜 있는 자들로 하여금 자기 꾀에 빠지게 하시는 이라 하였고"

물론 우리는 이 세상에서 공부도 많이 하고 지식이 많은 것도 좋지만 그것으로 하나님을 알려고 한다면 실패합니다. 우리는 하나님 앞에 나올 때 무조건 죄인으로 나와야지 하나님과 따지고 그분을 이기려고 하면 결국 자기 꾀에 빠지고 맙니다. 신앙에는 절대 머리로 이해하지 못하고 무조건 믿어야만 하는 것이 많습니다. 즉 '예수님은 하나님의 아들인데 어떻게 인간으로 오셨을까?' '예수님이 십자가에 못 박혀 죽은 것으로 어떻게 우리 죄를 사하실 수 있는 걸까?' '우리가 죄인인데 다른 사람이 우리 죄를 대신 지는 것이 과연 정당한가?' '사람이 죽으면 다시 살지 못하는데 어떻게 예수님은 죽은 지 사흘 만에 다시 부활하셨을까?' 라는 질문은 머리로 이해할 수 있는 것이 아닙니다. 이것은 우리가 믿음으로 받아들여야 하는 것이지 머리로 이해할 수 있는 것이 아닙니다. 그래서 하나님의 진리를 머리로 이해하려고 하면 죽을 때까지 믿지 못합니다. 광야에서 이스라엘 백성이 머리로 믿으려고 할 때는 늘 실패했지만 무조건 믿자 기적이 일어나고 살 길이 생겼습니다. 하나님의 기적이나 능력을 머리로 이해하려고 하는 사람은 더디게 믿거나 절대 믿지 못합니다. 그런데 이해하려고 하지 않고 하나님 말씀을 그냥 믿으면 언제든 능력이 나타납니다. 하나님 앞에서는 똑똑한 것이 오히려 손해를 봅니다.

20절, "또 주께서 지혜 있는 자들의 생각을 헛것으로 아신다 하셨느니라"

결국 교회 안에 순수한 하나님 말씀만 있을 때 하나님이 역사하십니다. 유식해지기 위해 교회 안에 세상적 지식을 끌어들인다면 이 지식은 이물질이기 때문에 교회 안에서 성령의 역사를 막고 하나님의 진리를 막아 교회를 말려죽게 만듭니다. 하나님은 인간의 지혜를 헛것이 되게 만드십니다. 즉 지혜 있는 자들이 보기에는 틀림없는 것 같고 확실한 것 같은데 결국에는 엉뚱한 쪽으로 흘러가게 됩니다.

3. 교회와 교인의 중요성

병원에 가 보면 큰 건물 안에 많은 의사와 간호사가 있고, 앰뷸런스가 있고, 의료 장비와 여러 자료가 있습니다. 그런데 그 모든 사람과 장비, 시설은 오직 한 가지 목적을 이루기 위한 것입니다. 다름 아닌 환자를 살리는 것입니다. 병원에 있는 모든 시설과 인력이 환자를 살리는 데 사용되지 못하고 오히려 방해가 된다면 무조건 없애버려야 합니다.

마찬가지로 이 세상에는 많은 지식이 있고 기업이 있고 문화가 있습니다. 그러나 이 모든 것은 단순히 개인의 욕망을 위해 존재해서는 안 되고 인류의 생명과 행복을 위해 사용되어야 합니다. 어떤 지식이나 활동이 인류를 죽이거나 해치는 데 사용된다면 그것은 범죄입니다. 예를 들어 마약을 만들어 판다거나 매춘 행위를 하거나 테러를 일으키는 것은 인류를 죽이고 멸망시키는 범죄 행위입니다. 사람은 이런 범죄를 막아내야 살 수 있습니다. 사람은 무기를 만들 수 있는데, 심지어 핵무기도 만들 수 있습니다. 그러나 그것이 전쟁을 막는 수단이 되어야지 단순히 사람을 죽이기 위해 사용된다면 범죄 행위로 비난을 받습니다.

사실 인류는 사람의 생명을 유지하고 좀 더 편하고 좀 덜 고통스럽게 살도록 많은 연구를 하고 노력하고 있습니다. 그럼에도 인류는 사람을 살리는 방법이나 지식을 알아내지 못하고 있습니다. 이 세상에서 사람을 영원히 살리고 행복하게 할 수 있는 방법이나 지식이 있다면 인류는 그것을 최우선적으로 생각할 것입니다. 그런데 사도 바울은 그런 지식이 있다고 말합니다.

21절, "그런즉 누구든지 사람을 자랑하지 말라 만물이 다 너희 것임이라"

우리는 보통 모든 일이 사람을 통해 이루어지기 때문에 사람을 가장 중요하게 생각합니다. 그중에서도 유능하고 뛰어난 지식이 있고 지도력을 갖춘 사람을 가장 중요하게 생각하고 추종합니다. 그러나 하나님은 그것이 아니라고 말씀하십니다. 하나님은 교회를 통해 사람을 살리시고 영원히 행복하게 하시기 때문입니다. 하나님에게는 교회가 중요하고 교인 한 사람 한 사람이 새 생명 얻는 것이 중요하므로 교회의 시설이나 지도자, 문화 등을 너무 치켜세우지 말라고 말씀합니다.

사람은 하나님이 쓰시는 종으로, 우리가 어떤 사람을 너무 좋아하고 추종하면 그의 죄성까지 받아들이고 허용할 가능성이 있습니다. 교회 지도자가 죄에 빠지는 것을 보면 자기 스스로 성공했다는 자만심에 취해 그런 것입니다. 성공에 취한 것은 술에 취한 것보다 더 위험해서 자기가 얼마나 위험한 처지에 있는지 분별하지 못하게 만듭니다. 그리고 사람이 하나님의 종을 좋아하는 것은 그가 하나님 말씀에 순종하기 때문에 좋아하는 것이지 그 사람이 똑똑해서 좋아하는 것이 아닙니다.

본문을 보면 "만물이 다 너희 것임이라"고 말씀합니다. 이것은 온 세상에서 사람을 살리고 바르게 할 수 있는 능력은 오직 교회에 있다는 것입니다. 즉 교회가 바른 상태에 있으면 하나님은 그 교회를 통해 세상 사람을 다 살리실 수 있을 뿐 아니라 세상의 모든 공격도 다 이기게 하십니다.

갈렙은 여호수아에게 "이 산지를 지금 내게 주소서"(수 14:12)라고 요청했는데, 본문에는 "만물이 다 너희 것임이라"고 말씀합니다. 즉 교회가 바른 진리를 붙들고 있으면 우리는 모든 기도에 대해 응답 받고 사탄의 모든 공격을 이기고 사람을 능히 구원할 수 있습니다.

22-23절, "바울이나 아볼로나 게바나 세계나 생명이나 사망이나 지금 것이나 장래 것이나 다 너희의 것이요 너희는 그리스도의 것이요 그리스도는 하나님의 것이니라"

사람의 눈으로 보면 바울이나 아볼로, 게바는 훌륭하고 위대한 하나님의 종들이었습니다. 그러나 우리가 알아야 할 것은 종은 어디까지나 종이지 주인이 아닙니다. 심지어 "세계나 생명이나 사망이나 지금 것이나 장래 것이나 다 너희 것이요"라고 했습니다. 이는 세계나 사람이 살고 죽는 것, 장래 일이나 현재 일 모두 우리의 믿음에 달려 있다는 말씀입니다. 우리가 바른 성전으로 세워지기만 하면 세계나 생명, 죽음, 장래 일까지 우리가 기도한 대로 됩니다.

성경 토의

1. 교회가 하나님의 성전이라는 것은 무슨 의미이며, 교회에서 하나님의 은혜가 막히지 아니하고 강물처럼 흐르기 위해선 무엇이 필요한가?

2. 하나님의 성령이 우리 안에 계신다는 것은 어떻게 계시는 것을 의미하며, 성령이 떠나시는 경우도 있는가? 또한 성령이 떠나신 교회를 다시 불붙게 하려면 무엇이 필요한가?

3. 오늘날 하나님의 성전을 더럽힌다는 것은 어떤 의미이며, 성전을 거룩하게 하려면 어떤 결단이 필요한가?

10_비밀을 맡은 자

고린도전서 4:1-8

전체적 설명

국가나 군대에서 가장 중요한 일을 하는 사람은 비밀을 지키는 임무를 맡는다. 이것저것 많은 일을 하는 것보다 중요한 비밀이 누설되지 않게 지키고 그것을 실현하는 것이 이들의 주요 임무다. 마찬가지로 이 세상에서 중요한 일을 맡은 사람이 많지만 가장 중요한 사람은 하나님의 비밀을 맡은 자들이다. 이들은 하나님 말씀을 맡은 자이며, 복음의 비밀을 맡은 자다. 결국 이들의 활동으로 세상이 살기도 하고 망하기도 한다. 그러므로 말씀의 종들은 자신이 하나님의 비밀을 맡았다는 사실을 깨닫고 말이나 행동을 조심하고, 진리로 사람의 영혼을 살리고, 사탄의 세력을 물리치는 일을 해야 한다.

설교 프리노트

1절, "사람이 마땅히 우리를 그리스도의 일꾼이요"

하나님 말씀의 종들은 이 세상에서 그 정체성이 모호할 때가 많다. 세상 사람의 직업은 그가 무슨 일을 하는지 분명하게 알 수 있지만 말씀의 종들은 그 정체성이 모호하다. 이 세상에서는 의사면 의사, 사업가면 사업가, 교수면 교수 하는 식으로 하는 일이 분명하지만 말씀의 종들은 도대체 무엇을 하는 사람인지 그 자신이나 교인, 세상 사람 모두가 잘 모를 때가 많다. 그 이유는 하나님 말씀의 종은 이 세상의 직업을 가진 자가 아니기 때문이다. 목회는 이 세상의 직업 중 하나가 아니다. 그래서 말씀의 종들은 자신의 정체성을 분명하게 인식하고 있어야 혼란에 빠지지 않는다. 말씀의 종들은 예수 그리스도의 일꾼이며, 하나님의 비밀을 맡은 자다.

여기서 '비밀'은 우리 인간을 구원하는 하나님의 비밀 계획과 그 임무를 말한다. 미국이나 우리나라 정보기관에 근무하는 사람은 자신의 신분까지 숨기면서 비밀 임무를 수행하기도 한다. 그러나 그들은 어디까지나 자기 나라를 지키기 위해 그렇게 하는 것이다.

2절, "맡은 자에게 구할 것은 충성이니라"

하나님은 그분의 종들에게 거의 무한정으로 자율권을 주셨다. 그래서 하나님의 종들은 이 세상에 있으면서 다른 사람의 간섭이나 눈치를 보지 않고 얼마든지 자기 양심과 하나님 말씀의 인도에 따라 그분의 일을 할 수 있다. 하나님은 종들에게 누가 보든지 말든지 하나님과 자신의 임무에 충성할 것을 요구하신다. 중요한 비밀 임무를 맡은 사람이 자신의 임무에 충성하지 않고 배신하면 자기 나라에 치명적인 해를 끼치게 된다. 하나님의 종들은 사람의 인정을 받고 인기를 끌려고 해선 안 되는데, 그것은 하나님이나 자신의 임무에 충실한 것이 아니기 때문이다.

3-4절, "너희에게나 다른 사람에게나 판단 받는 것이……"

사도 바울은 그가 행한 일이 고린도 교인이나 다른 사람의 기대와 달라서 비판을 받기도 하고 판단을 받기도 했던 것 같다. 그러나 그는 자신의 임무에 대하여 다른 사람에게 판단 받는 것은 대단한 일이 아니라고 생각했다. 가장 중요한 것은 주님의 판단이기 때문이다. 때때로 사도 바울도 자신이 하는 일이 못마땅할 때가 있었다. 나름대로 열심히 했지만 생각한 것만큼 결과가 나타나지 않기도 하고, 또 다른 일을 우선적으로 하고 싶기도 했기 때문이다. 그러나 사도 바울 자신도 주님의 뜻을 다 아는 것이 아니기 때문에 스스로 판단하지 않겠다고 말한 것이다. 결국 중요한 것은 주님의 판단이기 때문이다.

5절, "때가 이르기 전 곧 주께서 오시기까지 아무것도 판단하지 말라"

우리는 이 세상에서 모든 임무의 성공과 실패를 주님이 오실 때까지는 확실히 알 수 없다. 그 이유는 우리가 이 세상에서 아는 것이 너무 적기 때문이다. 물론 이 세상에서도 시간이 어느 정도 흐르면 누가 정말 주님께 충성했으며 누가 쓸데없는 짓만 잔뜩 했는지 알 수 있다. 그러나 모든 자세한 사정은 주님이 오실 때까지 알 수가 없다. 주님이 오셔야 모든 세밀한 것이 다 드러난다. 우리는 주님이 오시기 전까지는 다른 형제나 자매가 하는 것을 묵묵히 지켜보면서 마음속으로 존경스럽다고 생각할 뿐 결정적으로 다른 사람의 삶이나 행동에 대해 판단해서는 안 된다. 우리는 모든 사람의 깊은 내막을 알지 못하기 때문이다.

주님이 오시면 어둠 속에 감춰져 있던 모든 행실을 다 드러내고 마음의 뜻까지 다 나타내시게 되는데, 그때 하나님이 칭찬하시는 사람이 진짜 충성된 종이다.

6절, "이 일에 나와 아볼로를 들어서 본을 보였으니"

사도 바울과 아볼로는 주님이 쓰신 말씀의 종이었다. 그들은 오직 자신에게 주어진 임무에 따라 최선을 다해 하나님 말씀을 전했을 뿐이다. 그러나 이 일의 성과는 주님이 오실 때 완전히 드러나게 된다. 사도 바울이나 아볼로가 주님의 말씀을 제쳐놓고 자기 인기나 이익을 위해 일했다면 그로 말미암아 심판을 받게 될 것이다.

"기록된 말씀 밖으로 넘어가지 말라"

하나님의 종들에게 가장 중요한 것은 기록된 하나님 말씀을 넘어가지 않는 것이다. 사람은 결과만 좋으면 무엇이든 좋다고 생각할지 몰라도 기록된 하나님 말씀이 우리의 최종적 임무이고 그분의 뜻이기 때문에 기록된 하나님 말씀을 거스르고 성공하는 것은 진정한 성공이 아니다. 특히 기록된 하나님 말씀에 복종하도록 하는 것은 성도들이 자신의 야망을 하나님의 뜻이라고 고집 부리지 않고 교만하지 않기 위함이다.

7-8절, "누가 너를 남달리 구별하였느냐……"

고린도 교인은 이 세상 사람으로부터 구별을 받아 하나님의 존귀한 성도가 되었고, 많은 은사를 받았으며, 이미 세상을 판단하는 권세를 가졌다. 즉 성도는 영적으로 누구의 간섭도 받지 않는 왕과 같은 존재다. 이것은 모두 하나님으로부터 받은 것이며 우리 자신의 것이 아니기 때문에 자랑할 수가 없다. 그러나 고린도 교인은 이미 모든 것을 성취한 것처럼 말씀을 더 배우려고 하지 아니하고 다른 사람의 간섭도 받지 아니하고 왕처럼 자기 멋대로 행동하려고 했다. 진정으로 그리스도와 함께 왕 노릇을 하려고 하면 이 세상에서 겸손하게 섬기는 종이 되어야 한다.

본문 이해를 위한 질문

1. 하나님 말씀의 종에 대한 정체성은 무엇인가?

그들은 세상의 직업을 가진 자가 아니요 예수 그리스도의 일꾼이고 하나님의 비밀 지식과 비밀 임무를 맡은 자다.

2. 그리스도의 종에게 필요한 자질은 어떤 것인가?

그리스도의 종은 자기에게 주어진 복음과 임무에 충성되어야 한다. 그리고 하나님의 일은 반드시 우리가 원하는 대로 모든 것이 이루어지지 않는다는 것을 알아야 한다.

3. 왜 우리에게 기록된 말씀을 지키는 것이 중요한가?

하나님 말씀에 따라 행할 때 우리는 엉뚱한 데로 가지 않고 교만하지 않고 자기 야망대로 행동하지 않는다.

성경 강해

군대나 국가에서는 비밀을 많이 취급하는데, 이 비밀이 누설되면 큰 손실을 입을 수 있습니다. 그런데 가끔 그런 비밀을 맡은 사람이 미녀 스파이나 돈에 매수되어 중요한 비밀을 적에게 넘겨주는 바람에 국가가 큰 위기에 처하기도 합니다. 과거 장제스 정권이 중국을 지배할 때 비서라든지 중요 임무를 맡은 사람이 공산당과 연결되어 있어서 모든 중요한 계획을 다 넘기는 바람에 결국 전쟁에서 지고 대만으로 쫓겨 갔습니다. 그런데 이런 국가 비밀 외에 중요한 비밀이 있습니다. 그것은 기업의 기술 정보라든지 제약회사에서 약을 만드는 기술 같은 것입니다.

이 세상에 희한한 지식이 들어왔습니다. 그것은 하나님의 아들이 직접 가지고 와서 가르쳐주신 지식인데, 바로 사람들이 죄를 치료 받고 하나님의 능력을 받아 새로운 인생을 살게 하는 지식이었습니다. 예수님은 이 지식이 상업용으로 사용되지 않고 세상적 지식으로 변질되지 않도록 하시기 위해 갈릴리 출신의 열두 제자를 선택해 하나님 말씀을 가르치셨습니다. 그런데 놀라운 것은 예수님의 이 말씀을 그대로 붙들면 성령이 역사하시고 부흥이 일어났습니다. 이 놀라운 지식은 고린도에 와서는 출세의 수단으로 변하게 되었고, 그 내용도 세상적 지식으로 많이 변질되었는데, 특히 세상의 유행과 맞지 않으면 사도 바울을 비롯해 누구든지 맹렬하게 비판하는 풍토로 변하고 말았습니다. 사도 바울은 사람들이 그렇게 하는 것은 하나님의 비밀을 몰라서 그러는 것이고, 어떤 의미에서 당연한 일이라고 말합니다. 그러나 목회자와 교인은 그런 세태에 휩쓸리거나 흔들려서는 안 되고, 하나님의 비밀을 끝까지 지켜야 한다고 말합니다.

사도 바울은 자신이 선교하고 자신이 세웠던 고린도 교회에서 기독교의 본질이 변질되는 것을 보았고, 그들이 자신을 실패한 목회자라고 비판하는 소리를 들었습니다.

고린도 교인 가운데는 교회를 통해 성공하고자 하는 사람도 있었고, 이미 자신은 정상까지 올라갔다고 만족해하는 사람도 있었습니다. 그들은 사도 바울의 실력이 형편없다든지, 저런 식으로 목회해서는 안 된다든지, 사도 바울이 실패한 목회자라는 소리를 많이 했습니다. 이것은 당시 교인이나 요즘 사람이나 교회에 주어진 하나님의 사명이 무엇인지 모르기 때문에 나타나는 현상입니다.

1. 하나님의 사명

우리는 대개 사람들의 직업을 보면 무엇을 하는 사람인지 알 수 있습니다. 예를 들어 의사라고 하면 병원에서 환자의 병을 치료하는 사람이고, 교수라고 하면 대학에서 학생들에게 학문을 가르치는 사람이고, 사업가라고 하면 물건을 만들어 파는 사람임을 알 수 있습니다. 그런데 목회자는 무엇을 하는 사람이며, 교회는 무엇을 하는 곳인지 정확히 알 수가 없습니다. 목회자는 이 세상의 직업이 아니고 하나님의 비밀 임무를 맡은 자들이기 때문입니다.

1절, "사람이 마땅히 우리를 그리스도의 일꾼이요 하나님의 비밀을 맡은 자로 여길지어다"

여기서 '사람'은 일반인을 가리킵니다. 그리고 '우리'는 모든 그리스도인이나 목회자를 말한다고 볼 수 있습니다.

대개 사람은 그리스도인이나 종교지도자라고 하면 남들보다 자기 수양에 더 철저하고 다른 사람을 바른 길로 인도하는 사람이라고 생각합니다.

이 세상의 모든 종교나 종교인에게는 공통된 특징이 하나 있습니다. 그것은 종교인이라면 세상 사람과 무엇인가 좀 달라야 한다는 것입니다. 보통 사람은 이 세상에서 욕망을 위해 살고 돈을 위해 살지만, 종교인은 그런 욕망에서 한 걸음 벗어나야 하고 세속적인 사람보다 좀 더 철저하게 자기 수양이 되어 있어야 한다고 생각합니다.

사람이 사는 곳이라면 어디든지 오물이 생기기 때문에 하수구 시설이 제대로 갖춰져 있어야 불결하지 않습니다. 마찬가지로 어느 사회든지 종교는 그 사회의 타락이나 욕망을 정화시켜 주는 역할을 해야 사회가 덜 타락합니다. 그래서 일반 사람은 종교인이라면 좀 더 자기 수양이 되어 있으리라는 것과 모든 종교는 세상을 깨끗하게 하는 데 도움을 줄 것이라고 기대합니다. 때때로 종교인이 타락해 술을 마시거나 도박을 하거나 여성과의 잘못된 문제가 드러나면 사람은 그 종교인에 대하여 크게 실망합니다. 그리고 그 한 사람 때문에 그 종교를 가진 사람 모두가 불신을 당하고 욕을 먹게 됩니다.

그런데 사도 바울은 '우리', 즉 기독교 목회자와 교인은 일반인이 생각하는 것과 많이 다른 일을 하는 사람이라고 말합니다. 즉 "사람이 마땅히 우리를 그리스도의 일꾼이요 하나님의 비밀을 맡은 자로 여길지어다"라고 말합니다. 하나님의 종은 단순한 종교인이 아니라 그리스도의 일꾼입니다. 여기서 그리스도의 일꾼은 무슨 뜻일까요? 그들은 철저하게 자기 일을 하는 사람이 아니라 그리스도께서 맡기신 사명을 위해 일하는 사람인 것입니다.

외교관은 자기 나라를 위해 일하기 때문에 몸은 다른 나라에 있지만 철저하게 자기 나라의 입장을 대변하는데, 중요한 것은 자기 스스로 결정하지 못하고 본국에 보고해 그 지시를 따라야 합니다. 마찬가지로 하나님의 종은 그리스도의 일꾼입니다. 그들은 자기 명예나 자기 생각을 실천하기 위해 일하는 사람이 아니라 철저하게 그리스도의 지시를 받아 일하는 사람입니다. 그러므로 모든 일에 그리스도의 지시를 받아야 하고, 그리스도의 뜻을 충실하게 다른 사람에게 전해야 하고, 그리스도의 명령에 따라 움직여야 합니다.

여기서 문제는 과연 그리스도가 어디에 계시며, 그분의 뜻을 어떻게 알 수 있느냐 하는 것입니다. 또 중요한 것은 우리가 과연 그리스도의 지시나 뜻을 분명하게 알 수 있느냐 하는 것입니다. 이것은 대단히 어려운 문제입니다. 그러나 적어도 하나님의 종이고 하나님의 백성이라면 다른 사람이 볼 때 '아, 저 사람은 자기 뜻대로 행동하는 사람이 아니구나. 저 사람은 그리스도가 자기 주인인 것처럼 행동하고 있구나'라는 것을 보여줄 수 있어야 합니다.

어떤 사람은 그리스도의 이름을 빙자해 자기 생각을 실현하려고 하는가 하면, 그리스도의 이름을 빙자해 자기 이름을 드러내고 개인적 성공을 추구하기도 합니다. 그런데 이런 사람은 그리스도의 종이 아닙니다. 여기서 중요한 것은 우리는 '하나님의 비밀을 맡은 자'라는 것입니다.

'하나님의 비밀'은 주님이 맡기신 그 내용이 아주 비밀스럽다는 뜻을 가지고 있습니다. 그런데 여기서 비밀은 그냥 단순한 국가 비밀이 아닙니다. 예를 들어 어느 기업에서 많은 사람을 살릴 수도 있고 죽일 수도 있는 핵 시설에 대한 자료를 가지고 있다면 그것을 함부로 다른 사람에게 말하거나 보여줄 수 없습니다. 또 어떤 기업에서 아주 무서운 전염병에 걸린 사람을 치료하는 약을 개발했다면 그 약을 아주 비밀스럽게 보관할 것입니다. 그 약을 나쁜 사람에게 빼앗기기라도 한다면 많은 사람을 살릴 수 있는 기회를 놓치게 되고, 그동안 수고했던 모든 노력이 수포로 돌아가기 때문입니다.

다시 말해 하나님의 교회나 하나님의 종은 이 세상에 속한 기업이나 단체가 아닙니다. 하나님이 교회나 목회자에게 맡기신 것은 비밀 중에 비밀인 하나님의 능력입니다. 그래서 하나님의 종은 이 세상에서 성공하기 위해 목회하는 사람이 아닙니다. 그들은 철저하게 자기 자신을 내세우지 않도록 훈련 받았고 오직 주님이 무엇을 하라고 하면 언제든지 목숨을 걸고 순종하도록 훈련된 사람입니다. 그리고 그들이 다루고 있는 내용은 하나님의 비밀로, 그들은 많은 사람을 살리기도 하고 죽일 수도 있는 하나님의 능력을 가지고 있습니다.

2. 충성의 중요성

하나님의 비밀을 맡은 자들에게 가장 중요한 것은 '충성'입니다.

2절, "그리고 맡은 자들에게 구할 것은 충성이니라"

여기서 충성한다는 것은 주님이 주신 메시지를 변질시키지 않고 충성스럽게 지킨다는 뜻입니다. 주님이 주신 메시지를 자기 마음대로 바꾸거나 변질시키면 주님을 배반한 것입니다. 하나님의 비밀을 맡은 자는 자기 성공이나 인기, 자기 생각을 실현하는 것이 일의 목적이 아니라 하나님 말씀이 역사하시도록 하는 것이 일의 목적이 되어야 합니다.

대개 스파이나 공산주의자를 보면 자신들의 이념이나 사상에 절대적으로 충성하는 것을 볼 수 있습니다. 그래서 공산주의자나 스파이는 자신들의 이념에 충성하지 않는 자를 배신자라고 여겨 처형하기도 합니다. 하나님의 종은 그리스도가 이 세상에 보낸 비밀 요원입니다. 그들은 때때로 자신의 신분을 감추기도 하고 때로는 은밀하게 일하기도 하지만 자신에게 주어진 그리스도의 명령에 충성해야 합니다.

이 관점에서 보면 많은 목회자가 자신의 사명을 잊어버리고 엉뚱한 일을 하고 있는 것 같습니다. 오늘날 많은 목회자에게 목회의 성공은 교회 규모를 키우고 많은 사람이 교인이 되게 하는 것입니다. 그러나 이것은 목표가 될 수 없습니다.

오늘날 교회를 찾는 사람은 모두 나름의 어려움이 있어 하나님의 도우심을 받고자 합니다. 그런데 목회자는 그들 한 사람 한 사람을 만족시킬 능력이 없습니다. 그 대신 주님은 목회자에게 최고로 중요한 두 가지 일을 맡기셨습니다. 하나는 하나님 말씀입니다. 우리가 하나님 말씀을 들을 때 성경이 바로 해석되면 자기에게 하시는 생생한 하나님 말씀을 들을 수가 있습니다. 이 하나님 말씀은 우리의 상한 영혼을 치료합니다. 우리 영혼을 깨끗하게 합니다. 주님은 우리에게 교인을 맡겨주셨습니다. 그런데 교인은 그냥 교인이 아닙니다. 교인이 함께 모여 예배드리고 하나님 말씀을 들을 때 하늘 문이 열리게 되고 하나님의 능력이 임하고 성령이 임합니다. 이 두 가지가 목회자에게 주신 하나님의 능력입니다.

예수님은 베드로에게 "너는 베드로라 내가 이 반석 위에 내 교회를 세우리니 음부의 권세가 이기지 못하리라"(마 16:18)고 말씀하셨습니다. 그리고 "천국 열쇠를 네게 주리니 네가 땅에서 무엇이든지 매면 하늘에서도 매일 것이요 네가 땅에서 무엇이든지 풀면 하늘에서도 풀리리라"(마 16:19)고 말씀하셨습니다. 이 세상에서 최고로 어려운 것이 하늘을 여는 것인데 예수님이 그것을 하셨습니다. 그리고 그 권세를 오늘날 교회 공동체에 주신 것입니다. 주님은 이 권세를 베드로라고 하는 개인에게 주시지 않고 교회라고 하는 공동체에 주셨습니다. 하나님이 우리의 기도를 들어주기만 하시면 모든 것이 다 이루어집니다.

그래서 교회는 이 세상에 있지만 이 세상에 속한 것이 아닙니다. 우리는 이 세상에 파송된 자입니다. 즉 주님은 이 세상에서 구원할 자를 구원하고 죽어가는 자를 살리라고 우리를 이 세상에 보내신 것입니다.

하나님은 모세를 애굽에 보내면서 두 가지 능력을 주셨습니다. 하나는 지팡이가 뱀이 되는 것이고, 다른 하나는 손에 한센병(나병)이 생겼다가 치료되는 것이었습니다. 이 두 가지 능력으로 이스라엘 백성은 모세를 믿고 받아들였지만 바로는 콧방귀도 뀌지 않았습니다. 그러나 하나님은 모세의 지팡이를 통해 기적이 일어나게 하시고, 애굽의 모든 장자를 죽게 하시고, 이스라엘 백성을 애굽에서 탈출시키셨습니다. 주님은 우리에게 하나님 말씀과 기도의 능력을 주셨고, 이 기도와 말씀을 통해 희한한 능력이 나타날 줄 우리는 믿어야 합니다.

우리는 이 세상에서 다른 사람의 성공이나 실패에 대해 많은 판단을 내리는 것을 봅니다.

경제 전문가는 최근 전 세계적으로 널리 알려진 큰 기업 가운데 실패한 기업은 자만심에 빠져 시장의 변화를 읽는 데 소홀했기 때문이라고 말합니다. 정부도 국민의 마음을 헤아리지 못하고 부실한 정책을 세웠다가 국민으로부터 엄청나게 욕을 먹는 것을 봅니다. 이때 우리가 알아야 할 중요한 것은 한때 사람들의 인기나 끄는 정책은 오래가지 않고, 기본에 충실하고 바른 길로 갈 때 좋은 열매가 맺힌다는 것을 믿어야 합니다.

3절, "너희에게나 다른 사람에게나 판단 받는 것이 내게는 매우 작은 일이라 나도 나를 판단하지 아니하노니"

이 말씀을 보면 당시 고린도에서 사도 바울의 사역에 대하여 많은 비판이 있었음을 알 수 있습니다. 그런데 사도 바울은 그런 판단이 자기에게는 매우 작은 일이라고 말합니다. 아무것도 모르는 사람이 전문적 내용에 대하여 아무리 비판해 봐야 의미가 없기 때문입니다. 이것을 통해 우리는 하나님 말씀을 제대로 안다는 것과 모르고 열심을 내는 것 사이에는 엄청난 차이가 있음을 알게 됩니다. 즉 영적 세계에 대하여 정확하게 아는 것과 전혀 모르는 것 사이에는 전문가와 아마추어 이상의 차이가 납니다. 아무것도 모르는 사람이 비판해 봐야 그것은 웃기는 소리밖에 안 됩니다.

사도 바울은 고린도 교인이 자기에 대하여 평가하는 것이나 고린도인이 자기에 대하여 평가하는 것을 별로 중요하게 생각하지 않는다고 말합니다. 고린도 교인이나 일반인이 사도 바울에 대하여 평가한 것은 주로 세상적인 성공의 기준을 두고 한 것이었습니다. 즉 그들은 사도 바울이 세상 지식을 많이 가르치지 않는 것을 보고 무식하다고 평가했습니다. 고린도인은 사도 바울이 많은 예배당을 짓거나 많은 사람을 애써 모으지 않는 것을 보고 능력이 없다고 생각했던 것입니다. 이들은 사도 바울의 외모가 매력적이지 않은 것을 보고 별 볼일 없다고 생각했으며, 사도 바울이 고린도 교회에 계속 있지 못하고 다른 곳으로 옮겨 다니는 것을 보고 자신감이 없는 사람이라는 식으로 평가했습니다. 그러나 사도 바울은 고린도 교인이나 세상 사람이 자신을 그런 식으로 평가하는 것을 심각하게 생각하지 않는다고 말합니다. 자기는 세상의 성공을 위해 보냄을 받은 것이 아니라 주님이 주신 임무를 수행하도록 보냄을 받은 사람이기 때문입니다. 그리고 사도 바울은 자기도 자신을 판단하지 않는다고 말합니다. 자신의 임무에 대한 평가는 생각보다 늦게 나타날 수 있기 때문입니다. 즉 고린도 교회의 열매는 사도 바울이 생각했던 것보다 결과가 덜 좋았을 수도 있습니다. 그러나 그는 자기가 수고한 것이 당장 열매로 나타나야 한다고 생각하지 않았습니다.

우리도 우리 자신을 판단하지 못할 때가 많습니다. 예를 들어 군인이 전쟁에 실패한 줄 알았는데 알고 보니 크게 성공해 영웅이 되는 경우도 있고, 사업가가 자신이 사업에 실패한 줄 알았는데 생각지도 못했던 상품이 히트치면서 성공하는 경우도 있습니다.

이것은 하나님의 종에게도 마찬가지입니다. 설교도 잘하지 못하고 목회도 성공적으로 수행하지 못했다고 생각했는데 알고 보니 큰 부흥이 일어나는 경우도 많습니다. 우리 예수님의 생애를 보면 그 생애가 실패한 인생 같습니다. 예수님은 자기를 따르던 많은 사람을 세력화시키지 않으셨습니다. 오히려 많은 사람이 그분을 버리고 떠났으며, 유대 지도자들과는 사이가 좋지 못했고, 나중에는 열두 제자 중 한 명에게 배신을 당해 십자가에 처형당해 죽으셨을 때 그분은 실패한 것처럼 보였습니다. 그러나 예수님은 성공하셨고 죽음에서 다시 살아나셨습니다. 마찬가지로 때때로 우리 자신이나 교인, 친척은 말할 것도 없고 세상 사람도 우리의 일을 잘 모르면서 실패했다거나 성공했다고 평가할 때가 많습니다. 그러나 그런 평가는 정확한 평가가 아니기 때문에 크게 신경 쓸 필요가 없습니다.

우리에게 중요한 것은 죽도록 주님의 말씀에 충성했느냐 하는 것입니다. 주님께 충성한다는 것은 주님의 말씀에 충성한다는 것입니다. 우리가 목숨을 걸고 주님의 말씀에 충성할 때 성경은 살아있는 말씀이 되고 부흥의 불이 붙게 됩니다.

3. 잘못된 목적

하나님이 다윗의 자손들에게 약속하신 것이 있는데, 그것은 그들이 죽도록 하나님 말씀에 충성하면 모든 전쟁에 이기게 하시고 부흥을 주겠다고 하셨습니다. 그래서 하나님의 종이 목숨을 걸고 주님의 말씀에 충성하면 교인들이 살아있는 주님의 말씀을 듣게 되고 부흥의 불이 붙으며 기도의 응답을 받게 됩니다. 하나님의 종에게 있어 성공은 사람이 좋아해주는 것이 아니라 죽도록 주님의 말씀 하나에 충성하는 것입니다. 반대로 주님의 말씀이 아닌 세상의 말이나 정책으로 성공하는 것은 매춘 행위와 같습니다.

주님은 "누구든지 나를 따라오려거든 자기를 부인하고 자기 십자가를 지고 나를 따를 것이니라"(마 16:24)고 말씀하셨습니다. 주님 앞에서 성공한 사람은 십자가를 팽개치고 성공의 자리에 앉은 사람이 아니라 끝까지 십자가를 지고 주님을 따르는 데 성공한 사람입니다. 주님은 "인자가 온 것은 섬김을 받으려 함이 아니라 도리어 섬기려 하고 자기 목숨을 많은 사람의 대속물로 주려 함이니라"(마 20:28)고 말씀하셨습니다.

예수님은 제자가 선생보다 높지 못하며 종이 상전보다 높은 대접을 받을 수 없다고 말씀하면서 예수님 자신이 매를 맞고 침 뱉음을 당하고 십자가 위에서 죽은 것을 말씀하셨습니다. 또한 제자들에게 쟁기를 쥐고 뒤를 돌아보는 것은 합당치 않다고 말씀하셨습니다.

하나님의 종에 대한 평가는 교회 규모가 얼마나 크며 사람들로부터 얼마나 인정을 받느냐 하는 것으로 판단하는 것이 아니라 성경에 얼마나 충성되며 자기를 얼마나 부인하고 십자가를 지고 주님을 따라가는 데 성공했느냐 하는 것으로 판단해야 합니다.

4절, "내가 자책할 아무것도 깨닫지 못하나 이로 말미암아 의롭다 함을 얻지 못하노라 다만 나를 심판하실 이는 주시니라"

사도 바울은 고린도 교회에서 크게 성공했다는 평가를 받지 못했지만 자기는 크게 잘못했다고 생각하지 않는다고 말합니다. 주님이 사도 바울에게 주신 사명은 고린도에서 목회로 성공하는 것이 아니었기 때문입니다. 그러나 사도 바울은 자기는 그것으로 의롭다 함을 받는 것은 아니라고 했습니다. 우리가 구원받는 것은 믿음으로 받는 것이지 어떤 사역으로 받는 것이 아닙니다. 단지 사도 바울이 끝까지 타락하지 않고 귀하게 쓰일 수 있었던 것은 주님이 강권적으로 쓰셨기 때문입니다.

5절, "그러므로 때가 이르기 전 곧 주께서 오시기까지 아무것도 판단하지 말라 그가 어둠에 감추인 것들을 드러내고 마음의 뜻을 나타내시리니 그때에 각 사람에게 하나님으로부터 칭찬이 있으리라"

사도 바울은 주님이 오실 때까지 다른 형제나 자매를 판단하지 말라고 말합니다. 사실 교회나 교인은 얼마든지 그 결과를 알 수 있습니다. 우리는 지금 성공한 교회나 목회자가 무너지고 있는 것을 봅니다. 그러나 우리는 그들이 가졌던 깊은 내막은 알지 못합니다. 주님을 사랑한다고 말했지만 그들 안에 들어 있는 엄청난 탐욕과 거짓은 알지 못합니다. 그리고 그들이 그런 성공을 위해 저질렀던 엄청난 부정이나 죄악도 알지 못합니다. 주님이 오시면 그 모든 것을 드러내실 것입니다. 이것이야말로 정말 무서운 일입니다. 그렇다면 주님의 일을 하면서 거짓 없이 순수한 마음으로 한 사람이 아무도 없을 텐데 어떻게 해야 합니까? 우리가 이 사실을 미리 깨닫고 회개하면 주님은 모든 허물을 깨끗케 해주십니다. 그래서 우리는 늘 회개해야 하고 자기가 잘한 것을 자랑하지 말아야 합니다.

6절, "형제들아 내가 너희를 위하여 이 일에 나와 아볼로를 들어서 본을 보였으니 이는 너희로 하여금 기록된 말씀 밖으로 넘어가지 말라 한 것을 우리에게서 배워 서로 대적하여 교만한 마음을 가지지 말게 하려 함이라"

하나님의 종이나 성도에게 가장 중요한 것은 우리의 모든 신앙과 행실의 기준은 오직 기록된 하나님 말씀, 성경밖에 없다는 것입니다. 이 점에서 사도 바울과 아볼로는 본보기가 되었습니다. 그들은 언제나 성경 말씀을 가지고 설교했으며, 세상에 아무리 훌륭한 철학이 있고 경영학이 있고 체험이 있어도 그것을 교회 안으로 끌고 들어오지 않았습니다. 아무리 훌륭한 종이라고 해도 기록된 하나님 말씀을 그냥 넘어간다면 교만한 자이며 이미 버림받은 자입니다. 예를 들어 어떤 사람이 천국을 수백 번 갔다 왔으며 어떤 꿈을 꾸고 어떤 환상을 보았다고 떠들어댄다면 아무리 좋은 의도를 가졌다고 해도 그는 이미 거짓된 종입니다. 이것이 왜 그토록 중요한가 하면 고린도는 철학을 추종하는 곳이었고, 당시 많은 이교에서 온 체험이 판을 치고 있는 곳이었기 때문입니다. 사도 바울은 하나님의 종은 아무리 이 세상에서 좋은 이론이나 방법이 있어도 그것을 교회 안으로 갖고 들어오면 안 된다고 했습니다. 하나님은 우리가 얼마나 똑똑하고 지혜로운지를 보지 않으시고 우리가 얼마나 하나님 앞에 겸손하고 정직한가 하는 것을 보시기 때문입니다.

고린도 교인은 자기들끼리 서로 대적하며 교만한 마음을 가졌습니다. 또한 세상적 기준에 따라 높아지려고 했으며, 헤게모니를 장악하려고 했습니다.

사도 바울은 고린도 교인의 교만에 대하여 책망합니다.

7-8절, "누가 너를 남달리 구별하였느냐 네게 있는 것 중에 받지 아니한 것이 무엇이냐 네가 받았은즉 어찌하여 받지 아니한 것같이 자랑하느냐 너희가 이미 배부르며 이미 풍성하며 우리 없이도 왕이 되었도다 우리가 너

희와 함께 왕 노릇 하기 위하여 참으로 너희가 왕이 되기를 원하노라"

고린도 교인이나 목회자 가운데 왕 노릇 하는 자들이 있었습니다. 그들은 교회 안에서 최고로 높은 자리에 올라가 다른 사람을 지배하고자 했습니다. 사도 바울은 그것이 정신 나간 짓이라고 말합니다.

우리가 정말 왕이 되기를 원한다면 성도를 지배하고 교회를 지배하려고 할 것이 아니라 세상의 죄를 이기고 마귀를 이기고 자기 욕심을 이겨야 합니다. 그러나 고린도 교인은 이미 배부르며 풍요하며 왕 노릇을 하고 있다고 책망합니다. 이런 사람들은 자신이 이미 예수를 믿고 구원받았기 때문에 설교를 들을 필요도 없고 하나님 말씀도 필요 없고 오직 필요한 것은 봉사하고 남을 가르치고 잘못을 바로잡으면 된다고 생각했습니다. 사도 바울은 다시 그들을 붙잡아 기초 훈련부터 시켜야 되겠다고 말합니다. 그들이 주님과 함께 왕 노릇 하기 위해 다시 그들의 왕이 되어야 하겠다고 말합니다.

복음이 없으면 빛도 없고 소금도 없습니다. 우리는 복음 위에 모든 것을 세워야 무너지지 않습니다. 또한 우리의 모든 것은 성경으로부터 나와야 합니다. 성경이 진리의 샘입니다.

성경 토의

1. 하나님 말씀의 종들이 가진 사명은 무엇이며, 교인이나 다른 사람이 우리가 하는 일이 마음에 들지 않는다고 해서 판단하거나 비판할 때 어떻게 해야 하는가?

2. 우리가 어떤 훌륭한 사람을 존경하고 그를 영웅시하는 것은 무엇이 잘못이며, 우리는 다른 형제나 자매의 성공이나 업적에 대하여 어떤 시각으로 바라보아야 하는가?

3. 왜 우리에게 기록된 성경 말씀이 중요하며, 예수를 믿음으로써 이미 구원받았다고 해서 하나님 말씀을 배우지 않고 왕처럼 남의 간섭을 받지 않고 자기 야망과 생각대로 행하는 자를 어떻게 생각하는가?

11_복음의 능력

고린도전서 4:9-21

전체적 설명

하나님은 모든 능력을 가진 분인데 왜 하나님 말씀의 종들에게 세상의 많은 지위와 돈과 권력을 주지 않으시고, 때로는 가난하게 하시고, 비참하게 하시고, 많은 사람에게 조롱과 멸시를 당하게 하시는 걸까? 하나님이 하나님 말씀의 종들에게 세상의 많은 것을 주지 않으시는 이유는 하나님 말씀 자체에 어마어마한 폭발력이 있어 그 능력을 사용하라고 그렇게 하신 것이다. 그래서 하나님의 나라는 말에 있지 않고 능력에 있다고 말씀하시는 것이다.

설교 프리노트

9절, "하나님이 사도인 우리를 죽이기로 작정된 자같이"

사도 바울은 얼마든지 세상에서 모든 것을 누릴 수 있고 교회에서 지배자처럼 군림할 수 있었지만 그렇게 하지 않고 늘 가난하고 비참한 상태로 돌아다니며 교인들을 섬겼다. 그러자 고린도 교인은 자신들이 더 잘난 줄 알고 왕처럼 군림하면서 모든 것을 누리려고 했으며, 사도 바울에 대해서도 큰소리를 치곤 했다. 사도 바울은 세상에서 죽임당할 짐승 같은 취급을 받기도 했고 사람들에게 구경거리가 될 때도 많았다. 하나님은 위대한 말씀의 종인 사도를 왜 이처럼 비참하게 만드셨던 걸까? 그것은 하나님 말씀이 너무 위대하고 이 말씀의 종이 너무 존귀하기 때문에 겸손하게 하시려고 그런 것이다.

10-13절, "우리는 그리스도 때문에 어리석으나……"

사도 바울은 세상 지식을 사용하지 않아서 무식한 것처럼 보이고, 고린도 교인은 세상 지식을 사용해 대단히 지혜로운 것처럼 보였다. 그러나 하나님의 종이 낮아지지 않으면 하나님 말씀은 능력을 나타내지 못한다. 사도 바울은 제대로 먹지도 못하고 헐벗고 매 맞고 집도 없이 돌아다녔는데, 그는 모욕을 당해도 복수하지 않고 오히려 축복하고 비방을 받아도 권면했다.

14-15절, "사랑하는 자녀같이 권하려 하는 것이라……"

이 세상에서도 훌륭한 부모는 자식을 지배하려고 하지 않는다. 특히 부모가 자식을 위해 희생할 때 자녀들은 더 바르게 자랄 수 있다. 마찬가지로 신앙 안에서도 말씀을 가르치는 자는 영적 부모이기 때문에 교인을 지배하려고 하거나 많은 것을 요구하지 말아야 한다. 이 세상에는 가르침을 주는 많은 선생이 있다. 그러나 자녀의 한평생을 책임지고 사랑해 줄 사람은 부모밖에 없다. 마찬가지로 신앙에서도 유익을 주는 교사는 많지만 우리의 믿음을 탄생시키고, 교회가 생기게 한 영적 부모는 한 사람이다. 이방인 교회의 영적 부모는 사도 바울 한 사람이었다.

16절, "너희는 나를 본받는 자가 되라"

하나님의 나라에서 가장 위대한 것은 겸손의 미덕을 갖추는 것이다. 말씀의 종이나 신자들이 진정으로 겸손해지려면 무엇보다 겸손한 자로부터 가르침을 잘 받아야 하고, 겸손한 것이 어떤 것인지를 보고 배워야 한다. 즉 말씀을 가르치는 자가 겸손하기 위해서는 얼마나 참아야 하며, 얼마나 자신을 부인해야 하며, 얼마나 속이 상해야 하는지 보고 본보기로 삼아야 한다. 그런데 고린도 교인은 사도 바울이 겸손한 것을 보고서도 원래 그런 사람이라 여기고 오히려 교만한 다른 목회자들이 옳은 줄 알고 본받고자 했다. 그러나 예수님은 그렇게 살지 않으셨고 사도 바울도 그렇게 살지 않았다.

17절, **"내 사랑하고 신실한 아들 디모데를 너희에게 보내었으니"**

사도 바울은 고린도 교회의 문제를 돕기 위해 디모데를 보냈다. 디모데는 사도 바울의 영적 아들답게 겸손한 자였고 사도 바울과 함께 다니며 가르치는 복음을 듣고 잘 배운 자였다. 그래서 사도 바울은 고린도 교인이 디모데가 전해주는 복음을 들으면 진리를 잘 깨달을 수 있으리라고 생각한 것이다.

18절, **"어떤 이들은 내가 너희에게 나아가지 아니할 것같이"**

고린도의 목회자나 지도자 가운데는 사도 바울의 가르침이나 권위를 완전히 부정하면서 '사도 바울의 시대는 끝났다' 든지 '사도 바울의 가르침은 한 물 갔다' 는 식으로 선전하면서 자기 멋대로 행동하는 사람이 있었다. 이것은 복음과 너무 반대되는 처신인데, 자신들이 사도 바울보다 더 유능하고 똑똑하다고 생각했던 것이다. 사도 바울은 주님이 허락하시면 다시 고린도에 방문해 그들과 대면할 거라고 했다. 사도 바울은 그들의 말재주를 보는 것이 아니라 그들의 능력을 알아보겠다고 했다. 이 교만한 자들은 이제 바울보다 자신들이 더 능력이 있는지 대결해야 할 처지에 놓이게 되었다.

20절, **"하나님의 나라는 말에 있지 아니하고 오직 능력에 있음이라"**

복음은 하나의 고상하고 이지적인 가르침이 아니라 하나님의 능력 그 자체다. 그래서 기독교 신앙은 사탄을 이기고 죄를 이기고 기도 응답을 받아야 능력이 있다. 이것을 모르는 사람은 오직 지적 관심에서 복음을 다 알았다고 생각하며, 자신이 최고 자리에 올랐다고 자만심에 차 있다. 하나님의 나라는 하나의 철학이나 지식이 아니라 병자를 치료하며 귀신을 쫓아내며 병든 영혼을 고치는 능력이다. 사도 바울은 하나의 지식으로 기독교를 알려고 하고, 지적이고 세련된 말을 잘함으로써 스스로 높은 자리에 있다고 생각하는 자에 대해 매를 가지고 때려야 할지 사랑과 온유로 나아가야 할지 고민했다. 즉 그들의 신앙은 결코 잘 믿는 것이 아니었다.

본문 이해를 위한 질문

1. 하나님은 가장 위대한 말씀의 종인 사도 바울을 어떤 상태에 있게 하셨는가?

하나님은 사도 바울이 세상 지식을 쓰지 못하게 해서 무식한 자처럼 보이게 하셨고, 많은 부와 지위를 누리는 것이 아니라 가난해서 주리고 목마르고 헐벗게 하셨으며, 손으로 일하고 매를 맞기도 하고 욕을 먹게도 하셨다. 그 이유는 하나님 말씀이 너무 위대하고 말씀의 종이 너무 존귀하기 때문이다.

2. 사도 바울은 이처럼 낮아지고 비참한 상황에 놓임으로써 어떤 위치에 있게 되었는가?

낮아지고 비참해졌기 때문에 사도 바울은 이방인 교회의 부모가 되었고, 복음으로 그들을 낳고 키울 수 있었다.

3. 하나님의 나라는 어떤 나라인가?

하나님의 나라는 말로 지식을 추구하는 세계가 아니라 병자를 고치고 귀신 들린 자를 고치며 기도 응답이 나타나는 능력의 나라다.

성경 강해

20세기에 와서 인류가 발견한 최고의 에너지는 원자력이었습니다. 원자력은 핵폭탄이 되어 2차 세계대전 때 그 위력을 드러냈습니다. 이 원자력을 북한이 무기로 개발해 지금 남한 사람들의 생명을 위협하고 있습니다. 그러나 2차 세계대전 전까지만 해도 원자력은 물리학자들의 머릿속에만 있었고 실제로 이처럼 엄청난 위력을 지녔는지 아무도 몰랐습니다. 시카고 대학에서 연구원으로 있던 페르미가 공식으로만 존재하던 핵무기를 실용화하는 데 성공했습니다. 이 원자력은 사람을 죽이는 데만 사용되는 것이 아니라 우리나라에 가장 중요한 전기의 운동력이 되고 있으며, 방사능은 암을 치료하는 데도 효과적으로 사용되고 있습니다.

사람은 아직도 하나님 말씀이 그처럼 위력을 지닌 대단한 에너지원인지 모르고 있습니다. 오늘날 우리 그리스도인이 생각해야 할 것은 우리가 가진 이 말씀이 상상조차 못할 정도의 어마어마한 능력을 가지고 있다는 사실입니다.

본문에 보면 "하나님의 나라는 말에 있지 아니하고 오직 능력에 있음이라"고 했습니다. 하나님의 나라는 우리가 죽어서 가는 곳이 아니라 이미 이 세상에 임했습니다. 즉 우리 믿는 자들이 가지는 복음의 능력을 말하는 것입니다.

사실 우리는 신앙생활을 하면서 하나님의 능력이 절대적으로 필요하지만 능력이 나타나지 않아서 실망할 때가 많습니다. 가족이나 성도 가운데 누군가가 큰병이 들었을 때 옛날 사도나 베드로처럼 기도하자마자 그들의 병을 낫게 할 수 있다면 얼마나 좋겠습니까. 또 어떤 사람이 복음이나 교회에 대해 적대적이어서 교회를 향해 욕을 하거나 돌을 던지거나 할 때 그들을 꼼짝하지 못하게 하는 능력이 있다면 얼마나 좋겠습니까. 우리의 설교나 복음 전도를 통해 오순절에 베드로의 설교를 통해 일어났던 것처럼 많은 사람이 회개하고 예수를 믿을 수 있다면 얼마나 좋겠습니까. 그런데 오히려 우리에게 하나님 나라의 능력이 있기는 한 건지 의심스러울 때가 많습니다.

분명히 사도 바울은 "하나님의 나라는 말에 있지 않고 오직 능력에 있음이라"고 했습니다. 하나님의 나라는 이러쿵저러쿵 말을 많이 하면서 따지는 데 있는 것이 아니라 능력에 있습니다.

예를 들면 텔레비전이나 인터넷을 보면 수많은 유익한 정보가 있습니다. 그 많은 정보가 사람을 살리거나 죽이지는 않습니다. 그러나 병원 수술실에서 의사가 칼을 가지고 하는 행동 하나하나는 그야말로 사람을 죽이기도 하고 살리기도 합니다.

마찬가지로 하나님의 나라는 말씀이긴 하지만 이것은 우리에게 그냥 유익한 정보를 주는 것이 아니라 사람을 살리기도 하고 죽게 할 수도 있습니다.

요즘 우리나라는 큰 교회를 세우고 그 안에서 많은 부자나 지식인이 예수 믿는 것을 복음의 능력이라고 생각합니다. 확실히 큰 교회는 엄청난 돈의 위력이 있고 많은 사람을 동원하는 능력이 있습니다. 그러나 사도 바울은 하나님 나라의 능력은 그런 외적 성공이나 위력이 아니라고 말합니다. 하나님 나라의 능력은 사람의 속을 뒤집어버리는 능력이고 우리 한 사람 한 사람 속에 기적을 일으키는 능력입니다.

사도 바울이 고린도 지역에서 전도에 큰 성공을 거두고 교회를 세우고 다른 지역으로 떠난 뒤에 고린도 교회에는 많은 변화가 일어났습니다. 세상 지식으로 무장하고 외적으로 아주 세련됐지만 하나님 나라의 능력에 대해 아무것도 모르는 자들이 고린도 교회의 목회자가 된 것입니다.

1. 복음의 비법

우리는 이 세상에 파견된 하나님의 일꾼이고 종입니다. 우리가 이 세상에 파견된 이유는 할 수 있는 한 많은 사람의 생명을 살리기 위해서입니다. 하나님의 백성이나 교회가 가장 조심해야 할 것은 이 세상에서 너무 많은 것을 가지거나 이 세상 사람에게 크게 인정을 받고 유명해지고 인기를 끄는 것입니다. 이것은 우리의 사명이 아니기 때문입니다.

교회는 예수 믿는 사람이 서로 사귀기 위해 모이거나 서로 유익한 정보를 얻기 위해 모이는 곳이 아닙니다. 우리는 자기 세력을 키워 어떤 사업을 하거나 정치를 하려는 사람이 아닙니다.

여기서 중요한 것은 우리가 하나님의 비밀을 맡았다는 것이고, 하나님의 비밀은 죽어가는 사람을 살릴 수 있는 비법이라는 것입니다.

세상 사람이 모르는 죽을병을 치료하는 약을 만드는 비법을 가지고 있다면 우리의 행동은 아주 조심스럽고 신중해야 합니다. 우리에게 가장 중요한 일은 이 중요한 비법이 변질되거나 없어지지 않도록 잘 지키고, 할 수 있으면 이 비법을 잘 지켜 어떻게 해서든지 죽게 될 사람을 많이 살려내야 합니다. 그래서 이 비밀을 맡은 자에게 구할 것은 충성이라고 했습니다. 하나님의 교회나 종에게 가장 중요한 것은 이 비법을 지키는 자세입니다. 교회나 주님의 종이 이 비법을 가지고 돈을 벌려고 하거나 자기 성공을 위해 이 비밀을 쓰려고 할 때 이미 이 비법은 망가져 더 이상 효력이 없습니다. 그래서 하나님 말씀은 무조건 많이 공부한다거나 많이 아는 것이 중요한 게 아니라 그 말씀을 다루는 자의 태도가 그 능력에 굉장히 중요한 역할을 합니다. 그것은 바로 겸손과 충성된 자세입니다.

주님은 교회에 하나님 말씀을 맡겨주셨습니다. 그래서 사람은 교회에 나올 때 당연히 하나님 말씀을 듣기 위해 옵니다. 사람이 교회에 올 때는 누구든지 다 어떤 필요가 있어서 오는 것입니다. 교회에 오는 사람들 가운데서 할 일이 없어 오는 사람은 한 명도 없습니다.

예수님은 유대 광야로 몰려갔던 유대인을 향해 "너희가 무엇을 보려고 광야에 나갔더냐"(마 11:7)라고 물어보셨습니다. 그리고 "바람에 흔들리는 갈대냐"라고 물어보셨습니다. 유대인 가운데 너무 심심해 갈대나 보기 위해 광야에 간 사람은 없었습니다. 한번은 순천에 사는 성도에게 갈대밭에 가 보았느냐고 물어보니 "거기를 왜 가유. 거기는 갈 데 없는 사람들이나 가는 곳이에유"라고 대답했습니다.

예수님은 또 유대인에게 "부드러운 옷 입은 사람이냐"(마 11:8)라고 물으셨습니다. 그러면서 "부드러운 옷을 입은 사람들은 왕궁에 있느니라"고 말씀하셨습니다. 부드러운 옷을 입은 사람을 보려면 영화제를 보러가거나 패션쇼 하는 곳을 찾아가야 합니다. 그러면서 예수님은 "선지자를 보기 위함이었더냐"(마 11:9)라고 물으셨습니다. 즉 많은 유대인이 광야에 몰려갔던 것은 하나님 말씀을 듣기 위해서였던 것입니다.

오늘날 사람이 교회에 오는 것은 성공한 사람을 보기 위해서도 아니고 세상에서 공부를 많이 한 사람의 강의를 듣기 위해서도 아닙니다. 우리는 모두 겉보기에는 멀쩡한 것 같지만 속으로는 골병이 들어 있고 치료가 필요합니다. 열심으로 예수를 믿고 교회가 오래되었고 크다고 해서 능력이 나타나는 것은 아닙니다.

하나님 말씀은 핵무기의 수억만 배 되는 위력을 가졌는데, 이는 사람을 죽이는 능력이 아니라 사람을 치료하고 살리는 능력이어서 말씀을 다루는 자의 자세가 그만큼 중요합니다. 하나님은 교회라는 매개체를 통해 말씀으로 죽어가는 사람을 치료하고 우리를 축복하는 능력으로 변하게 하십니다. 하나님 말씀은 광야에서 목마른 자를 살리는 생수로 임하고 병든 자를 치료하고 소망이 없는 미친 사람을 변화시키는 능력으로 임합니다. 이때 중요한 것이 하나님 말씀을 절대로 다른 세상의 사상이나 지식으로 희석시켜선 안 된다는 것입니다. 하나님 말씀이 다른 것과 희석되면 말씀의 능력이 나타나지 않게 됩니다.

2. 복음의 능력이 나타나는 조건

사도 바울은 말씀을 맡은 자로서 기꺼이 가장 낮은 자리에 있었습니다. 자신이 가진 복음이 얼마나 위력이 센 무기인지 알았기 때문입니다.

9절, "내가 생각하건대 하나님이 사도인 우리를 죽이기로 작정된 자같이 끄트머리에 두셨으매 우리는 세계 곧 천사와 사람에게 구경거리가 되었노라"

옛날에는 군인이 죄수를 잡아끌고 가거나 처형하는 것이 구경거리가 되곤 했습니다. 그래서 이 세상에서 가장 불쌍한 사람이 전쟁 포로였고 죄수였습니다. 이들은 모든 사람이 보는 앞에서 목이나 손, 발에 쇠사슬을 찬 채 끌려나와 어느 때는 처형당하기도 하고 어느 때는 채찍질을 당하기도 하고 어느 때는 조롱을 당하거나 종으로 팔려가기도 했습니다.

사도 바울은 자기가 온 세상, 즉 천사와 인간 앞에서 구경거리가 되기도 했다고 말합니다. 사실 사도 바울이 복음을 전할 때 도시에서 기독교에 반대하는 사람이 폭동을 일으키거나 하면 사도 바울과 그 일행은 붙들려 가서 많은 사람이 모인 한가운데로 끌려 나가 욕을 먹기도 하고 채찍질을 당하기도 했습니다. 어느 때는 감옥에 갇혀 몇 달 동안 밖으로 나오지 못할 때도 있었습니다. 참으로 아이러니한 것은 하나님 말씀을 전하는 사도의 직분은 가장 존귀하고 높은데, 왜 사도 바울을 세상에서 가장 끄트머리에 있게 하셨을까요? 그것은 바로 이런 끄트머리에서 복음이 위력을 나타내기 때문입니다.

예를 들어 병원이나 공장에서 가장 높은 사람이나 기술자도 가장 낮은 자세로 일해야 할 때가 있습니다. 아무리 병원 원장이라고 해도 급한 수술을 해야 하는 환자가 병원에 실려 오면 얼른 수술복으로 갈아입고 수술해야 합니다. 그런데 사람을 수술할 때는 살을 찢기도 하고 뼈를 뚫기도 하고 어느 때는 피가 튀어 얼굴이나 옷, 손을 피범벅으로 만들기도 합니다. 또 의사는 수술 시간이 길어지면 끼니도 제때 챙겨먹지 못하고 열 시간 넘게 서 있어야만 합니다. 수술을 받는 환자는 침대에 누워 있지만 수술하는 의사는 종처럼 수고해야 합니다. 또 어떤 기술자가 아무리 유명하고 높은 지위에 있다고 해도 자기 회사의 제품에 중대한 결함이 생겨 그것을 찾아 고쳐야 할 때는 작업복을 입고 공장이나 실험실에서 집에 가지도 못하고 손이나 몸에 기름칠을 해가면서 기계를 만져야 합니다.

마찬가지로 사도 바울은 어느 곳에 가든지 복음의 일꾼으로 가장 낮은 위치에서 사람 섬기는 일을 했습니다. 그 이유는 복음은 가장 낮은 데서 능력을 나타내기 때문입니다.

소아시아의 루스드라에서 전도할 때 반대하는 자들이 돌로 사도 바울을 쳐서 죽은 자같이 되었지만, 그는 기적적으로 살아났습니다. 빌립보에서 전도할 때는 귀신 들린 소녀에게서 귀신을 쫓아냈다는 이유로 그 주인에게 고소당해 관원에게 붙들려 가서 채찍질당하고 감옥에 갇히기도 했습니다. 에베소에서 복음을 전할 때도 신상을 만들던 자들의 충동질로 대폭동이 일어나 사람들에게 맞아 거의 죽을 위기를 겪기도 했습니다.

복음의 놀라운 것은 아무리 반대하는 사람이 있고 욕하는 사람이 있어도 바른 복음을 전하기만 하면 부흥이 일어나고 많은 사람이 예수를 믿게 된다는 사실입니다. 이것이야말로 핵무기 이상 가는 능력입니다.

복음에는 중요한 특징이 있는데, 그것은 목회자가 교인을 대하는 태도가 목자가 양을 치듯 해야 한다는 것입니다. 이것은 회사를 경영하거나 대학교에서 학생을 가르치는 자세와는 다른 것입니다.

사도 바울이 떠난 뒤 고린도 교회에 세련된 목회자가 많이 왔습니다. 그들은 세상 공부를 많이 한 사람으로, 그 세상 공부는 바로 세상의 철학이었습니다. 그들은 교회를 목회하는 데 목자가 양을 치듯 하나님 말씀으로 하지 않고 학원에서 아이를 가르치듯 하고 회사를 경영하듯 교회를 경영하기 시작했습니다. 게다가 그들은 사도 바울의 목회 방법이 너무 무식하고 수준이 낮기 때문에 더는 그런 방식으로 목회를 하지 않겠다고 말했습니다.

10절, "우리는 그리스도 때문에 어리석으나 너희는 그리스도 안에서 지혜롭고 우리는 약하나 너희는 강하고 너희는 존귀하나 우리는 비천하여"

여기에 보면 '우리'가 나오고 '너희'가 나옵니다. 사도 바울은 교회에 하나님 말씀 외에 다른 것이 들어오면 하나님의 능력이 오시지 않는다는 사실을 알고 있었습니다. 반면 그 후에 온 목회자들은 하나님의 능력에 비밀이 있는데 그것은 하나님 말씀은 지식의 유무보다 그것을 다루는 사람의 겸손과 충성심에 영향을 받는다는 사실을 알지 못했습니다. 사도 바울 다음으로 고린도 교회를 맡은 사람들은 세상 지식이 많은 자들로, 교회가 오직 율법만 가르치고 성경만 가르치면 사람들이 교회에 오지 않기 때문에 세상의 유익한 지식을 함께 가르쳐야 한다고 주장하면서 그렇게 하고 있었습니다.

미국의 한 유명한 목사는 교회가 너무 성경만 가르치면 사람들과 벽이 생겨 전도가 되지 않는다고 말했습니다. 그래서 그는 앙케트 조사를 통해 사람들이 무엇을 필요로 하는지 알아내어 그것을 다양한 방법으로 채워주면서 목회를 했습니다. 이것이 우리 한국 교회에 보편화되어 교회 안에서 성경 외에 다른 것을 가르치는 모임이 많아졌습니다. 예를 들어 등산을 위한 모임이라든지 여러 가지 취미를 즐기기 위한 모임을 만들어 사람들을 교회에 나오도록 하는 것입니다. 또한 설교할 때 세상적인 성공의 이야기를 자주 함으로써 사람들이 관심을 갖도록 합니다.

교회는 하나님 말씀을 맡은 곳이고 맡은 자에게 구할 것은 충성입니다. 사도 바울은 고린도 교회를 맡은 목회자들을 통해 무식하고 어리석은 사람이라는 소리를 들었습니다. 반대로 그들은 자신이 아주 유식하고 똑똑한 목회자라고 생각했습니다. 사도 바울이 무식하다는 소리를 들은 이유는 성경 외에는 다른 것을 가르치지 않았기 때문입니다. 그러나 그다음에 온 목회자들은 세상 지식을 마음껏 이야기했기 때문에 굉장히 유식해 보였던 것입니다.

사도 바울은 늘 연약한 사람의 입장에 서 있었습니다. 교인이 모두 약했고 어린 상태에 있었기 때문입니다. 게다가 양을 키울 때는 개나 말처럼 거칠게 훈련시키지 않습니다. 그러나 다음 목회자들은 교인을 강하게 훈련시킬수록 더 강한 자가 되어 교회나 세상에서 많은 일을 감당할 수 있다고 하면서 교인을 강하게 훈련시켰습니다. 그렇다 보니 사도 바울이 있을 때 교회가 가정 같았다면 그 후로 교회는 기업화되고 학원이나 훈련소처럼 변하고 말았습니다. 이런 식으로 강한 훈련을 받은 교인은 예전 교인보다 말을 더 잘하게 되었고 예전과 비교해 아는 것이 훨씬 더 많아졌습니다. 그렇다면 사도 바울이 고린도 교인을 가르친 것은 너무 원시적인 방법이었다고 생각할 수도 있습니다. 사도 바울은 이에 대해 그렇지 않다고 말합니다. 오히려 사도 바울 뒤에 온 똑똑한 목회자들은 교회의 정체성을 변질시키고 어지럽혀 놓았습니다. 교회는 겉으로 잘 조직되고 체계적으로 훈련을 받았다고 해서 성공한 것이 아닙니다. 교회는 훈련된 이리나 개를 키우는 곳이 아니라 양을 키우는 곳이므로 키우는 원리가 근본적으로 다릅니다.

예수님은 부활하신 뒤 베드로를 만나 "네가 이 사람들보다 나를 더 사랑하느냐" 물으시더니 "내 어린 양을 먹이라" 고 말씀하셨습니다(요 21:15). 양은 동물성 사료가 아니라 풀을 먹게 해야 하고 다른 짐승을 이기도록 훈련시키는 것이 아니라 털이 자라도록 해야 합니다. 사람이 교회를 변질시키는 것은 하나님 나라의 비밀을 모르면서 너무 잘하려고 열심을 내거나 성공하고 싶어 욕심을 내기 때문입니다.

누구든지 목회를 하다 보면 그 안에 어마어마한 하나님의 복이 있는 것을 발견합니다. 그런데 그것은 하나님 말씀의 능력과 교인의 가치인 것이지 예배당을 크게 지어 많은 사람이 와서 교회가 커지는 것은 아닙니다.

우리나라에서 제자 훈련이 유행하면서 "교인의 잠재적 능력을 키워 활용해야 한다"라는 말을 많이 하는데, 이는 무서운 말입니다. 주님은 그런 식으로 말씀하시지 않았습니다. 이것이야말로 인간적 생각이고 계산입니다. 물론 이렇게 했을 때 많은 사람이 교회에 나오고 교회가 외적으로 성장하는 것은 사실이지만, 문제는 하나님 나라의 능력이 나타나지 않는다는 것입니다.

예수님은 제자들에게 바리새인의 누룩을 조심하라고 하셨는데, 그분은 절대로 예루살렘에서 제자들을 가르치거나 많은 사역을 하지 않으셨습니다. 그것은 예루살렘의 그 똑똑한 사람들에게 있어 성공이 얼마나 무서운 유혹인지 아셨기 때문입니다. 결국 예루살렘의 대제사장이나 서기관은 물질주의와 성공의 유혹에 빠져 성전을 가지고 장사해 엄청난 수익을 올리고 유대 사회의 모든 권세를 장악했지만 결국 로마에게 멸망당하고 맙니다. 그 이유는 그들이 성전을 바로 세우지 않고 성전을 허무는 일을 했기 때문입니다. 오늘날 사람들의 눈에는 건물이 크고 교인 수가 1만 명 이상 되는 교회나 목회자가 너무 멋있게 보이는데, 모두 성공의 유혹에 빠지고 말았던 것입니다. 그러나 다행스럽게도 지금 많은 사람이 대형 교회에 대하여 염려하고 있으며, 조금씩 정신을 차리고 있는 것을 봅니다.

3. 복음 전도자의 자세

수술실에서 의사가 환자를 수술하는 데 시간이 많이 걸리는 것은 인체의 신경이 워낙 예민하고 복잡하기 때문입니다. 뇌수술을 하거나 심장 수술을 할 때 시간이 더 오래 걸리는 것은 뇌세포나 심장 혈관은 그 하나하나가 환자의 생명에 직접적인 영향을 미치기 때문입니다. 의사가 힘이 있다고 해서 뇌를 함부로 건드리거나 심장을 잘라버리면 환자는 죽고 맙니다. 마찬가지로 우리 인간의 영혼은 너무 예민하고 복잡하고 복음 역시 대단히 예민하기 때문에 말씀을 가진 자는 참으로 조심스럽게 이것을 다루어야 사람을 살릴 수 있습니다.

사도 바울은 한 영혼을 건지기 위해 참으로 수고하면서 조심스럽게 한 영혼 한 영혼을 상대했습니다.

11-13절, "바로 이 시각까지 우리가 주리고 목마르며 헐벗고 매 맞으며 정처가 없고 또 수고하여 친히 손으로 일을 하며 모욕을 당한즉 축복하고 박해를 받은즉 참고 비방을 받은즉 권면하니 우리가 지금까지 세상의 더러운 것과 만물의 찌꺼기같이 되었도다"

사도 바울은 이 시간까지도 먹을 것이 없어 주리고 목마르며 옷이 없어 헐벗고 오해를 받아 매 맞으며 집이 없어 정처 없이 돌아다닌다고 말합니다. 사실 그는 헛간이나 창고 같은 데서 잠을 자면서 복음을 전하기도 하고 노천에서 잠을 자면서 복음을 전하기도 했는데 다른 사람에게 두들겨 맞거나 굶을 때도 많았습니다. 게다가 예루살렘의 사도들처럼 많은 선교 후원금을 받지 못해 자기 손으로 직접 텐트를 짜는 일을 해가면서 복음을 전해야만 했습니다.

누구든지 교회를 개척해 보면 처음 교회를 시작하는 것이 얼마나 어려운 일인지 몸소 깨닫게 됩니다. 교인 100명 모으기가 얼마나 어려운 일인지 모릅니다. 교회를 개척할 때 경제적으로도 자립하는 것이 어려울 뿐 아니라 일단 사람 자체를 전도하는 것이 어렵습니다. 그리고 모이는 장소를 구하는 것도 대단히 어려운데, 집 주인으로부터 얼마나 멸시나 천대를 당하고 잔소리를 들어야 하는지 모릅니다.

사도 바울은 "모욕을 당한즉 축복하고"라고 했습니다. 즉 누군가가 사도 바울에게 '이 빌어먹을 놈아' 라고 욕하면 오히려 '감사합니다. 모든 일에 잘 되시기를 바랍니다' 라고 축복합니다. 그리고 누군가 박해하면서 육체적 고통을 주었을 때도 참았습니다. 사도 바울은 자기에게 엄청난 능력이 있다는 것을 알았기 때문입니다.

사도 바울은 비방을 받으면 권면했다고 합니다. 자기를 욕한 사람에게 좋은 것이 있으면 알려주고 충고도 해주었다는 뜻입니다. 우리는 이처럼 모든 사람을 사랑할 권리밖에 없습니다.

사도 바울은 "지금까지 세상의 더러운 것과 만물의 찌꺼기같이 되었도다"라고 말합니다. 사도 바울의 자세는 이 세상에서 높아지고 최고가 되는 것이 목표가 아니라 세상의 모든 더러운 오물과 찌꺼기를 치우는 것을 목표로 삼았다는 것을 보여줍니다.

예를 들어 누군가가 집에서 먹을 것을 토하면 다른 사람은 다 더럽고 냄새 난다고 피하지만 엄마를 비롯해 가족들은 그 토한 것을 깨끗이 치워줍니다. 누군가 그 오물을 치워야지만 집이 깨끗해지기 때문입니다.

어느 날 술에 잔뜩 취한 청년이 교회에 왔습니다. 자기는 예배를 드린다고 앉아 있는데 술 냄새가 너무 나서 다른 사람이 견딜 수가 없었습니다. 그래서 그 청년을 데리고 나가서 깨끗이 씻어주었습니다. 정신이 든 후에 그 청년은 다시 교회에 와서 감사하다고 했습니다. 주일학교 선생님은 교회 주위에 사는 가난한 아이들을 목욕탕에 데리고 가서 깨끗이 씻어주고 새 옷으로 갈아입히기도 했습니다. 그러면 아이들은 굉장히 고마워했습니다. 어느 때는 교회에 나온 지 얼마 되지 않는 교인이 암으로 죽어 교회에서 입관부터 모든 일을 처리하기도 했습니다.

우리는 인간이기에 살아 있는 이상 많은 노폐물과 오물이 나옵니다. 우리는 다른 사람의 실패나 인생의 고름, 냄새나는 것을 기꺼이 치워주고 감당하는 교회가 되어야 합니다.

14-15절, "내가 너희를 부끄럽게 하려고 이것을 쓰는 것이 아니라 오직 너희를 내 사랑하는 자녀같이 권하려 하는 것이라 그리스도 안에서 일만 스승이 있으되 아버지는 많지 아니하니 그리스도 예수 안에서 내가 복음으로써 너희를 낳았음이라"

사도 바울은 "너희를 부끄럽게 하려고 이것을 쓰는 것이 아니라 …… 자녀같이 권하려 하는 것이라"고 말합니다. 아이가 자라서 어른이 되기까지는 많은 선생의 가르침을 받고 여러 가지 공부를 하게 됩니다. 즉 유치원 선생님도 계시고 초등학교와 중 · 고등학교 선생님도 계시고, 대학교 교수님도 계십니다. 그러나 그들이 다 부모는 아닙니다. 그 아이에게 부모는 여러 명이 아닙니다. 즉 그 아이를 태어나게 하고 성장시킨 사람은 부모뿐입니다. 마찬가지로 우리가 세상에서 성공하기 위해 많은 지식을 배우고 좋은 사람의 가르침을 받지만 그들이 우리의 부모는 아닙니다. 부모는 오직 우리 영혼을 살리신 하나님 한 분밖에 없습니다. 그리고 우리 영혼에게 복음을 가르쳐주어 자기 자신의 가치를 찾는 데 도움을 주시는 분이 계십니다.

영적 부모는 우리가 자신의 가치를 모르고 어둠 가운데 방황하면서 힘들어 할 때 그분이 전해주는 말씀을 듣고 은혜를 받아 우리 영혼을 살게 한 분입니다.

18-19절, "어떤 이들은 내가 너희에게 나아가지 아니할 것같이 스스로 교만하여졌으나 주께서 허락하시면 내가 너희에게 속히 나아가서 교만한 자들의 말이 아니라 오직 그 능력을 알아보겠으니"

고린도 교회의 지도자 가운데 너무 교만해서 바울을 무시하면서 그의실력이 형편없어 지성적인 이 도시에 다시는 나타나지 않을 거라고 말하는 자가 있었습니다. 바울은 주님이 허락하시면 즉시 고린도에 가서 그들을 만날 거라고 말합니다. 그런 기회가 오면 사도 바울은 그들의 말재주를 알아보는 것이 아니라 그들의 능력을 알아보겠다고 했습니다. 그것은 바로 경건의 능력이었고 복음의 능력이었습니다. 사도 바울은 이미 잘난 체하는 자들의 경건 생활에 문제가 있음을 알았습니다. 그들 가운데는 성적으로 타락한 상태에 있는 자도 있었습니다. 복음은 사람을 변화시키는 능력이 있고 죄를 이기고 죽어가는 사람을 살릴 수 있어야 합니다. 죄를 이기지 못하는 지식은 능력이 아닌 것입니다. 음행을 이기지 못하는 자의 지식은 절대로 능력이라고 말할 수 없습니다. 그는 바로 죄의 종이고 노예인 것입니다. 그런 사람은 다른 사람에게 무슨 소리를 할 자격이 없습니다. 죄의 종이 다른 사람에게 무슨 말을 하겠습니까.

사도 바울은 가장 중요한 말을 합니다.

20절, “하나님의 나라는 말에 있지 아니하고 오직 능력에 있음이라”

하나님의 나라는 재미있는 말을 잘하는 데 있지 않습니다. 하나님의 나라는 사람을 많이 모으고 그들을 만족시키는 데 있지도 않습니다. 하나님의 나라는 죄를 이기고 마귀를 이기고 음란을 이기고 죽어가는 사람을 살리는 데 있습니다. 하나님의 나라는 부흥의 능력에 있고 기도의 응답에 있고 사탄의 세력을 깨부수는 데 있습니다. 그러나 이것은 절대 쉬운 일이 아닙니다. 이것은 오직 우리가 하나님 말씀 하나를 붙들고 죽어야 되는 것입니다.

아무리 설교를 열심히 준비했어도 다른 사람에게 전혀 영향을 주지 못할 때가 있습니다. 그 이유가 무엇입니까? 사람의 말로는 어느 누구도 변화시킬 수 없기 때문입니다. 그 말씀에 성령이 함께하셔야 합니다. 성령님이 한 사람 한 사람의 마음속에 파고 들어가 그들의 마음을 흔들어놓으셔야 합니다. 이것은 사람이 할 수 있는 일이 아닙니다. 오직 성령의 능력만이 할 수 있습니다. 그래서 우리는 하나님 말씀도 준비해야 하지만 기도할 수밖에 없습니다. 우리가 하나님 말씀에 주리고 목마르지 않으면 아무리 말씀을 들어도 소용이 없습니다.

사도 바울 당시에는 세상적 지식으로 인기를 끄는 설교자가 많았던 것 같습니다. 그러나 그들에게는 문제가 있었습니다. 인기는 있지만 사람이 변하지 않았다는 것입니다.

사람의 말재주로는 성령의 능력이 나타나지 않습니다. 그런데 성경이 바로 해석될 때 교인들의 마음이 뜨거워집니다. 어느 때는 설교 중에 강한 성령의 불바람이 불 때가 있습니다. 이것은 성경을 가지고 강해할 때 일어납니다. 하나님이 교인들의 마음속에 회개의 영을 부어주시는 것입니다.

하나님의 나라는 말에 있지 않고 능력에 있다고 했는데, 목회자에게 가장 두려운 것은 자신이 설교할 때 과연 하나님의 능력이 임한다고 보장할 수 있느냐 하는 것입니다. 그런데 성경이 바로 해석되면 권능이 임하게 됩니다. 우리는 이 말씀을 믿으면 됩니다.

하나님 나라의 권세는 사람이 많이 모이는 데 있지 않습니다. 예수님은

"두세 사람이 내 이름으로 모인 곳에는 나도 그들 중에 있느니라"(마 18:20)고 말씀하셨습니다. 하나님의 능력은 사람의 심령을 쪼개고 죄를 토해 내는 능력입니다.

21절, "너희가 무엇을 원하느냐 내가 매를 가지고 너희에게 나아가랴 사랑과 온유한 마음으로 나아가랴"

우리 한국 교회는 하나님 말씀 아닌 것으로 엄청나게 부흥되고 번창했습니다. 이것은 주님을 기쁘시게 하기보다는 주님의 마음을 아프게 하고 어린 신자들을 실족하게 합니다. 주님이 몽둥이로 오시기 전에 우리가 먼저 회개하고 진정한 부흥을 통해 바른 모습으로 하나님의 영광을 나타낼 수 있기를 바랍니다.

성경 토의

1. 하나님 말씀의 종이 하나님 말씀과 세상의 지위, 많은 돈과 능력까지 가지면 어떻게 되겠는가? 하나님 말씀의 능력을 나타내려면 무엇이 필요한가?

2. 고린도 교인이 세상적 지식을 많이 자랑하고 교회 안에서 왕처럼 군림하는 것은 칭찬받을 일인가, 매 맞을 일인가? 그럼에도 기독교 지도자들이 높은 자리나 명성을 좋아하고 권력을 휘두르려고 하는 이유는 무엇인가?

3. 하나님의 나라는 능력에 있다고 했는데 교회에 어떤 능력이 나타나야 하며, 교회가 세상의 성공과 부귀나 영화를 자랑한다는 것은 어떤 의미인가?

12_ 영적 감염

고린도전서 5:1-8

전체적 설명

아무리 맛있고 호화스러운 음식이라도 오래 두면 부패하고 그 부패한 음식을 모르고 먹으면 식중독에 걸려 엄청난 고통을 받게 된다. 마찬가지로 사람이 지위고하를 막론하고 부패했을 때 나타나는 것이 성적인 죄 곧 음행이다. 사람이 음행에 잘 빠지는 이유는 이 잘못된 사랑이 자기를 행복하게 해줄 것 같고 최고의 기쁨을 가져다준다고 생각하기 때문이다. 그러나 음행은 중독과 같아서 사람의 인생을 파괴시키고 시간이 갈수록 그 사람을 옭아매어 결국 망하게 만든다. 고린도 교회의 지도자 가운데 이런 음행의 죄에 빠진 사람이 있었다. 사도 바울은 이 일을 그냥 내버려두면 이런 음행이 바이러스처럼 온 교회와 교인에게 퍼질 것을 경고하고 있다.

설교 프리노트

1절, "너희 중에 심지어 음행이 있다 함을 들으니"

사도 바울은 고린도 교인으로부터 교회 안에 너무 걱정스러운 일들이 있어 어떻게 하면 좋은가 하는 질문을 받고, 그 질문 하나하나에 대해 성경적인 답변을 하고 있다. 교회는 하나님의 나라와 세상 나라가 부딪치는 경계선이기 때문에 수많은 사고와 범죄가 일어난다. 즉 교회 안에서 성령의 역사가 세상의 유혹보다 더 강할 때는 성령의 역사가 세상 속으로 흘러가 세상을 변화시키지만, 세상의 유혹이 성령의 역사보다 더 강하면 교회 안에 세상의 죄가 들어와 교인들을 병들게 한다.

"누가 그 아버지의 아내를 취하였도다"

고린도 교인 가운데 아버지의 아내를 사랑해 지속적으로 관계를 했거나 심지어 함께 동거한 사람이 있었던 모양이다. 여기서 "아버지의 아내"는 본부인은 아니었던 것 같고, 아버지와 그 부인의 나이 차이가 많았던 것으로 보인다. 그런데 아들이 아버지의 부인을 성적 대상으로 생각해 사랑하게 된 것이다. 사도 바울은 이런 음행은 이방인 가운데서도 없는 일이라고 했다. 즉 사람이라면 동서고금을 막론하고 지켜야 할 윤리가 있는데, 하나님을 믿는 사람이 인간으로서 가장 기본적인 윤리조차 지키지 않은 것이다.

2절, "너희가 오히려 교만하여져서 어찌하여 통한히 여기지 아니하고"

당시 고린도인 가운데는 이 정도의 음행은 별것 아니라고 생각하는 풍조가 만연해 있었던 것으로 보인다. 특히 고린도인은 다른 사람의 사생활에 대해서는 이러쿵저러쿵하지 않는 것이 지성인다운 태도라고 생각했던 것 같다. 반면에 사도는 교회가 이런 음행이나 범죄를 보고도 함께 애통해하지 않는 것은 이 정도의 범죄는 별것 아니라고 생각하는 교만한 마음 때문이라고 여겼다. 그래서 교회나 세상에서 이런 음행이나 죄가 일어나면 먼저 교회가 이런 죄에 대해 통한히 여겨 함께 기도해야 하고, 그런 짓을 한 사람을 교회에서 징계해서 내쫓아야 한다고 했다.

3절, "내가 실로 몸으로는 떠나 있으나"

하나님의 백성은 모두 유기적으로 연합되어 있어 비록 공간적으로는 떨어져 있어도 성령 안에서 모두 연결되어 있다. 그래서 어느 지역의 교회가 고난을 이기고 믿음으로 승리하면 다른 교회도 힘을 내고 함께 기뻐하며, 어느 지역의 교회가 시험에 들거나 침체되면 다른 지역의 교회도 고통을 느끼고 힘들어 하게 된다. 고린도 교회를 직접 세우고 목회했던 사도 바울은 고린도를 떠나 있을 때도 그곳에 같이 있는 것처럼 모든 것을 함께 느꼈다. 사도 바울은 이 사람의 행위는 이해할 수 있는 연약한 죄가 아니라 악의적이고 고의적인 죄며 대단히 교만한 마음으로 저지른 죄라고 판단했다.

5절, "육신은 멸하고 영은 주 예수의 날에 구원을 받게 하려 함이라"

이것은 교회가 가진 징계의 정신을 보여준다. 교회가 잘못을 저지른 교인을 징계하는 것은 인간적으로는 수치와 굴욕을 당하는 것이지만 그렇게 해야 그 영혼이 나중에 예수님 앞에 설 때 구원받을 수 있다. 잘못을 저지른 사람을 사탄에게 내어주고 육신을 멸한다는 것은 공개적으로 그를 치리해 모든 직분을 박탈하고 교회 출석을 못 하게 하는 것이다. 그렇게 할 때 사탄이 이긴 것 같고 잘못을 저지른 사람은 말할 수 없는 수치와 굴욕을 당하지만, 그는 진정으로 죄가 무서운 줄 알고 회개할 기회를 얻게 된다.

6절, "너희가 자랑하는 것이 옳지 아니하도다"

고린도 교회는 이 음행을 행한 자를 치리하지 않고 그대로 둠으로써 자신들의 사랑이나 형제애가 얼마나 대단하며, 그들이 얼마나 용서를 잘하고 관대한 사람인지 자랑했던 것 같다. 그러나 사도 바울은 이것이 사랑의 문제가 아니고 관대한 용서의 문제가 아니고, 병균이 있음에도 그냥 덮어두는 것과 같다고 판단했다. 즉 지금 당장은 그렇게 하는 것이 좋아 보일지 몰라도 얼마 가지 않아서 죄가 온 교회와 세상을 가득 채우게 되는 것이다.

"적은 누룩이 온 덩어리에 퍼지는 것을"

아주 작은 곰팡이나 병균일지라도 그냥 내버려두면 이것이 온 떡에 퍼지고, 모든 사람에게 전염된다. 그래서 병원에서 일하는 사람이 병균에 대해 관대하거나 전염병 환자에게 관대한 것보다 더 나쁜 것은 없다. 보건당국은 이런 병균이 발견되는 즉시 환자를 격리하고 소독을 철저히 해야 전국적으로 병균이 퍼지는 것을 막을 수 있다.

7절, "너희는 누룩 없는 자인데 새 덩어리가 되기 위하여"

우리 그리스도인은 어린 양의 보혈로 모든 세상의 악한 누룩을 씻음 받은 자이다. 특히 이스라엘 백성은 유월절을 지킬 때 누룩 없는 떡을 먹어야 했는데, 이것이 바로 그리스도인의 모습이다. 그런데 우리가 하나님께 바쳐질 떡이 되려면 집 안에 있는 모든 누룩을 찾아 버려야만 한다. 이 누룩은 집 안이나 교회 안에 있는 모든 음행의 흔적이다.

8절, "누룩이 없이 오직 순전함과 진실함의 떡으로 하자"

하나님의 백성은 세상의 썩은 누룩이 없는 깨끗한 떡이어야 한다. 그런데 우리는 세상 죄에 찌들 대로 찌든 사람인데 어떻게 깨끗한 떡이 될 수 있는가? 오직 예수 그리스도의 피의 공로를 의지하면 깨끗한 떡이 될 수 있다. 이렇게 나쁜 누룩이 들어오게 된 것은 그리스도의 십자가 보혈을 멀리 하고 인간의 지식과 세상의 성공을 끌어들였기 때문이다.

본문 이해를 위한 질문

1. 고린도 교회에는 어떤 죄가 있었으며, 그것에 대한 고린도 교회의 태도는 어떠했는가?

고린도 교인 가운데 음행의 죄를 저지른 자가 있었지만 고린도 교회는 관용의 정신으로 내버려두었다.

2. 사도 바울은 교회 안에 음행의 죄를 지은 자가 있을 때 어떻게 해야 한다고 가르쳤는가?

교인들은 통한히 여기고 회개하며 그 사람을 징계함으로써 그가 인간적으로는 수치를 당하고 굴욕을 당하더라도 예수님 앞에서 영혼이 구원받을 수 있도록 해야 한다고 했다.

3. 사도 바울은 교회 안에서 퍼지는 죄를 무엇에 비유하고 있는가?

사도 바울은 이것을 떡 반죽에 퍼지는 누룩으로 보아 그냥 내버려두면 결국 모든 떡에 곰팡이가 피게 된다고 했다.

성경 강해

우리나라에 메르스가 퍼지는 바람에 국가의 기능이 마비되다시피 할 정도로 벌벌 떨었던 적이 있습니다. 중동 지방에 다녀온 사람이 메르스에 감염된 채 우리나라에 들어왔는데, 이것이 병원을 통해 확산되면서 수십 명의 사람이 목숨을 잃고 수만 명의 사람이 가택연금을 당할 정도로 엄청난 파장을 불러왔습니다. 이것을 보면서 병균도 눈에 보이지 않고 사람의 면역력도 눈에 보이지 않지만 이 눈에 보이지 않는 전쟁에서 지면 사람이 죽는다는 것을 알았습니다.

그런데 문제는 우리 인간은 죄에 대해 면역성을 전혀 가지고 있지 않다는 것입니다. 우리 인간 사이에서 메르스나 에이즈 같은 병이 예방 효과도 없이 맹렬하게 퍼지고 있는데, 국가와 사람은 누가 옳고 그르냐 하는 것만 따지고 있습니다.

중세 시대에 썩을 대로 썩은 천주교를 살린 이는 오직 청빈 하나만 가지고 예수를 믿었던 프란체스코입니다. 프란체스코는 원래 아시시 지역에 사는 부자 상인의 아들이었습니다. 그러나 그는 자신의 타락한 삶을 청산하고 바른 믿음으로 살기 위해 아버지의 유산을 포기하고 자기가 입고 있던 거친 옷 한 벌만 걸친 채 명상을 하기 시작합니다. 그는 무너진 수도원을 수리하라는 하나님의 음성을 듣고 수리하는데 누군가가 돈을 주자 더럽다고 하면서 밖에 갖다 버립니다. 또한 그는 감기에 걸려 심하게 기침을 하면서도 옷 한 벌만 입고 기도하면서 추위를 견딥니다. 그러던 어느 날 밤 프란체스코는 성욕을 느끼게 되는데 그는 벌거벗은 채 눈밭에 나가 눈으로 사람을 만들고 이 눈사람이 내 누이이고 내 자매라고 하면서 회개합니다. 그는 한 형제가 그 단체에 가입하고 싶다고 하자 재산을 다 팔아 가난한 자에게 주고 옷 한 벌만 입고 들어오라고 말합니다. 이 말에 그 형제는 재산을 다 정리해 가난한 자들에게 줘버리고 단체에 들어옵니다. 또 어떤 형제가 자기는 부끄러워 사람들에게 복음을 전하지 못하겠다고 하자 벌거벗고 거리에 나가 서 있으라고 합니다. 그 형제는 거리에서 벌거벗은 채 서 있으면서 사람들의 웃음거리가 되는데, 이 일이 있고 나서 그는 수치심을 이기고 전도할 수 있게 됩니다. 이 모든 것은 사람이 하나님 앞에서 순수했을 때 일이고, 순수하려고 몸부림칠 때 볼 수 있는 가장 아름다운 모습입니다. 그러나 사람이 순수하지 않으면 외모를 꾸미게 되고 겉으로 거룩한 체하면서 양심을 속이게 됩니다.

사람이 음식을 만들 때 보기에 좋은 것도 중요하고 맛있는 것도 중요하고 비싼 재료를 사용해 고급스러운 음식을 만드는 것도 중요하지만 가장 중요한 것은 그 음식이 부패하지 않은 신선한 음식이어야 한다는 점입니다. 어느 음식점에서 상한 재료를 가지고 음식을 만들었는데 손님이 그 음식을 먹고 집단 식중독을 일으켰다면 그 음식점은 일정 기간 영업을 하지 못하는 처벌을 받습니다. 그런데 사람에게는 음식만 중요한 것이 아니라 눈에 보이지 않는 공기도 중요합니다.

한동안 큰 사회적 이슈가 된 사건이 있습니다. 어느 회사에서 가습기에 곰팡이를 없애는 약을 개발했는데, 그 약이 아이들의 건강을 해치는 살충제여서 아이들이 죽기도 하고 어떤 아이는 어른이 되어서도 산소호흡기를 달고 살아야 한다는 것입니다. 그런데 우리는 아직까지 사상적 오염이 얼마나 무서운지 모르고 있습니다.

불과 수십 년 전만 해도 우리나라 사람은 동성애를 알지 못했습니다. 우리나라 사람은 당연하게 남녀 간에 사랑을 해야 한다고 생각했고 동성끼리 사랑하거나 성관계를 가진다는 것은 이해하기 어려운 일이었습니다. 그런데 미국에서 만든 영화들을 보면 동성 간의 사랑이 너무 자연스럽고 빈번하게 이루어지고 있습니다. 그러더니 어느 때부턴가 우리나라에서도 갑자기 동성애자들이 나서면서 자신들도 사랑을 인정받을 자격이 있다고 목소리를 높이고 있습니다. 그들은 퍼포먼스를 하고 동성애자를 비난하지 못하게 하는 법까지 제정하겠다고 하니 놀랄 일이 아닐 수 없습니다.

우리 한국 교회는 교인의 숫자도 적고 가난하고 무식했지만 순수했습니다. 어쩌면 우리나라 교회는 하나님이 전 세계에서 가장 사랑하셨던 순수한 교회였을지도 모릅니다. 그런데 목회자와 교인 가운데 외국에서 유학하고 돌아온 엘리트가 많아지고 공부를 많이 한 유식한 사람이 많아졌습니다. 이들은 목사가 능력만 있으면 교회를 무한대로 키울 수 있다는 것을 알게 되었습니다. 그 후로 초대형 교회가 우후죽순 생겨나게 되었습니다. 그러나 그런 교회에 면역성 떨어지는 교인이 많아서인지 한국 교회는 성장과 성공이라는 암에 걸려 그 피가 오염되었고 순수성을 잃어버리게 되었습니다. 그럼에도 사람들은 이런 영적 감염에 대해 잘 느끼지 못하다가 요즘 목회자나 교회와 관련된 사회 문제가 커지고 욕을 많이 먹게 되자 사태의 심각성을 느끼게 되었습니다. 그러나 아직까지 그 대안을 제시하지 못하고 있습니다.

1. 고린도 교회 안의 음행 사건

영국의 존경받는 목회자 존 스토트는 다음 세 가지를 포기했다고 말했습니다. 첫 번째로 케임브리지 대학을 우등생으로 졸업했기 때문에 학자가 될 기회가 있었는데, 자신은 평범한 목화자의 길이 좋아서 교수가 되지 않았다고 했습니다. 두 번째로 자기는 영국 성공회 안에서 주교나 대주교로 승진할 수 있었지만 그냥 평범한 목회자가 좋아서 그 길을 가지 않았다고 했습니다. 세 번째로 그는 결혼할 수 있었는데 결혼하지 않고 독신으로 교회를 섬기는 것이 하나님의 일을 더 잘할 것 같아서 결혼을 포기했다고 했습니다. 하나님은 이 평범한 목회자를 축복하셔서 20세기 세계적인 복음주의 신학자가 되게 하셨습니다. 그의 곁에는 타이프해 주는 비서가 있었는데, 30년 동안 할머니가 될 때까지 같이 일했어도 어떤 문제도 일어나지 않았습니다.

제가 어렸을 때 교회의 심방 규칙은 절대 여자 교인 집에 목회자 혼자 심방하지 못하고 사모나 여전도사가 동행해야 하고, 여자와 상담할 때는 반드시 문을 열어놓은 채 누구든지 볼 수 있게 하라는 것이었습니다. 그래도 예전 이야기를 들어 보면 목회자나 교인이 부적절한 사랑에 빠지는 일이 있었던 것 같습니다.

교회는 세상과 완전히 분리된 산 속에 있는 수도원이 아니라 세상과 하나님의 백성이 하루도 빠짐없이 만나고 문화적으로 충돌하고 섞이는 곳이기 때문에 아무리 하나님의 백성이라도 세상 죄에 빠지게 됩니다. 이것은 잉크를 물 속에 뿌리면 잉크가 퍼질 수밖에 없듯이 하나님의 백성과 세상이 만나면 하나님의 백성도 세상 속으로 파고 들어가고, 세상도 하나님의 백성 안으로 파고 들어올 수밖에 없습니다. 결국 문제는 어느 것이 힘이 더 세냐 하는 것에 달려 있습니다. 즉 교회에서 세상으로 밀고 나가면 성령의 역사가 더 강해 세상이 밀리고, 반대로 교회 안으로 파고드는 세상의 힘이 더 세면 하나님의 백성 안에서 세상의 바이러스가 무섭게 퍼져 나가게 됩니다.

사도 바울은 고린도 교회의 문제에 대해 사람으로부터 충격적인 이야기를 들었습니다. 그것은 고린도 교회의 한 지도자, 아마도 목회자 가운데 한 사람이 음행에 빠졌다는 소식이었습니다. 그것도 보통 음행이 아니고 아주 특이한 경우였는데, 그 사람은 아버지가 데리고 살던 여자와 같이 살고 있었습니다. 우리는 이런 사실 외에는 아는 것이 없습니다. 다만 추측건대 이 남자는 원래 자기 부인이 있었던 것 같고, 함께 살게 된 여인도 아버지의 첩이거나 관계하는 여인이었던 것 같습니다. 이 여인은 아버지와 나이 차이가 많았고 아들을 좋아하게 되었던 것 같습니다. 이 남자의 아버지는 죽은 것으로 보이는데, 아버지가 죽자 남자는 여인과 아예 같이 살게 된 것 같습니다. 그런데 이 남자는 고린도 교회에서 중요한 직책을 맡은 목회자였던 것 같습니다. 이 남자는 사랑하는 사람과 사랑하는 것이 뭐가 죄냐고 하면서 버텼고, 당시 고린도인의 풍습으로는 이것이 큰 문제가 되지 않기 때문에 교인들 역시 가만히 있었던 것으로 보입니다. 사도 바울은 이 소식을 듣고 격분을 참지 못합니다. 그리고 고린도 교인을 향해 어떻게 이런 사람을 그냥 둘 수 있느냐고 하면서 교회에서 내쫓지 않았다고 야단을 칩니다.

1절, "너희 중에 심지어 음행이 있다 함을 들으니 그런 음행은 이방인 중에서도 없는 것이라 누가 그 아버지의 아내를 취하였다 하는도다"

사도 바울은 자신이 떠난 뒤 고린도 교회 안에서 일어난 음행과 관련된 소식을 듣게 되었습니다. 이 사람이 누구인지는 알 수 없지만 그는 아버지와 함께 살던 여인과 같이 살고 있었습니다. 물론 이 사람은 총각이 아니라 부인이 있는 사람이었던 것 같습니다. 세상적 기준으로 볼 때도 아버지와 같이 살던 여자는 나이가 어리든지 많든지 간에 어머니 서열에 속하기 때문에 성적 대상이 될 수 없습니다. 사람이 사람답게 되려면 결혼생활이 깨끗해야 하는데 절대로 어머니 서열에 속하는 여인이나 딸 같은 여인을 사랑해서는 안 됩니다. 성경에 보면 아버지와 어머니는 공경해야 할 대상이고 딸이나 딸의 친구는 바르게 가르치고 훈육해야 할 대상이지 사랑할 대상이 아닙니다. 물론 이 남자의 아버지도 문제가 많았던 것 같고 바람직한 생활을 하지 않았던 것 같습니다. 그렇다고 해서 예수를 믿는 아들이 아버지가 잘못된 삶을 살았다고 해서 그것을 그대로 물려받으면 안 됩니다. 우리 그리스도인은 아버지의 아들이기 이전에 하나님의 아들이 되어야 하고 예수 그리스도 안에서 철저하게 한번 죽었다가 살아나야 합니다. 그래서 우리 예수 믿는 사람은 아버지나 어머니, 존경하는 사람이 하나님 말씀대로 살지 못한 것이 틀렸음을 인정하고 자기 자신은 그리스도 안에서 새 사람으로 태어나야 합니다. 아무리 자신이 존경하고 자신을 낳아주신 아버지라고 해도 틀린 것은 틀렸다고 말해야 하고 잘못된 정신적 유산이나 물질적 유산을 물려받지 않도록 단절해야 새 출발을 할 수 있습니다. 때로는 목회자나 성도가 성경적으로 맞지 않는 말이나 행동을 하면서 전통 운운하면 틀렸다고 부정해야 합니다.

하나님 앞에서 부모의 생애나 스승의 철학이라고 해도 틀린 것을 틀렸다고 말할 때 하나님의 은혜 안에서 새 출발을 할 수 있습니다. 고린도 교회의 이 남자는 자신의 감정에 치우쳐 아버지의 잘못을 그대로 물려받은 것으로 보입니다. 그 여인이 아름다웠을 수 있고 불쌍했을 수도 있습니다. 그러나 죄는 사랑이라는 감정으로 덮을 수 있는 것이 아닙니다.

하나님의 백성은 세상에서 하나님의 백성답게 사는 것이 중요합니다. 그런데 하나님의 백성이 하나님의 백성답게 사는 데 가장 중요한 것이 결혼생활이 깨끗해야 한다는 것입니다.

여기서 우리는 머리로 생각하는 것과 가슴이나 몸으로 느끼는 감정이 많이 다르다는 것을 알아야 합니다. 누구나 머리로 생각하는 것은 하나님 말씀대로 깨끗하고 책임감 있는 생활을 해야 하는데 사람의 마음속에는 부패한 본성, 즉 타락한 본성이 있어 성적 유혹에 빠지고 잘못된 사랑에 빠지고 싶은 욕망이 있습니다. 즉 겉으로 보기에 모두 점잖은 것 같지만 우리의 잠재의식은 썩을 대로 썩어 수챗구멍과 같고 더러운 하수구와 같습니다. 우리가 예수를 믿을 수밖에 없는 것은 바로 우리의 잠재의식에 있는 광기와 더러운 정욕 때문입니다. 물론 우리가 예수 믿는다고 해서 우리 안에 있는 육체의 욕망이 다 없어지는 것은 아닙니다. 예수 믿고 난 후에는 육체의 정욕과 성령의 소욕 사이에서 엎치락뒤치락하며 치열한 싸움이 시작됩니다. 이것이 바로 예수 믿지 않는 사람과 예수 믿는 사람 사이의 차이입니다. 즉 예수 믿지 않는 사람은 육체의 정욕이 지배하고 있기 때문에 절대적 세력으로 군림합니다. 그래서 육체의 정욕이 요구하면 입으로는 안 되는데 하면서도 복종하고 맙니다. 반면 예수 믿는 사람은 죄의 요구에 굴복하면 속에 있는 성령이 우리를 굉장히 답답하게 만들어 결국 죄를 토해 내고 회개할 수밖에 없습니다. 이런 일을 한두 번 반복하고 나면 죄를 토해 내는 것이 힘들고 고통스러워 죄짓는 것을 두려워하고 싫어하게 됩니다. 특히 하나님의 백성은 죄의 정체를 압니다. 죄는 겉으로 매력적이고 세련되어 보이지만 이것이 얼마나 교만하고 가증하고 거짓된 것인지 알고, 이것의 결과가 파멸이라는 것을 알기 때문에 멀리하게 됩니다. 그런데 고린도 교회의 이 남자는 지도자나 목회자인 것 같은데 부모의 잘못된 인생을 부정하지 않고 그것을 사랑이라는 미명으로 자기 정욕을 은폐하려고만 합니다.

다윗은 간음죄를 지은 후 여자가 임신하자 이것을 은폐하기 위해 여인의 남편 우리아를 불러들여 부인과 자게 합니다. 그러나 자기 뜻대로 되지 않자 신하 요압을 시켜 우리야를 가장 치열한 전투에 보내어 죽게 하고 부하의 죽음을 애도하는 심정으로 그 부인을 자기 아내로 맞이합니다. 사람이 보기에는 인자한 왕의 처분이지만 실제로는 자신이 저지른 죄를 은폐한 것입니다. 미국인에게 분명한 것 하나는 죄가 드러났는데도 거짓말하면 앞으로 그 사람을 절대 인간 취급을 하지 않고 용서하지 않는다는 것입니다. 그래서 미국인은 스캔들이 터지면 우리나라 사람처럼 거짓말하거나 은폐하려고 하는 것이 아니라 솔직하게 시인하고 공직을 떠납니다. 이것만이 미국에서 살 수 있는 유일한 길이기 때문입니다. 하나님의 백성도 인간이기에 죄의 유혹에 빠질 수 있습니다. 그러나 그 죄를 은폐해선 안 됩니다. 이는 사람 앞에서 거짓말한 것이 아니라 하나님 앞에서 거짓말한 것이기 때문입니다.

성경에 보면 위대한 하나님의 종도 무서운 음행에 빠질 수 있다는 사실을 두 가지 사건을 통해 폭로하고 있습니다. 하나는 위대한 하나님의 종 다윗의 음행이고, 다른 하나는 능력의 종 삼손의 음행입니다. 사탄이 얼마나 간교한가 하면 이처럼 하나님의 위대한 두 종을 성욕의 노예가 되게 해서 파멸에 빠뜨렸습니다. 그런데 이들이 위대한 것은 자신들의 죄를 있는 그대로 인정하고 철저하게 회개했다는 사실입니다.

사람의 가치는 그의 사회적 명성이 달린 것이 아니라 그의 양심이 얼마나 깨끗한가 하는 것에 달려 있습니다. 사람이 양심을 속이면 그 가치는 완전히 똥값이 되고 맙니다. 그런데 요즘 하나님의 종들이 얼마나 독한 바이러스에 감염되었는지 정직하지도 않고 겸손하지도 않습니다. 이것은 목사도 그렇고 장로도 그렇습니다. 얼마나 변명거리가 많고 설명이 긴지 모릅니다.

2. 고린도 교회의 교만

고린도 교회에서 잘못된 사랑에 빠진 사람이 있다는 소식을 듣고 사도 바울은 상당히 충격을 받은 것 같습니다. 그는 음행에 빠진 한 사람만 놓고 책망하는 것이 아니라 고린도 교회 전체를 향해 교만하게 되었다고 하면서 교회가 하나님을 겁내지 않는다고 책망합니다.

2절, “그리하고도 너희가 오히려 교만하여져서 어찌하여 통한히 여기지 아니하고 그 일 행한 자를 너희 중에서 쫓아내지 아니하였느냐”

사실 우리나라 어른들은 입이 열 개라도 변명할 수 없는 일이 있습니다. 세월호에서 수많은 어린 학생이 바다에 빠져 죽은 사건입니다. 이것은 우리 어른들 모두의 죄이고 정치가 썩은 결과이고 우리 국민 모두의 죄입니다. 그래서 우리는 세월호 사건 앞에서는 고개를 들 수 없고, 언제나 회개하고 참회할 수밖에 없습니다. 교회 안에서 덕스럽지 못한 죄가 발생했으면 그 죄를 지은 사람만의 문제로 끝나지 않습니다. 그런 죄가 터지게 되었다는 것은 교회 전체가 교만했기 때문이며, 세상을 좋아해 세상을 따라간 결과이기 때문입니다.

지금 기독교 지도자와 관련해 돈이나 이성 문제의 죄가 터지는 것은 그 개인의 잘못도 있지만 그동안 한국 교회의 목회자나 교인 전체가 세상을 따라갔기에 이런 문제가 일어난 것입니다. 어느 누구도 이런 잘못을 보고 분명하게 틀렸다고 말하지 않았기 때문입니다.

지도자나 교인에게 음행의 문제나 돈 문제가 터졌을 때 짚고 넘어가야 할 것은 우리 모두가 돈을 좋아하고 음란한 세상 풍조를 따라갔기 때문에 이런 일이 터졌고, 이것은 빙산일각에 불과하다는 사실입니다. 다른 사람도 행동으로 죄짓지 않았을지 몰라도 마음으로는 같은 죄에 빠져 있었던 것입니다.

다른 사람의 죄를 지적하고 책망하는 데 있어 가장 일차적으로 해야 할 일은 자기 안에 있는 음행과 거짓을 하나님 앞에서 눈물로 회개하는 것입니다. 그동안 교만했고, 뻔뻔스럽게도 세상을 따라가면서 잘 믿는 체했다는 것을 시인해야 합니다.

사도 바울은 고린도 교회를 향해 “그리하고도 너희가 오히려 교만하여져서”라고 말합니다. 아마도 고린도 교인은 세상 학문이나 철학의 영향을 받아 그런 것쯤은 괜찮다고 생각하고 있었던 것 같습니다. 어떤 사람은 육체적으로는 죄를 지어도 정신만 똑바르면 죄짓는 것이 아니라고 주장하기도 합니다. 이것은 그리스 철학에서 육체는 중요하지 않기 때문에 예를 들면 여인이 몸은 남에게 주어도 마음만 주지 않으면 된다는 식입니다. 그리고 더 중요한 것은 고린도인의 자유주의 사고방식이었습니다. 그들은 자신의 일에 대해 그것은 개인 사생활이고 자유에 속하는 것이지 교회가 이러쿵저러쿵 간섭할 문제가 아니라고 생각했던 것 같습니다. 특히 초대교회 때 니골라 당이 생겼는데, 그들은 예수만 믿으면 되고 구약의 율법을 지킬 필요가 없다고 주장했습니다. 이는 우리가 비록 잘못된 사랑을 하고 있지만 기도원에 가서 하나님 앞에 무릎 꿇고 기도하면 하나님은 얼마든지 우리를 사랑하신다고 주장하는 것과 같습니다. 이것에 대해 사도 바울은 하나님 말씀보다 인간의 생각이나 감정을 앞세우는 것은 괴변이고 교만이라고 말합니다.

그리고 사도 바울은 "어찌하여 너희가 통한히 여기지 아니하고"라고 말합니다. 즉 교회 안에 이런 일이 일어난 것은 교회가 큰 시험을 당한 것이고 큰 숙제를 가지게 된 것인데, 왜 자기는 아무 상관이 없는 것처럼 입을 닦고 있느냐 하는 것입니다. 사람은 자기 자녀에게 어떤 어려운 일이 닥치면 잠을 자지 못하고 통한해할 것입니다. 자녀가 큰 어려움에 처했는데 아무 일도 없는 것처럼 편안하게 지내는 부모는 없습니다.

사도 바울은 왜 그 사람을 내쫓지 않았느냐고 합니다.

"그 일 행한 자를 너희 중에서 쫓아내지 아니하였느냐"

고급 향수가 있는데 그 향수 안에 파리가 빠져 죽어 있으면 그것을 버려야 할 것입니다. 사람들은 파리가 죽어 있는 향수를 불결하게 생각해 절대로 다시 쓰지 않을 것입니다. 마찬가지로 우리 안에 죄를 지은 자가 있으면 죄의 악취가 점점 퍼지기 때문에 결국 그를 내보낼 수밖에 없습니다. 그런데 문제는 죄를 지은 사람이 파리나 물건이 아니라 영혼을 가진 사람이라는 사실입니다. 여기서 사도 바울은 그 사람을 내보내라고 말합니다. 물론 이 사람의 추방은 일시적인 추방입니다. 교회에서 내리는 징계는 모두 그 사람을 살리려고 하는 것이 목적이지 처벌 자체가 목적은 아닙니다. 그러나 아버지의 아내와 사는 사람이 그 여자와 헤어지지 않으면 영구적으로 추방할 수밖에 없습니다.

우리가 알아야 할 것은 모든 죄를 공개적으로 드러내지 않는다는 사실입니다. 즉 죄를 지은 사람이 중요한 지도자가 아니라 평신도이거나 초신자인 경우 그가 진정으로 회개하고 있으며, 그 사실을 아는 사람이 거의 없다면 은밀한 것은 은밀하게 처리하는 것이 옳습니다. 그렇게 해야 그 사람이 부끄럽지 않게 계속 신앙생활을 할 수 있기 때문입니다. 그러나 죄를 지은 사람이 목사나 장로 등 지도자이거나 그 죄를 이미 많은 사람이 알고 있다면 오히려 쉬쉬하기보다 공개적으로 치리하는 것이 사람들에게 의구심도 생기지 않고 공정하다는 생각이 들어 교회를 두려워하게 됩니다. 그러나 교회는 죄인이 와서 인생을 치료 받는 곳이기 때문에 누구든지 와서 예수 믿고 새 사람이 될 수 있습니다. 죄를 지은 사람은 죄를 청산해야 합니다. 동성애에 빠진 사람도 예수 믿고 교회에 올 수 있습니다. 그러나 그는 목회자에게 자신이 동성애자라는 사실을 밝혀야 하고 치료를 받아야 합니다. 믿음이 있으면 얼마든지 그것이 치료될 수 있다는 것을 알아야 합니다. 죄를 쉬쉬하면서 덮기만 한다면 어느 순간 교회가 죄에 삼키어지게 됩니다. 즉 예수님은 베드로에게 "너는 베드로라 내가 이 반석 위에 내 교회를 세우리니 음부의 권세가 이기지 못하리라"(마 16:18)고 하셨는데, 결국 음부의 세력이 이긴 것입니다. 죄가 터진 뒤 치리하는 것은 너무 고통스러운 일이므로 예방이 아주 중요합니다.

3-5절, "내가 실로 몸으로는 떠나 있으나 영으로는 함께 있어서 거기 있는 것같이 이런 일 행한 자를 이미 판단하였노라 주 예수의 이름으로 너희가 내 영과 함께 모여서 우리 주 예수의 능력으로 이런 자를 사탄에게 내주었으니 이는 육신은 멸하고 영은 주 예수의 날에 구원을 받게 하려 함이라"

몸은 떨어져 있지만 영으로는 함께 있다는 것은 사도 바울이 고린도 교회의 일을 남의 일로 생각하지 않고 있으며, 고린도 교회에 이미 사도 바울의 가르침이 뿌리 내리고 있다는 것을 의미합니다. 성경의 가르침에 따르면 음행하는 자는 본인이 회개하고 치리를 받게 되어 있습니다. 사도 바울은 처음에는 어떻게든 이 사람의 처지를 이해해보려고 노력했으며, 좋게 해결할 수 있는 방법이 무엇일까 고민했던 것 같습니다. 그러다가 드디어 사도 바울은 나름대로 판단했습니다. 즉 이 사람의 경우 더는 그냥 두어선 안 된다는 결론이었습니다. 사도 바울이 이런 결론을 내린 것은 개인적인 생각으로 그렇게 한 것이 아니라 예수 그리스도의 영과 함께한 것이고, 이 사람은 예수 그리스도의 능력으로 교회에서 출교당합니다. 이 사람의 죄는 고의성이 아주 높았던 것 같고, 다른 사람의 권면도 무시하면서 회개할 마음도 없었던 것 같습니다.

사도 바울은 이 사람을 사탄에게 내어주어야 한다고 했습니다. 이것은 교회가 모든 사탄의 공격을 막는 하나님의 성채이고 산성임을 의미합니다. 이 사람이 회개치 않으므로 교회에서 내보내고 직책을 박탈함으로써 사탄에게 내어주어 비참하게 만들어야 한다는 것입니다. 이는 우리 성도들이 함께 교제하고 사랑하는 것이 얼마나 큰 축복인지 보여줍니다. 죄를 짓고 회개하지 않는 사람에게서 교회의 직책을 박탈하면 그는 사탄의 밥밖에 되지 못합니다. 처음에는 자기가 잘난 줄 알고 씩씩거리고 큰소리를 치지만 나중에 보면 그의 신세가 얼마나 비참한지 알게 될 것입니다. 나중에 그가 깨닫고 회개하면 그때는 교회가 받아주고 그 영혼이 구원받게 하되 절대로 교회 안에서 잘난 체하지 못하게 해야 합니다. 그는 죽을 때까지 겸손하게 믿어야 그 영혼이 구원받을 수 있습니다.

3. 악한 누룩이 퍼지고 있을 때

이 세상에서는 이런 전염병 외에도 좋지 못한 사상이나 나쁜 가르침이 맹렬하게 퍼지는 경우가 많습니다. 한국 교회에서도 이런 전염병이 퍼진 경우가 종종 있었습니다. 한국 교회에 가장 무섭게 퍼진 전염병은 목회 성공주의였습니다. 이것은 교회가 황금을 캐내듯 신도시나 큰 아파트 단지에 큰 교회를 지으면 구름 떼처럼 많은 교인이 몰려들어 교회가 크게 부흥된다는 것을 말합니다. 물론 이것이 적중해 우리나라에 대형 교회가 많이 생겨나긴 했는데, 이것은 좋은 누룩이 아니라 나쁜 누룩이었던 것입니다.

빵을 만들 때 밀가루에 누룩을 넣으면 반죽이 부풀어 아주 부드럽고 맛있는 빵이 만들어집니다. 그런데 그 누룩이 좋은 누룩이 아니라 썩은 곰팡이라면 밀가루 반죽 전체가 썩게 됩니다. 하나님은 이스라엘 백성이 출애굽할 때 무교절을 지키라고 하시면서 아예 일주일 동안 집 안의 모든 누룩을 찾아 없애라고 말씀하셨습니다. 그리고 이스라엘 백성에게 일 년에 한 번씩 집 안의 모든 누룩을 없애는 무교절을 지키라고 명령하셨습니다. 이것을 보면 구약 이스라엘 백성에게 누룩 없는 떡이 얼마나 중요했는지 알 수 있습니다.

6절, "너희가 자랑하는 것이 옳지 아니하도다 적은 누룩이 온 덩어리에 퍼지는 것을 알지 못하느냐"

'누룩' 은 아주 적은 양으로도 밀가루 반죽 전체를 변화시키는 역할을 합니다. 빵을 만들 때 누룩은 빵을 맛있게 하는 좋은 역할을 합니다. 고린도 교인은 교회가 커지고 교회 안에 지식인이 늘고 돈 있는 부자가 많이 들어온 것으로 교회가 부흥했다고 하면서 자랑했습니다. 이것은 오늘 한국 교회도 마찬가지입니다. 처음에는 교회가 작고 교인 수준도 낮았는데 교회가 커지고 부자와 지식인이 많이 들어오자 목회자나 교인은 교회가 발전하고 부흥했다고 하면서 좋아할 것입니다. 그러나 사도 바울은 이것은 교회가 진정으로 부흥한 것이 아니라 세상 누룩이 들어와 부풀어 오른 거라고 말합니다. 하나님은 지식인이나 성공하고 유명한 사람을 원하는 것이 아니라 누룩이 전혀 들어가지 않은 순수한 사람을 원하십니다. 하나님은 누룩이 들어가 잔뜩 부풀어 오르고 멋있게 보이는 것을 좋아하지 않으십니다. 누룩이 들어간 떡이 당장은 부드럽고 맛있을지 몰라도 빨리 부패한다는 것을 알고 계시기 때문입니다.

예수님은 제자들과 함께 갈릴리 호수를 건너가면서 바리새인의 누룩을 조심하라고 하셨습니다. 당시 제자들은 누룩의 의미를 몰라서 예수님이 바리새인에게 빵을 빌리거나 얻지 말라고 말씀하시는 줄 알았습니다. 예수님이 바리새인의 가르침에 주의하라고 하신 것은 그들의 가르침에 외형

주의가 자리 잡고 있었기 때문입니다.

사실 오늘날도 사람을 볼 때 외형을 보고 판단합니다. 사람은 작은 교회보다 큰 교회를 좋게 보고 그것을 부러워합니다. 또 세상적으로 가진 것이 많고 성공한 사람을 대단하게 여겨 우러러봅니다. 그러나 교회는 사람을 절대로 외모로 보지 말아야 합니다. 교회는 사람의 눈에 보이지 않는 깊은 내면에서 만들어지는 보석을 보아야 합니다. 고린도 교회는 세속주의를 받아들임으로써 교회가 커지고 교인 수는 많아졌는데 교인의 순수함은 오히려 많이 떨어졌습니다. 사도 바울은 이에 대해 부흥이 아니라 부패라고 말하고 있습니다.

7절, "너희는 누룩 없는 자인데 새 덩어리가 되기 위하여 묵은 누룩을 내버리라 우리의 유월절 양 곧 그리스도께서 희생되셨느니라"

사도 바울은 고린도 교인이 원래 누룩이 없는 순수한 사람이었다고 말합니다. 그가 처음 고린도에 왔을 때 고린도 교인은 술에 찌들고 세상의 돈에 찌들어 있었습니다. 그런데 놀랍게도 그들은 예수를 믿고 누룩 없는 순수한 사람이 되었습니다. 또한 교만하지도 않았고 자신을 자랑하거나 과시하지도 않았습니다. 그들은 정말 그리스도의 어린 양처럼 순수했습니다. 그러나 사도 바울이 떠난 뒤 다른 선생들이 들어오면서 세상의 바람을 불어넣었습니다. 이제 고린도 교회는 옛날처럼 순수한 교회가 아니라 누룩에 부푼 교회가 되었습니다. 여인으로 치면 순수한 사랑을 가진 여인이 아니라 까질 대로 까진 되바라진 여자가 된 것입니다. 이처럼 세상맛을 한번 본 사람도 다시 옛날같이 순수해질 수 있을까요? 인간적으로는 불가능한 일입니다. 예를 들어 시골에서 순수하게 자라던 처녀가 도시로 나와 이 술집 저 술집 전전하며 타락한 생활을 살다가 다시 예전의 순수한 시골 처녀로 돌아간다는 것은 말이 되지 않습니다. 물론 본인은 원하지만 이미 한번 망친 인생은 돌이킬 수 없습니다. 그러나 예수 그리스도의 십자가는 우리를 다시 순수하게 할 수 있습니다. 교회에서도 세상 물을 잔뜩 먹은 사람이 들어와 신앙이 좋은 것처럼 가장해 엄청나게 나쁜 누룩을 퍼뜨립니다. 그것을 잡아내지 않으면 교회는 얼마 가지 않아서 세상 물을 잔뜩 먹은 썩은 빵 덩어리가 되고 맙니다.

고전이 된 문학작품 『제인 에어』라든지 『빨강머리 앤』을 읽고 지금도 감동을 받는 것은 그때 사람들이 순수했기 때문입니다. 요즘 나온 책을 읽으면 그 내용이 재미있긴 한데 너무 폭력적이고 음탕하고 순수하지 못합니다. 사도 바울은 목회자와 교인이 다시 누룩 없는 순수한 목사와 교인이 되어야 한다고 말합니다.

이스라엘 백성의 경우 문명의 혜택을 보지 못했을 때가 가장 순수했습니다. 이스라엘 백성은 출애굽 했을 때보다, 가나안 땅에 들어가 정착했을 때보다 광야를 돌아다닐 때가 가장 순수했습니다. 순수했기 때문에 그들은 하나님 말씀만 믿고 요단강을 건널 수 있었고 여리고 성을 하루에 한 바퀴씩 돌았을 때 기적이 일어나면서 여리고 성이 무너졌습니다. 그러나 애굽의 썩은 곰팡이에 찌든 사람은 아무리 하나님 말씀을 들어도 그 썩은 곰팡이가 빠져나가지 않습니다. 오늘 우리에게 가장 중요한 것은 과연 순수한가 하는 것입니다. 아무리 세상에서 돈 있고 공부를 많이 했다고 해도 순수하지 않으면 썩은 곰팡이밖에 되지 못합니다. 그런 곰팡이는 나쁜 것으로 끝나지 않고 위험합니다.

우리에게도 이런 기회가 필요합니다. 우리는 일부러 무교절을 지킬 수 없는데, 지금 우리가 먹은 음식은 옛날 이스라엘 백성이 먹은 음식이 다르기 때문입니다. 텔레비전을 보지 않거나 커피를 마시지 않거나 스마트폰을 하지 않는다고 해서 무교절을 지키는 것은 아닙니다. 그런데 큰병에 걸려 병원에 입원하면 저절로 무교절을 지키게 됩니다. 사업에 실패하거나 직장을 잃으면 원하지 않아도 겸손하게 살 수밖에 없습니다.

세상에서 성공의 길을 가느라 바쁘던 사람이 병에 걸려 입원하면 강제로 무교절을 지키게 됩니다. 먹고 싶은 것도 먹지 못하고 만나고 싶은 사람도 만나지 못합니다. 그는 일도 하지 못하고 제대로 먹지도 못하고 병원에 누워 자기 인생을 반성하게 될 것입니다. 우리에게는 이런 시간이 반드시 필요합니다. 우리가 좋아하는 텔레비전 프로그램도 끄고 신문도 보지 않고 식사도 생존에 필요한 정도만 하고 사람도 만나지 않고 스마트폰도 끄고 하나님 앞에서 겸손하고 순결한 모습을 되찾는 시간이 필요합니다. 요즘 우리는 너무 많이 먹고 너무 많은 것을 보고 너무 행복하게 살아가고 있는데, 이것이 바로 썩은 곰팡이입니다.

8절, "이러므로 우리가 명절을 지키되 묵은 누룩으로도 말고 악하고 악의에 찬 누룩으로도 말고 누룩이 없이 오직 순전함과 진실함의 떡으로 하자"

"순전함과 진실함의 떡"은 무엇입니까? 세상의 사상이 전혀 들어가지 않은 순수한 하나님 말씀을 갖고 우리를 떡으로 만들어야 합니다. 좀 재미없고 딱딱해도 아름답고 순결한 예배를 통해 우리 자신을 다시 순수하게 만들어야 합니다.

사람이 가난하고 병들었을 때 은혜를 받으면 순수한 떡이 됩니다. 처음 예수를 믿고 세례 받았을 때는 그렇게 순수할 수가 없습니다. 교회가 작고 개척 단계일 때는 순수할 수 있습니다. 우리는 그런 마음을 버리면 안 됩니다. 사람은 더 높아지고 더 화려해지고 더 유명해지려고 하는데 그것은 누룩을 먹어 부푼 것이지 진정한 부흥이 아닙니다.

우리가 이 세상을 이길 수 있는 것은 부푼 떡이 되는 것이 아닙니다. 순수한 떡이 되어야 합니다. 오늘 말씀을 들으면서 자신의 순수함을 되찾을 수 있기를 바랍니다.

성경 토의

1. 이 시대에 퍼지고 있는 음행이 우리 마음에도 파고 들어오고 가정에도 파고 들어오고 있다. 또한 포르노 영화라든지 선정적인 만화, 잔인한 게임을 통해 악한 풍조가 사회에 맹렬하게 퍼지고 있는데, 교회는 어떻게 해야 이런 누룩을 막을 수 있는가?

2. 교회 안에서 형제나 자매 가운데서 음행이라든지 이방인도 잘 짓지 않는 끔찍한 범죄가 있을 때 사랑으로 덮어야 하는지 이것을 공개적으로 치리해야 하는지 어떻게 판단할 수 있는가? 또 어떻게 해야 본인의 영혼도 살리고 교회도 살릴 수 있는가?

3. 우리는 예수 믿기 전에 세상의 타락한 습관과 행실에 빠졌던 경험이 있는데, 어떻게 하면 썩은 냄새나 곰팡이가 없는 순수하고 깨끗한 떡으로 하나님께 바쳐지며 성도 간에 올바른 교제를 나눌 수 있는가?

13_성도의 영적 권위

고린도전서 6:1-11

전체적 설명

그리스도인은 대체로 자기 자신에 대하여 낮은 자존감을 가진다. 대체로 세상에서 병들거나 물질적으로 가난하고 환난 가운데 예수를 믿게 되었기 때문이다.

그들은 신앙을 가진 후 영적으로는 많은 복을 누리지만 세상적으로는 여전히 낮은 신분을 가지고 어려움 가운데 있는 경우가 많다 보니 자신에 대하여 낮은 자존감을 가진다. 이것은 그리스도인의 대인관계에 좋지 않은 영향을 미친다. 즉 그리스도인이 이 세상에 대하여 축복하는 위치에 있지 못하고 위축되어 있거나, 그리스도인 내부의 갈등과 분쟁에 대해 스스로 해결하지 못하고 세상 법정에 고소하든지 해서 법적으로 해결하려고 하는 것이다. 오늘날도 마찬가지지만 사도 바울 당시에도 교회 안에서 교인끼리 분쟁이 생겼을 때 세상 법정에 고발해 해결하려고 하는 경우가 많았다. 사도 바울은 그리스도인이 세상에서 보는 눈으로 자신을 보거나 평가하지 말고 하나님이 보시는 눈으로 자신을 바라보고 평가하기를 원하고 있다.

설교 프리노트

1절, "너희 중에 누가 다른 이와 더불어 다툼이 있는데"

예수 믿는 사람도 사람이기 때문에 교회 안에서나 교인 사이에 이해관계가 얽혀 다툼이 일어나기도 한다. 교회 안의 다툼이라고 하면 재산상의 손해나 어떤 사상이나 주장의 옳고 그름을 따지는 문제도 있을 것이다. 즉 지금이나 옛날이나 누군가가 돈을 빌려가고 갚지 않을 때 말로 돈을 갚으라고 하면 갚지 않으므로 법정에 소송을 내어 강제로 빚을 갚게 하는 방법이 효과적일 수 있다. 요즘 교회 안에는 부채의 문제도 있고 명예 훼손에 대한 문제도 있고 주도권 다툼의 문제도 있다. 이런 문제가 발생했을 때 교회 안에서 대화로 원만하게 해결하면 좋지만 그렇지 않을 경우에는 세상 법정에 고소해서 강제적 방법으로 해결하려고 한다.

"구태여 불의한 자들 앞에서 고발하고"

본문을 보면 세상 사람을 '불의한 자'라고 부른다. 물론 세상의 관리나 재판장이 모두 불의한 자는 아니지만 그래도 하나님 말씀을 모르고 죄 씻음도 받지 못했기 때문에 성도의 입장에서는 불의한 자임에 틀림없다. 물론 성도도 얼마든지 이 세상에서 자신의 권리를 법적으로 보호받을 자격이 있다. 손해를 봐도 무조건 참고 견디어야 하는 것은 아니다. 성도도 억울한 일을 당했을 때 세상 법정에 호소할 수도 있고 법적 강제력의 도움을 받을 수도 있지만 어디까지나 성도의 명예가 손상되지 않는 범위 내에서 해야 한다. 특히 교회 안에서의 송사나 교인끼리의 송사는 세상 법정에 고소하지 말아야 한다.

"성도 앞에서"

여기서 '성도'는 아주 특이한 표현이다. 즉 신자는 하나님 앞에서 깨끗함을 받은 성자라는 뜻이다. 따라서 무슨 특별한 공로나 자격이 있는 사람만 하나님 앞에서 거룩한 것이 아니라 모든 신자가 하나님 앞에서 성도다.

2절, "성도가 세상을 판단할 것을"

하나님의 백성이 갖는 놀라운 자격에 대하여 말씀하고 있다. 즉 최후 심판의 날에 성도는 온 세상 사람의 죄를 재판하는 위치에 있게 된다. 그리고 이 세상에서도 성도는 교회에서의 설교와 신앙고백을 통해 세상을 판단하는 위치에 있게 된다.

"지극히 작은 일 판단하기를"

우리는 다른 사람으로부터 경제적 손해를 입거나 명예를 회복하는 일을 대단히 큰일로 생각하지만 이것은 하나님의 백성에게는 너무 작은 일이다. 우리에게 큰일은 하나님 말씀을 깨닫고 그분의 뜻을 찾는 것이다. 그것이 된다면 이 세상의 작은 일도 얼마든지 판단할 수 있다. 그러나 우리는 정반대로 생각할 때가 많다. 즉 이 세상일을 판단하는 것은 아주 어렵고 중요한 일로, 하나님 말씀을 이해하고 뜻을 찾는 것은 작은 일로 생각하는 경향이 있다.

3절, "우리가 천사를 판단할 것을"

이 천사는 악한 천사를 말한다. 최후 심판의 날 예수님의 재판석에서 성도는 사탄과 사탄을 추종하는 악마들과 세상에서 하나님을 믿지 않고 정욕대로 산 자를 심판하게 된다.

4절, "교회에서 경히 여김을 받는 자들을 세우느냐"

교회의 어려운 문제를 해결하기 위해 때때로 교회에서 세상의 유명한 자들에게 재판을 부탁하는데, 그들은 신앙이 없는 자들이다 보니 제대로 판단을 내리지 못한다. 그들은 하나님의 입장에서 보면 중요한 사람이 아니다. 오히려 세상에서는 높은 자리에 오르지 못했지만 하나님 말씀을 많이 알고 신앙적으로 성숙한 사람이 중요한 사람이고, 우리는 그들의 말을 경청해야 한다.

5-8절, "내가 너희를 부끄럽게 하려 하여……"

고린도 교인은 다른 사람한테 손해를 보지 않기 위해 어떤 다툼이 있을 때 세상 법에 고소하고 세상에서 높은 지위를 가진 사람들에게 판단을 부탁했다. 그러나 이것은 하나님의 눈으로 보면 아주 부끄러운 일이다. 교회 안에 이것을 판단할 사람이 아무도 없다는 것을 스스로 나타내는 것이기 때문이다. 그뿐 아니라 신자끼리 서로 고발함으로써 형제끼리 고발하는 것이 되고, 믿지 않는 자들 앞에서 신자들이 서로 싸우는 모습을 보여주기 때문이다(6절). 사도 바울은 그리스도인끼리 서로 고발해서 믿지 않는 사람 앞에서 물고 뜯고 싸우는 것보다 차라리 돈을 손해 보고 명예를 손해 보는 것이 낫다고 말한다. 이런 작은 이익을 손해 보지 않으려고 하다가 복음의 큰 능력을 가로막을 수 있기 때문이다. 그러나 대부분의 그리스도인은 작은 것까지 정의로워야 한다고 생각하고, 작은 것도 손해를 보지 않으려는 옹졸한 마음 때문에 더 큰 것을 잃어버리게 된다.

9절, "불의한 자가 하나님의 나라를 유업으로 받지 못할 줄을"

본문에서 사도 바울은 아주 중요한 말씀을 하고 있다. 그것은 우리 성도는 모두 '하나님의 나라'를 상속할 자라는 사실이다. 여기서 '유업'은 영원한 자기 소유로 상속하는 것을 말한다. 우리는 이 세상에 있는 것이 전부라고 생각하기 쉬운데, 우리에게는 영원한 하나님의 나라가 기다리고 있으며, 우리는 거기서 하나님으로부터 어마어마한 재산을 상속받게 된다. 그뿐 아니라 누구든지 예수를 믿고 죄 용서를 받으면 구원을 얻지만 회개하지 않고 계속해서 죄를 짓는 자는 하나님의 나라를 상속받지 못한다. 따라서 어떤 죄인이든지 예수 믿고 죄를 끊으면 구원받지만 겉으로는 예수를 믿는다고 하면서도 죄를 끊지 못하고 계속 죄에 매여 있는 자는 구원받지 못한다.

구원받을 수 없는 죄에는 음행을 저지르는 것이 있고, 우상 숭배가 있고, 간음을 행하는 것이 있다. 음행과 간음의 차이는 음행이 사창가를 출입한다든지 하는 행위를 말한다면, 간음은 남편이나 부인이 있는 자가 불륜을 저지르는 것을 말한다. 탐색하는 자는 남의 돈을 갈취하는 자이고, 남색하는 자는 남자와 성매매하는 자를 말한다. 도적은 남의 물건을 직업적으로 훔치는 것이고, 탐욕을 부리는 자는 좀 더 고차원적으로 자신의 소유가 아닌 것을 차지하는 자를 말한다. 술 취하는 자는 지속적으로 술을 마시거나 취하는 자를 말하고, 모욕하는 자는 함부로 욕을 하거나 하나님 또는 교회를 모독하는 자를 말한다. 또 속여 빼앗는 자는 사기 치는 자를 말한다. 이들은 겉으로 예수를 잘 믿는 것 같지만 하나님의 나라에 들어가지 못한다.

11절, "너희 중에 이와 같은 자들이 있더니"

예수 믿는 자들 가운데도 이런 죄에 빠져 있는 사람이 있었다. 고린도 교인 가운데 음행을 저지르는 자도 있었고 사기꾼도 있었고 도적도 있었고 욕쟁이도 있었을 것이다. 그러나 이런 사람들 모두 예수님을 믿고 예수님의 이름과 성령으로 깨끗함을 받았다.

"씻음과 거룩함과 의롭다 하심"

삼중적으로 하나님이 우리를 거룩하게 하시는 것이다. 사실 이 세 가지는반드시 이 순서대로 되어야 하는 것은 아니다. 예수 믿고 세례 받을 때 하나님은 우리를 모든 죄에서 깨끗하게 하시고 법적으로 의롭다고 하신 후 우리를 거룩하게 하셔서 성화를 이루어 가신다.

본문 이해를 위한 질문

1. 교회 안에서 일어난 금전적 문제나 사상, 주도권 문제를 세상 법으로 해결하려고 하면 어떤 문제가 발생하는가?

거룩한 성도들이 불의한 세상 사람의 판단에 따라야 하고, 믿지 않는 사람에게 교회 안에 이런 문제를 스스로 해결할 만한 지혜가 없으며 형제끼리 작은 이해관계로 다투는 모습을 보여주게 된다.

2. 성도는 어떤 위치에 있는가?

성도는 세상을 판단할 뿐 아니라 천사까지 판단하게 된다.

3. 구원받을 수 없는 죄에는 어떤 죄가 있는가?

음행과 우상 숭배, 간음, 탐색, 남색, 절도, 속여 빼앗고 술 취하는 자는 하나님의 나라를 유업으로 받지 못한다.

성경 강해

시골이나 오래된 동네에 가 보면 교회가 동네에서 가장 높은 언덕 위에 있든지 십자가 종탑을 높이 달아 어디서나 볼 수 있는 곳에 세워져 있습니다. 이것은 그 지역에서 교회가 가지는 일종의 영적 위치를 보여줍니다. 즉 교회는 그 지역에서 가장 높은 곳에 위치해 있으면서 영적으로 그 지역 사람을 지도하고 바른 삶을 살도록 가르쳐주는 곳이라는 사실을 보여줍니다.

교회가 쇠퇴하는 지역에 가 보면 예배당 건물이 팔려 종탑만 떼고 술집이나 가게로 변한 곳도 있고, 종탑을 단 채 공장으로 바뀐 곳도 있습니다. 물론 그중에는 교회를 더 크게 짓기 위해 옛날 예배당을 판 경우도 있을 것입니다. 영국에서 기독교가 쇠퇴하자 지역사회에서 예배당을 빌려 교양강좌를 열기도 하고 노인들에게 사교댄스를 가르쳐주기도 했습니다. 우리나라도 과거 교회가 한창 부흥할 때는 주일학교나 여름 성경학교에 온 동네 아이들이 모여 북적북적했습니다. 때로는 절이나 다른 건물이 팔려 교회가 되기도 했습니다. 그런데 기독교가 쇠퇴하면서 시골 교회에 어린 아이가 없다 보니 유아실은 교회 집기를 두는 창고로 변했고, 이제는 많은 교회에서 주일학교마저 없어지는 추세라고 합니다.

예수 믿기 전에 우리는 무엇이 옳고 그른지 아무것도 모르고 살아왔습니다. 그러다가 예수를 믿고 진리를 알게 되면서 무엇이 옳고 그른지 알게 되었습니다. 이때 자칫 잘못 생각하면 끝까지 자신이 옳다고 여기는 정의를 주장하고, 다른 사람을 처벌하거나 몰아내는 것이 옳다고 판단할 수 있습니다. 그래서 진리를 조금 아는 것으로 엄청 다투게 되고 시비를 가리기 위해 법정까지 가는 등 끝까지 싸우는 것을 봅니다.

요즘 우리 한국 교회 안에서 많은 다툼과 분쟁이 일어나고 있습니다. 그런데 이것이 대화로 잘 해결되지 못하고 물리적으로 싸우는 경우도 있고 그것도 안 되면 검찰이나 법원에 고소해 법적으로 옳고 그름을 다투기도 합니다. 오늘날 교회에서 일어난 분쟁 가운데 상당수가 성경이나 기도로 해결되는 것이 아니라 판사의 법 해석과 판결을 통해 해결되는 것을 봅니다. 어느 때는 판사가 교회 장로나 목사를 향해 양쪽 모두에게 유익이 없으니 그만두라고 권면할 때도 있습니다.

1. 영적 성숙을 무시할 때

영국에 가 보면 자신이 귀족이거나 왕족이라는 데 큰 자부심을 가지고 살아가는 사람을 볼 수 있습니다. 여왕으로부터 'Sir' 이라는 칭호를 받으면 꼭 자기 이름 앞에 그 칭호를 붙여 말하곤 합니다. 미국 사람은 박사 학위에 대한 자부심이 대단해 이름 앞에 '미스터' 대신에 '닥터 누구누구' 라는 식으로 소개를 합니다. 그렇다면 그리스도인은 이 세상에서 어떤 위치를 가진 사람으로 보아야 할까요? 많은 사람이 그리스도인은 아무것도 아니라고 생각합니다. 요즘은 목사나 장로, 권사가 너무 많다 보니 권위가 없는 세상이 되고 말았습니다.

요즘 우리나라 사람들은 민주주의를 자주 언급하는데 데모를 하거나 노동자들이 집단행동을 할 때 법도 통하지 않고 경찰차를 부숴버리기도 하고 법정에서 소리를 치기도 합니다. 물론 이것을 민주주의가 성숙해 가는 과정에서 일어난 일이라고 볼 수도 있지만 아직은 정신적으로 유치한 상태에 있어 남의 사정은 생각하지 않고 자기주장만 내세우는 것처럼 보이는 게 사실입니다. 마찬가지로 우리 그리스도인도 그리스도 안에서 엄청난 자유와 진리를 알고 있지만 영적으로 충분히 성숙하지 못했을 때는 남의 사정은 생각하지 않고 끝까지 자기주장만 합니다. 이는 세상 사람들에게 교회를 아직 성숙하지 못한 상태로 보이게 하고 기독교를 업신여기게 만듭니다.

예수님은 유대 당국과 로마에 의해 참 억울한 재판을 당하셨지만 항의하지 아니하셨습니다. 이 세상에서 가장 억울한 재판이 있다면 예수님의 재판이었을 것입니다. 그러나 예수님은 재판장 빌라도에게 위에서 주시지 않은 권세는 없다고 말씀하셨습니다. 즉 예수님은 빌라도가 그분께 사형을 선고하는 것도 하나님이 허락하셨기 때문이라고 믿으며 사형을 당하셨습니다.

1절, "너희 중에 누가 다른 이와 더불어 다툼이 있는데 구태여 불의한 자들 앞에서 고발하고 성도 앞에서 하지 아니하느냐"

고린도 교인 사이에서 누군가가 돈을 빌려주었다가 받지 못했다든지 거래했다가 손해를 보게 되어 다툼이 생겼을 때 교인은 이것을 끝까지 받아내기 위해 세상 법정에 고소해 재판을 받는 일이 있었습니다. 사도 바울은 이 소식을 듣고 왜 그런 사소한 문제를 굳이 세상 법정까지 가져가서 세상 사람의 판단을 받아야 하느냐고 책망하고 있습니다. 여기서 놀라운 사실은 사도 바울이 세상의 재판관을 "불의한 자들"이라고 부르고 있다는 것입니다. 이것은 그가 세상 법정의 권위를 부정하거나 세상의 재판관이 모두 틀렸다고 말하는 것이 아니라 우리가 아는 진리의 수준이나 양심의 수준을 두고 말하는 것입니다.

우리는 이 세상에 많은 진리가 있지만 그 진리의 수준이 모두 다르다는 사실을 알아야 합니다. 물론 이 세상에는 많은 전문적 지식이 있고 법률적 판단도 있습니다. 그러나 최종적으로 중요한 것은 하나님의 백성이 신앙적 양심을 가지고 스스로 결단해야 한다는 것입니다. 사실 교회가 하나님 말씀을 제대로 해석해 교인에게 구체적으로 가르치는 것을 게을리 하는 경우가 많습니다. 예를 들어 어느 실험실이나 병원에 아무리 뛰어나고 좋은 장비가 있다고 해도 그것을 사용하지 않고 그냥 둔다면 아무런 가치가 없을 것입니다. 마찬가지로 하나님이 교회에 주신 말씀은 모든 문제에서 가장 세밀하고 정확한 판단을 담고 있습니다. 그래서 다윗의 시편을 보면 "여호와의 말씀은 …… 일곱 번 단련한 은과 같도다"(시 12:6)라고 말씀하고 있습니다. 교회에서 목회자가 하나님 말씀을 자세히 해석해 가르치면 성도들은 스스로 분별력이 생겨 사소한 문제를 가지고 싸울 필요를 느끼지 못할 것입니다. 그러나 목회자가 하나님 말씀을 충분하고 자세하게 가르치지 않으면 하나님의 진리가 모호하고 교인의 정신적 상태가 아주 어리기 때문에 서로 싸울 수밖에 없습니다. 즉 교회에서 교인에게 하나님 말씀을 충분히 가르치고 교인이 성숙해 있으면 싸울 필요가 없습니다.

요즘 보복 운전을 다룬 뉴스 기사가 많이 나오는데 한쪽에서 양보하고 미안하다고 말하면 굳이 싸울 필요가 없는데 자존심 때문에 버릇을 고쳐주겠다면서 길을 가로막거나 급정거를 하다가 큰 사고가 일어납니다.

교회에서 가장 중요한 것은 많은 사업을 하거나 일을 벌이는 것이 아니라 하나님 말씀을 충분히 가르치는 것입니다. 이것이 제대로 되지 않으면 일을 많이 하면서 싸우게 됩니다. 생각하는 데 있어 자기밖에 모르기 때문에 자기주장대로 해야 한다고 우기고 보는 것입니다.

하나님의 일을 한다고 하면서 약간의 모욕을 당하거나 금전적 피해가 발생하면 무슨 수를 써서라도 밝혀내야 하고 상대방을 처벌해야 한다고 생각하기 때문에 법원에 고소하게 되는 것입니다. 교회에서 자꾸 시끄럽게 싸우는 것은 그들이 정말 옳다기보다 무지해서 물고 뜯고 싸우는 것입니다.

하나님 말씀은 우리를 변화시키는 데 있어 먼저 이리 같은 우리를 양으로 변화시킵니다. 이리는 다른 짐승을 공격하고 잡아먹으면서 살기 때문에 공격적이지만 양은 풀을 뜯어 먹고 살아서 공격적이지 않습니다. 즉 이리는 이겨야 살지만 양은 이길 필요가 없습니다. 양은 먹는 것이 이리와 다르고 사는 목적도 이리와 다릅니다. 하나님 말씀은 우리를 잡석에서 보석으로 변화시켜 줍니다. 우리는 과거 잡석과 같아서 아무런 가치도 없었는데 하나님 말씀이 우리를 보석으로 만들어주었습니다. 보석은 자신의 가치를 알기 때문에 다른 것과 부딪치는 것을 아주 싫어합니다.

하나님은 돌감람 열매 같은 우리를 하나님 말씀으로 참감람 열매로 변화시켜 주셨습니다. 우리는 먹을 수 없던 열매였지만 하나님 앞에서 아주 맛있는 열매로 변했습니다. 우리는 살아있기만 해도 가치 있는 존재이기 때문에 굳이 다른 사람과 옳고 그른 것을 가지고 싸울 필요가 없습니다.

그런데 교회 안에 하나님 말씀이 희미하게 되고 인간적 교제만 남으면 영적 변화가 없기 때문에 옛날 본성으로 돌아가 아주 사소한 차이에도 옳고 그른 것을 따지며 싸우게 됩니다.

2. 그리스도인의 영적 위치

2절, "성도가 세상을 판단할 것을 너희가 알지 못하느냐 세상도 너희에게 판단을 받겠거든 지극히 작은 일 판단하기를 감당하지 못하겠느냐"

참 놀라운 것은 성도가 세상을 판단할 것이라는 말씀입니다. 요즘 신문을 보면 교회가 세상을 걱정해야 하는데 세상이 교회를 걱정하고 있다는 말들을 합니다. 이것은 정말 부끄러운 일이고 창피한 일이 아닐 수 없습니다.

우선 하나님은 이 세상에서 무엇이 옳고 그르냐 하는 것을 최종적으로 판단할 수 있는 권한을 교회에 주셨습니다.

사도 바울은 이 최종적 권위를 교회의 지도자 한 사람에게 두는 것이 아니라 교회 전체에 두고 있습니다. "성도가 세상을 판단"한다고 하는 것은 모든 교인 한 사람 한 사람이 그런 결정권을 가지고 있다기보다는 교회가 함께 기도하고 성경을 묵상하는 가운데 세상의 어떤 어려운 문제에 대해 가장 공정하고 정확한 답변을 내릴 수 있다는 뜻입니다.

사실 오늘 사회는 너무 복잡해서 교회 안의 진리로 모든 것을 답변할 수 없는 경우가 많습니다. 예를 들어 의학적 지식은 의사에게 물어야 하는데 의사도 자기 전공이 아니면 알 수가 없습니다. 어떤 병 때문에 고생하는지 모른다면 수술해야 할지 기도해야 할지 말해줄 수가 없습니다.

재산권과 관계된 다툼이 발생한 경우 전문 변호사의 조언을 받으면 일이 한결 수월해집니다. 그리고 정신적 문제로 고통 받고 있다면 정신과 의사의 조언이나 치료가 필요할 수도 있습니다. 자기 아이가 어느 대학에 가야 할지는 목사님의 기도보다 학교의 진학 상담 선생님에게 물어보는 것이 더 효과적입니다. 전문적이고 구체적인 사항에 대해서는 전문가가 훨씬 더 유용한 조언을 해줄 수 있습니다. 그러나 우리의 문제는 모두 영적 의미를 가지고 있습니다. 지금 우리가 어떤 상태에 있는지, 지금 어디로 가고 있는지, 그런 결정이 내리면 어떤 파멸이 오게 될지 하는 것은 교회가 하나님 말씀을 붙들고 기도하는 가운데 알아내야 합니다.

사실 정의를 말할 수 있는 유일한 분은 하나님밖에 없습니다. 결국 우리 인간이 말할 수 있는 정의는 자기 수준의 정의이지 완전한 정의는 아닙니다. 결국 이 세상이 어디로 가고 있는지, 우리 인간이 하나님 앞에서 어떤 존재인지는 교회가 성경을 가지고 말해야 합니다.

물론 우리는 세상의 사건 하나하나에 대해 성경적 논평을 할 정도로 모든 지식을 갖추고 있지 않습니다. 그러나 하나님 말씀을 꾸준히 듣다 보면 모든 것이 말씀대로 될 것입니다. 그 말씀을 믿는 사람은 구원받게 되지만 믿지 않고 거역하는 자는 멸망을 당하게 됩니다.

3절, "우리가 천사를 판단할 것을 너희가 알지 못하느냐 그러하거든 하물며 세상 일이랴"

이 세상에 분쟁이나 다툼이 있을 때 최종적 판단은 법원에서 하고 법원에서 내린 판결은 강제적 구속력을 가집니다. 그러나 사도 바울은 모든 법원의 판결 위에 우리 성도가 내린 판단이 있다고 말합니다. 여기서 모든 것은 하나님 말씀과 우리의 믿음대로 되기 때문입니다.

본문을 보면 우리가 천사들을 판단한다고 말씀합니다. 이것을 보면 천사들 가운데서 하나님 말씀을 거역한 천사들은 우리 성도가 주님과 함께 재판석에 앉아 판단하게 됩니다. 악한 천사나 농땡이를 친 천사가 있으면 우리가 재판을 한다는 것입니다. 하나님은 성경을 해석하고 판단을 내리는 권한을 천사들에게 주지 아니하셨습니다. 오직 성경을 해석하고 설교할 수 있는 권한은 우리 성도에게 있습니다. 그리고 최종적으로 주님이 오셨을 때 우리 성도는 이 세상의 악한 정치인이나 학자, 장군, 천사를 모두 재판하게 될 것입니다. 이것을 보면 우리가 성도인 것이 얼마나 높은 지위이며, 우리가 하나님 말씀을 가지고 이야기하는 것이 얼마나 높은 권위를 가지는지 알 수 있습니다. 주님은 "누구든지 너희를 영접하지도 아니하고 너희 말을 듣지도 아니하거든 그 집이나 성에서 나가 너희 발의 먼지를 떨어 버리라" (마 10:14)고 말씀하셨습니다. 그러면서 하나님 말씀을 거부한 도시는 소돔과 고모라보다 더 무서운 심판을 받게 될 거라고 하셨습니다.

이 모든 것은 교회 설교에서 하는 하나님 말씀보다 더 높은 권위를 갖지 못합니다. 그러므로 우리 성도나 목회자는 자신이 가진 성경 지식이 이 세상의 전문 지식보다 모르는 것이 많지만 하나님 앞에서는 최고의 권세를 가지며, 우리의 영적 권위는 대학이나 법원, 정부보다 더 높다는 것을 알아야 합니다.

오늘날 사람이 교회에서나 세상에서 끝까지 싸워 이기려는 이유는 그들의 눈에는 이 세상 하나밖에 보이지 않기 때문입니다. 세상만 보면 어떻게 해서든지 높은 자리에 올라가고 권세를 가지는 것이 성공임에 틀림없습니다. 사람은 가능한 한 이 세상에서 높은 자리에 올라가려고 하고, 많은 것을 차지하려고 합니다. 그런데 사람들이 또 다른 세계를 볼 수 있다면 생각이 완전히 달라질 것입니다. 즉 엘리사의 종 게하시처럼 하늘의 불말과 불병거를 볼 수 있다면 전쟁 개념이 달라질 것입니다.

예를 들어 우리가 가진 세상 지식이나 부, 모든 권력이 하나님 나라의 지식이나 부, 권력과 비교할 때 어린 아이가 갖고 노는 장난감과 같다는 것을 안다면 어떻게 할까요? 즉 하나님이 우리의 일거수일투족을 전부 보고 계시며 이 세상보다 수억만 배 더 큰 세상이 우리 앞에 펼쳐져 있다면 이 세상에서 지식을 쌓고 이 세상에서 부자가 되는 것이 아무 의미가 없음을 깨닫게 됩니다. 즉 우리가 이 세상에서 모든 것을 잃어버리는 한이 있더라도 하나님 앞에서 의롭다 인정받고 하나님 앞에서 충성된 자라는 판단을 받으려고 할 것입니다.

4절, "그런즉 너희가 세상 사건이 있을 때에 교회에서 경히 여김을 받는 자들을 세우느냐"

성경을 보면 어떤 사건이 일어났습니다. 교인 모두 장사를 하는데 장사하면서 서로에게 손해가 발생했거나 재산상의 다툼이 생겼을 때 그들도 양심이 있어 세상 법정에 가지 않고 교회 안에서 판단을 받으려고 가지고 왔습니다. 그런데 교회 안에서 영적으로 중요한 사람에게 묻지 않고 세상적으로 잘 나가는 사람의 판단을 받으려고 했습니다.

여기서 "교회에서 경히 여김을 받는 자들"은 누구를 말하는 걸까요? 말씀에 관심이 없고 세상적으로 말을 잘하거나 힘 있는 사람을 말합니다.

물론 우리가 전문적 지식이 없는 경우 초신자라고 해도 전문적 지식을 가진 사람의 자문을 받을 수는 있습니다. 그러나 그것은 어디까지나 자문에 불과하지 판단은 우리 스스로가 내려야 합니다. 사도 바울은 세상에서 중요한 사람과 교회에서 중요한 사람은 근본적으로 다르다고 말합니다. 즉 세상적으로 중요한 사람은 공부를 열심히 하고 똑똑하고 아는 것이 많은 사람이지만 하나님 앞에서 중요한 사람은 어떻게 하든지 하나님 말씀을 붙들고 믿음으로써 모든 것을 하려고 하는 사람입니다.

어떤 분쟁이 생겼을 때 반드시 이겨 금전적으로 손해를 보지 않는 것이 최상이라고 말할 수는 없습니다. 우리에게 어떤 어려운 일이 닥쳤을 때는 하나님이 우리를 낮추고 계시며, 하나님이 우리의 겸손을 시험해 보시는 것일 수 있기 때문입니다. 이때는 지는 것이 이기는 것입니다. 물질적으로 손해 보는 것이 합격하는 것이고 말로 싸우지 않고 넘어가는 것이 합격입니다. 시험에서 다른 사람을 이기는 것만이 승리는 아닙니다. 하나님은 어려운 일을 통해 우리를 낮추시며, 우리 안에 들어와 있는 거짓을 눈물로 회개하고 겸손하도록 하는 것이 목적일 수 있습니다. 그래서 그런 경우에는 손해 보고 겸손을 되찾는 것이 법적으로 이기고 돈을 받는 것보다 수천 배, 수만 배의 이익입니다.

7절, "너희가 피차 고발함으로 너희 가운데 이미 뚜렷한 허물이 있나니 차라리 불의를 당하는 것이 낫지 아니하며 차라리 속는 것이 낫지 아니하냐"

사람은 누구나 양심이 있어 끝까지 가서 이기는 것보다 지는 것이 나중에 그 사람이 선하게 될 가능성이 훨씬 높습니다. 그래서 우리는 다른 사람을 무조건 나쁘다거나 악하다고 판단할 필요가 없습니다.

사람은 "눈에는 눈, 이에는 이"라고 해서 악한 자한테 못되게 굴고 복수하는 것이 옳다고 생각했는데 나중에 보니 사실 사람은 다 착합니다. 그 당시 시험에 들어 서로 관계가 좋지 않았던 것뿐입니다. 조금만 참고 잘해주면 나중에 좋은 관계로 이어지는 사람이 많습니다. 그래서 하나님의 백성은 손해를 보고 화가 나더라도 참아야 세상이 아름답게 변합니다.

5절, "내가 너희를 부끄럽게 하려 하여 이 말을 하노니 너희 가운데 그 형제간의 일을 판단할 만한 지혜 있는 자가 이같이 하나도 없느냐"

우리의 판단은 악한 일을 당했을 때 원수를 원수로 갚지 않는 것입니다. 더 낮아지고 더 겸손해지면 누구든지 변할 수 있다는 사실을 믿는 것이 우리의 판단입니다.

3. 절대로 구원받을 수 없는 죄

그리스도인은 이 세상에서 아무리 악한 사람이라도 그 안에 선함이 있다는 것을 믿어야 합니다. 우리가 아무리 좋게 보려고 해도 하나님 앞에서 절대로 용납이 안 되는 죄가 있습니다. 우리는 사람이 죄에 빠진 것과 죄 자체를 구별할 줄 알아야 합니다. 즉 누구든지 천국에 들어가려면 죄를 버려야 합니다.

기독교에서는 어떤 죄인도 예수 믿음으로써 죄 용서를 받고 구원받는 것이 진리인데, 그럼에도 죄를 끊어내지 아니하고 믿는 자는 구원받지 못합니다.

9-10절, "불의한 자가 하나님의 나라를 유업으로 받지 못할 줄을 알지 못하느냐 미혹을 받지 말라 음행하는 자나 우상 숭배하는 자나 간음하는 자나 탐색하는 자나 남색하는 자나 도적이나 탐욕을 부리는 자나 술 취하는 자나 모욕하는 자나 속여 빼앗는 자들은 하나님의 나라를 유업으로 받지 못하리라"

사도 바울은 죄를 가진 상태로는 절대 천국에 들어갈 수 없다고 분명히 밝힙니다. 아직 시간이 있을 때 교인 가운데서 이런 죄에 빠진 자가 있는지 살펴보고 다 버리도록 해야 합니다.

첫 번째로 음행을 하는 자는 천국에 가지 못합니다. 음행은 직업적 음행도 있고 부정한 관계도 있습니다. 만약 이런 사람이 구원받으려고 하면 직업을 버리고 모든 관계를 끊어야 합니다. 그리고 남색하는 자도 안 됩니다.

남색은 동성연애자를 말하는데 동성애자를 미국이나 영국 교회에서 인정하든지 말든지 그들은 천국에 들어가지 못합니다. 또한 미신을 믿는 자도 천국에 가지 못합니다. 다른 종교로 도사가 되었거나 천주교처럼 성자를 믿거나 마리아를 믿으면 구원받을 수 없습니다. 더욱이 자기 것이 아닌 재물을 가진 자도 구원받지 못합니다. 그래서 얼마나 많은 것을 가졌느냐가 중요한 것이 아니라 얼마나 자기 것이 아닌 것이 없느냐 하는 것이 중요합니다. 즉 하나님이 주시지 않은 것을 가진 사람은 다 물어내야 합니다. 예를 들어 엄마가 보니 자기 아이가 중학생인데 부모가 사주지 않은 비싼 롤렉스 시계를 가지고 있다면 이것은 보통 일이 아닙니다. 그것을 보고 우리 아이가 축복받았다고 자랑해선 안 됩니다. 이 아이는 분명 무슨 죄에 빠져 있는 것입니다. 도적이나 탐욕을 부리는 자, 술 취한 자는 천국에 들어갈 수 없습니다. 술에 취해서는 주님을 만날 수 없고 남의 물건을 가져서도 주님을 만날 수 없습니다. 주님은 누구든지 천국에 가기 전 자신이 지은 모든 죄를 토해 내어 천사같이 만들어 천국에 들어가게 하실 것입니다.

우리가 이 세상에서 자기 하고 싶은 대로 다 하고, 가지고 싶은 것을 다 가지고, 하고 싶은 말을 다 하고, 누리고 싶은 것을 다 누리고 천국의 상급을 받으려고 한다면 죽기 전에 전부 짜내야 할 것입니다. 우리는 이것을 미리 가르쳐주어야 합니다.

11절, "너희 중에 이와 같은 자들이 있더니 주 예수 그리스도의 이름과 우리 하나님의 성령 안에서 씻음과 거룩함과 의롭다 하심을 받았느니라"

우리는 세상에서 이리와 같은 자이고 잡석과 같고 돌감람 열매와 같지만 하나님의 말씀과 성령으로 깨끗하게 되었습니다. 그렇다면 이 세상에서 전부 이기려고 해서는 안 되고 이 세상에서 자신이 가지고 싶은 것을 다 가져선 안 됩니다. 예수님의 비유에서 지옥에 간 부자에게 아브라함은 이 세상에서 모든 것을 가졌기 때문에 고통을 받아야 한다고 했습니다. 우리가 진정으로 천국에 가고자 한다면 이 세상에서 모든 것을 이겨서도 안 되고 모든 것을 누려서도 안 됩니다.

우리가 가진 지혜와 말씀은 사법고시나 세계 석학의 지식보다 훨씬 더 권위가 있습니다. 하나님이 우리의 믿음을 인정해주시기 때문입니다.

세상에서 영적 권위를 되찾으려고 하면 세상 사람이 보기에 교회와 그리스도인이 자기들과 다른 점이 있어야 합니다. 그것을 위해 우리는 작은 일에 희생해야 할 수도 있습니다. 이사야 선지자는 "말일에 여호와의 전의 산이 모든 산 꼭대기에 굳게 설 것이요"(사 2:2)라고 했습니다. 교회나 성도가 세상 사람처럼 좁은 마음을 가지지 말고 바다같이 넓은 마음을 가져 한 영혼을 온 천하보다 더 귀하게 생각할 때 세상이 존경하는 교회와 성도가 될 줄로 믿습니다.

성경 토의

1. 오늘날 교회 안에서 분쟁이 일어나면 교회 안에서 대화나 교회법으로 해결하지 않고 세상 법정에 가서 해결하려고 하는 경우가 많다. 이것도 여의치 않으면 물리적 방법이 나오는데, 그 원인이 뭐라고 생각하는가?

2. 대부분의 성도는 세상적 지식의 전문가도 아니고 많은 학식을 가진 사람도 아니지만, 사도 바울은 우리가 세상을 판단하며 천사도 판단하리라고 했다. 우리는 어떤 지식으로 세상을 판단하고 천사를 판단하는가?

3. 우리는 무슨 죄든지 회개하기만 하면 용서받고 구원받을 수 있다고 생각한다. 그러나 죄를 끊어내지 못하고 계속해서 지을 때는 하나님의 나라에 들어갈 수 없다고 말씀한다. 우리가 연약해 자주 죄에 빠지는 것과 죄에서 벗어나지 않고 죄짓는 것에는 어떤 차이가 있는가?

14_몸이 바로 성전

고린도전서 6:12-20

전체적 설명

우리 인간은 몸을 가지고 있어 먹기도 해야 하고 병들기도 하고 죄를 짓기도 하는데, 그리스 철학자들은 인간의 육체는 선하지 못하다고 주장했다. 그러나 성경은 우리 예수 믿는 사람은 영혼만이 아니라 육체까지 선하며 우리 몸은 하나님의 성령이 계시는 성전이라고 말씀한다. 이것은 전 세계의 어느 철학이나 종교에서도 볼 수 없는 놀라운 말씀이다. 우리 몸이 거룩함으로써 우리의 인생도 거룩하게 되며 우리의 삶도 가치 있는 것이 된다. 그리고 우리 몸에 성령이 계심으로써 우리는 언어나 표정, 행동을 통해 하나님의 능력을 나타내게 된다.

설교 프리노트

12절, "모든 것이 내게 가하나 다 유익한 것이 아니요"

하나님을 믿지 않는 사람이 세상을 가장 선하게 하는 방법은 법을 어기지 않는 범위 내에서 자신이 원하는 모든 것을 다 하면서 사는 것이다. 하나님을 믿지 않는 자에게 법을 어기지 않는 것이 중요한 이유는 법을 어기는 것은 죄가 되기 때문이고 죄를 지으면 감옥에 갇히거나 처벌을 받기 때문이다. 그러나 하나님을 믿는 자는 법을 어기지 않는다고 해서 선한 삶을 살았다고 말하지 않는다. 우리에게는 세상 법보다 훨씬 더 중요한 하나님 말씀이 있기 때문이다. 하나님의 백성에게는 법을 어기지 않았다고 해서 다 유익한 것은 아니며, 우리에게 선한 일이라고 해서 꼭 거기에 얽매어 지내야 하는 것도 아니다.

13절, "음식은 배를 위하여 있고"

하나님을 믿지 않을 때는 우리에게 기본적 생존 욕구가 있고, 이 기본적 욕구를 가장 우선적으로 채워주어야 한다고 생각했다. 사람은 먹어야 살 수 있고 먹기 위해 돈을 벌고 공부를 한다. 그러나 예수를 믿고 난 후에는 먹고 사는 것이 인생의 가장 중요한 문제가 되지 못한다. 하나님이 먹는 것 이상의 욕망을 주시고 그것 이상의 가치 있는 삶을 주시기 때문이다. 또 사람은 '성욕' 도 먹고 사는 것 못지않게 절대적인 욕망으로 생각할 때가 많다. 그러나 예수를 믿고 난 후에 우리는 주님을 위하여 살게 되고 주님은 우리의 삶에 능력을 주신다.

14절, "하나님이 주를 다시 살리셨고"

하나님은 주님을 죽음 가운데서 육체로 다시 살리셨다. 그리고 우리의 죽은 몸도 다시 살리실 것이다. 따라서 우리의 육체는 더럽고 악한 것이 아니라 얼마든지 하나님의 영광을 위해 사용될 수 있으며, 예수 믿는 사람의 육체는 하나님께 영광 돌리는 수단이 된다.

15절, "너희 몸이 그리스도의 지체인 줄을 알지 못하느냐"

우리는 예수 믿을 때 그냥 머리로만 믿는 것이 아니라 그리스도와 함께 죽고 그리스도와 함께 살게 된다. 그리고 예수를 믿고 나서 그리스도와 연합한 사람이 되고 그리스도의 지체가 된다. 예수 믿는 사람이 예수 믿는 몸을 가지고 창녀와 연합하면 예수님이 창녀와 관계하는 것이 된다. 우리는 예수 그리스도의 몸을 가지고 나쁜 짓을 해서는 안 된다.

16절, "창녀와 합하는 자는"

인간의 성적 관계의 특이성을 말씀하고 있다. 인간이 성관계를 가지는 것은 단순한 사랑의 표현이나 한순간의 육체적 쾌락을 의미하는 것이 아니라 영구적으로 하나의 몸으로 결합하는 것이다. 그래서 사도 바울은 "둘이 한 몸을 이룰지로다"(창 2:24)라는 말씀을 인용하고 있다. 남녀는 성관계를 통해 '한 몸' 이 되기 때문에 마음대로 분리시킬 수가 없다. 물론 "주와 합하는 자는 한 영"(17절)이다. 주님과 연합하는 것은 세례와 말씀으로 연합하는 것이다. 즉 한번 예수를 주로 고백한 사람은 자기 마음대로 예수님과 붙었다 떨어졌다 할 수가 없다.

18절, "음행을 피하라"

육체적 음행의 특이성이 있다. 사람이 저지르는 많은 죄는 악한 마음을 가지고 몸을 사용해 짓는 것으로, 음행은 몸 자체를 더럽히는 것이기 때문에 그 죄가 더 치명적이다. 물론 몸을 수단으로 쓰는 것도 나쁘지만 인간에게는 특성이 있는데, 그것은 바로 성으로 말미암아 육체가 더러워지는 것이다.

19절, "너희 몸은 너희가 하나님께로부터 받은 바"

예수를 믿을 때 죄짓던 옛 사람은 십자가에 못 박고 우리는 하나님으로부터 새 인생을 받는다. 하나님으로부터 새 육체를 받는 것이다. 물론 우리의 육체는 옛날부터 가지고 있던 것이지만 하나님은 성령으로 깨끗하게 하셔서 죄 없는 육체로 우리에게 주셨다. 따라서 우리 몸은 단순히 옛날처럼 배나 채우고 육체의 쾌락을 위한 것이 아니라 우리 안에 성령이 계시는 전이 된다. 즉 우리 몸은 움직이는 하나님의 성전이 되는 것이다. 우리의 머리로는 하나님의 뜻을 생각하고, 입으로는 하나님 말씀을 전하고 기도하고 찬송하고, 손과 발은 하나님을 위해 사용되는 살아 움직이는 성전이 되어야 한다. 그리고 우리 몸은 더 이상 우리의 것이 아니라 하나님이 독생자의 피 값을 주고 사셨기 때문에 하나님의 것이 된다. 우리는 이 육체를 하나님을 위해 사용하되, 하나님께 영광이 되도록 사용해야 한다.

본문 이해를 위한 질문

1. 세상 사람에게 선한 인생은 무엇이며, 그들이 세상을 사는 목적은 무엇인가? 그리스도인은 왜 세상 사람의 수준에서 살 수 없는가?

세상 사람은 하나님 말씀을 모르고 성령의 능력을 모르기 때문에 법을 어기지 않는 범위 내에서 최선을 다해 사는 것이 선한 인생이고 성공적인 삶이라고 생각한다. 그러나 그리스도인은 하나님 말씀을 알고 성령의 능력이 있기 때문에 세상 사람의 수준에서 살면 안 된다.

2. 하나님을 믿지 않는 사람은 육체의 욕망에 대해 어떤 생각을 갖고 있으며, 사람의 육체와 정신의 관계를 어떻게 생각하는가?

사람은 육체의 욕망을 반드시 채워주어야 한다고 생각하며, 인간의 정신에 비해 육체가 저급하다고 생각한다. 그러나 하나님은 우리 몸을 거룩하게 해서 주를 위해 살게 하며 나중에 다시 살리신다.

3. 하나님의 백성으로 창녀와 관계하면 어떻게 되며, 우리의 육체는 어떤 특성이 있는가?

믿는 자가 창녀와 관계하는 것은 그리스도의 몸을 가지고 창녀와 한 몸으로 연합하는 것이 된다. 우리의 옛 사람은 예수님의 십자가로 못 박혔고 우리는 하나님으로부터 새 몸을 받았는데, 이 새 몸은 살아있는 하나님의 성전이다.

성경 강해

글렌 굴드라는 캐나다의 유명한 피아니스트가 있습니다. 바흐의 음악을 가장 완벽하게 연주한다는 평가를 받았던 그는 등받이가 있는 자기 의자를 가지고 다녔으며, 연주할 때도 코가 건반에 닿을 정도로 얼굴을 가까이 대고 연주했습니다. 또한 언제나 손에 장갑을 끼고 다녔고 연주 전에는 장갑을 낀 채로 뜨거운 물에 손을 담근 채 뭉친 근육을 풀었습니다. 심지어 그는 수영을 할 때도 장갑을 끼고 했는데 아주 긴 고무장갑을 끼고 수영했습니다. 그는 그만큼 자기 손을 아꼈고 자기 연주 방식을 소중하게 생각했습니다.

요즘 우리나라 사람은 남자나 여자 할 것 없이 멋있게 보이려면 살을 빼야 한다는 데 공감하는 것 같습니다. 몸이 비만한 사람은 그로 인해 얼마나 많은 손해를 보는지 뼈저리게 느끼고 있을 것입니다. 비만하면 어떤 옷을 입어도 폼이 나지 않고 아무리 예리하고 예민해도 남들이 보기에 조금 미련하게 보일 수 있습니다. 그렇다 보니 살을 빼려고 할 때 거의 죽음을 각오하고 다이어트나 운동을 합니다. 이때 문제는 자기는 죽어라고 살을 빼기 위해 노력했지만 남들도 다 살을 빼려고 하기 때문에 아무도 알아주지 않는다는 사실입니다.

육체의 살을 빼는 것보다 더 중요한 것은 몸을 훈련시켰을 때 우리 인간의 몸에서 상상할 수 없는 동작이나 아름다운 것이 나온다는 사실입니다. 예를 들어 피겨 스케이트 선수의 경우 스케이트를 잘 타기 위해 엄청난 노력을 쏟아붓고 얼음판 위에서 수없이 엉덩방아를 찍지만 결국에는 아름다운 동작을 완성해냅니다. 피아니스트나 바이올리니스트 경우에도 머리로 악보를 익힌 뒤 완벽하게 연주하기 위해 엄청난 훈련과 연습을 하기 때문에 많은 사람에게 감동을 선사하고 자신도 박수갈채를 받는 것입니다.

인간의 몸의 놀라운 점은 몸 안에 지식을 담을 수 있다는 것입니다. 그래서 세상에서 공부를 많이 해서 놀라운 지식을 가진 사람은 남들이 누리지 못하는 명예를 누리기도 하고 존경을 받기도 합니다. 몸 안에 지식을 담는 일보다 더 중요한 것이 있는데, 그것은 사람이 어떤 마음을 가지느냐 하는 것입니다. 즉 우리 육체 안에 남을 위한 좋은 마음을 가졌느냐 아니면 나쁜 마음을 가졌느냐 하는 것입니다. 최근 우리나라에서는 남보다 재능이 뛰어나고 유명한 사람이 나쁜 마음을 가지고 행동하는 바람에 많은 사람을 실망시키고 자신과 남의 인생을 파멸에 빠뜨리는 것을 봅니다.

본문은 우리에게 너무 놀라운 사실을 말씀합니다. 이는 우리 예수 믿는 사람에게만 해당되는데, 우리 안에 하나님의 영을 담을 수 있다는 것입니다. 육체에 하나님의 영을 담을 때 우리는 살아 움직이는 성전이 됩니다. 즉 우리는 육체 안에서 하나님 말씀을 듣고 하나님의 뜻을 발견하면 기도가 응답되고 기적이 일어나고 다른 사람의 병을 치료하는 살아있는 성전이 됩니다.

1. 인간의 자유와 선택

사람은 누구나 같은 몸을 가지고 있지만 훈련 상태에 따라 그 가치가 크게 달라집니다. 그 대표적인 예를 프로 운동선수들에게서 볼 수 있습니다. 프로 야구 선수나 축구 선수, 테니스 선수, 골프 선수를 보면 똑같은 운동선수인데, 성적에 따라 몸값이 크게 달라집니다. 영국의 유명한 축구 선수나 미국의 유명한 야구 선수, 세계대회에서 우승한 골프 선수와 테니스 선수 경우에는 상금이나 스폰서 수입이 수백억 또는 수천억 원이 넘습니다. 즉 이들은 걸어 다니는 기업체입니다. 그러나 같은 프로 선수라고 해도 부상을 당하거나 실력 발휘를 제대로 못 하면 돈을 조금밖에 받지 못해 비참하게 사는 선수들도 있습니다.

옛날이나 지금이나 사람은 몸이 중요하다는 사실은 알고 있지만 그냥 보기에 좋거나 행복하게 살기만 하면 되는 줄 알았지 진정으로 몸을 가치 있게 사용하는 방법을 알지 못합니다.

12절, "모든 것이 내게 가하나 다 유익한 것이 아니요 모든 것이 내게 가하나 내가 무엇에든지 얽매이지 아니하리라"

여기서 "모든 것이 내게 가하나"는 인간은 자율적인 존재이므로 모든 것을 자기 생각에 따라 결정해 행동할 수 있다는 뜻입니다. 사람은 음식을 많이 먹을 수도 있고 적게 먹을 수도 있으며, 매일 잠만 잘 수도 있고 부지런히 일할 수도 있습니다. 그러나 자기가 하고 싶은 대로 한다고 해서 다 좋은 것은 아닙니다. 어떤 사람은 절제하지 못하고 너무 음식을 많이 먹어 비만해지기도 하고, 또 어떤 사람은 잠을 너무 많이 자는 바람에 게을러져 가난해지기도 하기 때문입니다. 따라서 사람은 자기 하고 싶은 대로 행동하고 자신이 원하는 삶을 살 수 있지만 그 책임은 스스로 져야 합니다. 어떤 사람은 자유롭게 행동했지만 결과적으로 자유롭지 못하게 된 사람도 있습니다. 예를 들어 빚을 많이 얻어 쓰는 바람에 돈에 쪼들리는 사람도 있고, 술을 많이 마시는 바람에 알코올 중독자가 된 사람도 있고, 자기 마음대로 다른 사람을 폭행했다가 감옥에 갇혀 고생하는 사람도 있습니다.

사람이 무슨 일을 하든지 말든지 자유이지만 그렇다고 해서 모든 것이 다 좋은 것은 아닙니다. 가치 있는 삶을 살아가려면 우리가 걸어가야 할 '도'가 있습니다. 이런 길을 알지 못하고 자기가 가고 싶은 대로 간다면 좋지 못한 상태에 빠지게 됩니다.

우리는 이 세상을 살아가면서 다른 사람에게 유익하고 가치 있는 존재가 되기 위해 지적 훈련을 받을 필요가 있습니다. 지적 훈련은 하나님 앞에서의 가치를 결정하는 것은 아니지만 인간 앞에서는 유익한 것이고, 주로 이것으로 사람의 가치를 판단하기 때문에 가능한 한 공부를 많이 하거나 음악이나 예술 등 다른 훈련을 받을 필요가 있습니다. 그래야 직장을 가질 수 있고 다른 사람에게 도움을 주거나 감동을 줄 수 있습니다. 그러나 세상의 가치와 행복은 여기서 끝나고 더 나아가지를 못합니다.

사도 바울이 고린도 교회에 편지를 쓸 당시 로마에는 크게 두 학파가 있었습니다. 하나는 우리 인간이 더 고상해지려고 하면 정신으로 육체를 억압하고 통제해 금욕적인 삶을 살아야 한다는 스토아 학파가 있었습니다. 여기서 스토아는 건물 안에 있는 기둥을 말하는데, 이 학파 사람들은 건물 안에 있는 기둥 사이를 왔다 갔다 하면서 철학을 토론하고 배웠다고 해서 스토아 학파라고 불리게 되었습니다. 이 학파의 사람들은 인간의 욕망을 채워주면 채워줄수록 점점 더 돼지나 개 등 짐승처럼 되기 때문에 누구든지 훌륭한 삶을 살려고 하면 육체의 육망을 억제해 금욕적인 삶을 살아야 한다고 주장했습니다. 특히 소크라테스는 인간의 영혼은 고상하지만 육체가 영혼을 제약하므로 육체가 죽어야 영혼이 자유롭게 된다고 했습니다. 소크라테스는 죽는 것이 더 행복하다고 했는데, 사람들 가운데 죽는 것이 더 행복하다고 생각하는 사람은 아무도 없을 것입니다. 다른 하나는 에피쿠로스 학파인데, 이들은 육체의 욕구를 채워줌으로써 육체가 고통스럽지 않는 상태가 행복이라고 생각했습니다. 그래서 육체를 고통스럽지 않게 하려면 육체가 필요로 하는 것을 채워주어야 한다고 했습니다. 즉 실컷 먹고 육체의 정욕을 실컷 채워주는 것이 행복이라는 것입니다. 여기서 우리가 알 수 있는 것은 당시 로마 사람은 육체가 느끼는 만족감을 가지고 육체의 가치를 평가하려고 했다는 것입니다.

그러나 육체의 쾌락은 다양한 인간의 행복 가운데 일부분에 불과합니다. 사람은 이 세상에서 딱 한 번 살다가 죽는데 가치 있는 삶을 살 수 있는 방법을 찾고자 노력합니다.

우선 사람은 아름답고 가치 있는 삶을 살기 위해 육체 자체를 멋있게 하는 방법을 찾으려고 합니다. 결국 오늘날 대부분의 사람은 자신의 육체를 건강하고 매력적으로 보이기 위해 열심히 운동하며 가꾸고 있습니다. 그러나 사람이 날씬하고 멋진 외모를 가지고 음란한 생활을 한다면 그 몸의 가치는 떨어질 것입니다.

사람은 대개 육체도 육체지만 지식을 가지고 내면을 고상하게 만들려고 부단히 노력합니다. 어떻게 해서든지 더 좋은 학교에 입학해서 자신의 가치를 높이려고 합니다.

그런데 이해할 수 없는 것이 인간의 몸 안에는 광기가 있어 사실 사람의 몸이라고 하는 것이 완전히 자기 뜻대로 움직여지지 않는다는 것입니다. 어떤 사람은 오랫동안 불안한 환경에서 지내면서 우울증이 생겨 멀쩡한 몸을 가지고 자살하기도 하고, 또 어떤 사람은 정신적 질병에 걸려 정상적인 생활을 하지 못하기도 합니다.

이런 것을 보면 인간의 행복이나 인간의 가치는 우리가 생각하는 것보다 엄청나게 복잡하다는 사실을 알 수 있습니다.

여기서 우리가 알아야 하는 것은 인간의 행동은 자유이지만 자신의 가치나 행복을 높이려면 자신이 하고 싶은 대로 한다고 해서 되는 것이 아니라 바른 길이 있고 요령이 있습니다. 예수님은 "내가 곧 길이요 진리요 생명이니"(요 14:6)라고 말씀하셨습니다. 이 세상에서 가치 있고 행복한 삶을 살기 위해서는 자기가 하고 싶은 것을 무조건 한다고 되는 것이 아닙니다.

즉 다른 사람이 보기에 성공했다고 해서 다 가치 있는 삶은 아니라는 뜻입니다. 즉 우리는 먼저 자신을 가치 있게 만드는 길을 찾아야 합니다.

2. 육체와 정신의 갈등

사람에게 가장 어려운 문제는 자기 생각이 원하는 것과 육체가 원하는 것이 다를 때가 많다는 것입니다. 그런데 사람은 이 육체가 원하는 것과 정신이 원하는 것 사이의 갈등을 좁힐 수가 없습니다. 그렇다 보니 언제나 육체가 원하는 것을 먼저 채워주고 나서 정신적인 것을 채워주려고 합니다.

13절 상, "음식은 배를 위하여 있고 배는 음식을 위하여 있으나 하나님은 이것저것을 다 폐하시리라"

사람 가운데는 이 세상을 사는 데 가장 중요한 것은 음식이고, 먹기 위해 돈을 벌어야 한다고 생각하는 사람이 많습니다. 사실 학생이 밤낮없이 공부하고 대학생이 취직시험 준비를 하는 것은 돈을 벌기 위해서인데, 돈을 벌어야 먹고 살 수 있기 때문입니다. 심지어 우리 몸에서 가장 중요한 기관은 배라고 주장하는 사람도 있습니다. 사실 배보다 더 중요한 것이 머리이고 머리보다 더 중요한 것이 가슴입니다. 사람은 가슴으로 행복을 느끼고 사람은 가슴으로 사랑을 합니다. 그러나 머리를 좋게 하는 것이 마음대로 되지 않듯 가슴을 따뜻하게 하는 것도 대단히 어려운 일입니다. 성경에는 하나님 앞에서는 음식이나 배, 머리가 중요하지 않다고 말씀합니다.

사람의 몸이 얼마나 정교하게 만들어져 있고 인간의 욕망이 얼마나 집요하게 생겨나는지 자기 생각대로 몸이 움직여지지 않을 때가 많습니다.

하나님은 인간이 죽지 않고 살도록 하기 위해 기본적인 욕구를 거의 절대적으로 심어놓으셨습니다. 인간이 스스로 결심해서 음식을 먹지 않아도 된다면 아무도 일하지 않고 음식을 만들지도 않고 식사도 하지 않으려고 해서 다 굶어죽을 것입니다. 하나님은 인간의 몸에 엄청난 식욕을 주셔서 반드시 음식을 먹도록 만드셨습니다. 이것은 남녀관계도 마찬가지입니다.

사람이 이성을 보아도 호기심이 생기지 않고 흥분되지 않고 끌리는 매력이 없다면 아무도 결혼하지 않아 인간은 멸종하고 말 것입니다. 그래서 하나님은 남자와 여자가 서로를 보면 미친 듯이 좋고 서로 사랑하도록 만드신 것입니다. 인간은 음식을 너무 많이 먹으면 병이 나고 사랑해서는 안 되는 사람과 사랑하면 죄짓게 되어 인생을 망치게 되는데, 절제한다는 것이 말처럼 쉽지가 않습니다. 다른 말로 사람이 생각으로 육체를 이겨 바른 길로 가게 하는 것이 너무 어렵습니다.

사도 바울은 자신이 마음으로 원하는 바는 하지 않고 자기 마음에 싫어하는 죄를 행한다고 고백하면서 "오호라 나는 곤고한 사람이로다 이 사망의 몸에서 누가 나를 건져내랴"(롬 7:24)고 말합니다. 그는 우리 몸을 사망의 몸이라고 정의했습니다. 즉 우리의 의식은 또렷하지만 몸이 죽어 있어서 전혀 말을 듣지 않고 정반대로 움직인다는 것입니다.

고린도 교인 가운데는 그리스 철학의 영향을 받아 영혼과 육체는 별개라고 믿는 사람이 있었습니다. 그들은 영혼과 육체는 각각 자기가 원하는 것을 채워주면 된다고 생각했습니다. 즉 영혼은 하나님 말씀을 듣고 육체는 정욕으로 채워주는데, 영혼은 영혼대로 만족을 얻고 육체는 육체대로 만족을 얻는다는 것입니다. 그러나 사실 영혼과 육체는 별개의 것이 아니고 한 인격 안에서 통합되기 때문에 육체가 죄를 지으면 영혼은 엄청난 고통을 받게 됩니다.

당시 고린도 교인 가운데는 먹는 것을 아주 중요하게 생각하는 사람이 있었던 것 같습니다. 그래서 인간의 모든 행복을 배에서 시작한다고 주장했습니다. 이들은 배가 든든한 데서부터 모든 행복이 시작되는데 배를 든든하게 하려면 돈을 많이 벌어야 하고 먹고 싶은 것을 마음껏 먹어야 한다고 주장했습니다. 그러나 성경은 "하나님은 이것저것을 다 폐하시리라 몸은 음란을 위하여 있지 않고 오직 주를 위하여 있으며"라고 말씀합니다.

하나님을 믿지 않는 사람이 자기 육체가 하자는 대로 하고 살면 방탕한 사람이 되거나 전혀 쓸모없는 사람이 되는 것처럼 하나님을 믿는 사람도 육체의 욕망이 하자고 하는 대로 하면 전혀 쓸모없는 그리스도인이 되고 맙니다. 늘 양심이 죄에 짓눌려 있어 비참한 죄인의 상태에서 벗어나지를 못합니다.

목표를 가진 세상 사람은 육체의 욕망과 싸워 열심히 자기 자신을 훈련시켜 더 훌륭한 사람이 되려고 합니다. 우리 예수 믿는 사람도 육체의 욕망과 싸워 자기 자신을 바른 방향으로 훈련시켜야 능력 있는 그리스도인의 삶을 살 수 있습니다. 즉 잘 넘어지지 않고 신실한 그리스도인이 될 수 있습니다. 그러나 이것은 율법적인 자기 훈련을 말하는 것이 아닙니다.

성경이 말씀하는 놀라운 사실은 우리가 그릇이라는 것입니다. 그릇은 그 안에 어떤 내용물이 담기느냐에 따라 그 가치가 달라집니다. 물론 사람이 그릇의 가치를 높이려면 그릇 자체를 잘 닦아 반짝반짝 빛나게 할 수도 있고 그릇 자체에 칠을 할 수도 있지만 이것은 세상의 훈련 방법입니다. 성경적인 훈련 방법은 우리 안에 무엇을 담느냐 하는 것입니다. 예를 들어 어떤 병에 참기름을 담으면 참기름 병이 되고 그 안에 간장을 넣으면 간장 병이 되는 것처럼 그릇은 그 안에 담기는 내용물에 따라 가치가 달라집니다.

우리 인간은 원래 마음 안에 더러운 탐욕이 가득 들어차 있습니다. 그래서 예수님은 바리새인을 두고 그릇의 겉만 깨끗하지 안에는 온갖 더러운 것이 가득하다고 말씀하셨습니다.

사실 자기 자신의 가치를 끌어올리려고 부단히 노력한 사람이 바리새인이었고 그리스 철학자였고 중국의 도덕가였고 종교인이었습니다. 그러나 그들은 그릇의 겉만 깨끗하게 했지 안에 들어 있는 것을 비우지 못했습니다. 우리가 예수를 믿을 때 예수님의 십자가는 우리 안에 있는 더러운 죄들을 모두 빨아들였습니다. 물론 우리 안에 죄의 정욕이나 더러운 탐욕의 일부는 여전히 남아 있습니다. 그러나 우리 안에는 죄의 덩어리 대신 찌꺼기가 남아 있습니다. 우리가 우리 안을 하나님 말씀으로 채울 때 그 가치는 천사처럼 높아집니다. 그러면 옛날에 정욕을 버리려고 그토록 애를 써도 안 되던 것들이 싫어집니다. 물론 예수를 믿고 나서 남몰래 죄를 행하려고 할 때도 있지만 우리에게는 더 이상 죄가 기쁨이 되지 못합니다. 죄가 싫어지게 됩니다. 우리의 생각이나 감정이 하나님을 따라 이미 달라졌기 때문입니다. 그래서 우리 예수 믿는 사람에게 놀라운 것은 그렇게 도덕적 수양을 쌓고 자기 자신에게 금욕을 강요해도 안 되던 것이 하나님 말씀을 들으면서 많이 해결된다는 것입니다. 우리에게는 하나님 말씀이 수도원에 들어가 금욕적인 생활을 하는 것보다 우리를 훨씬 더 거룩하게 만듭니다. 그리고 놀라운 것은 우리의 죽었던 몸이 조금씩 움직이기 시작한다는 것입니다. 예전에 우리 몸은 죄짓는 데 아주 빨랐습니다. 우리의 입은 농담하고 반항적인 말을 하고 남을 욕하는 데 빨랐습니다. 그러나 이제 우리의 입은 하나님을 찬양하며, 남을 욕하고 반항할 때는 다물어지게 됩니다. 이것이 엄청난 기적이고 능력입니다.

결국 사람의 가치는 그가 걸치고 있는 옷이나 세상의 타이틀로 결정되지 않습니다. 사람의 가치는 그가 얼마나 아름다운 말을 하며 은혜로운 말을 하느냐에 따라 결정됩니다. 가방이나 구두, 자동차 등 명품은 아주 작은 데서 판가름이 날 때가 많습니다. 그래서 자기 멋대로 말을 지껄이고 감정을 함부로 폭발시키는 사람은 자신의 가치를 별 볼일이 없게 만드는 것입니다.

본문을 보면 예전에 안 되던 경건이 하나씩 되는 것이 바로 부활의 능력이라고 말씀합니다.

14절, "하나님이 주를 다시 살리셨고 또한 그의 권능으로 우리를 다시 살리시리라"

이 세상에서 가장 강력한 하나님의 능력은 그리스도를 죽은 자 가운데서 살리신 부활의 능력입니다. 물론 하나님은 최종적으로 우리의 죽을 몸을 살리실 것입니다. 그러나 하나님은 먼저 이 부활의 능력으로 우리 몸에 힘을 주어 몸을 살아나게 하십니다. 우리 몸에서 나쁜 습관들, 예를 들어 술을 마시거나 담배를 피우거나 음탕한 것은 다 끊어지게 하시고 우리를 하나님 앞에 나오게 하십니다. 우리는 예배를 통해 새 사람으로 만들어집니다. 그래서 예배에 나오는 것이 가장 중요합니다. 처음에는 설교를 전혀 이해하지 못했지만 어느 순간부터 차츰 이해되면서 자신이 빨려드는 것을 느끼고, 마지막에는 큰 감동을 받아 울게 됩니다. 이것은 엄청난 기적이면서 능력입니다. 하나님 말씀을 들으면서 가슴이 뜨거워지면 부흥이 일어나는데, 이때 우리의 몸이 하나님의 뜻대로 움직이게 됩니다.

우리 몸은 너무 자기중심적이어서 죄로 말미암아 굳어진 채 망가져 있었습니다. 하나님이나 다른 사람을 위해 사용하는 것이 불가능한 상태였습니다. 그런데 하나님의 부활의 능력이 우리 안에 역사하시면 우리 몸을 하나님께 바치게 되고 죄를 끊게 되고 봉사도 할 수 있습니다.

그리스도인에게 육체의 행복은 어떤 의미가 있을까요? 우리는 예전에 죄스러운 것을 아주 행복하게 생각했습니다. 무엇이든지 지나친 것이나 해서는 안 되는 것을 할 때 행복했던 것입니다. 그러나 지금은 그리스도 안에서 해야 하는 것을 하면서 행복을 느낍니다.

15-16절, "너희 몸이 그리스도의 지체인 줄을 알지 못하느냐 내가 그리스도의 지체를 가지고 창녀의 지체를 만들겠느냐 결코 그럴 수 없느니라 창녀와 합하는 자는 그와 한 몸인 줄을 알지 못하느냐 일렀으되 둘이 한 육체가 된다 하셨나니"

예수를 믿음으로써 우리 몸은 그리스도의 지체, 즉 그리스도의 몸이 되었습니다. 즉 우리 입이나 손은 우리 것이 아니라 그리스도의 일부가 되었습니다. 우리는 몸을 가진 천사가 된 것입니다. 그래서 주님의 일을 하면서 천사가 일하는 효과가 나타나는 것입니다. 이때 참으로 놀라운 것이 천사는 돈도 필요 없고 명예도 필요 없고 정욕도 느끼지 않습니다. 우리는 교회 안에서 봉사할 때 야망이나 욕심을 가지고 봉사하면 안 됩니다. 우리는 천사이기 때문입니다. 하나님은 우리에게 그런 마음을 주십니다.

천사가 자기 마음에 들지 않는다고 욕을 퍼붓거나 화가 난다고 술을 퍼마시거나 아름다운 여인을 보고 정욕을 참지 못해 성추행한다면 그는 천사의 탈을 쓴 악마이지 천사가 아닙니다.

고린도 교회에는 신자의 몸으로 창녀가 있는 곳에 가서 정욕을 채우는 자들이 있었는데, 그들은 그리스도의 몸이 아니라 창녀의 오빠가 되고 남편이 되면서 그리스도에게서 끊어지게 됩니다. 부정한 성관계는 남편과 아내의 관계도 끊어지게 만들고, 하나님의 백성과 하나님과의 관계도 끊어지게 만듭니다. 즉 한 번의 잘못된 행동으로 하나님의 종이 악마의 종이 되어버리는 것입니다.

3. 움직이는 인간 성전

하나님이 사람에게 주신 선물 가운데서 가장 귀한 것이 바로 우리의 육체입니다. 인간은 이 육체를 바로 길들이기 위해 어마어마한 돈을 교육에 쏟아붓습니다. 그런데 그것이 단지 말을 좀 잘하고 자기 욕망을 더 잘 표현하는 것으로 끝난다면 기능인을 만드는 것밖에 되지 못합니다. 우리 인간의 육체를 가장 아름답게 사용하는 방법은 바로 우리 안에 하나님의 성령이 임하시는 것입니다. 이것은 우리 안에 하나님의 생각이 들어오는 것이며, 하나님의 감정과 그분의 의지가 들어오는 것입니다. 예수님을 알기 전에는 우리의 육체가 얼마나 귀한 줄 모르고 이 몸에 술이나 퍼붓고 정욕을 채우기 위해 음탕한 짓을 했습니다. 그러나 이 세상에 있는 하나님이 만드신 것 가운데서 최고 가치를 가진 것이 바로 우리 인간의 육체입니다.

17-18절, "주와 합하는 자는 한 영이니라 음행을 피하라 사람이 범하는 죄마다 몸 밖에 있거니와 음행하는 자는 자기 몸에 죄를 범하느니라"

예수를 믿을 때 우리는 하나님 보좌 우편에 계신 예수와 연결되는데, 우리 안으로 전혀 오염되지 않은 순수하고 깨끗한 하나님의 생각과 뜻이 들어옵니다.

우리 인간의 몸은 절대로 추하거나 악하지 않습니다. 단지 그동안 우리 인간의 육체가 하나님과 제대로 연결되어 있지 않아서 죽어 있었던 것입니다. 술이나 마시고 정욕에 불타서 이 몸으로 못된 짓을 많이 했던 것입니다.

그런데 예수를 믿음으로써 우리 육체는 하나님과 연결됩니다. 이것은 우리 몸 전체가 하나님 앞에서 살아나는 것입니다. 오랫동안 전기가 들어오지 않던 공장에 전기가 공급되면 기계가 움직입니다. 사람이 사용할 줄 모르던 최고급 바이올린을 최고의 연주자가 연주하면 놀라운 소리가 울려퍼질 것입니다. 마찬가지로 우리 인간의 육체는 하나님이 만드신 최고 악기이고 최고 기계인데 예수를 믿음으로써 하나님의 성령이 들어오게 됩니다. 이 세상의 성공은 고장 난 기계에 페인트를 칠하는 것밖에 되지 않습니다. 그런데 예수를 믿는 순간 우리 안에 전기가 들어오고, 악기가 고쳐지고 최고 연주자의 손에 들리게 됩니다.

세상적으로 아주 높은 자리에 있는 사람이 성추행을 하거나 음란한 짓을 한 것이 들통 나면 신문에 대문짝만하게 나고, 수치와 창피를 당하고, 감옥에 가거나 자리에서 쫓겨나게 됩니다. 그럼에도 끊임없이 사람이 음행으로 망하는 이유는 마귀에게 기가 막히게 속기 때문입니다. 마귀는 "지금 네 감정은 너무 중요하고 지금 너는 정말 행복해질 수 있어"라고 속이는데, 사람은 그 속임수에 저항하지 못해 망하는 것입니다. 그러나 하나님의 백성은 죄가 가진 추악함과 거짓, 그 비참한 결과를 알기에 감히 죄를 저지르지 못합니다.

믿는 사람에게는 세상 사람이 알지 못하는 비밀이 있습니다. 그것은 바로 자신이 걸어다니는 하나님의 성전이라는 것입니다.

19-20절, "너희 몸은 너희가 하나님께로부터 받은 바 너희 가운데 계신 성령의 전인 줄을 알지 못하느냐 너희는 너희 자신의 것이 아니라 값으로 산 것이 되었으니 그런즉 너희 몸으로 하나님께 영광을 돌리라"

본문은 우리 몸이 움직이는 성전이라고 말씀합니다. 이것은 우리 안에 신적 능력이 있다는 것입니다. 우리 몸을 움직이는 것은 먹고 살려고 하는 욕망이 아니라 하나님의 능력이고 신적 능력입니다.

본문은 두 가지를 말씀하고 있습니다. 첫째는 소극적으로 이 몸을 나쁜 용도로 사용하지 말라는 것입니다. 육체의 욕망에 넘어가 우리 몸을 죄짓는 용도로 사용해서는 안 된다는 뜻입니다. 물론 우리 믿는 자에게도 욕망이 있습니다. 그러나 이 욕망을 하나님이 주신 안전한 선 안에서 해결해야 합니다. 다시 말해 우리는 몸을 바른 용도로 사용해야 합니다. 하나님이 주신 선을 넘어서서 욕망을 채우면 죄가 되며 하나님의 성전을 더럽히는 자가 됩니다. 우리나라에서 문화재를 더럽히고 훼손하는 사람은 국가적으로 큰 죄를 짓는 것입니다. 자기 마음에 들지 않는다고 해서 남대문에 불을 지르고 국보급 책이나 그림을 태운다면 온 국민이 용서하지 않을 것입니다.

두 번째로 우리 몸을 하나님이 기뻐하시는 목적을 위해 적극적으로 사용해야 합니다. 이 몸을 주신 것은 아껴두라고 주신 것이 아닙니다. 이 몸을 죽기 전까지 마음껏 사용하는 것이 중요합니다. 하나님 앞에서 가장 무서운 죄는 이 귀중한 몸을 그냥 가만히 모셔두는 것입니다. 우리에게 가장 나쁜 것은 몸을 너무 귀하게 여겨 매일 사우나에 가서 땀이나 빼고 가장 좋은 화장품이나 찍어 바르고 손톱에 물이나 들이면서 아무것도 하지 않는 것입니다. 좋은 기계는 많이 사용해야 본전을 뽑을 수 있는데, 우리 몸은 기계 가운데서 최고 기계입니다.

우리는 기본적인 훈련부터 해야 합니다. 가장 기본적인 것은 예배를 드리는 것이며, 우리에게 가장 중요한 훈련은 하나님 말씀을 듣는 것입니다. 이것은 모든 운동선수가 기본적으로 육상을 잘해야 하는 것과 같습니다. 하나님 말씀을 듣지 못하면 아무것도 할 수가 없습니다. 그것은 아직까지 자기 멋대로 행동하고 있는 것입니다. 우리는 하나님을 기다리는 훈련을 해야 합니다. 자기가 하기 싫은 것부터 하는 훈련도 받아야 합니다. 하나님의 종은 아무리 하기 싫은 일이라도 누군가가 하라고 하면 "예"라고 하면서 해야지 "싫어요"라고 하면 훈련이 아직 덜 된 것입니다.

우리 몸은 이미 우리의 것이 아닙니다. 주님이 피 값을 주고 사신 것입니다. 그래서 싫다고 해서 거부할 수가 없습니다. 결국 우리 몸은 하나님이 원하면 얼마든지 쓰실 수 있어야 하고 우리가 가기 싫은 곳이나 하기 싫은 일이라도 하나님이 가라고 하면 가고 하라고 하시면 해야 합니다. 결국 다른 사람이 우리를 마음껏 사용할 수 있게 내어주는 사람이 진정 부활의 능력대로 사는 자이며 하나님 앞에서 상 받을 자입니다.

우리 안에는 무한한 능력의 하나님이 계시기 때문에 기도하고 순종하면 어떤 병도 나을 수 있고 기적도 일어날 수 있습니다. 우리 한 사람 한 사람은 성전입니다. 우리 안에는 하나님의 영이 있고 기적이 있고 부흥의 능력이 있습니다.

이 불을 가진 자는 이 세상에서 두려워할 것이 아무것도 없습니다. 특히 부흥의 불이 뜨겁게 일어날 때 세상의 죄는 모두 힘을 잃게 되고 정신을 잃은 사람이 정신을 차리게 될 것입니다. 오늘 우리 모두 하나님의 천사로 변해 가장 가치롭고 아름다운 멋진 삶을 사는 성도가 되기를 바랍니다.

성경 토의

1. 우리 인간은 먹어야 살 수 있고 또 살기 위해 공부하고 직장생활을 한다. 이런 인간적 욕구와 하나님의 자녀로서 신앙적 욕구가 어떻게 해야 조화를 이룰 수 있으며, 어디에 우선순위를 두어야 하는가?

2. 인간인 이상 우리는 성적 욕망을 가지지 않을 수 없다. 물론 예수를 믿고 난 뒤에도 이런 욕망은 없어지지 않고 남아 있다. 우리는 이런 욕망을 어떻게 해야 이겨낼 수 있으며, 죄짓지 않고 아름다운 삶을 살 수 있는가?

3. 성경은 우리 몸은 하나님으로부터 새로 받은 것이며, 성령이 계시는 성전이라고 말씀한다. 우리 몸이 성전이라면 우리는 이 몸으로 어떻게 하나님을 만날 수 있으며, 어떻게 지키고 사용해야 하는가?

15_아름다운 부부생활

고린도전서 7:1-16

전체적 설명

이성관계나 인간의 육체적 관계에서 하나님을 믿는 사람과 믿지 않는 사람은 큰 차이를 보인다. 하나님을 믿지 않는 사람은 성관계는 사랑의 감정만 가지면 얼마든지 할 수 있고, 반드시 결혼의 의무가 따른다고 생각하지 않는다. 그리고 사랑의 감정이 없어지면 결혼했다고 해도 얼마든지 갈라설 수 있다고 생각한다. 옛날에 하나님을 믿지 않는 사람은 여성을 물건처럼 사고 팔 수 있다고 생각했다. 그러나 하나님을 믿는 사람은 성관계는 반드시 결혼한 사람과 할 수 있으며, 그 밖의 성관계는 죄라고 생각한다. 고린도는 성적으로 문란한 도시였는데, 예수 믿는 사람도 예수 믿기 전이나 예수 믿은 뒤에도 그런 문화나 풍습의 영향을 받았다.

설교 프리노트

1절, "너희가 쓴 문제에 관하여 말하면"

사도 바울은 고린도 교회가 자신에게 보낸 여러 가지 현실적 질문에 대해 성경적인 해답을 제시하고 있다. 그중 하나는 '우리 몸은 하나님의 성전'이기 때문에 거룩해야 한다는 것이었다. 우리 몸이 하나님의 성전이라면 이 성전을 거룩하게 지키기 위해선 일체 여자나 남자를 가까이 하지 않는 것이 좋다. 그러나 하나님은 우리에게 남녀가 서로 사랑을 느끼도록 만드셨고, 바른 방법으로 사랑하는 것은 결코 하나님의 성전을 더럽히는 것이 아니다. 이것이 세상의 신전과 다른 점이다. 이교도의 신전은 여사제에게 평생 독신을 강요하거나 매춘을 하게 했다. 그러나 하나님의 살아있는 성전인 성도가 바른 방법으로 사랑하는 것은 죄가 되지 않는다.

2-3절, "음행을 피하기 위하여 ……"

사람이 아무리 온 마음을 다해 성욕을 품지 않으려고 해도 인간은 살아있는 이상 음욕을 품지 않을 수 없다. 하나님이 모든 인간의 마음과 육체 속에 이성에 대한 성적 욕망을 주셨기 때문이다. 그래서 아무리 음욕을 피하려고 해도 정상적인 인간은 그것을 피할 수가 없다. 차라리 결혼해서 남편과 함께 살거나 아내와 함께 사는 것이 죄를 피할 수 있는 방법이다.

"남편은 그 아내에 대한 의무를 다하고"

남자가 아내와 결혼한 이상 남편으로서의 의무가 있다. 남편은 신앙을 핑계로 성생활을 기피할 수가 없다. 이것은 여자도 마찬가지다.

4-6절, "아내는 자기 몸을 주장하지 못하고 ……"

사람은 일단 자기 몸을 자기가 책임져야 한다. 남자나 여자가 결혼하면 자기를 위해 자기 몸을 지켜야 하는 것뿐 아니라 배우자를 위해서도 자기 몸을 지켜야 한다. 건강도 지켜야 하고 정결도 지켜야 한다. 결혼하고 난 뒤 자기가 하고 싶다고 해서 외도를 하거나 아내나 남편 외에 다른 사람을 사랑해서는 안 된다.

"분방하지 말라"

아내나 남편이 신앙이나 다른 이유로 상대방과 따로 자는 것을 말한다. 물론 피치 못할 사정 때문에 부부가 떨어져 지낼 수도 있고 방을 따로 쓸 수도 있지만 이것이 바른 상태가 아니다. 그래서 부부는 떨어져 따로 지내는 기간을 어떻게 해서든 줄여 함께 살도록 해야 한다. 사도 바울은 부부가 늘 함께 살아야 하는 것이 성경적으로 옳은 원리이긴 하지만 사람마다 피치 못할 사정이 있기 때문에 절대적으로 강요할 성질의 것은 아니라고 말한다.

7-8절, "모든 사람이 나와 같기를 원하노라 ……"

본문은 독신의 축복에 대하여 말하고 있다. 사도 바울은 독신이었기 때문에 더 담대하게 복음을 전할 수 있었고, 원하면 위험한 지역에도 갈 수 있었다.

"내가 결혼하지 아니한 자들과 과부들에게"

사도 바울은 그리스도인 가운데 결혼하지 않고 독신으로 있거나 과부로 지내는 자들에게 굳이 결혼에 얽매이지 말 것을 권한다. 즉 그리스도인 가운데서 결혼하지 않은 자들이 독신으로 있으면 큰 죄를 짓는 것처럼 생각하기도 하는데, 원치 않는 결혼을 억지로 할 필요가 없다고 말하고 있는 것이다.

9-16절, "만일 절제할 수 없거든 결혼하라 ……"

누구든지 처음 신앙을 가져 불이 붙었을 때는 결혼하지 않고 한평생 주님을 위해 살겠다고 결심한다. 그러나 나이가 들어 결혼의 필요성이 절실하고 사랑하는 사람을 만나게 되었을 때는 굳이 결혼하지 않는 것만이 주님을 사랑하는 거라고 생각할 필요가 없다. 하나님은 처음 남녀를 만들 때 서로 사랑하도록 만드셨기 때문이다.

"만일 갈라섰으면"

예를 들어 어떤 부인이 예수 믿기 전에 이미 이혼했거나 별거했으면 굳이 억지로 재결합할 필요가 없다는 뜻이다. 그러나 남편이 다시 화합하기를 원하면 합쳐도 좋다고 했다. 그 이유는 이것이 절대적인 것은 아니기 때문이다. 즉 그리스도인에게는 신앙의 자유가 결혼에 매이는 것보다 더 중요하다.

"믿지 아니하는 남편이 있어 아내와 함께 살기를 좋아하거든"

남편이 예수를 믿지 않는다는 이유 때문에 굳이 이혼할 필요가 없다는 뜻이다. 물론 사도 바울은 믿지 않는 자와 결혼에 대해 "믿지 않는 자와 멍에를 함께 메지 말라"(고후 6:14)고 하면서 엄히 경고하지만 이미 결혼한 사람에 대해서는 굳이 신앙을 이유로 갈라서지 말라고 말한다. 그 이유는 믿지 않는 남편이나 아이들이 부인이나 어머니의 신앙에 영향을 받아 예수를 믿을 수 있기 때문이다.

본문 이해를 위한 질문

1. 우리 몸이 성전이고 우리가 하나님을 사랑한다면 결혼생활을 하지 않는 것이 거룩한가?

사도 바울은 그렇지 않다고 말하면서 결혼생활을 해도 바르게 생활한다면 죄짓는 것이 아니라고 말한다.

2. 독신으로 사는 것은 부끄러운 일이며 잘못된 결정인가?

사도 바울은 자기처럼 독신으로 있으면 하나님을 섬기며 복음을 전하는데 더 큰 유익이 있다고 말한다.

3. 이미 결혼한 신자가 신앙적인 이유로 남편이나 아내와 별거하거나 헤어지는 것에 대해 어떤 교훈을 주고 있는가?

그리스도인에게는 신앙의 자유가 결혼에 매이는 것보다 더 중요할 수 있기 때문에 신앙적인 이유로 상대방이 헤어지기를 원할 때 헤어질 수도 있다. 그러나 함께 살기를 원한다면 자녀나 상대방의 영혼을 위해 같이 사는 것이 낫다고 권면한다.

성경 강해

요즘 우리나라에서는 동성애자들이 집회를 열고 자신의 권리를 주장하면서 시위를 하고 차별금지법을 만든다고 해서 사회를 소란스럽게 하고 있습니다. 이런 동성애자들의 활동을 통해 지금 우리가 살고 있는 곳이 소돔과 고모라라는 생각이 듭니다. 이때 우리가 어떤 태도를 취해야 할지는 성경에 다 나와 있습니다. 성경에 보면 소돔과 고모라는 동성애를 위시한 죄악으로 멸망했습니다. 하나님의 천사가 멋진 남자의 모습으로 소돔 성을 방문했는데, 이것은 그들이 살 수 있는 유일한 기회였습니다. 그러나 소돔의 동성애자들은 천사를 멋지게 생긴 남자로 생각하여 강간하기 위해 몰려들어 행패를 부렸습니다. 그때 아브라함의 조카 롯은 동성애자들의 행패를 막으려고 했습니다. 롯이 이런 짓을 해서는 안 된다고 하면서 동성애자들의 행패를 중단시키려고 했지만 그들은 전혀 말을 듣지 않았습니다. 그래서 롯은 동성애자들을 달래기 위해 협상을 하려고 했습니다. 자기 딸을 내어줄 테니 마음대로 하고 손님들을 해치지 말라고 한 것입니다. 그러나 동성애자들은 여자에게 마음이 없었습니다. 그때 천사는 동성애자들의 눈을 어둡게 하고 롯을 집 안으로 끌어들여 사실 하나님이 소돔과 고모라를 멸망시키기 위해 자신들을 보냈다고 하면서 빨리 가족을 데리고 산으로 도망하라고 전합니다. 머지않아 평지는 모두 불 쓰나미로 멸망할 것이기 때문입니다. 그러나 롯은 밤새 우왕좌왕하면서 소돔 성을 떠나지 못하고 머뭇거렸습니다. 지금으로 치면 목숨을 건질 수 있는 골든타임을 놓쳐버린 것입니다. 결국 천사가 강제로 롯과 두 딸과 롯의 아내의 팔을 잡고 끌어내어 달아나라고 했습니다. 그때 롯은 도저히 산까지 도망칠 자신이 없다고 하면서 가까운 곳에 있는 소알 성으로 가겠다고 했습니다. 그래서 하나님은 불 쓰나미의 규모를 줄여 소알 성은 망하지 않게 하셨습니다. 롯의 가족이 떠나자 바로 하늘에서 불과 유황이 쏟아지면서 소돔과 고모라를 덮쳤는데 단 한 명도 살아나지 못했습니다.

그런데 롯과 그의 두 딸을 살린 것은 아브라함의 기도였습니다. 하나님은 이미 아브라함과 협상하시기를 소돔에 의인 열 명만 있으면 멸망시키지 않겠다고 약속하셨습니다. 이것은 오늘 우리에게도 마찬가지입니다. 동성애자들의 시위나 행동을 누군가는 반대해야 하겠지만 그것으로는 해결되지 않습니다. 오늘 우리에게 중요한 것은 의인의 기도입니다. 의인의 부르짖는 기도만이 소돔과 고모라로 변해버린 우리나라를 살릴 수 있습니다.

사람의 성은 참으로 아름다운 것이며 우리를 행복하게 만듭니다. 그러나 성을 잘못 사용하면 이 세상에서 수치와 굴욕을 당할 뿐 아니라 그 후에 하나님의 무서운 심판을 받게 됩니다. 그럼에도 잘못된 성적 유혹을 떨쳐버리지 못해 인생에서 실패하는 사람을 봅니다.

그리스도인은 문화적으로 이 세상과 잘 어울리기 어려운 특성을 가지고 있습니다. 우선 이 세상은 술 문화이고 대단히 공격적인 성향을 가졌습니다. 거기에 비해 그리스도인은 예배 문화이고 공격적이지 않습니다. 예수를 믿는 젊은이들이 더 적응하기 어려운 것이 바로 성 문화입니다. 이 세상 사람은 성이 자유라고 생각해 사랑의 감정만 가지고 있으면 얼마든지 사랑의 행위를 할 수 있다고 생각합니다. 더욱이 미국 같은 나라에서는 청소년이나 청년이 순결을 가지고 있으면 게이라고 의심을 받거나 따돌림을 당합니다. 그러나 성적 타락과 방종 뒤에는 무서운 하나님의 심판이 있습니다. 우리는 이것에 대한 성경적 기준이 무엇인지 알아야 합니다.

1. 남녀관계의 위험성

하나님은 남자와 여자를 서로 사랑하게 만드셨고 좋아하게 만드셨습니다. 이 세상에서 사는 동안 좋아하는 사람과 서로 사랑하고 결혼까지 한다면 그보다 더 아름다운 일은 없을 것입니다. 이것은 하나님의 주신 최고 행복이고 축복입니다. 그러나 자칫 잘못해 정욕이 통제되지 않아서 잘못된 방향으로 나아가면 그때는 인간의 존귀함과 아름다움은 다 없어지고 오직 추하고 더러운 것만 남게 됩니다.

우리 인간과 천사가 다른 점은 천사는 정욕이 없고 유혹을 받지 않고 타락하지 않지만 우리 그리스도인은 정욕을 가지고 있고 유혹도 받지만 이것을 바른 방향으로 쓰고 참을 때 천사보다 더 아름다울 수 있다는 것입니다. 그러나 이것을 잘 지키기란 대단히 어려운 일입니다. 이것은 마치 폭발물을 전담하는 사람처럼 매사에 조심해야 겨우 지킬 수 있습니다.

1절, “너희가 쓴 문제에 대하여 말하면 남자가 여자를 가까이 아니함이 좋으나”

본문에 보면 사도 바울은 고린도 교인에게 남자가 여자를 가까이 하지 않는 것이 좋다고 말하고 있습니다.

여기서 "남자가 여자를 가까이 아니함이 좋으나"라는 것은 말 그대로 교회 안에서 성도를 돌볼 때 남자가 여자를 가까이 하지 않는 것이 좋다는 뜻으로 보면 됩니다. 예를 들어 교회 안에서 성도를 돌볼 때 개인적으로 가정을 방문해야 할 때도 있을 것이고 개인적인 문제를 두고 상담해야 하는 때도 있을 것이며 교육하고 제자 훈련을 시켜야 할 때도 있습니다. 그런 경우 남성이 남성을 돌보고 여성이 여성을 돌보는 것이 원칙적으로 옳다고 본 것입니다.

예를 들어 여성 교인 가운데 병자가 있거나 어려운 일을 당한 자가 있어 심방해야 할 때 여성이 심방하는 것이 좋고 남자 교역자가 심방해야 할 때는 반드시 여성을 동반해야 시험에 덜 빠지게 된다는 것입니다. 그 이유는 우리 인간은 육체의 정욕을 가진 죄인이기에 잘못하면 마귀가 틈을 탈 수도 있기 때문입니다. 예를 들어 기도하는데 남자가 여자 성도의 손을 잡고 열정적으로 장시간 기도하면 아주 위험한 상황에 처할 수도 있습니다. 남자가 여자를 가까이 하지 않는 것이 좋다는 말은 우리가 성도이고 우리 몸이 하나님의 성전이라고 하지만 우리 속에는 여전히 육체의 정욕이 있어 잘못하면 누구든지 무서운 유혹에 빠져 멸망할 수도 있다는 뜻입니다.

아무리 하나님의 백성이고 성도라 할지라도 다른 이성을 육체적 사랑의 대상으로 생각해서는 안 됩니다. 우리는 모든 사람을 사랑하라고 배웠지만 남녀 간에는 아주 예민하고 어려운 문제가 있어 너무 가까이 하지 않는 것이 좋습니다. 특히 우리는 상대방을 사랑하면 자기 사람으로 만들고 싶다는 욕망을 가지게 됩니다. 그러나 이것은 결코 사랑이 아닙니다.

예를 들어 예쁜 소리로 노래하는 새를 잡아 집으로 데려가 초롱 안에 키울 때 그 새를 사랑한다고 하지만 그 새는 행복하지 않을 것입니다. 그 새에게 행복은 자유롭게 자기가 가고 싶은 데 가서 노래하는 것이기 때문입니다.

사도 바울은 우리 그리스도인도 인간이므로 다른 이성을 대할 때 이런 욕심으로 사랑할 수 있기 때문에 이성을 가까이 하지 않는 것이 좋다고 말합니다. 옛날 우리나라 예배당의 구조는 남녀가 서로 보지 못하도록 중간에 벽이 있고 자리도 엄격하게 구별되어 있었습니다. 남녀가 가까이 있으면 예배를 드릴 때 하나님께 마음이 집중되지 않을 수도 있습니다.

그러나 사도 바울은 이것이 결혼하지 말라는 뜻은 아니라고 말합니다.

2절, "음행을 피하기 위하여 남자마다 자기 아내를 두고 여자마다 자기 남편을 두라"

사도 바울은 육체의 정욕에 빠지지 않기 위해 남자와 여자 모두 결혼해서 자기 남편이나 아내가 있어야 한다고 말합니다. 우리가 생각하기에는 당연한 이야기인 것 같지만 초대교회 시절에는 아주 중요한 말씀이었습니다. 초대교회 때는 사람들이 처음 예수를 믿고 은혜를 받으면 모두 예수님처럼 살고 싶어 결혼하지 않는 것이 하나님을 더 사랑하는 것이라고 생각했습니다. 즉 남자 청년이나 여자 청년이 육체적 사랑을 하는 것은 죄를 짓는 것이고, 마음과 육체를 순결하게 지켜 오직 예수님만 사랑하는 것이 영적 순결을 지키는 것이라고 생각했습니다. 그래서 지금도 천주교에서는 신부와 수녀는 독신 서약을 합니다. 여기서 사도 바울은 반드시 남녀 간에 사랑하지 않는 것만이 하나님을 사랑하는 것은 아니라고 말합니다.

어렸을 때 본 앙드레 지드의 『좁은 문』에서 주인공 남녀는 서로 사랑합니다. 그러나 그들은 어느 날 목사님의 "좁은 문으로 들어가라"는 설교를 듣고 자기들에게 좁은 문은 육체적 사랑에 빠지지 않는 것이라고 생각해 헤어집니다. 그리고 시간이 흘러 여자는 다른 사람들을 돌보다가 병에 걸려 죽습니다. 우리는 이런 스토리에 큰 감동을 받습니다. 얼마든지 육체적으로 사랑할 수 있지만 하나님을 더 사랑하기 때문에 사랑하는 사람과 헤어져 불쌍한 병자들을 돌보다가 죽는 것이 너무 고귀하고 아름답게 생각되는 것입니다. 물론 이럴 수 있다면 얼마나 숭고하고 아름다운 사랑이겠습니까! 그러나 사랑하는 남녀가 하나님 때문에 계속 사랑하지 못하고 헤어진다면 죽을 때 마음속으로 하나님을 얼마나 원망하며 예수 믿은 것을 후회하겠습니까! 하나님은 우리에게 이런 비극적 사랑을 요구하는 분이 아니십니다. 하나님은 우리에게 좋아하는 사람이 있으면 솔직하게 얼마든지 사랑하고 결혼하라고 하십니다. 그 대신 엉뚱한 사람을 사랑해서 죄를 짓지 말라고 하십니다.

예를 들어 어떤 사람이 예수님을 너무 사랑해서 독신으로 살기로 서원했다고 합시다. 그런데 하나님의 일을 하다가 너무 아름답고 사랑스러운 사람을 만나게 되었습니다. 이 사람은 자기 감정을 억누르다가 어느 날 밤 뛰쳐나와 사랑하는 사람을 만나 죄를 짓게 되었다면 그것이 더 악한 것이며 위선적인 것입니다.

목회자나 교인이 주님을 위해 가족도 없이 독신으로 하나님의 일을 하면 마음껏 예배도 드리고 기도도 하고 봉사도 할 수 있습니다. 특히 독신이면 돈이 많이 필요하지 않습니다. 목회자가 돈이 필요한 것은 아이를 비롯해 가족이 있기 때문에 교육이나 집을 위해 필요한 것이지 자기 몸뚱이뿐이라면 작은 방에서 잠을 자도 상관없고 어디서든지 먹고 입으면서 하나님의 일을 할 수 있습니다. 그러나 우리가 알아야 할 것은 아무리 성자 같고 위대한 사람일지라도 그 역시 인간이며, 그의 마음속에는 육체의 정욕이 있어 나쁜 생각을 하게 되고 유혹을 떨쳐버리기 어렵다는 것을 기억해야 합니다. 하나님은 우리에게 육체적 사랑을 하지 말고 하나님을 섬기라고 요구하지 않으셨습니다. 우리는 얼마든지 사랑할 수 있고 결혼할 수 있습니다. 다만 하나님은 우리가 죄짓지 않기를 원하십니다.

2. 남녀 간 사랑의 책임

사실 남녀 간에 사랑의 감정이나 육체적 사랑은 하나님이 주신 최고 행복이고 축복입니다. 그런데 하나님이 주신 그 기쁨을 나누려고 하면 한 가지 중요한 책임이 있습니다. 그것은 바로 자신의 한평생을 상대방에게 바치고 서로 육체적으로 사랑하는 것입니다. 자신의 한평생과 인생을 상대방에게 바치지 않은 채 육체적 쾌락만 가진다면 하나님의 사랑을 도둑질하는 것입니다. 이런 사랑의 의무를 인정하지 않기 때문에 결혼이 무너지고 가정이 무너지는 것입니다. 요즘은 부부가 늙어서도 서로 사랑하는 것을 인생의 가장 아름다운 성공이라고 봅니다.

하나님은 사람에게 이성을 사랑할 수 있는 사랑을 주시되 딱 한 사람만 사랑할 수 있는 용량을 주셨다면 죄짓는 일이 없을 텐데 누구든지 사랑할 수 있는 정욕을 주셨습니다. 이로 말미암아 인간은 엄청난 죄를 짓게 됩니다. 즉 딱 한 사람만 사랑하고 다른 사람은 절대로 사랑할 마음이 없어야 하는데 인간은 누구든지 마음에 드는 사람이 있으면 또다시 사랑할 수 있는 정욕이 있습니다. 그래서 사도 바울은 결혼하면 자기 몸의 주인이 달라진다고 말합니다.

3-4절, "남편은 그 아내에 대한 의무를 다하고 아내도 그 남편에게 그렇게 할지라 아내는 자기 몸을 주장하지 못하고 오직 그 남편이 하며 남편도 그와 같이 자기 몸을 주장하지 못하고 오직 그 아내가 하나니"

사도 바울은 남자와 여자가 일단 결혼하면 의무가 생긴다고 말합니다. 그중에서 가장 중요한 것이 정절의 의무입니다. 결혼하면 오직 한 사람과 육체적 사랑을 나누어야 합니다. 그리고 다른 어떤 사람과도 육체적 사랑을 나누면 안 됩니다. 간음죄가 되기 때문입니다. 사람은 자신의 한평생을 바쳐 한 여자나 남자를 사랑해야 합니다.

남자는 여자의 모든 생활을 책임질 의무가 있습니다. 남자는 여자와 결혼할 때 먹을 것과 입을 것을 비롯해 필요한 모든 것을 제공하리라 약속하고 결혼합니다. 그래서 결혼하고 나서 옷을 사주지 않거나 쌀이 아깝다고 많이 먹지 못하게 해선 안 됩니다. 여성이 직업을 가졌다고 해서 남자가 먹고 놀려고 해서도 안 됩니다.

여기서 중요한 것은 남자의 몸을 남자 마음대로 하지 못하고 여자의 몸도 여자 마음대로 하지 못한다는 사실입니다. 즉 남자는 결혼하기 전 자기 몸을 자기가 결정합니다. 어디든 놀러갈 수도 있고 공부를 하거나 일을 많이 할 수도 있습니다. 그러나 결혼하고 나서는 자기 몸이 아니기 때문에 자기 몸을 혹사해서도 안 되고 부인이 요구하면 건강을 지키기 위해 노력해야 합니다. 남자는 자기 몸을 회사 것이라고 생각해 밤새워 일하려고 하는

데 부인이 빨리 들어오라고 하면 들어와야 합니다. 특히 결혼한 사람의 건강은 서로의 행복에 결정적 역할을 하므로 아주 중요합니다. 결혼하고 나서 빨리 죽는다거나 하면 이것은 계약 위반입니다. 예전에 어떤 남자가 병으로 빨리 죽자 부인이 장례식장에서 죽은 남편을 향해 "계약 위반이야!"라고 소리를 질렀다고 합니다.

사도 바울은 특히 부부 사이에는 특별한 이유가 없는 이상 분방해서는 안 된다고 말합니다.

5-6절, "서로 분방하지 말라 다만 기도할 틈을 얻기 위하여 합의상 얼마 동안은 하되 다시 합하라 이는 너희가 절제 못함으로 말미암아 사탄이 너희를 시험하지 못하게 하려 함이라 그러나 내가 이 말을 함은 허락이요 명령은 아니니라"

요즘은 나이 든 사람 가운데 방을 따로 쓰는 부부가 많은 것 같습니다. 그 이유는 남편이 너무 심하게 코를 곤다거나 좋아하는 텔레비전 프로가 다르거나 활동하는 시간이 다르기 때문입니다. 그러나 젊은 사람들은 너무 오래 분방하면 유혹이 파고 들어올 가능성이 많습니다. 장기간의 해외 출장으로 오래 떨어져 지내는 것은 좋은 일이 아닙니다.

3. 그리스도인의 독신과 이혼의 문제

하나님은 우리 인간에게 이성을 사랑하도록 만드셨는데, 남녀 짝이 딱 맞으면 참 좋은데 그렇지 못한 경우가 많습니다. 그래서 그리스도인 가운데 결혼할 의사를 가지고 있지만 상대가 없어 결혼하지 못하는 경우도 있고, 결혼하기는 했지만 상대와 마음이 맞지 않아서 도저히 같이 살기 어려운 경우도 있습니다. 이런 경우 신앙인은 어떻게 해야 하느냐 하는 것입니다.

이 문제에 대해 사도 바울은 너무 세상적인 가치관에 얽매이지 말라고 권합니다. 즉 모든 그리스도인은 반드시 결혼해야 한다거나 이혼은 절대로 안 된다거나 예수 믿지 않는 사람과 결혼한 것은 무효라는 식으로 말하지 않았습니다.

7절, "나는 모든 사람이 나와 같기를 원하노라 그러나 각각 하나님께 받은 자기의 은사가 있으니 이 사람은 이러하고 저 사람은 저러하니라"

사도 바울은 자신이 독신으로 있는데 사실 독신으로 있는 것이 너무 좋다고 말합니다. 그래서 사도 바울은 할 수만 있으면 다른 사람도 자기처럼 독신으로 살았으면 좋겠지만 사람마다 하나님이 주신 은사가 다르기 때문에 강요해선 안 된다고 말합니다.

사도 바울은 일찍부터 예루살렘에 유학했기 때문인지 모르겠지만 결혼을 하지 않았던 것 같습니다. 그는 결혼하지 않았기 때문에 다메섹으로 가다가 예수님을 만났을 때 혈육에게 물어보지 않고 바로 복음 전도자로 나설 수 있었던 것으로 보입니다. 그러나 베드로는 결혼했기 때문에 어디를 가야 할 때 꼭 부인을 데리고 다녀야 해서 위험한 여행을 할 수도 없었고, 그가 가는 교회는 경제적 부담을 질 수밖에 없었습니다. 반면 사도 바울은 독신이었기 때문에 위험한 여행도 감행할 수 있었고 목숨을 걸고 주의 일에 열중할 수도 있었습니다. 그리고 성욕의 문제도 얼마든지 감당할 수 있었던 것 같습니다.

사실 성령 충만하면 할수록 육체의 욕망은 별 의미가 없어지는 것을 느낄 수 있습니다. 단지 우리에게 그런 성령 충만한 시간이 없어지면 그때 잘못하면 육체의 욕망에 더 빠지게 될 수 있습니다.

사도 바울 당시 특히 고린도에서는 예수 믿는 신앙을 가진 배우자를 찾기가 대단히 어려웠던 것으로 보입니다. 그것에 대해 사도 바울은 혼자 사는 여성을 억지로 결혼시키지 말라고 합니다.

8-9절, "내가 결혼하지 아니한 자들과 과부들에게 이르노니 나와 같이 그냥 지내는 것이 좋으니라 만일 절제할 수 없거든 결혼하라 정욕이 불같이 타는 것보다 결혼하는 것이 나으니라"

옛날에는 여성이 결혼하지 않고 혼자 살거나 과부로 있으면 주위에서 압력을 넣어 억지로라도 결혼시켰던 것 같습니다. 특히 로마 당국은 독신으로 있는 여자에게 벌금을 내게 하거나 재산권을 빼앗아서라도 억지로 결혼해서 아이를 낳게 했습니다. 그러나 사도 바울은 억지로 그렇게 할 필요가 없다고 말합니다.

초대교회 당시 많은 그리스도인 여성이 주님을 사랑해 독신으로 살 생각을 했습니다. 특히 과부들 가운데서 재혼하지 않고 마리아처럼 기도하면서 하나님 나라를 생각하며 살다가 죽으려는 여성이 많았던 것 같습니다. 사도 바울은 이런 여인들에게 억지로 결혼하지는 말라고 말합니다. 그 여성들 가운데서 처음에는 독신으로 살면서 주님만 사랑하고 섬기려고 했는데 나이가 들면서 남자를 사랑하고 싶고 또 좋은 남성을 만나 사랑하게 되었을 때는 얼마든지 독신을 포기하고 결혼해도 좋다고 말합니다.

마틴 루터는 처음에 로마 가톨릭의 면죄부가 틀렸다고 주장했는데, 나중에는 수도원이라고 해서 더 거룩한 것은 아니라고 주장했습니다. 그래서 독일의 많은 수도사와 수녀가 수도원을 떠나 루터에게 왔습니다. 루터는 그 수녀들에게 남자들을 소개시켜 주어 결혼하게 했는데, 한 여자가 죽어도 다른 사람과 결혼하지 않겠다고 버텼습니다. 결국 루터는 의무감으로 그녀와 결혼했는데, 그녀의 이름은 카트리나 폰 보라였습니다. 루터는 나중에 이 여인을 진정으로 사랑하게 됩니다.

쇠렌 키에르케고르는 "결혼을 하라, 그리하면 후회할 것이라"고 말한 뒤 "결혼하지 말라, 그래도 후회할 것이라"고 했습니다. 짐작건대 그는 사랑을 모르는 사람인 것 같습니다. 소크라테스는 이데아를 너무 사랑해 한평생 철학의 진리를 찾기 위해 돈도 벌지 않고 일도 하지 않았습니다. 그런데 소크라테스의 처 크산티페는 악처로 유명합니다. 이는 소크라테스가 제자들에게 아내의 물벼락을 맞고 "천둥이 친 다음에는 큰비가 내리는 법이지"라고 말한 데서 비롯되었다고 합니다. 한편에서는 남편이 돈도 벌어오지 않는데 아이를 키워야 하니 그 입에서 좋은 소리가 나오겠는가 하면서 크산티페를 변호하는 사람도 있습니다.

하나님은 아브라함에게 하늘의 별처럼 많은 자손을 주겠다고 약속하셨는데 그는 100세에 독자 이삭을 얻었습니다. 이삭 역시 40세가 될 때까지

가나안 땅에서 배필을 구하지 못했습니다. 이는 가나안 땅에 여자가 없었기 때문이 아니라 순결한 여자를 구할 수 없었기 때문입니다. 결국 이삭은 마흔이 되어 리브가를 만나 결혼하게 되는데, 그때 리브가의 나이는 한창 아름다운 십대였습니다. 이삭이 오랫동안 기다릴 수밖에 없었던 것은 리브가가 자라야 했기 때문입니다.

10-11절, "결혼한 자들에게 내가 명하노니 (명하는 자는 내가 아니요 주시라) 여자는 남편에게서 갈라서지 말고 (만일 갈라섰으면 그대로 지내든지 다시 그 남편과 화합하든지 하라) 남편도 아내를 버리지 말라"

그리스도인 아내나 남편에게 있어 신앙이 없다는 것이 이혼 사유가 될 수 있느냐는 것입니다. 본문은 배우자가 신앙이 없는 것은 이혼 사유가 될 수 없다고 말씀합니다. 한번 결혼한 것은 모두 하나님의 뜻이고, 한번 결혼하면 마음대로 나누어질 수도 없습니다.

성경에서 어떤 경우에도 절대 이혼해선 안 된다고 하면 결국 남자들이 여자를 때리거나 함부로 대하는 등 억지로 헤어지려고 하기 때문에 모세도 율법에서 연약한 여자를 남자로부터 보호하기 위해 이혼을 허용했습니다. 결혼은 하나님이 주신 최고의 선물이고 놀라운 비밀이지만 인간의 죄성 때문에 실제로는 그렇게 안 될 때가 많습니다. 그래서 어떤 경우 결혼이 하나님의 창조의 원리라고 해서 억지로 같이 살 것을 강요한다면 여자나 남자 가운데서 미치거나 죽는 사람도 있을 것입니다.

도저히 같이 살 수 없을 때는 갈라지게 되면 갈라지라는 것입니다. 그 대신 다른 사람과 결혼하지 말고 그냥 그대로 살든지 사정이 변해 함께 살 수 있으면 함께 살라고 합니다.

남편이 아내를 상습적으로 구타하면 맞아 가면서 함께 살 필요는 없습니다. 옛날에는 여자가 자기 집으로 되돌아오는 것을 큰 수치로 여겨 맞으면서도 함께 사는 경우가 많았습니다. 그러나 절대로 맞아 가면서 살 필요가 없습니다. 여성이 욕을 먹거나 매를 맞으면 마음속에 있는 긍정적 자아상이 다 파괴되어 너무 비참한 자아상을 가지게 됩니다. 이것은 사랑이 아니고 그 인격을 죽이는 것입니다. 그리고 아내를 구타하는 남편은 이미 남편으로서의 자격이 없습니다. 이것은 부모도 마찬가지인데, 아이를 정도 이상으로 때리는 부모는 이미 부모 자격이 없는 것이므로 아이를 그런 집에 돌려보내선 안 됩니다. 이것은 국가가 책임을 져야 합니다.

한번 이혼했지만 그 후에 좋은 사람을 만나 아름다운 결혼생활을 하는 경우도 많습니다. 우리는 이것을 패자부활전이라고 해서 얼마든지 가능하다는 것을 인정해야 합니다. 이것을 보면 사도 바울의 가르침은 예수님이 복음서에서 말씀하는 것보다 훨씬 더 융통성이 있다는 것을 알 수 있습니다. 예수님은 음행 외에 절대 이혼은 안 되고 재혼도 안 된다고 하셨는데, 사도 바울은 예수님의 가르침을 느슨하게 적용하고 있는 것이 아닌가 하는 생각이 들기도 합니다. 예수님의 말씀은 분명한 원칙이고 우리 인간은 무지나 어리석음 때문에 시행착오를 겪을 수밖에 없습니다.

12절, "그 나머지 사람들에게 내가 말하노니 (이는 주의 명령이 아니라) 만일 어떤 형제에게 믿지 아니하는 아내가 있어 남편과 함께 살기를 좋아하거든 그를 버리지 말며"

신앙을 가진 부인이 남편이 믿지 않아도 같이 살기를 원한다면 같이 살라는 것입니다. 그러다 보면 남편이 신앙을 가지는 경우도 많습니다. 아내가 남편의 신앙을 위해 오래 기도했는데 나중에 예수 믿고 불이 붙어 훌륭하게 신앙생활을 하는 사람이 많습니다. 특히 아이들은 어렸을 때 어머니의 신앙을 따라가기 때문에 아이들의 신앙을 모두 건질 수 있습니다.

그럼에도 신앙적인 이유로 상대방이 갈라서자고 할 때는 노예처럼 살지 말고 대담하게 갈라서라고 말씀합니다.

15절, "혹 믿지 아니하는 자가 갈리거든 갈리게 하라 형제나 자매나 이런 일에 구애될 것이 없느니라 그러나 하나님은 화평 중에서 너희를 부르셨느니라"

함께 사는 것이 노예생활과 같고 힘겹다면 상대방이 갈라서자고 할 때 갈라서도 됩니다. 물론 이것은 이혼이 아니라 여성 보호 차원에서 단지 따로 사는 것입니다. 하나님은 우리에게 노예처럼 살면서도 억지로 살아야 한다고 말씀하지 않으셨습니다. 하나님이 화평 중에 부르셨기에 우리는 더 이상 종 노릇을 할 필요도 없고 불행할 필요도 없고 행복하게 살 자격이 있습니다.

하나님은 남자와 여자를 서로 사랑하게 하셨지만 사랑에는 무거운 책임감이 따릅니다. 오늘날 책임지지 않으면서 사랑만 하려고 하는 것은 무서운 죄입니다. 사도 바울은 우리는 노예가 아니기 때문에 억지로 강요당해 결혼하거나 결혼생활을 하지 말라고 했습니다. 우리 성도와 자녀들의 미래가 행복하기를 바랍니다.

성경 토의

1. 오늘 우리 사회에 이혼이 증가하고 혼외 관계도 늘고 있는데 우리 그리스도인은 어떤 자세로 이성을 대해야 하며, 결혼에 대해 어떤 각오를 해야 하는가?

2. 최근 포르노 영화의 영향으로 많은 젊은이와 기혼자가 성에 대한 올바른 생각을 잃어버리고 성 중독 증세를 보이고 있는데, 교회는 어떻게 이들을 치료하고 바른 길로 인도해야 하는가?

3. 어떻게 하면 행복하고 아름다운 부부생활을 이어가고, 악한 세상의 흐름을 따라가지 않고 가정을 거룩하게 지킬 수 있는가?

16_세상을 사는 자세

고린도전서 7:17-31

전체적 설명

사람들 가운데는 좋은 조건에서 태어난 사람도 있고 후천적으로 자신의 노력을 통해 신분이나 처지가 바뀌는 사람도 있다. 그러나 옛날에는 종이나 자유민, 남자나 여자, 태어난 나라에 따라 지위나 신분이 큰 차이가 나는 경우가 많았다. 예수를 믿고 나서 왜 자신은 노예의 신분이어야 하며 여자로 태어났어야 하며 신체적 장애를 가지고 태어났어야 하는지 이해하는 사람이 많이 있었던 모양이다. 지금도 마찬가지이지만 신체적 장애나 너무 가난하고 어려운 나라에서 태어난 사람은 자신의 처지를 바꾸고 싶어 한다. 이것에 대해 사도 바울은 우리의 처지가 향상되는 것은 좋은 일이지만 비록 그렇게 되지 않더라도 실망하지 말고 자신의 처지를 인정하는 것이 좋다고 권면한다.

설교 프리노트

17절, "오직 주께서 각 사람에게 나눠 주신 대로"

이 세상에서 가진 것이 전부라면 우리의 행복은 이 세상의 부나 신분으로 말미암아 결정될 것이다. 그러나 우리에게 더 큰 축복이 있고 이 세상에 있는 것이 임시로 주어진 비상식량 같은 것이라면 우리는 이 세상의 조건에 너무 집착하지 않을 것이다. 예를 들면 어떤 사람이 높은 산을 올라가는데 대장이 모든 대원에게 비상식량을 각각 다르게 나눠주었다면 그 비상식량은 행복의 결정적 조건이 되지 못할 것이다. 물론 비상식량은 조난당한 사람에게는 목숨을 지탱해주는 아주 중요한 것이지만 구조된 사람에게 비상식량은 큰 의미가 없을 것이다. 마찬가지로 이 세상에서 가진 신분이나 부, 학식 등은 이 세상을 유지하기 위한 일종의 비상식량에 불과한데 사람들은 이것에 목을 매달고 있다. 그러나 하나님의 백성에게는 더 큰 생명의 근원이 되신 하나님과 그분의 축복이 있기 때문에 세상의 조건은 하나님이 주신 그대로 받아들이는 것이 좋다.

18-19절, "할례자로서 부르심을 받은 자가 있느냐 ……"

당시 세상의 조건 가운데서 중요한 것은 자유민과 노예의 신분이었을 것이다. 또한 당시에는 여자와 남자의 차별도 심했고 장애인과 비장애인의 차별도 아주 심했다. 한편 종교적으로는 그리스도인 가운데서 아무래도 유대인으로 태어나 어렸을 때부터 할례를 받은 사람이 하나님과 성경에 대해 더 많이 알 거라고 생각해 할례를 받으려고 하는 자가 많았다. 그러나 사도 바울은 그리스도인에게 비유대인으로 태어나 예수를 믿었다면 굳이 할례를 받아 유대인이 되려고 하지 말고, 유대인으로 태어나 할례자가 되었으면 비할례자가 되려고 하지 말라고 말했다. 그리스도 안에서는 할례나 비할례가 본질이 아니었기 때문이다.

"오직 하나님의 계명을 지킬 따름이니라"

하나님의 백성에게 중요한 것은 하나님 말씀에 순종하여 사는 것이다. 그래서 그리스도인에게 중요한 것은 그가 어떤 과정에서 예수를 믿었느냐 하는 것이 아니라 지금 하나님 말씀을 듣고 순종하여 사느냐 하는 점이다. 어떻게 예수를 믿게 되었든지 간에 하나님 말씀을 붙들고 그 말씀에 순종해 사는 사람은 복 받은 자이고 하나님의 자녀다.

20-24절, "각 사람은 부르심을 받은 그 부르심 그대로 ……"

사람은 누구든지 이 세상에서 끊임없이 노력하여 신분과 지위를 상승시킬 때 만족감을 느끼고 하나님의 축복을 경험한다. 모든 그리스도인이 열심히 노력해 더 잘살게 되고 지위나 신분이 더 올라가는 것은 좋은 일이지만 그것을 하나님 말씀보다 더 중요하게 생각해서는 안 된다. 또 아무리 노력해도 이룰 수 없는 것을 이루려고 마음 쓰며 애태울 필요가 없다.

"네가 종으로 있을 때에 부르심을 받았느냐"

사도 바울은 성도들의 조건 가운데서 가장 중요한 문제를 언급하고 있다. 당시 예수 믿는 사람 가운데 노예 신분인 자가 많았는데 주인으로부터 비인간적 취급을 많이 당했다. 그들은 하나님께 자유를 달라고 기도했지만 쉽게 이루어지지 않았다. 그렇다면 노예의 신분을 인정하고 내면적으로 더 깊은 은혜를 체험하라고 말한다. 그러나 노력해서 자유인이 될 수 있으면 얼마든지 자유인이 되어도 좋다고 한다(21절). 그리스도인은 아무리 종이라고 해도 그의 양심이 자유롭기 때문에 자유인이다. 반대로 자유인으로 예수를 믿은 사람은 자기 자유를 가지고 방탕하거나 자기 하고 싶은 대로 살지 않고 아무것도 자기 마음대로 하지 못하는 종처럼 살 때 복음의 능력이 나타난다(22절). 그리고 우리는 모두 예수 그리스도의 피 값으로 산 자들이기 때문에 자유인이면서도 종이다.

25절, **"처녀에 대하여는 내가 주께 받은 계명이 없으되"**

사도 바울은 유독 처녀에 대해서는 주님께 받은 특별한 계명이 없다고 말한다. 당시 처녀들은 부모의 의사에 따라 결혼하는 것이 세상의 관례요 법이었던 것 같다. 주님은 처녀에 대해서는 부모의 의사를 인정하신 것으로 보인다. 그러나 당시 처녀들 가운데 아름답고 순결한 신앙으로 주님을 사랑하고 성도를 섬기는 자가 많았던 것 같다. 사도 바울은 굳이 부모가 자기 딸을 결혼시키려고 하는 것에 대해 반대할 의사는 없지만 그럼에도 너무 억지로 결혼시킬 필요는 없다고 말한다. 앞으로 오래 지나지 않아서 환난의 날이 올 것 같은데 그때를 대비하고 주님이 오실 것에 대비하여 처녀의 신분으로 주님을 위해 사는 것도 좋은 일이라고 권면한다. 그러나 처녀들은 좋은 신랑감이 나타나면 결혼해서 가정을 이루는 것이 더 좋은 일이다.

28절, **"장가 가도 죄 짓는 것이 아니요 처녀가 시집 가도 죄 짓는 것이 아니로되"**

당시 그리스 철학에서는 육체적 사랑을 나쁜 것으로 이야기하거나 정신만 똑바로 차리고 산다면 정상적인 결혼을 하지 않고 아무렇게나 성생활을 해도 된다는 사상이 팽배해 있었다. 그러나 사도 바울은 결혼은 죄가 아니며 사람은 누구나 바른 결혼생활을 할 수 있다고 가르친다. 단지 누구든지 바른 결혼생활을 하려고 하면 상당한 의무와 책임이 따른다는 것을 알고 있어야 한다.

29-31절, **"그때가 단축하여진 고로 ……"**

하나님의 백성은 언제든 그리스도가 오실 수 있고 환난의 때가 올 수 있다는 것을 염두에 두고 지나치게 육체를 위해 살아선 안 된다. 더욱이 우리는 하루하루 살 때마다 주님의 재림이 더 가까워지고 있음을 인식할 필요가 있다. 주님이 다시 오시지 않을 것처럼 육체의 정욕만을 위해 산다면 그는 신앙의 잠을 자고 있으며, 바른 신앙을 잃어버리고 말 것이다. 우리는 이 세상에서 아무리 기뻐도 기쁘지 않은 자처럼 살아야 하고 많은 것을 가졌어도 없는 자 같은 자세로 살아야 한다. 이 세상의 모든 것은 다 없어질 것이기 때문이다.

본문 이해를 위한 질문

1. 그리스도인은 이 세상에 자신이 처한 여러 가지 조건에 대해 어떤 자세로 살아야 하는가?

물론 더 높은 신분으로 올라가는 것도 좋지만 이 세상의 성공에 너무 집착하거나 노력해도 안 되는 것을 얻기 위하여 평생을 허비해서는 안 된다.

2. 결혼생활은 어떻게 하는 것이 좋은가?

아내가 있는 사람은 아내에게 충실하고 아내가 없는 자는 없는 대로 주님께 충성되게 살면 된다. 결혼은 죄가 아니기 때문에 얼마든지 사랑하는 사람과 함께할 수 있지만, 결혼에 수반되는 책임을 충분히 인지하고 있어야 한다.

3. 지금의 때를 어떤 때로 생각해야 하는가?

옛날에 비해 주님 재림의 때가 단축되었고 언제 환난이 닥칠지 모르기 때문에 세상일에 너무 연연해하지 말고 있는 것도 없는 것처럼 생각하고 살아야 한다.

성경 강해

옛날 로마 도시들 가운데서 폼페이는 화산 폭발로 멸망한 도시로 유명합니다. 그 폼페이의 멸망에 대해 플리니우스는 자기 일지에 자세히 적어놓았습니다. 처음에는 바다 물결이 크게 출렁거리더니 나중에는 베수비오 화산이 폭발하면서 하늘에서 불이 붙은 돌이 떨어졌고 그다음에는 유독 가스가 피어오르기 시작했습니다. 이때 많은 사람이 유독 가스에 질식해 정신을 잃었습니다. 그 후에는 온 땅이 화산재로 덮이기 시작했는데 4미터 깊이로 화산재가 쌓이고 그다음에 비가 내리면서 땅이 시멘트처럼 단단하게 굳었습니다. 이런 이유로 사람들은 오랫동안 폼페이가 실제로 존재했었는지 알지 못했는데 19세기에 어떤 농부가 우물을 파다가 발견했습니다. 폼페이는 당시 로마 다음 가는 사치와 방탕의 도시로, 사람들은 그 도시가 그처럼 한순간에 화산재에 덮여 멸망할 줄 몰랐습니다.

최근 우리나라 비행기가 엔진에 불이 붙어 승객들이 가까스로 대피하는 사건이 일어났습니다. 일단 비행기에 화재가 나거나 불시착해서 사고가 발생하면 승객들은 물건을 가지고 내릴 수가 없습니다. 자기 물건을 챙기려고 하다가 큰 혼란이 발생할 수 있고 통로가 막힐 수도 있기 때문입니다. 그리고 사람의 생명은 물건과 비교할 수 없을 만큼 소중하므로 사람이 우선입니다. 비행기에 화재가 났을 때는 몸만 신속하게 빠져나와야 인명피해를 최소화할 수 있습니다. 비행기 사고에서 몸만 살아 나와도 큰 행운입니다.

살고 있는 곳이 지진이나 쓰나미, 전쟁으로 멸망할 것이 분명하다면 사람들은 어떤 자세로 살아야 할까요? 멸망할 도시에서 성공하기 위해 많은 투자를 하거나 최선을 다해 높은 자리에 올라가려고 하지 않을 것입니다. 가능한 한 단출하게 살면서 멸망에 대비해 항상 지진이나 쓰나미의 징후에 신경 쓰고 좀 불편하더라도 탈출하기 쉬운 곳에서 살려고 할 것입니다. 그런데 놀랍게도 사람들은 자기가 사는 도시나 나라가 망하지 않을 거라 여겨 세상에 많은 것을 투자하고 세상에서 높은 자리에 올라가려고 마음을 쓰고 애태우는 것을 볼 수 있습니다. 그들의 도시가 소돔과 고모라처럼 망한다면 그들은 롯의 아내처럼 가진 것을 포기하지 못해 소금 기둥이 되고 말 것입니다.

지금 눈에 보이는 세상이 전부라고 하면 우리는 이 세상에서 더 부요하기 위해, 더 높은 자리에 올라가기 위해 인생을 투자할 것입니다. 그러나 이 세상이 장차 멸망할 거라면 우리의 젊음과 시간과 열정을 세상적 지식이나 세상을 위해 다 투자하는 것은 결코 현명한 선택이 아닙니다. 자기가 애쓰고 투자한 것을 하나도 건지지 못한 채 망하고 말 것이기 때문입니다.

자신이 사는 곳에 재난이 일어났을 때 자기 생명을 건진다거나 가족들의 생명이라도 건진다면 크게 성공한 것입니다. 약간 여유가 있는 사람들은 돈이나 약간의 생활필수품 정도 챙겨 가지고 나오면 다행일 것입니다.

예수님은 당시 사람들에게 밭에 있는 자는 집으로 돌아가지 말고 지붕 위에 있는 자도 물건을 가지러 내려가지 말고 산으로 도망가라고 하셨습니다. 그러나 사람들은 예루살렘이 멸망한다는 것은 꿈에도 생각하지 않았기 때문에 가능한 한 예루살렘에 있으려고 했으며, 돈을 많이 소유하려고 했습니다. 자존심이 엄청나게 센 그들이었지만, 로마와의 전쟁으로 예루살렘에서 110만 명이 죽고 20만 명이 노예가 되어 로마로 끌려가고 예루살렘은 망하고 말았습니다.

우리가 사는 세상이 언젠가 갑자기 망한다면 이 세상을 사는 우리의 자세는 아주 조심스러워질 것입니다. 가능한 한 도피하기 쉬운 곳에 살면서 번거롭게 많은 것을 소유하려고 하지 않을 겁니다. 모든 것을 내려놓고 언제든 도피하기 쉽도록 간편하게 살 것입니다.

1. 우리 인생에 가장 먼저 챙겨야 할 것

큰 위험이 닥치면 우리는 목숨 건지는 것을 최고로 중요하게 생각할 것입니다. 그리고 그런 위기 가운데서 계속 살아간다면 너무 많은 것을 가지는 것보다 가장 요긴한 것만 가지고 살아가는 훈련을 해야 할 것입니다.

17절, "오직 주께서 각 사람에게 나눠 주신 대로 하나님이 각 사람을 부르신 그대로 행하라 내가 모든 교회에서 이와 같이 명하노라"

본문을 보면 주님이 각 사람에게 나눠주신 것이 전부 다른데, 각자 그것에 만족하고 자신이 있는 위치에서 열심히 주님을 섬기라고 말씀하십니다. 여기서 우리는 각 사람의 은사가 다른 것이 참으로 유익할 때가 많다는 사실을 알게 됩니다.

전쟁이 일어났을 때 싸움만 잘 한다고 해서 이기는 것은 아닙니다. 군대에서 전투부대가 중요한 것은 사실이지만 병참이나 군수도 아주 중요합니다. 공병도 중요합니다. 게다가 군의관도 있어야 하고 군목도 있어야 합니다.

이 세상에서 사람은 잘할 수 있는 것이 저마다 다릅니다. 그럼에도 사람들 가운데 너무나 유능한 나머지 모든 것을 잘 하려고 하는 사람도 있고, 모든 것을 싹쓸이해서 성공을 독식하려는 사람도 있습니다. 그런데 사도 바울은 이 세상에서 모든 것을 가지고 성공하는 것이 중요하지 않다고 말합니다. 우리가 사는 이 세상은 언제든 망할 수 있기 때문입니다. 그러므로 우리는 눈에 보이지 않는 가치 있는 것을 찾아야 망하지 않습니다.

요한계시록에 보면 예수님이 요한에게 편지를 보내라고 말씀하신 일곱 교회가 나옵니다. 그 일곱 교회 가운데 가장 가난한 교회는 서머나 교회였습니다. 그 당시 서머나 교회는 교인 수도 얼마 되지 않고 모두 가난해서 교회나 교인들이 경제적으로 어려웠던 것 같습니다. 그러나 주님은 서머나 교회에 대해 "실상은 네가 부요한 자니라"(계 2:9)고 말씀하십니다. 서머나 교회는 세상적으로 봤을 때 가장 가난한 교회였지만 믿음에서는 가장 부요한 교회였습니다. 반면 라오디게아 교회는 부자가 많았고 부족한 것이 없었지만 주님은 이 교회를 향해 "네 곤고한 것과 가련한 것과 가난한 것과 눈 먼 것과 벌거벗은 것을 알지 못하는도다"(계 3:17)라고 말씀하십니다. 라오디게아 교인은 돈이 많았고 좋은 옷은 입고 다녔을지 모르지만 하나님 앞에서는 가난했고 눈까지 멀었고 벌거벗고 다니는 가련한 자들이었습니다. 이것을 통해 알 수 있는 것은 우리 눈에 보는 세계가 전부가 아니라는 것입니다. 우리가 보는 세계는 신기루처럼 진짜 부요한 것이 아니고 진짜 지식도 아니고 진짜 행복한 것도 아닙니다. 그런데 우리 믿음의 세계 안에는 세상의 눈으로 볼 수 없는 엄청난 부요함과 많은 지식, 크나큰 축복이 있습니다. 우리가 진정으로 행복하게 사는 비결은 바로 이 눈에 보이지 않는 부요함과 지식, 축복을 가지는 것입니다. 그래야 이 세상에 휩쓸려 망하지 않고 영원히 행복할 수 있습니다.

우리 눈에 보이는 이 세상의 전부라면 우리는 아름답고 멋진 사람이 되기 위해 모든 노력을 기울여야 할 것입니다. 그러나 이 세상이 영원한 세상이 아니고 잠깐 있다가 떠나야 할 곳이라면 이 세상에 너무 많은 투자를 하고 너무 많은 노력을 하는 것은 현명한 처사가 아닙니다.

이 세상에서 멋진 남자를 만나고 아름다운 여성을 만나고 돈까지 많아서 부족함 없이 산다면 참으로 행복할 것입니다. 그러나 성경은 이 세상에서 모든 것을 가지려고 해서는 안 된다고 말씀합니다.

사도 바울은 세상에서 꼭 성공해야 한다든지 꼭 많은 돈을 벌어야 한다든지 생각하지 말고 주어진 대로 살라고 권면합니다. 이것을 보면 사도 바울은 우리 신분의 변화나 세상 성공에 대해 너무 부정적이고 염세적인 생각을 가지고 있는 것처럼 보입니다. 우리는 무슨 수를 써서라도 부자가 되고 수단과 방법을 가리지 않고 좋은 사람과 만나 결혼하고 많은 돈을 벌어 자유를 사서 자유인이 되어야 한다고 생각하는데, 사도 바울은 너무 그렇게 되려고 애쓰지 말라고 합니다. 이런 것을 보면 사도 바울은 이 세상에서의 행복을 중요하게 생각하지 않는 것 같습니다. 우리는 아이들이 좋은 점수를 받아 좋은 대학에 들어가야 한다고 생각하는데, 세상적 성공에 너무 집착하지 말라고 말하는 것 같습니다.

물론 이 세상에 살기 위해서는 어느 정도 이 세상과 맞춰 살아야 합니다. 학생은 열심히 공부해야 하고, 젊은이는 좋은 짝을 만나 결혼해야 하고 직장을 가져 열심히 돈도 벌어야 합니다. 그러나 믿음의 눈으로 볼 때 이 세상에서 좋은 것을 차지하기 위해서는 세상일에 모든 열정을 다하고 모든 시간을 다 바쳐야 겨우 얻을 수 있는 것이 많습니다. 예를 들어 세상에서 좀 더 높은 자리로 승진하거나 좀 더 높은 학식을 가지려면 자신의 인생 전체를 바치다시피 해야 합니다. 사도 바울은 우리가 이 세상에서 누리는 많은 것이 하나님이 주신 축복이기도 하고 소중하고 가치 있는 것은 사실이지만, 결코 우리 인생 전부를 다 바칠 만큼 가치 있는 것은 아니라고 말합니다.

오히려 그 시간과 그 열정을 가지고 하나님의 축복의 전문가가 된다면 더 큰 능력의 사람이 될 수 있습니다.

2. 우리가 지금 가지고 있는 것들

이 세상을 보면 좋은 것이 너무 많습니다. 그런데 문제는 이 세상에서 좋은 것이 모든 사람에게 골고루 주어지지 않고 불공평하게 편중되어 있다는 것입니다. 그렇다 보니 이 세상에서 좋은 것을 차지하려고 하면 치열하게 경쟁해 이겨야 하고 어마어마하게 많은 시간을 투자해야 합니다. 예를 들어 정치하는 사람은 어떻게 해서든지 권력을 손에 넣기 위해 목숨 걸고 싸우거나 비열하게 아첨하거나 온갖 비열한 수단과 방법을 써서 상대방을 무너뜨려야 합니다. 또한 사람은 돈을 벌기 위해 죽도록 일해 밑바닥에서부터 올라가야 하고 먹지도 않고 입지도 않고 돈을 모아야 합니다. 어떤 사람은 더 부자가 되려고 무리하다가 망해 인생을 망치고 맙니다.

특히 여성에게는 미인이 된다는 것이 얼마나 좋은 일인지 모릅니다. 미인이면 세상 사람이 우러러보기도 하고 부자나 권력을 가진 사람과 결혼할 수도 있습니다. 기왕이면 하나님이 사람을 만드실 때 모든 여성을 황금 비율로 만들고 미인으로 만드셨으면 좋았을 텐데 그렇지 못합니다. 그 대신 여성은 더 아름다워지기 위해 좋은 화장품이나 옷, 장신구로 자신을 아름답게 꾸미기 위해 노력합니다. 그래서 돈이 많이 필요합니다.

사도 바울은 너무 좋은 것을 다 가지려고 하지 말고 주어진 분수대로 사는 것이 좋다고 말합니다.

17절, "오직 주께서 각 사람에게 나눠 주신 대로 하나님이 각 사람을 부르신 그대로 행하라 내가 모든 교회에서 이와 같이 명하노라"

하나님은 우리를 이 세상에 살게 하셨고, 우리가 이 세상에 사는 것은 모두 하나님의 축복입니다. 그러나 성경을 보면 이 세상은 우리가 영원히 거할 곳이 아니라고 말씀합니다. 잠깐 살다가 가야 한다면 이 세상에 너무 많은 정을 두어서는 안 됩니다. 그렇다고 해서 이 세상에서 너무 방관자적 자세를 가지고 산다면 정말 무익한 사람이 되고 말 것입니다. 이 세상에서 성경적으로 산다는 것은 결코 쉽지 않은 일입니다. 이 세상을 너무 좋아하면 세상적 유혹에 빠지게 되고 이 세상에 너무 무관심하면 쓸모없는 인간이 되고 맙니다. 그래서 우리는 이 세상에서 유익하면서도 너무 세상에 빠지지 않는 사람이 되어야 합니다.

그렇게 하려면 이 세상 밖의 경험을 가질 필요가 있습니다.

우리는 이 세상을 살아가면서 다양하게 하나님의 도우심을 받고 축복도 경험합니다. 예를 들어 요셉이 노예로 있을 때 하나님이 요셉을 축복하셔서 주인이 그를 인정하고 좋은 대우를 해주었던 것처럼 우리는 이 세상에서 생활이 나아지기도 하고 승진을 하기도 하고 집을 사기도 하는 것을 통해 하나님의 구체적 사랑을 체험합니다. 성경이 우리에게 주의를 주고 있는 것은 이 세상의 성공이나 행복이 전부라고 생각해 거기에 집착한다면 가장 중요한 우리 자신의 구원을 잃어버리게 된다는 것입니다.

예를 들어 학생의 경우 열심히 공부하다 보니 일등도 하고 좋은 학교에 합격해 다닐 수도 있습니다. 그것은 훌륭한 선생님에게 좋은 지식을 배우고 도서관에서 좋은 책을 볼 수 있는 장점이 있지만 그 자체가 인생의 성공은 아닙니다. 오히려 시간을 내어 교회에서 하나님 말씀을 듣고 주일학교에서 봉사하면서 자신의 인생을 더 가치 있게 써야 합니다.

학문에 뜻을 두고 열심히 공부해 학위를 받고 교수가 되는 것은 참 좋은 일입니다. 그러나 그것으로 인생의 모든 목적을 다 이룬 것은 아닙니다. 오히려 교수일수록 궤변을 삼가고 겸손하게 하나님 말씀을 배우고 교회를 열심히 섬길 때 사람들은 그를 존경의 눈으로 바라보게 됩니다.

사람은 한번 높아지면 더 높아지려고 하고 더 높은 자리로 올라가려고 하기 때문에 겸손하게 하나님 말씀을 듣거나 남에게 봉사하는 시간을 가지기가 어렵습니다. 모든 사람에게 가장 중요한 것은 자기 영혼이 구원받는 것입니다. 그러나 사람은 이 세상에서 성공했는지 몰라도 자기 영혼은 구원받지 못해 여전히 방황하고 있으며 버림받는 상태에 있습니다.

이 세상에서 눈에 보이는 것만이 전부라면 목숨을 걸고서라도 최고 자리까지 올라가서 큰 박수갈채를 받고 싶을 것입니다. 그러나 사도 바울은 모두 진짜 복이 아니고 진짜 축복의 모조품에 불과하다고 말합니다. 마찬가지로 이 세상의 인정과 칭찬은 잠깐 지나가는 것에 불과하고 진짜 축복은 하나님으로부터 받게 됩니다. 우리는 이 세상에서 나름 최선을 다하고 부지런하고 성실하게 생활함으로써 하나님이 세상에 주신 복을 누려야 다른 사람에게 나누어줄 것도 있습니다. 그러나 진짜 복은 우리가 하나님 앞에서 예배드리고 기도하면서 받는 것이기 때문에 세상일을 위해 시간과 열정을 다 쏟는 것은 시간낭비입니다.

우리에게 가장 아까운 것은 시간이고 젊음입니다. 하나님 앞에서는 이 세상에서 얼마나 성공했느냐 하는 것은 중요하지 않습니다. 하나님은 얼마나 하나님 말씀을 들으면서 자기 자신을 찾고 다른 사람에게 봉사했느냐 하는 것으로 판단하십니다. 그러므로 세상일을 열과 성을 다해 하면 안 됩니다. 세상일은 성실하게 하면 충분하고 하나님의 일은 열과 성을 다해야 진짜 성공하는 것입니다.

우리나라 사람은 높은 자리나 높은 학벌에 대해 지나칠 정도로 집착하고 이걸 얻기 위해 돈이나 시간을 많이 쓰고 있습니다. 그러나 하나님 앞에서는 시간낭비일 뿐입니다. 하나님은 이 세상의 성공에서 손해를 좀 보더라도 교회에 부흥이 일어나고 우리가 기도의 전문가나 말씀의 전문가가 되어 이 세상에 하나님의 복이 쏟아지게 하는 것이 훨씬 더 성공적인 삶이라고 말씀하십니다.

3. 우리가 참아야 할 구체적 예들

사도 바울은 먼저 당시 교회 안에서 유행하던 할례 문제에 대해 이야기합니다. 당시 그리스도인은 더 경건하게 보이고 영성이 깊다고 인정받기 위해 할례를 받으려고 한 것 같습니다.

18절, "할례자로서 부르심을 받은 자가 있느냐 무할례자가 되지 말며 무할례자로 부르심을 받은 자가 있느냐 할례를 받지 말라"

당시에는 같은 하나님을 믿는다고 하면서도 할례 받은 자와 할례 받지 않은 자 사이에 엄청난 차이가 있었습니다. 초대교회 그리스도인은 거의 유대인이었고 그들은 할례를 받았습니다. 그래서 아무래도 할례 받은 그리스도인의 생활은 그렇지 않은 사람보다 더 경건하고 종교적이었습니다. 거기에 비해 나중에 전도를 받아 예수를 믿은 그리스도인은 유대인이 아니라 이방인이다 보니 할례를 받지 않았습니다.

사실 교회 안에서 할례를 받았느냐 할례를 받지 않았느냐 하는 문제를 가지고 엄청난 차별이 있었습니다. 그래서 이방인 가운데 기왕 하나님을 믿으려고 하면 할례까지 받자는 생각으로 할례 받는 자도 많았습니다. 이방인이 할례를 받으려고 하면 할례만 받는다고 해서 되는 것이 아니라 유대교로 개종해야 했고, 거기서 유대인이 되는 교육을 받아야 했습니다.

당시 잘 믿는다는 사람들 가운데 괜히 멋있어 보이려고 할례를 받음으로써 기독교도 아니고 유대교도 아닌 이상한 사람이 많았던 것으로 보입니다. 사람의 머리로는 아무리 사도 바울의 가르침이 옳고 복음이 옳다고 하지만 사람의 기분은 그렇지 않았던 것입니다. 그래서 신앙생활을 하는 데 가장 무서운 말이 "같은 값이면 다홍치마" 입니다. 신앙생활을 하는 데 이것은 절대로 옳은 말이 아닙니다. 좋아 보이는 것으로는 안 되고 철저하게 성경으로 검증되어야 합니다. 예를 들어 모든 교회는 크기와 상관없고, 중요한 것은 말씀이 어떻게 전파되고 부흥이 일어나느냐 일어나지 않느냐 하는 것입니다. 사람은 입으로는 이렇게 말하지만 실제로는 큰 교회를 부러워하고 교인의 수준이 높은 것을 좋게 평가해 저절로 따라가게 됩니다. 겉으로 보기에 좋다고 해서 좋은 것이 아니라 철저하게 성경적이어야 하고 여기에는 한 치의 양보나 타협이 있어서는 안 됩니다.

더 중요한 것은 신분 상승 문제였습니다. 옛날이나 지금이나 사람은 신분 상승을 세상의 성공이라 생각하고 가장 중요한 인생의 문제로 생각합니다. 그러나 사도 바울은 그것조차도 하나님 앞에서는 크게 중요하지 않다고 말합니다. 당시 고린도에는 자유민 수보다 노예 수가 더 많았는데, 모든 노예의 꿈은 돈을 많이 모으거나 주인에게 충성해서 자유를 얻는 것이었습니다. 사도 바울은 종이 자유를 얻는 것은 좋은 일이지만 지나친 대가를 지불하면서까지 자유를 얻기 위해 애쓰지 말라고 했습니다.

21-22절, "네가 종으로 있을 때에 부르심을 받았느냐 염려하지 말라 그러나 네가 자유롭게 될 수 있거든 그것을 이용하라 주 안에서 부르심을 받은 자는 종이라도 주께 속한 자유인이요 또 그와 같이 자유인으로 있을 때에 부르심을 받은 자는 그리스도의 종이니라"

우리가 생각하기에 종이나 노예로 있는 사람이 할 수만 있으면 자유를 얻는 건 꿈이요 행복일 것입니다. 그러나 사도 바울은 너무 냉정하게 말합니다. 당시 종이 자유를 얻으려고 하면 엄청난 돈이 필요했는데, 그러려면 인정사정이 없고 피눈물도 없는 구두쇠가 되거나 고리대금업자가 되어야 했습니다. 또한 주인에게 충성해 자유를 얻으려고 하면 주인의 악한 요구를 다 들어주어야 하고, 그러다 보면 죄를 지어야 자유를 얻을 수 있었습니다. 어쩌면 그처럼 죄를 짓고 충성한 대가로 죽기 전 자유를 얻게 될지도 모릅니다. 사도 바울은 신분에 너무 집착하면 그것 때문에 인간성을 상실하고 성품이나 인격이 강퍅하게 되는 것을 말하고 있습니다.

우리 신분이 종이라면 예수를 믿고 종으로서 최선을 다할 때 주님은 보이지 않는 손으로 지켜주셔서 비인간적 대우도 덜 받고 가정도 주시고 거의 자유인 같은 생활을 하도록 지켜주실 것입니다. 즉 우리는 주님을 믿어야 합니다.

23-24절, "너희는 값으로 사신 것이니 사람들의 종이 되지 말라 형제들아 너희는 각각 부르심을 받은 그대로 하나님과 함께 거하라"

우리는 모두 그리스도 안에서 자유인이면서 종입니다. 물론 이 세상의 신분 상승이 우리에게 중요한 것은 틀림없지만 그것을 위해 인생을 너무 많이 허비해야 한다면 결코 좋다고만 말할 수 없습니다. 예를 들어 주인이 정직하지 않은데 일을 충성되게 잘하면 주인이 나쁜 쪽으로 이용할 수 있습니다. 이런 주인에게는 너무 충성하지 않는 것이 좋습니다. 주인이 악하고 나쁜 사람이라면 좀 무능하고 멍청하게 보여 매일 욕을 먹고 얻어터지는 것이 현명한 처사입니다. 그런 악한 사람에게는 똑똑하게 보일 필요가 없습니다.

모든 사람은 할 수만 있으면 이 세상에서 부족한 것 없이 행복하게 살다가 죽고 싶을 것입니다. 결혼도 멋진 사람과 하고 싶고 자녀들이 공부를 잘하고 사회적으로도 성공하고 오래오래 건강하게 살다가 죽고 싶을 것입니다. 그런데 이 세상을 살다 보면 그런 완전한 행복은 존재하지 않습니다. 서로 사랑해서 결혼했는데 한쪽이 일찍 병으로 죽는 경우도 있고 자녀가 사고로 죽는 경우도 있고 사업 실패로 망해서 가난하게 사는 경우도 많습니다. 이런 일이 예수를 믿지 않는 사람에게만 일어나는 것이 아니라 예수 믿는 사람에게도 이런 사별의 아픔이나 실패의 고통이 따릅니다.

우리가 알아야 할 것은 이 세상에서 완전한 행복이나 사랑은 존재하지 않는다는 것입니다. 그러므로 사는 동안 결혼이나 성공, 공부 등에 너무 욕심을 내지 말아야 합니다.

25-26절, "처녀에 대하여는 내가 주께 받은 계명이 없으되 주의 자비하심을 받아서 충성스러운 자가 된 내가 의견을 말하노니 내 생각에는 이것이 좋으니 곧 임박한 환난으로 말미암아 사람이 그냥 지내는 것이 좋으니라"

본문을 보면 "처녀에 대하여는 내가 주께 받은 계명이 없으되"라고 말씀합니다. 우리 생각으로는 처녀에 대하여 주님으로부터 많은 말씀을 받아야 할 것 같은데 없다고 하니 이상할 수밖에 없습니다. 그러나 여기서는 처녀가 전혀 문제없다는 뜻이 아니라 이때 특별히 받은 계명이나 지시가 없다는 뜻입니다. 이것은 처녀의 결혼이 강제적 규정이 아니라는 것입니다. 즉 처녀가 좋아하는 사람을 만나 그 남자와 결혼하는 것도 하나님의 뜻이고, 결혼하지 않고 다른 사람을 도우면서 사는 것도 하나님의 뜻이라는 의미입니다.

사도 바울은 앞으로 고린도나 기독교 세계에 닥칠 환난에 대해 말하고 있습니다. 실제로 이런 환난은 올 수도 있고, 그리스도인의 기도와 믿음으로 니느웨 성처럼 오지 않고 넘어갈 수도 있습니다. 그래서 사도 바울은 할 수 있으면 더 열심히 기도하게 결혼보다 독신이 좋겠다고 말한 것입니다. 또 남자나 여자도 부부가 함께 있는 것도 좋지만, 혼자 있으면 혼자 있는 대로 환난을 넘기기 쉬울 거라고 조언합니다.

29-30절, "형제들아 내가 이 말을 하노니 그때가 단축하여진 고로 이후부터 아내 있는 자들은 없는 자같이 하며 우는 자들은 울지 않는 자같이 하며 기쁜 자들은 기쁘지 않은 자같이 하며 매매하는 자들은 없는 자같이 하며"

우리는 이 세상에서 장사도 할 수 있고 좋은 일이나 기쁜 일을 얼마든지 경험할 수 있습니다. 이 세상에서 하는 장사나 좋은 일은 하나님이 우리와 함께하여 주시는 축복입니다. 그러나 이 세상이 전부인 것처럼 생각한다면 우리 인생에 아무것도 남지 않을 것입니다.

우리에게 부흥이 일어난다면 이미 최고의 복을 받은 것입니다. 그런데 세상의 욕심이나 정욕 때문이 부흥의 불을 꺼뜨린다면 가장 미련한 사람이 되고 말 것입니다. 부흥의 불을 밝혀 나가면서 세상일도 축복 가운데 잘 감당하며 후회 없는 인생을 사는 성도가 되기를 바랍니다.

성경 토의

1. 우리는 자신의 집안 형편이라든지 자신의 지위, 신체적 장애, 좋지 못한 여건에 대해 어떤 자세를 취해야 하며, 또 우리가 개선하기 위해 노력해야 하는 것으로 무엇이 있는가?

2. 사람은 부르심을 받은 대로 행하라고 했는데, 더 노력하면 얼마든지 나아질 수 있음에도 자신의 처지에 만족하고 가만히 있는 경우는 없는가? 그리고 우리에게 자유가 주어졌다고 해서 너무 방종하게 쓰고 있지는 않은가? 많은 자유를 포기하고 종으로 사는 것은 어떤 것을 말하는가?

3. 우는 자는 울지 않는 자같이 하라고 했는데 어떻게 슬픈데도 슬퍼하지 않을 수 있으며, 매매하는 자는 없는 자같이 하라고 했는데 어떻게 가진 것을 가지지 않은 것같이 살 수 있는가?

17_더 온전한 섬김

고린도전서 7:32-40

전체적 설명

그리스도인의 결혼은 어느 것이 본인에게 더 행복한가 하는 것도 중요하지만 그것보다는 어느 것이 주님을 더 잘 섬길 수 있는가 하는 것이 더 중요하다. 물론 본인의 행복을 위해 결혼을 하거나 결혼하지 않는 것도 중요하지만, 우리 그리스도인은 주님을 더 잘 섬기기 위해 결혼하기도 하고 독신으로 살기도 한다.

설교 프리노트

32절, "장가 가지 않은 자는 주의 일을 염려하여"

독신인 사람은 가족이나 부인이 없기 때문에 오직 주님만 생각하고 자신의 삶 전체를 주님과 다른 성도를 위해 사용할 수 있다. 또한 가족이 없기 때문에 자녀 양육을 위한 돈이 필요하지 않고 재산을 모아야 할 필요도 없다. 독신인 사람은 자신의 모든 삶을 주님을 위해 쓸 수 있다는 장점이 있다. 그럼에도 독신으로 있는 자는 단 하나, 혼자 있어야 하기 때문에 외로울 수 있고 이성에 대한 욕망에 무너질 수도 있다. 이것은 결코 무시할 수 없는 요인이다.

33절, "장가 간 자는 세상 일을 염려하여"

결혼한 남자는 아내의 행복과 요구사항을 염두에 두지 않을 수 없다. 그래서 결혼한 남자는 가족의 행복을 위해 자신의 삶을 희생해야 하는데, 자녀 양육을 위해 돈을 벌어야 하고 가족들과 지내기 위하여 따로 시간을 내야 한다. 그렇다 보니 결혼한 사람은 주님을 위하여 자신의 인생 전체를 다 쓰지 못하지만 그래도 안정적으로 주의 일을 할 수 있다.

34절, "처녀는 주의 일을 염려하여"

여자의 경우 결혼했을 때와 독신일 때 주의 일을 위해 낼 수 있는 시간과 삶의 방식이 달라진다. 처녀일 때는 먹고 사는 것 외에는 주님이나 다른 사람을 위해 자신의 삶을 쓸 수 있다. 그러나 일단 결혼하게 되면 자신의 삶 전체를 남편이나 자녀를 위하여 쓸 수밖에 없다.

35절, "흐트러짐이 없이 주를 섬기게"

남자와 여자 모두 결혼 여부에 따라 주님을 섬기는 자세가 많이 달라진다. 그러나 미리 결혼생활이나 독신의 한계를 알게 되면 큰 후회나 당황스러움 없이 거기에 맞춰 봉사할 수 있다. 누가 독신으로 있다가 결혼하게 되었을 때 이 교훈을 잘 알면 죄의식이나 당황스러움 없이 거기에 맞춰 더 안정적으로 봉사할 수 있다.

36절, "누가 자기의 약혼녀에 대한 행동이"

개정역과 차이가 많이 나는 부분이다. 옛날 개정역에는 자신의 처녀 딸을 결혼시키려고 하는 데 대한 교훈으로 되어 있는데, 개정개역에는 약혼자가 자기 약혼녀를 결혼시키는 것에 대한 교훈으로 되어 있다. 이렇게 번역에 큰 차이가 나게 된 것은 원문을 가능한 한 직역하려고 했기 때문이다. 즉 본문에 '그의 처녀'로 되어 있는데 이것을 딸로 볼 수 없고 약혼녀로 본 것이다. 그러나 상식적으로 생각해볼 때 이미 약혼까지 한 남자가 자기 약혼자와 결혼하지 않는 것은 약속을 어기는 것이고 이것은 죄를 짓는 것이다. 그러므로 약혼한 자는 약혼한 여자와 결혼 약속을 지키는 것이 옳다. 나이가 든 딸이 있는 부모가 자기 딸을 주님을 더 잘 섬기도록 하기 위해 독신으로 있게 하는 것은 죄짓는 것이 아니다.

39절, "아내는 그 남편이 살아있는 동안에 매여 있다가"

동양에서는 남편이 먼저 죽으면 부인은 남편에게 매여 재혼하지 못하고 정절을 지켜야 하는 경우가 많은데, 중동과 서양에서는 남편이 죽으면 부인은 남편에게서 풀려나 얼마든지 재혼할 수가 있다.

본문 이해를 위한 질문

1. 결혼한 사람과 결혼하지 않은 사람은 주님의 일을 하는 데 얼마나 큰 차이를 보이는가?

가족이 없는 사람은 자신의 삶 전체를 주님을 위해 쓸 수 있지만 결혼해 가족이 있는 사람은 시간이나 돈을 가족들을 위해 써야 한다. 그러나 안정적으로 주님의 일을 오래할 수 있다는 장점이 있다.

2. 자신의 나이 든 처녀 딸에 대하여 부모는 어떤 결정을 내릴 수 있는가?

나이가 들었기 때문에 얼마든지 결혼시킬 수도 있지만 본인이 원하는 경우 주님을 위해 독신으로 살게 할 수도 있다.

3. 결혼한 여자는 남편이 죽는 경우 어떻게 해야 하는가?

남편에게서 풀려났기 때문에 재혼할 수도 있고 독신으로 살면서 주님의 일을 할 수도 있다.

성경 강해

다른 사람을 위해 온전하게 헌신하고자 하는 사람은 대개 자신의 사생활을 많이 희생합니다. 의사 가운데 인턴이나 레지던트는 잠을 제대로 자지 못하고 연애나 데이트도 제대로 하지 못하는 사람이 많다고 합니다. 특히 응급실에서 일하는 의사는 급한 환자가 수시로 들어오기 때문에 제때 퇴근할 수도 없고 잠도 제대로 잘 수 없습니다.

옛날에 주인을 보필하는 종이나 왕을 보필하는 신하 가운데 결혼생활을 제대로 하지 못하는 사람이 있었습니다. 그들은 왕이 부르기만 하면 당장 달려가 질문에 대답하고 자료를 주어야 하고 시키는 일을 해야 하기 때문에 사생활을 가질 수 없었습니다. 사실 신하에게는 최측근에서 보필하면서 왕을 섬기는 것이 최고 영광일 것입니다.

얼마 전 우리나라의 한 여자 골프 선수가 은퇴를 했습니다. 그는 우리나라 최초로 미국 골프 대회에서 우승해 한국 여자 골프 시대를 연 사람인데, 자신의 골프 인생은 화려했지만 개인적 삶은 행복하지 않았다고 말했습니다. 그는 18번 홀에서 우승컵을 들 때는 행복했지만, 집에 돌아가면 외로웠고 30년 동안 24시간 골프만 생각하면서 스트레스를 많이 받았다고 합니다. 그래서 후배에게는 인생을 즐기면서 골프를 하라고 가르칠 거라고 했는데, 문제는 인생을 즐기면서 골프를 치면 골프로 성공하기 어려울 거라는 점입니다.

요즘 우리나라에서는 자신의 사회적 커리어를 중요하게 생각해 결혼하지 않거나 결혼해도 아이를 갖지 않으려는 여성이 많아지고 있습니다. 지금 우리나라의 저출산은 이런 사회적 상황과 깊은 관련이 있습니다. 여성 가운데 아이를 낳아 키우고 공부시키면서도 자기 자신도 사회적으로 성공하는 사람이 있는데 이런 '워킹맘'은 얼마나 대단한 사람일까 하는 생각이 듭니다. 그러나 이것이 하나님 앞에서는 절대 성공한 인생이 아닙니다.

우리 눈으로 보는 이 세상이 전부라면 가능한 한 이 세상에서 좋은 자리를 차지하고 돈을 많이 벌고 마음껏 즐기면서 사는 것이 최고 인생일 것입니다. 그러나 이 세상이 전부가 아니고 모든 인간은 구원받아야 하며 하나님이 한 사람이라도 더 건지는 것을 원하고 계신다면 우리는 이 세상에서 많은 것을 포기한 채 사람의 영혼을 구원하는 일을 해야 합니다.

본문은 그리스도인 남성이나 여성이 독신으로 사는 것이 좋은지, 결혼생활을 하는 것이 좋은지에 대해 말씀합니다. 물론 인간적으로 생각할 때는 남자와 여자가 배필을 얻어 행복하게 사는 것이 좋겠지만, 하나밖에 없는 인생을 정말 가치 있게 보내기 위해서는 무엇인가를 희생해야 할 수도 있습니다. 초대교회 때는 주님을 위해 독신으로 사는 사람이 많았고 약혼만

하고 성관계 없이 교회를 위해 죽도록 헌신한 사람도 많았던 것을 볼 수 있습니다.

1. 하나밖에 없는 인생

슈바이처 박사가 살던 당시 상당수 백인은 어떻게 하면 아프리카의 흑인을 노예로 팔아 떼돈을 벌고 아프리카의 보석이나 자원을 약탈해 부자가 될 것인가 하는 것만 생각했습니다. 이런 상황에서 슈바이처 박사는 흑인의 생명을 소중하게 여겨 아프리카로 가서 인술을 베풀었다는 점에서 존경받을 만합니다. 그런데 슈바이처 박사는 1차 세계대전이 터지면서 독일인이라는 이유로 강제 수용되어 갖은 고생을 한 것으로 알려져 있습니다. 나중에 오해가 풀려 그곳에서 나와 다시 흑인을 위해 한평생을 봉사하며 살았습니다.

이 세상에 살면서 맛있는 음식을 먹고 좋은 옷을 입고 좋은 집에서 사는 것은 누구나 바라는 일이지만, 우리 인생이 딱 한 번 살다가 죽고 다시 돌이킬 수 없다면 어떻게 살아야 할지 진지하게 고민해야 할 것입니다.

멋모를 때는 이 세상에서 성공하고 출세하는 것을 위해 살려고 했습니다. 그런데 평신도로 있으면서 어느 날 교회에서 주일학교 봉사를 하던 중 영혼의 맛을 알게 되었습니다. 청소년을 맡으면 청소년이 부흥되고 청년을 맡으면 청년이 부흥되자 교회에 오는 사람만 맡는 것이 아니라 믿지 않는 사람을 찾아가기 시작했습니다. 시골 동네에 찾아가 청년을 모으고, 대학에 가서 성경공부반을 모으고, 섬유 공장이나 은행에 가서 청년을 모아 성경공부를 하고 교회에 출석하도록 전도했습니다. 그런데 신기한 것은 청년이든 청소년이든 성경 공부만 하면 그렇게 좋아할 수가 없고 부흥이 일어나고 사람이 변화되었습니다. 그 모습을 보면서 미래에 대해 진지하게 고민하기 시작했습니다. 교실에서 시간만 나면 혼자 앉아 앞으로의 시간을 어떻게 쓸 것인지 진지하게 고민했습니다. 그리고 어느 날 '그 나라와 그 의를 위해 살아보자'는 결론을 내렸습니다.

초대교회 당시에는 젊은 교인 가운데서 자신의 인생을 어떻게 사는 것이 가치 있는지 진지하게 고민하는 사람이 아주 많았습니다. 그들은 결혼하는 것이 좋을지, 결혼하지 않고 한평생 주님과 교회를 위해 사는 것이 좋을지 많은 고민을 했습니다. 아주 친한 친구가 있는데 그 친구가 "나는 주님을 위해 결혼하지 않고 그곳이 어디든지 복음을 전하면서 살다가 죽겠어"라고 한다면 자기도 결혼하지 말아야 하는 게 아닌가 하는 생각이 들 것입니다.

사도 바울은 자신의 인생 문제를 두고 고민하는 청년이나 성도를 향해 사람마다 경우가 다르기 때문에 이 문제를 가지고 너무 고민하지 않는 것이 좋겠다고 말합니다.

32-33절, "너희가 염려 없기를 원하노라 장가 가지 않은 자는 주의 일을 염려하여 어찌하여야 주를 기쁘시게 할까 하되 장가 간 자는 세상 일을 염려하여 어찌하여야 아내를 기쁘게 할까 하여"

이 말씀을 제대로 이해하려고 하면 당시 성도들이 얼마나 주님을 사랑했고 복음을 위해 살려고 했는지 알 필요가 있습니다. 오늘 시대는 결혼을 비롯해 모든 것이 세상 성공이라는 데 초점이 맞춰져 있어 주님을 기쁘시게 하는 일은 별로 생각하지 않습니다. 심지어 목회하려고 하는 사람조차도 어떻게 하면 학력이나 경력을 잘 만들어 큰 교회를 맡아 성공한 목회자가 될까 생각하는 것을 봅니다. 오직 한 영혼을 살리기 위해 어떻게 자기 자신을 희생할 것인지 고민하는 사람을 보기가 어려운 형편입니다. 그러나 마음속 깊은 곳에는 은혜 받은 자라면 당연히 자기 인생을 어떻게 하면 좀 더 가치 있는 일에 쓸 것인가 하는 고민이 있을 것입니다.

우리가 알아야 할 것은 자기 인생을 가치 있게 쓰는 것과 성공의 길은 정반대되는 길이라는 사실입니다. 우리 인생을 가치 있게 쓰는 것이 야망이나 욕망을 버리는 것이라면 성공의 길은 그것을 더 가지려고 하는 인생이기 때문입니다. 하나밖에 없는 인생을 살면서 많은 것을 가지고 남들 위에 있을지, 많은 것을 버리고 남들 밑에 있을지 결정하는 것은 쉬운 일이 아닙니다. 이것은 깊이 고민할 가치가 있는 문제입니다. 이때 우리는 일단 한번 산 인생은 절대 돌이킬 수 없다는 것을 명심해야 할 것입니다.

사도 바울은 결혼을 예로 들어 설명합니다. 특히 당시는 은혜 받은 성도가 많아서 할 수 있는 한 주님을 위해 인생을 쓰고 싶어 하는 사람이 많았습니다. 즉 주님을 위해 자기 한평생을 살려고 하는 사람에게는 독신이 얼마나 좋은지 모른다고 말합니다. 일단 독신은 부양해야 할 가족이 없기 때문에 자신의 삶 전부를 주님을 위해, 교회를 위해 쓸 수 있습니다. 한평생 하나님 말씀만 전한다거나 아픈 환자들을 돌본다거나 어려운 이웃을 돕는다거나 하면서 늙어갈 수가 있습니다. 그래서 독신인 사람은 돈도 많이 필요하지 않고 명예도 필요하지 않습니다. 주님을 위해 가정까지 버린 사람이 명예를 많이 가지는 것이 무슨 의미가 있겠습니까? 그런 사람은 학위를 받으려고 시간을 쓸 필요도 없고 오직 어린이나 청소년, 청년을 위해 자신의 인생을 헌신하면서 늙어갈 수 있습니다. 사실 이런 사람이 영혼의 아버지이고 어머니입니다. 그런데 사명감이 투철함에도 혼자 있으면 외로울 때가 많고 또 세상적으로 알아주지 않아서 서운할 때가 있습니다. 아무래도 이 세상은 무엇인가 주렁주렁 걸치고 있는 사람을 대단하게 생각하기 때문입니다.

사도 바울은 독신이었기 때문에 유리한 점이 많았습니다. 독신이라서 결혼해 가족이 있는 사람은 할 수 없는 목숨을 건 선교여행을 여러 차례 떠날 수 있었고, 나중에는 로마에 죄수로 끌려가서 순교까지 당했습니다. 사도 바울에게 부인이나 자녀가 있었다면 그가 루스드라에서 복음을 전하다가 돌에 맞아 죽기 직전까지 가기 어려웠을 것입니다. 그리고 위험한 선교여행을 떠날 때마다 부인을 데리고 갈 수도 없고, 부인은 남편이 위험한 지역에 가서 복음 전하는 일을 많이 반대했을 것입니다. 사도 바울은 채찍에도 맞았고 강도도 당했으며 바다에 빠지기도 했고 굶기도 하고 붙들리기도 하고 온갖 고생을 하면서 복음을 전했는데 부인이 있었다면 어려웠을 일입니다. 사도 바울은 다메섹으로 가다가 예수님을 만났을 때 이미 죽었다고 생각했기 때문에 주님을 위해 자기 목숨을 마음껏 헌신했던 것입니다. 사탄에게 가장 무서운 대상이 있다면 사도 바울처럼 죽을 각오로 복음을 전하기 위해 덤벼드는 사람입니다. 사도 바울은 자기는 예수 믿기 전에 이미 죽었고, 지금 목숨은 자기 것이 아니라고 생각해 어려운 일을 당할 때마다 죽을 각오로 덤벼들었기 때문에 믿음으로 승리할 수 있었습니다.

본문 말씀은 결혼이 좋으냐 나쁘냐 하는 것이 아닙니다. 우리 옆에 어마어마한 하나님의 나라가 있고 지금 수많은 사람이 우리 눈앞에서 죽어가고 있다면 과연 어떻게 사는 것이 가장 가치 있는 인생을 사는 길이냐 하는 것입니다.

사도 바울은 결혼한 사람은 아무래도 세상일을 생각하고 아내를 기쁘게 해줘야 한다는 생각 때문에 주님의 일에 집중하지 못한다고 했습니다. 사실 우리는 세상일도 알아야 하는데, 요즘 자기 아내를 기쁘게 하지 않아서 종종 많은 문제가 생깁니다. 여기서 사도 바울은 우리가 세상일에 열심을 내면서 주님의 일을 한다면 어떤가 하는 것입니다. 물론 이것도 우리에게 아주 중요합니다. 우리는 세상일에 관심을 가져야 세상 돌아가는 것도 알 수 있고 세상에서 성공을 거둠으로써 다른 사람에게 영향도 미치고 도울 수도 있기 때문입니다. 그러나 아무래도 우리가 세상에서 많은 것을 가지면 아무것도 없는 사람보다 주님을 섬기는 데 간접적일 수밖에 없다는 것을 알아야 합니다. 자기 관리도 해야 하고 세상의 필요도 채워주어야 하고 세상이 요구하는 자격도 갖춰야 하기 때문에 불필요한 것을 많이 가지게 되고 그런 일에 시간을 많이 쓰게 됩니다. 예수님의 제자들 가운데서도 열두 사도처럼 직접 말씀으로 훈련 받은 제자가 있는가 하면 아리마대 요셉이라든지 니고데모처럼 간접적으로 훈련 받은 숨은 제자도 있습니다. 이 숨은 제자들은 모두 부자였고 예수님이 십자가에 못 박혀 돌아가셨을 때 장사를 지내기도 했습니다. 예수님으로부터 직접 훈련을 받은 제자들 가운데서 가룟 유다는 돈을 밝히는 바람에 예수님을 배반하더니 결국 자살하고 말았습니다. 그러나 다른 제자들은 모두 성령이 오시고 나서 탁월하게 사용되었습니다.

34절, "마음이 갈라지며 시집 가지 않은 자와 처녀는 주의 일을 염려하여 몸과 영을 다 거룩하게 하려 하되 시집 간 자는 세상 일을 염려하여 어찌하여야 남편을 기쁘게 할까 하느니라"

여성 경우 미혼으로 있을 때 하나님을 진심으로 사랑하면 주님을 위해 몸과 마음을 온전히 바친다고 했습니다. 이들은 자신의 삶 전체를 기도하고 성경을 보며 예배드리고 병든 자를 돌보는 데 쓸 수 있다는 것입니다. 그러나 여성이 아무리 신앙이 좋다고 해도 일단 결혼해서 가정을 가지게 되면 남편과 아이들을 위해 몸과 마음을 쓸 수밖에 없습니다. 여기서 우리는 하나님의 부르심이 사람마다 다르다는 것을 알아야 합니다. 즉 대부분의 여성은 가정을 가지고 남편을 사랑하고 아이를 키우며 집안일을 하고 시간을 내어 교회 일을 하며 병든 자나 새 가족을 돌보는 데 헌신합니다. 반면 어떤 여성의 경우 하나님은 다른 영혼을 위해 결혼을 포기하도록 만들어 한평생 다른 사람을 위해 살게 하십니다. 그래서 사람마다 부르심이 다르기 때문에 결혼했느냐 안 했느냐, 혼자 사느냐 아니냐 하는 것으로 성공과 실패를 말할 수 없습니다.

35절, "내가 이것을 말함은 너희의 유익을 위함이요 너희에게 올무를 놓으려 함이 아니니 오직 너희로 하여금 이치에 합당하게 하여 흐트러짐이 없이 주를 섬기게 하려 함이라"

사도 바울은 독신과 결혼에 대한 유익을 말하는 것이 절대로 마음에 상처를 주려고 하거나 낙심하게 하려고 하는 것이 아니라고 말합니다. 우리 모두에게는 각자의 길이 있기 때문에 자기 생각이나 기준을 가지고 다른 사람의 인생을 판단할 수 없습니다.

이 세상만 보면 우리는 결혼을 해야 하고 세상에서 좋은 것을 다 가지고 사는 것이 행복하겠지만, 한 영혼을 살리는 것이 온 천하보다 더 귀한데 우리 옆에 이런 영혼이 너무 많으면 자기 행복을 다 챙길 수가 없습니다. 결국 이것은 깊이 고민하고 생각해서 스스로 결정할 문제입니다.

2. 좁은 문으로 들어가기

우리가 멸망의 길을 가고 있다가 예수님의 십자가를 만남으로써 새 인생을 살게 된 것을 진정으로 믿게 되었다면 그 십자가의 고마움을 잊지 못할 것입니다. 그래서 대부분의 그리스도인은 예수를 믿고 난 후에는 이 세상에서 모든 행복을 가지려고 하지 않고 주님과 하나님의 나라를 위해 남은 인생을 살기를 원하게 됩니다. 자신의 가장 소중한 시간과 열정을 더 귀한 데 사용하고자 하는 것입니다. 그런데 과연 어떻게 사는 것이 주님과 하나님의 나라를 위하여 사는 것인가 생각할 때 이것이 결코 쉬운 일이 아님을 알게 됩니다. 무조건 교회에서 시간을 많이 보낸다고 해서 반드시 주님을 위해 헌신한다고 볼 수 없기 때문입니다.

우리는 예수를 믿는다고 하면서 얼마나 많은 사람이 잘못된 길을 가고 있는지 생각해봐야 합니다. 예수님은 멸망으로 가는 길은 그 길이 넓어 그곳으로 가는 자가 많다고 말씀하셨습니다. 사실 기독교 안에도 수많은 길이 있기 때문에 길을 잃기가 쉽습니다. 또한 많은 사람이 세상적 성공을 거두면서도 하나님을 잘 믿는 것을 볼 수 있습니다. 예수님은 좁은 문으로 들어가라고 말씀하셨습니다. 여기서 좁은 문은 세상의 많은 것을 가지고는 통과할 수 없는 문을 말합니다. 그 문으로 들어가려고 하면 가진 것을 모두 벗어던지고 겨우 몸만 들어갈 수 있습니다.

인생을 진정으로 가치 있게 쓰려고 할 때는 요령이 필요합니다. 일단 바다에서 서핑을 하거나 요트 경기를 하는 사람을 보면 혼자 아무리 애를 써도 쉽사리 나아가지 못합니다. 서핑이나 요트가 앞으로 나가려고 하면 바람이 불어야 합니다. 이는 우리 일생을 하나님께 가치 있게 쓰는 데 있어서도 중요한 것입니다. 우리는 바람이 일어나게 할 수 있습니다. 이 바람은 바로 부흥의 바람입니다. 일단 바람이 일어나게 하려면 열정이 있어야 합니다. 열정 없는 사람은 절대로 바람을 일으킬 수 없습니다. 그런데 우리는 그 열정과 시간을 하나님 말씀을 붙들고 사람의 영혼을 건지는 데 쏟아야 합니다. 그 열정을 어떤 행사를 계획하고 사업을 벌이거나 사람과 교제하는 데 쓰면 당장 무엇인가 일어날 것 같지만 진정한 부흥의 불은 일어나지 않습니다. 하나님 말씀을 죽어라 붙들고 사람의 영혼을 살리는 데 열정을 쏟으면 부흥의 불이 붙긴 하는데 작은 모닥불보다 더 작은 수준의 불이 붙습니다. 이것을 끝까지 잘 살려내야 부흥이 계속 일어납니다. 나중에 이 불이 크게 일어나면 많은 사업이 생겨나고 사람관계도 복잡해지는데 이때는 함정에 빠질 수도 있습니다. 지혜로운 자는 끝까지 하나님 말씀과 영혼에 전념합니다. 그러면 수많은 은사가 폭발적으로 일어나면서 모든 사람이 가치 있는 인생을 하나님께 드릴 수 있습니다. 즉 처음에는 솔로로 연주하다가 나중에는 오케스트라로 연주하게 되는 것입니다.

고린도 교인 가운데 남녀가 사랑해 약혼까지 했지만 주님을 더 온전히 섬기기 위해 성관계는 가지지 않고 독신 상태에서 사는 자들이 있었던 것 같습니다.

36-37절, "그러므로 만일 누가 자기의 약혼녀에 대한 행동이 합당하지 못한 줄로 생각할 때에 그 약혼녀의 혼기도 지나고 그같이 할 필요가 있거든 원하는 대로 하라 그것은 죄짓는 것이 아니니 그들로 결혼하게 하라 그러나 그가 마음을 정하고 또 부득이한 일도 없고 자기 뜻대로 할 권리가 있어서 그 약혼녀를 그대로 두기로 하여도 잘하는 것이니라"

구체적인 내용은 알 수 없지만 당시 사랑하는 남녀가 약혼했는데 두 사람 모두 주님을 위해 독신의 약속을 한 것 같습니다. 아니면 여자만 독신의 결심을 했는지 알 수 없습니다. 그런데 약혼녀가 나이가 들어가면서 도저히 독신으로 둘 수 없거나 청년의 정욕 때문에 독신의 결심을 지키기 어렵다면 결혼해도 된다는 것입니다.

옛날에는 주님의 재림을 기다리면서 독신으로 살려고 하는 남자나 여자가 많았던 것 같습니다. 제가 어렸을 때만 해도 어떤 목사님과 성도가 형식적으로 결혼하고 실제로는 처녀 총각으로 지내는 경우도 있었습니다. 이런 것을 보면 요즘 세상과 너무 다르다는 생각이 듭니다. 요즘은 시도 때도 없이 성 문제가 터져 나오는데 과거에는 형식적으로 결혼하고 실제로는 처녀 총각으로 늙어가는 사람이 있었던 것입니다. 그런데 본문은 이런 사람들이 독신의 맹세를 깨고 결혼생활을 하는 것은 죄가 아니라고 말씀하고 있습니다.

3. 내 인생을 어떻게 사용할 것인가

우리는 단 한 번 이 세상에 살고, 우리 인생은 한 번 살고 나면 더 이상 돌이킬 수가 없습니다. 그런데 우리 인생은 너무 빨리 흘러갑니다. 젊었을 때는 멋도 모르고 세상에서 성공하기 위해 이리 뛰고 저리 뛰고 하지만 어느새 세월이 흘러 나이가 들면 모든 사람이 가는 길을 가게 됩니다. 이것이 사실이라면 우리는 일 분 일 초라도 쪼개어 우리 인생을 가장 가치 있는 일에 써야 합니다. 그런데 문제는 우리도 인간이기에 돈을 벌어 먹고 살아야 한다는 사실입니다. 천사라면 돈도 필요 없고 결혼생활도 필요 없고 공부할 필요도 없지만 우리는 먹고 살아야 하는 인간이기에 많은 시간을 먹고 살기 위한 준비를 하는 데 시간과 열정을 씁니다. 그러나 인간은 이런 이유로 더 위대하다고 말할 수 있습니다. 우리는 몸을 가진 인간이기에 먹고 사는 것도 해결해야 하지만, 또 다른 영혼을 살리기 위해 우리 인생을 사용해야 합니다.

사무엘의 어머니 한나는 아이를 낳지 못하다가 기도의 응답으로 사무엘을 얻게 되었습니다. 한나는 자기가 서원한 대로 사무엘의 인생을 하나님께 바쳤고, 사무엘은 불신의 시대에 오직 하나님 말씀 하나로 이스라엘의 부흥을 일으켰습니다. 그런데 이런 식으로 기도 응답을 받기 위해 서원하는 것은 좋지 않습니다.

우리가 예수 믿는 것은 어떤 의미에서 불편할 때가 많습니다. 세상 사람이 하는 것처럼 술도 마시지 못하고 정욕적인 삶도 살지 못하다 보니 예수 믿는 것이 손해라고 생각하는 사람도 있습니다. 짧은 삶을 통해 보면 야망이나 욕심대로 살지 못하는 것이 손해처럼 생각될지 몰라도 나중에 가면 하나님이 모든 존귀와 지혜와 명성과 축복을 주시는 것을 보게 됩니다. 그래서 다윗은 하나님을 향해 “내 잔이 넘치나이다”(시 23:5)라고 고백했습니다.

하나님은 그분을 위해 손해 보면서도 자신의 인생을 바친 사람에게 능력을 물 붓듯이 하셔서 많은 사람을 살리게 하시고, 어느 누구도 흉내 낼 수 없는 위대한 삶을 살게 하십니다.

본문을 보면 “그러므로 만일 누가 자기의 약혼녀에 대한 행동”(36절)이라고 했는데, 여기서 약혼녀에 대한 주를 보면 ‘처녀 또는 처녀 딸’이라고 되어 있습니다. 부모는 자기 딸이 독신으로 결혼하지 않고 하나님의 일을 하거나 주님만 바라보며 살고 싶어 할 때 그것을 허락해주는 것도 좋습니다. 그러나 부모가 생각하기에 도저히 자기 딸이 그렇게 살아서는 안 될 것 같고 나이가 찼다면 결혼시켜도 무방하다는 것입니다.

독신으로 살거나 하나님의 일을 하는 것을 보면 자기 뜻이거나 가족이 하라고 해서 하는 것은 아닌 것 같습니다. 그 일에 대하여 소명을 가져야 할 수 있습니다. 그래서 목회로 나가는 사람은 처음에는 잘 모르지만 나중에 은혜를 받고 나선 설교하지 않으면 속이 타서 죽을 것 같은 생각이 듭니다. 이런 사람은 돈 버는 것에 별로 관심이 없고 학자가 되는 것에 만족하지 못하고 교회 일이라고 하면 거의 미친 사람처럼 좋아하는데, 이렇듯 저마다의 소명이 있는 것입니다. 또 선교사로 나가는 사람도 선교지를 생각할 때 그곳에 나가지 않으면 꼭 죽을 것 같고 선교해야 살 것 같다고 합니다. 또 독신으로 사는 사람도 결혼의 길이 잘 열리지 않기도 하지만 그 자신도 꼭 결혼해야겠다는 생각이 들지 않는다고 말합니다. 주님은 우리 각자에서 서로 다른 은사를 주셔서 중복되지 않게 하시고 꼭 필요한 때 하나님의 일을 하게 하십니다. 그래서 설교에 뜨거운 마음이 없는 자는 목회를 지망해서는 안 되고 돈 벌고 싶어서 죽을 것 같은 사람은 돈 버는 길로 가는 것이 맞습니다. 우리는 다른 사람의 처지를 비판하거나 자신이 신앙적이지 않다고 자책해서는 안 됩니다. 단지 우리는 주어진 처지에서 주님과 그 나라를 위해 최선을 다하면 달란트대로 상급을 받게 됩니다. 따라서 목회자라고 해서 반드시 상이 많은 것도 아니고 평신도라도 해서 상이 적은 것도 아닙니다.

본문을 보면 남편이 먼저 죽은 여성에 대한 교훈을 말씀하고 있습니다.

39-40절, “아내는 그 남편이 살아있는 동안에 매여 있다가 남편이 죽으면 자유로워 자기 뜻대로 시집 갈 것이나 주 안에서만 할 것이니라 그러나 내 뜻에는 그냥 지내는 것이 더욱 복이 있으리로다 나도 또한 하나님의 영을 받은 줄로 생각하노라”

그리스도인 여성이 결혼하면 남편이 살아있는 동안에는 남편을 사랑하고 교회를 섬기는 것이 최선입니다. 그런데 불행하게도 남편이 먼저 죽은 사람들이 있습니다. 여성에게 있어 남편이 먼저 죽는다는 것은 정신적으로나 경제적으로 집의 기둥이 없어지는 것과 같습니다. 사실 아내는 남편이 죽고 나면 정신적 외로움이나 경제적 고통 속에서 살게 됩니다. 우리는 그 뜻을 알 수가 없지만 이 세상을 살면서 모든 것이 우리 뜻대로 될 수는 없습니다. 이때 우리는 또 생각해야 합니다. 어떤 경우에는 좋은 남자를 만나 다시 위로 받으면서 살 수도 있습니다. 반면 혼자 살면서 아이들을 키우고 열심히 신앙생활을 하는 사람도 많습니다.

사도 바울은 혼자된 여성에게 얼마든지 다시 남자를 만나 결혼할 수 있지만 믿지 않는 자와 결혼하지 말고 주 안에서 하라고 했습니다. 이제 겨우 자유롭게 되었는데 또 남편에게 매여 종 노릇하는 것은 세월이 너무 아깝기 때문이라고 말합니다. 게다가 여성 가운데는 남편이 있어 재능을 발휘하지 못하다가 남편이 죽은 후에 신앙적으로 홀로서기도 하고 귀한 은사를 사용하는 사람도 많습니다.

본문에서 우리에게 말씀하고 있는 것은 참으로 자신의 삶을 천사보다 더 아름답게 헌신한 사람은 모두 주를 위해 무엇인가 버린 사람이었다는 것입니다. 어떤 사람은 행복한 결혼생활을 포기하기도 하고 어떤 사람은 경제적 소득을 포기하기도 하고 어떤 사람은 자신의 성공을 포기하기도 합니다. 우리 인생은 한 번밖에 없고 아주 짧습니다. 그리고 일단 한번 살고 나면 다시 돌이킬 수 없습니다. 이 짧은 인생을 살면서 주님을 위해 자신의 삶을 더 보람되게 사용하는 성도가 되기를 바랍니다.

성경 토의

1. 어떤 일을 전문적으로 하는 사람들 가운데 결혼생활을 포기하고 그 일에만 전념하는 사람이 있다. 목회자나 선교사가 결혼하지 않고 교인을 섬기고 복음 전하는 일에 전념하는 것을 어떻게 생각하는가?

2. 부모가 성년이 된 자녀들의 미래를 결정할 때 그들의 한평생을 어떤 일에 쓰도록 하는 것이 가치 있는 일이라고 생각하는가? 즉 결혼해서 돈 벌고 아이들을 키우는 일반적인 삶이 나을까, 아니면 복음에 헌신하여 교회에 매여 가난하지만 다른 영혼을 살리는 일을 하는 삶이 더 가치 있을까?

3. 독신이 되었을 때 불행하다고 생각하지 않고 그 기회를 살려 교회를 섬기며 어려운 자들을 돌보는 일에 헌신할 수 있는가?

18_세상의 문화 충격

고린도전서 8:1-13

전체적 설명

사람은 누구나 사는 동안 세상의 문화와 부딪힐 수밖에 없다. 요즘 우리나라에서 자녀들이 자라 대학에 다니거나 직장생활을 하면 자연스럽게 부딪치는 것이 술 문화인데, 믿지 않는 사람은 술을 통해 사회생활을 하기 때문이다. 그래서 술을 마시지 않는 사람은 사회생활을 하거나 다른 사람과 어울리기가 아주 어렵다. 옛날에는 우상 숭배가 그랬다. 세상의 모든 것이 자연스럽게 이교도적 문화로 이루어져 있었던 것이다. 그래서 어느 때는 음식조차 모두 이교적인 배경에서 나온 것이어서 함부로 먹을 수 없고 다른 사람의 집에 사당이 차려져 있어 갈 수도 없다. 이때 우리는 지혜롭게 행동해 사회생활을 완전히 끊지 않으면서도 자기 양심을 더럽히지 않는 방식으로 행동해야 한다.

설교 프리노트

1절, "우상의 제물에 대하여는"

이번 고린도 교의 질문은 '우상의 제물' 에 대한 것이다. 고린도 교회에서도 우상의 제물에 대해 많은 지식이 준비되어 있었지만 하나의 지식으로 '우상 제물론'은 그렇게 현실적이지 못했던 모양이다. 사도 바울은 "지식은 교만하게 하며"라고 말한다. 고린도 교회에서 지식 있는 자들이 '음식'에 대한 이야기를 했는데, 음식은 단지 배만 부르게 할 뿐 우리 정신에 전혀 영향을 미치지 못한다고 주장한 것으로 보인다. 물론 음식은 배부르게 하는 것이 목적이기 때문에 배가 고프면 어떤 음식이든 먹어도 되지만 아무래도 우상의 제물을 먹는 것은 신앙인으로서 꺼림칙할 수 있다. 이에 대해 사도 바울은 "지식은 교만하게 하며 사랑은 덕을 세우나니"라고 말한다. 즉 자기 학식의 정도를 나타내려고 하는 가르침은 사람의 마음에 감동을 주지 못하지만 사랑으로 바로 세우기 위해 가르치는 교훈은 감동을 준다. 즉 사람의 행동에 변화를 가져다준다는 것이다.

2-3절, "만일 누구든지 무엇을 아는 줄로 생각하면 ……"

어느 정도 세상적 지식을 가진 사람은 자신이 신앙적으로도 많은 것을 알고 있다고 생각해 세상적 지식을 자꾸 신앙 세계 안으로 끌어들여 적용하려고 한다. 그러나 세상적 지식과 신앙 지식은 근본적으로 다른 부분이 많다. 따라서 세상에 대해 많은 것을 안다고 해서 반드시 교회 안에서 모든 것을 아는 것은 아니다. 비록 세상적 지식은 많이 가지지 못했을지라도 하나님을 사랑하는 마음을 가지고 있는 사람은 하나님이 그 사람을 알아주시고 그를 통해 성경의 많은 진리를 깨닫게 하신다.

4절, "우상은 세상에 아무것도 아니며"

우상은 사람의 마음속에 있는 종교적 본성을 밖에 보이는 나무나 돌에 표현한 것에 불과하다. 따라서 우상은 아무리 멋있는 예술작품으로 만들어진다고 해도 사람의 상상력에 불과하다. 그것이 무슨 마술적 힘을 가지고 있거나 인간의 운명을 결정하는 능력을 가지고 있는 것은 아니다.

5절, "비록 하늘에나 땅에나 신이라 불리는"

민족이나 종교마다 숭배하는 신이 있어 이 세상에는 수많은 신이 있다. 특히 그리스나 로마 등 다신교 국가에는 헤아릴 수 없을 정도로 많은 신이 있고, 사람은 믿는 신이 많을수록 자신에게 더 유리하다고 생각한다.

그러나 신들은 모두 인간이 만들어낸 상상에 불과하고 오직 참 신은 우리가 믿는 하나님 한 분밖에 없다(6절). 하나님은 만물을 창조하셨으며, 우리가 그분의 축복 안에 들어갈 수 있는 유일한 길은 그 아들 예수 그리스도를 믿는 것밖에 없다.

7절, "이 지식은 모든 사람에게 있는 것은 아니므로"

모든 사람이 참된 하나님을 알고 섬기면 좋겠지만 유감스럽게도 사람은 죄로 말미암아 영혼이 죽고 지성이 죽어 하나님을 알지 못하고 엉뚱한 데서 엉터리 하나님을 찾고 있다.

"우상의 제물을 알고 먹는 고로"

사람 가운데는 우상이 어떤 힘을 가졌다고 생각해 미신적 두려움에 사로잡혀 우상에게 바친 음식을 먹고 그 양심이 우상에게 속박되는 경우가 많다. 이런 사람은 우상의 제물을 먹지 않는 것을 두려워한다.

8절, "음식은 우리를 하나님 앞에 내세우지 못하나니"

음식은 우리 육체를 위한 것이기 때문에 하나님 앞에서 우리를 더 거룩하게 하거나 부정하게 하지 못한다. 다시 말해 음식은 어디까지나 음식이지 영적 힘을 가지고 있지 않다.

9절, "그런즉 너희의 자유가"

그리스도인 가운데서 우상의 제물은 아무것도 아니기 때문에 우상의 집에 들어가 음식을 먹어도 자신은 더럽혀지지 않는다고 생각하는 사람이 있었던 모양이다. 물론 그 사람은 우상의 집에 들어가 음식을 먹어도 되는 줄 모르지만 신앙이 약한 성도는 자기보다 잘 믿는 사람이 우상의 음식을 먹는 것을 보면 우상 섬기는 것으로 오해해서 시험에 들게 된다. 이런 사람은 남의 입장은 고려하지 않고 오직 자기 생각만 해서 자신의 행동이나 말 때문에 다른 사람의 양심이나 신앙이 영향을 받을 수 있다는 것을 생각하지 못한다. 결과적으로 이것은 형제에게 죄짓는 것이며, 그 양심을 상하게 하는 것이며, 그리스도에게 죄짓는 것이다(12절).

13절, "음식으로 내 형제를 실족하게 한다면"

육류 문제는 유대인과 이방인 신자 사이에 아주 예민한 문제였다. 즉 이방인은 모든 고기를 먹을 수 있지만 유대인은 오래전부터 먹을 수 있는 것이 율법으로 제한되었다. 사도 바울은 다른 성도를 실족시키지 않기 위해 고기를 아예 먹지 않겠다고 했다.

본문 이해를 위한 질문

1. 세상적 지식은 하나님의 백성을 지켜주는 데 어떤 역할을 하는가?

세상적 지식을 가지고 많이 안다고 생각하는 사람이 있는데, 세상적 지식과 하나님의 세계는 다르기 때문에 아무것도 알지 못한다고 생각해야 한다. 하나님은 그분을 사랑하는 자에게 하나님의 뜻을 알려주는 것을 기뻐하시고 그런 자들을 알아주신다.

2. 세상의 수많은 신은 어떤 의미가 있으며, 우리가 믿는 하나님은 어떤 분이신가?

세상의 수많은 신은 인간이 만들어낸 상상의 산물이며 미신에 불과하다. 이 세상에 참 신은 우리가 믿는 하나님 한 분밖에 없으며, 하나님이 온 세상을 만드셨고, 우리는 그 아들 예수 그리스도를 통해 그분을 바로 알 수 있다.

3. 우상의 제물은 무슨 효력이 있는가?

우상이 아무것도 아니기 때문에 우상의 제물을 먹든지 말든지 아무 차이가 없지만 신앙이 약한 사람의 양심을 상하게 할 수 있기 때문에 먹지 않는 것이 좋다.

성경 강해

바다에 가면 차가운 물과 따뜻한 물이 만나는 곳에 큰 소용돌이가 일면서 다양한 종류의 물고기가 서식하게 됩니다. 그러나 잘못하면 그런 소용돌이에 배가 침몰하기도 하고 사람이 빠져 죽을 수도 있습니다. 마찬가지로 세상에는 여러 가지 사상이나 조류가 흐르면서 큰 소용돌이를 일으킵니다. 그중 기독교와 세상의 사상이 만나면서 큰 충돌이 일어날 때가 있습니다. 우리는 세상에서 술이나 담배 문제로 문화적 충격을 받을 때가 있는데, 특히 여성이 커피숍이나 휴게소 등에서 흡연하는 모습을 보면 충격을 받습니다.

우리나라에 유명한 여자 탤런트가 있는데, 사실 많은 사람이 좋아하는 훌륭한 연기자입니다. 특히 그녀는 아프리카 오지에서 굶주린 어린이들을 돕는 일을 적극적으로 하고 있습니다. 어느 날 한 기자와 인터뷰하면서 자신이 담배를 끊지 못하다가 드디어 담배를 끊게 되었다고 말했습니다. 엄마가 담배를 끊도록 딸이 기도를 많이 했기 때문이라고 합니다.

과거 우리 사회에서 예수 믿는 사람과 믿지 않는 사람 사이의 충동이라고 하면 주로 제사를 지내느냐 마느냐, 같이 술을 마시느냐 마시지 않느냐 하는 것이었습니다. 예전에는 제사나 술이 사람을 사회적으로 통합시키는 수단이었습니다. 가족들은 제사로 하나 되고 직장인은 술로 하나 되었던 것입니다. 그런 시대다 보니 그리스도인은 제사에 빠지거나 술을 마시지 않아서 미움을 받고 따돌림을 당해야 했습니다. 종교다원화시대가 되면서 요즘은 그런 문제가 줄어들었지만 예전과는 전혀 다른 사회문제와 부딪히게 되었습니다. 그 하나가 동성애 문제입니다. 물론 대부분의 사람은 동성애가 옳지 않다는 것을 알고 있습니다. 그러나 사람들이 저마다 개인의 자유나 인권을 가지고 떠들어대자 어느 정도로 반대해야 하는지 혼란스러워 했습니다. 동성애자들이 하고 싶어 하는 대로 내버려두는 것이 좋은지, 우리나라가 소돔과 같이 망하지 않으려면 적극적으로 반대해야 하는지 혼란스러웠던 것입니다. 그런데 많은 교회의 기도와 그리스도인의 노력으로 이제는 동성애의 세력이 한풀 꺾이고 있습니다. 요즘은 전혀 알지 못했던 것이 유행하고 있는데, 바로 '포켓몬' 입니다. 일반인은 그것이 무엇인지 잘 모르는데 게임하는 사람은 포켓몬을 잡느라 교통신호를 어기거나 갑자기 도로로 뛰어든다는 것입니다.

음식에 있어 외국인은 한국 사람이 개고기 먹는 것을 아주 야만적으로 생각합니다. 그런데 한번 먹어 본 사람은 아주 맛있다고 합니다.

요즘 유럽은 곳곳에서 폭탄 테러가 일어나고 있습니다. 프랑스와 독일이 난민으로 받아들였던 이슬람 청년이 테러 집단에 가담해 사람을 무차별로 죽이고 있는 것입니다.

어떤 사람이 말하기를 니스에서 트럭 테러로 사람이 무차별적으로 학살 당한 사건이 일어나고 얼마 뒤에 가 보니 의외로 사람들이 차분하고 정상적으로 북적거리면서 쇼핑을 즐기더라는 것입니다. 프랑스 사람은 아직까지 이슬람교와 전쟁을 벌인다고 생각하지 않는다고 합니다. 프랑스 사람은 종교적 관용의 정신을 뜻하는 톨레랑스를 가졌는데, 그들은 테러가 나쁜 것이지 이슬람 전체를 욕하지 않는다고 합니다. 그런데 우리나라에도 이슬람이 들어오고 있습니다. 모스크가 세워지고 있으며, 할랄식품 단지를 설립하려는 움직임이 있습니다. 머지않아 테러가 터질 가능성이 얼마든지 있습니다. 우리는 이것을 어떻게 대비해야 할까요?

고린도 지방에서는 다양한 문화가 충돌했습니다. 고린도인 가운데는 그리스의 영향을 받은 사람도 있고 로마의 영향을 받은 사람도 있고 유대인의 영향을 받은 사람도 있었습니다. 그래서 고린도의 그리스도인은 이 다양한 문화의 충격 가운데 무엇이 옳고 그른지 혼동스러울 때가 많았습니다. 특히 고린도 교인은 우상 숭배를 하는 사람의 집에 가면 안 되는지, 우상의 제물은 먹어도 되는지 하는 문제가 양심을 병들게 할 정도로 그들을 혼란스럽게 만들었습니다. 그런데 당시에도 남들보다 앞서가는 사람이 있었습니다. 사도 바울은 그들을 향해 자신이 무엇을 안다고 너무 앞서서 행동하거나 주장하지 말라고 권면합니다. 그들의 지식이 다른 사람의 양심을 병들게 할 수 있기 때문입니다.

1. 다른 사람에 대한 배려의 윤리

요즘 유치원 교육에서부터 시작해 사드 배치 문제, 공무원에게 식사나 선물을 금지하는 김영란법에 이르기까지 엄청난 논쟁과 토론이 벌어지고 있는데, 나중에는 법원 판결로 해결되지 못하고 헌법재판소 판결까지 가는 경우가 많습니다. 우리 사회가 처한 현 상황을 반드시 나쁘다고 볼 수만은 없습니다. 그동안 권력을 가진 한 사람의 말로 모든 중요한 일이 결정되다가 이제는 밑바닥부터 다시 기초를 세우는 중이라고 볼 수 있기 때문입니다. 외국의 어느 대사는 우리 사회가 이슈 하나하나에 대하여 이처럼 논쟁적이고 시끄러운 것이 반드시 나쁜 것만은 아니라고 말했습니다. 그런데 우리에게 아주 아쉬운 점이 하나 있습니다. 이것은 그냥 아쉬운 정도가 아니라 사실 우리 모두의 목숨을 위태롭게 할 정도로 중요한 문제입니다. 사실 이것이 제대로 안 되어 수많은 귀한 생명이 억울하게 죽어가고 있습니다.

1절, "우상의 제물에 대하여는 우리가 다 지식이 있는 줄을 아나 지식은 교만하게 하며 사랑은 덕을 세우나니"

고린도 교인에게는 '우상의 제물'이 시험거리가 되었습니다. 물론 그중에는 우상의 제물인지 알면서 일부러 먹는 사람도 있었고 그것을 모르고 먹는 사람도 있었습니다. 본문은 '우상의 제물' 에 대해 고린도 교인이 어느 정도 지식을 가지고 있다고 말씀합니다.

그런데 중요한 문제는 그다음에 나옵니다. "우리가 다 지식이 있는 줄 아나 지식은 교만하게 하며 사랑은 덕을 세우나니"라는 말씀입니다. 도대체 지식보다 더 중요한 사랑은 무엇을 의미할까요?

예를 들어 사회에서 일어나는 모든 문제에 대해 정치하는 사람의 입장과 전문가의 입장, 일반인 또는 당사자의 입장이 다 다르기 때문에 우리 사회는 사사건건 논쟁과 싸움이 끊이지 않습니다. 그렇다 보니 모든 사람이 뭔 문제에 대하여 옳고 그름을 따지며 자기 주장을 합니다. 우리 사회의 가장 심각한 문제는 옳고 그른 것은 따질 줄 알지만 다른 사람에 대한 배려가 일체 없다는 것입니다. 다른 사람의 생명이나 다른 사람의 입장을 생각해주지 않다 보니 많은 사람이 억울하게 죽어가는 것을 볼 수 있습니다.

예를 들어 우리는 운전해서 회사에 가거나 버스를 타고 학교에 갈 때 적어도 다른 사람이 지킬 것은 지키고 우리의 생명을 해치지 않으리라는 것을 믿고 갑니다. 어떤 사람이 버스 운전을 하는데 시간에 쫓겨 잠을 자지 못했습니다. 그는 졸면서 운전하다가 다른 사람을 위험에 빠뜨릴 수 있다는 생각으로 다른 조치를 취했어야 하는데 그냥 운전했다가 다른 차를 들이받아 자신과 전혀 상관없는 젊은 네 여성의 생명을 빼앗아갔습니다. 오늘날 사람은 예전에 비해 많은 지식과 상식을 가지게 되었고 말을 잘하게 되었지만 자신이 하는 행동이나 말이 다른 사람에게 어떤 위험이 될 수도 있다는 생각을 전혀 하지 않습니다. 예를 들어 약을 먹어야 정상적인 생활을 할 수 있다면 그 사람은 반드시 약을 먹고 운전해야 합니다. 그러나 약을 먹지 않고 운전하다가 자기와 아무 상관없는 사람 여러 명을 죽게 하고 다치게 하는 사고가 발생했습니다. 배를 운행하는 사람이라면 배에 관련해 지켜야 할 수칙이 있습니다. 그런데 회사나 선장이 그런 수칙을 하나도 지키지 않고 배를 몰다가 배가 뒤집어져 수백 명의 어린 학생이 바다에 빠져 죽은 참사가 벌어졌습니다. 오늘 우리 사회는 옛날보다 똑똑해지고 모든 일에 대해 원리 원칙을 가지고 따지는 사회가 되었지만 다른 사람에 대하여 자신이 지켜야 할 최소한의 배려를 하지 않고 있기 때문에 누구든지 운이 나쁘면 죽을 수도 있는 사회가 되고 말았습니다. 우리 사회의 문제는 옳고 그름을 따지는 것이 틀렸다는 게 아니라 그 마음속에 상대방에 대한 최소한의 사랑이 없다는 것입니다. 우리 사회는 거의 야생 세계가 되어 누구든지 사나운 짐승에게 걸려들기만 하면 물려죽는 사회가 되고 말았습니다. 즉 자신이 이런 행동을 할 때 다른 사람이 어떤 피해를 입을 수 있다는 것을 생각하지 않게 되었습니다.

사도 바울은 이렇게 말합니다.

2절, "만일 누구든지 무엇을 아는 줄로 생각하면 아직도 마땅히 알 것을 알지 못하는 것이요"

예를 들어 자기는 어떤 것에 대하여 잘 안다고 생각하는 사람이 있다고 합시다. 그는 어떤 문제가 나오면 전문적 지식을 동원해 통계를 인용하는 등 자신의 주장을 관철시키려고 할 것입니다. 예를 들어 동성애 문제, 사드 배치 문제, 북한의 핵실험 문제에 대하여 사람마다 자기 생각이나 주장이 있을 것입니다. 그런데 가장 중요한 것은 이것이 사람의 말로 해결될 문제가 아니라는 데 있습니다. 우리가 아무리 떠들고 장관이 아무리 떠들고 논설위원이 아무리 떠들어대도 이것은 사람의 말로 해결될 문제가 아닙니다. 결국 이것은 하나님의 허락이 있어야 해결될 문제인 것입니다. 그래서 어떤 문제에 대해 자기 생각을 장황하게 늘어놓고 싶을 때 반드시 염두에 두어야 할 것은 이것은 사람의 말로 해결될 문제가 아니라는 것입니다. 이것은 기도로 해결될 문제이고 하나님의 능력으로 해결될 문제이지 사람의 말로 해결될 문제가 아니라는 것입니다.

3절, "또 누구든지 하나님을 사랑하면 그 사람은 하나님도 알아 주시느니라"

참으로 중요한 말씀인데, 이는 이 세상의 어려운 문제를 해결할 수 있는 유일한 방법은 사람을 붙들고 설득해 자기편으로 만드는 것이 아니라 하나님을 사랑하면 된다는 것입니다. 우리가 하나님을 사랑하면 하나님은 우리를 알아주십니다. 우리는 하나님을 어떻게 사랑해야 합니까? 하나님 말씀을 사랑하고 기도해야 합니다. 하나님은 이런 사람들의 기도를 들어주셔서 위기에서 벗어나게 하십니다. 오늘 우리 사회는 기도가 많이 필요한 시대입니다. 우리의 기도가 없어지면 언제 누가 죽을지 모르는 세상인 것입니다. 우리는 지금 다른 사람을 사랑하지 않습니다. 오직 자기만 사랑하고 자기 생각대로만 하려고 합니다.

2. 인간의 상상력의 한계

오늘날 서구 세계에서는 아직도 그리스 신화가 대단한 영향을 미치고 있습니다. 사람들이 대화를 나누거나 사례를 들 때 자연스럽게 그리스 신화를 인용하곤 하는데, 그것을 모르면 무식하다는 소리를 듣습니다. 여기서 놀라운 사실 하나를 말하면 철학자 니체가 원래 신학을 공부했던 신학도였다는 것입니다. 그는 하나님을 완전히 부정하고 그리스 신화에 나오는 '디오니소스' 라고 하는 포도주 신 '바쿠스' 에게 완전히 빠지고 말았습니다. 옛날 그리스에서는 이런 종교에 빠져 술에 취해 난동을 부리는 여자와 남자가 많았습니다. 심지어 이들은 살인도 했습니다.

지금도 우리 인간은 자신의 상상력을 믿습니다. 그래서 〈스타워즈〉 같은 공상영화가 현실이 될 수 있다고 생각하고, 심지어는 게임의 세계를 현실과 구별하지 못해 살인을 저지르는 청소년이 늘고 있습니다.

4절, "그러므로 우상의 제물을 먹는 일에 대하여는 우리가 우상은 세상에 아무것도 아니며 또한 하나님은 한 분밖에 없는 줄 아노라"

예수 믿는 사람은 물론이고 하나님을 모르는 많은 사람도 우상이라고 하는 것은 인간이 만들어낸 상상의 산물이기 때문에 아무것도 아니라고 생각합니다. 그리스도인 가운데 우상을 아무것도 아닌 것으로 생각해 우상에 바쳐진 제물을 먹는 것에 대해 꺼릴 것이 없다고 생각하는 사람이 있습니다. 우상은 아무것도 아니기 때문에 없는 것처럼 생각하면 된다고 여겼던 것입니다. 그러나 우상은 아무것도 아닌 것이 아닙니다. 우상은 인간의 상상력이 만들어낸 산물로, 사람은 우상보다 자신의 상상력이나 정성을 믿으려고 하기 때문입니다.

예를 들어 어떤 사람이 돌로 만들어진 상에 절할 때 그는 그 상이 돌이라는 것을 알지만 그 돌이 효험을 드러낼 수도 있다는 자신의 상상력은 믿는 것입니다. 그리고 지극정성을 다하는 자신의 정성이 진실하다고 믿는 것입니다.

하나님의 백성이 아무리 하나님은 한 분뿐이고 우상은 인간의 상상에 불과하다고 해도 그런 상상이나 느낌을 믿는 사람이 많기 때문에 간단한 문제가 아닙니다. 하나님의 백성이 이 세상의 모든 종교와 사상은 실체가 없는 엉터리라고 말한다면 사람들은 화를 내면서 "왜 그렇게 그리스도인은 독선적이냐" 라고 항의할 것입니다. 그렇다고 해서 하나님을 믿는 사람이 그것을 인정한다면 그들은 자신의 종교를 더 믿게 될 것입니다. 우리 인간에게 일어날 수 있는 가장 위대하면서도 어려운 일이 한 분 살아계신 하나님을 믿는 것입니다. 그런데 우리가 다른 종교나 믿지 않는 사람에 대하여

증오심에 차서 공격적으로 대한다면 그들은 아무도 예수를 믿으려고 하지 않을 것입니다. 그래서 그런 종교인을 불러 함께 강의를 듣고 교제한다고 해도 그들은 하나님을 믿지 않을 것입니다. 결국 우리는 중심을 잡아야 하고 그러면서도 다른 사람에 대하여 끝까지 친절하고 겸손하면서도 진실하게 대해야 합니다. 이때 논쟁은 큰 도움이 되지 않습니다. 다만 우리가 계속 그들을 배려하고 사랑한다면 마음이 조금 녹을 수는 있습니다.

5-6절, "비록 하늘에나 땅에나 신이라 불리는 자가 있어 많은 신과 많은 주가 있으나 그러나 우리에게는 한 하나님 곧 아버지가 계시니 만물이 그에게서 났고 우리도 그를 위하여 있고 또한 한 주 예수 그리스도께서 계시니 만물이 그로 말미암고 우리도 그로 말미암아 있느니라"

사람은 자신의 상상력으로 수많은 신을 만들어냈습니다. 특히 그리스인은 천재적이라고 말할 수 있데, 그들은 올림포스 산 위에 사는 수많은 신을 상상해냈습니다. 그리고 수많은 영웅이 하늘에 올라가 별자리가 된 이야기를 만들어냈습니다. 그리스인이 상상해낸 신들이 얼마나 대단한가 하면 그중 인간을 위해 불을 갖다주었다가 제우스의 미움을 받아 영원히 독수리에게 간을 쪼아 먹히는 프로메테우스도 있고, 하늘의 신 제우스도 있고, 바다의 신 포세이돈도 있고, 지옥의 신 하데스도 있습니다. 그런데 그리스의 신들은 너무 재미있고 인간적이며 화를 잘 냅니다. 게다가 그리스의 신들과 인간이 관계해 태어난 영웅도 많습니다. 그리스인은 이런 신화나 신의 존재를 믿었을 뿐 아니라 수많은 신전을 세웠고 신에게 바치는 운동 경기를 벌였고 수많은 이야기를 만들어냈습니다. 물론 현대인은 그리스의 올림포스 산에 신들이 산다고 믿지 않습니다. 다만 인간은 자신의 상상력을 믿습니다. 이런 상상력을 이용한 게임 프로그램으로 수조 원의 돈을 버는 것을 보면 그 위력이 얼마나 대단한지 알 수 있습니다.

그러나 하나님은 오직 한 분밖에 없습니다. 그 하나님은 우리를 만드셨고, 온 우주를 만드셨습니다. 물론 우리도 얼마든지 상상할 수 있습니다. 이런 상상으로 소설이나 영화를 만들고 시와 음악도 만듭니다. 이 모든 상상력은 하나님께 영광 돌리기 위해 사용되어야 아름다울 수 있습니다. 그렇지 않다면 상상력은 음탕하고 거짓되며 다른 사람을 속이는 사악한 생각에 불과합니다.

우리 인간이 하나님께 나아갈 수 있는 방법은 오직 한 분 예수 그리스도밖에 없습니다. 인간이 되신 하나님의 아들만이 우리가 하나님께 나아갈 수 있는 유일한 길입니다. 그러나 인간이 되신 하나님은 그리스 신화와 너무 다르고 플라톤 철학과도 맞지 않았습니다. 오직 예수 그리스도의 십자가만이 우리가 하나님께 나아갈 수 있는 유일한 길이라는 것만 진리입니다. 물론 인간의 상상력은 엄청납니다. 인간은 이 상상력으로 과학을 만들고 종교를 만들고 문학을 만들었습니다. 그러나 인간의 상상력으로는 하나님께 나아갈 수가 없습니다. 오직 예수 그리스도와 그분의 말씀을 통해 하나님께 나아갈 수 있습니다. 하나님께 나아가기만 하면 우리의 모든 어려움은 해결됩니다.

성경 본문은 이렇게 말씀합니다.

7절 상, "그러나 이 지식은 모든 사람에게 있는 것은 아니므로"

참 놀라운 것은 하나님에 대한 지식을 모든 사람이 가질 수 있는 것이 아니라는 사실입니다. 예를 들면 어떤 병을 치료하는 비방처럼 아주 특별하게 하나님이 신실하다고 믿고 뽑으신 사람에게만 지식을 맡기십니다. 그러나 신실하지 못한 사람이 사용하는 이 비방은 사실 엉터리일 가능성이 높습니다.

3. 양심을 지키는 자세

기독교에서 가장 중요한 것은 우리가 믿는 진리가 옳다는 것을 변론하고 논쟁하는 것도 중요하지만 더 중요한 것은 사람을 살리는 사랑입니다. 때때로 사람은 자신의 말이 옳고 그른 것은 잘 모르지만 자신을 대하는 그리스도인의 태도에 감동을 받고 예수를 믿는 경우도 많습니다. 그래서 예수 믿는 사람에게 가장 중요한 것은 우리가 어떻게 말을 하며, 어떻게 행동하는 것이 다른 사람의 양심에 가장 도움이 되겠느냐 하는 것입니다. 우리는 깊이 생각해서 다른 사람의 양심을 깨끗하게 하는 데 도움이 되는 방법으로 행동해야 합니다.

우상 숭배하는 자들이 우상의 제물을 나누어 먹게 하는 이유는 귀신의 힘을 나누어 갖자는 의미입니다. 고린도 교인 가운데는 혹시라도 자기가 우상의 제물을 먹지 않으면 귀신이 자기한테 해코지할까 봐 두려워 먹는 사람이 있었습니다. 이런 경우 놀랍게도 그들의 양심은 우상의 제물로 말미암아 약해지고 더럽혀졌습니다.

여기서 중요한 것은 예수님이 사람을 더럽게 하는 것이 아니라 입에서 나오는 그것이 사람을 더럽게 만든다는 사실입니다. 유대인은 입에 들어가는 것이 사람을 더럽게 하기 때문에 음식을 가려 부정한 음식을 먹지 않고 먹을 때는 꼭 손을 씻었습니다. 그러나 인간은 이미 마음이 오염되고 더러워져 그 말과 생각과 생활을 통해 끊임없이 더러운 것을 토해내고 있습니다.

사실 우리가 이 세상에서 보고 듣는 모든 것이 다 죄일 때가 많습니다. 그런데 우리는 거룩한 것보다 죄에 마음이 더 끌리곤 합니다. 일단 예수 믿지 않는 사람은 세상의 음탕하고 더러운 것이 훨씬 더 좋고 마음이 이끌립니다. 우리 예수 믿는 사람도 머리로는 하나님 말씀이 좋지만 세상의 옛 습관이나 나쁜 것을 끊지 못해 양심이 약해지고 더럽혀질 때가 많습니다. 성령님은 우리의 이런 마음을 자꾸 바꾸어 가셔서 세상의 죄를 싫어하도록 만드십니다. 그러다가 어느 날 우리 마음과 하나님의 마음이 일치할 때 우리는 예배드리고 찬송을 부르면서 엄청난 하늘의 희열을 체험하게 됩니다. 이것이 우리 하나님의 백성이 누릴 수 있는 가장 큰 축복입니다.

8절, "음식은 우리를 하나님 앞에 내세우지 못하나니 우리가 먹지 않는다고 해서 더 못사는 것도 아니고 먹는다고 해서 더 잘사는 것도 아니니라"

예를 들어 아주 근사하게 차려진 진수성찬을 먹었다고 합시다. 물론 그 음식을 먹을 때는 대단한 사람이 된 것 같고 위대한 사람이 된 것 같다는 생각이 들겠지만 일단 입을 통해 들어가면 위에서는 그것을 하나의 영양분으로 생각해 분해합니다. 그래서 아무리 비싼 음식을 먹어도 위는 그것을 영양가로 생각하고 아무리 싼 음식을 먹어도 영양가나 양으로 인식할 뿐입니다.

음식은 먹을 때 기분이지 몸속에 들어가면 다른 음식과 다 섞여 영양소로 분해됩니다. 결국 중요한 것은 우리 양심이고 믿음입니다.

여성은 때때로 한 끼의 식사를 위해 너무 많은 노력과 시간을 씁니다. 아내가 하루 종일 음식 준비를 했는데 손님이나 남편, 자녀가 너무 빨리 먹어버리고 설거지만 쌓인다면 허무할 수도 있습니다. 하나님의 나라는 먹는 것과 마시는 것이 아니기 때문에 그리스도인은 한 끼의 식사에 목숨을 걸거나 하지 말아야 합니다. 그리스도인이라면 음식은 대충 가볍게 먹고 하나님 말씀을 나누고 찬송을 부르는 데 전심을 다해야 올바른 것입니다. 예수님은 마르다가 너무 많은 음식을 준비하려고 할 때 그렇게 하지 말라고 하셨습니다.

고린도 교인 가운데 남들이 버젓이 보는 앞에서 우상의 제물을 먹는 지적인 사람들이 있었습니다. 그들은 자신이 얼마나 포용력 있는 사람인지를 보여주려고 일부러 우상의 신전에 가서 음식을 먹었던 것입니다. 그때 새로 믿는 자들은 그것을 보고 '아, 우상을 믿어도 되는구나' 라고 생각하게 되었습니다.

10절, "지식 있는 네가 우상의 집에 앉아 먹는 것을 누구든지 보면 그 믿음이 약한 자들의 양심이 담력을 얻어 우상의 제물을 먹게 되지 않겠느냐"

얼마 전 우리나라에서 세계기독교대회가 열렸습니다. 그 대회의 취지는 기독교가 선교적 취지에서 다양한 문화와 종교를 이해하자는 것이었습니다. 그런데 실제로 그 대회에 참석했던 사람들은 그 대회가 말로만 기독교이지 실제로는 하나님을 예배하는 것과 너무 다른 모습으로 흐르는 것을 보고 시험에 들었다고 합니다.

11절, "그러면 네 지식으로 그 믿음이 약한 자가 멸망하나니 그는 그리스도께서 위하여 죽으신 형제라"

우리는 다른 교인을 볼 때 하나님이 피 값으로 사신 사람으로 보아야 합니다. 그래서 한 사람이라도 신앙에서 떨어지지 않도록 조심해야 합니다. 우리나라는 교회에 출석하지 않는 교인이 많습니다. 이들을 누가 실족시켰습니까?

교인은 목사님의 기도나 말투, 성격, 인격까지 모든 것을 닮아 갑니다. 특히 교인은 목사님이 기도하는 것을 많이 닮습니다. 어떤 목사님은 너무 권위적이어서 절대 복종을 강요하기도 합니다. 이 모든 것이 교인의 마음속에는 평생 없어지지 않는 상처로 남습니다. 그래서 사도 야고보는 "선생이 많이 되지 말라"(약 3:1)고 했습니다.

교인 한 명 한 명은 예수님이 피 값을 주고 사신 사람인데 작은 자 가운데 한 명이라도 실족케 하느니 연자 맷돌을 그 목에 매달아 바다에 빠뜨려 죽이는 것이 낫다고 했습니다. 목회자가 진실하지 못하고 겸손하지 못하고 위선적일 때 얼마나 많은 사람이 마귀의 종이 되어 진리에 대적하는지 모릅니다.

머리로 이해하기는 쉽지만 가슴으로 뜨겁게 믿고 바로 믿는 것은 너무 어려운 일입니다. 오직 하나님의 은혜에 의지해 부흥이 일어나고 교인이 주님만을 바라봄으로써 시험에 들지 않고 모두 끝까지 천국에 들어갈 수 있기를 바랍니다.

성경 토의

1. 신앙 세계와 불신앙 세계가 주로 일으키는 문화 충돌로 어떤 것들이 있는가?

2. 요즘은 우상의 제물과 관련된 문제는 줄었지만 술이나 담배, 영화나 연극, 주일을 지키는 것과 관련된 문제가 늘고 있다. 이 문제와 관련해 어떤 어려움이 있는가?

3. 우리가 신앙이 약한 자나 믿지 않는 자들을 위해 참아야 하고, 포기해야 하는 자유에는 어떤 것이 있는가?

19_복음의 현실

고린도전서 9:1-14

전체적 설명 사도 바울처럼 자신의 삶 전체를 복음 전하는 일에 쓰는 사람은 교회가 그들의 생활을 책임져줌으로써 복음 전하는 일에 전념하도록 하는 것이 성경적이다. 그러나 사도 바울은 고린도인의 신앙이 너무 어려서 그들로부터 생활비를 받는 것이 옳지 않다고 생각해 장막 만드는 일을 해서 스스로 생활비를 벌면서 복음을 전했다. 그 후 고린도 교인은 복음을 전하는 사람에게 사도 바울처럼 생활비를 지원하지 않는 것이 옳다고 여기게 되었고, 사도 바울이 자격이 없어서 생활비를 받지 못했던 것으로 오해하는 사람까지 생겨났다.

사도 바울은 자신이 자비량으로 돈을 벌기도 하면서 복음을 전했던 것은 고린도 교인에게 경제적 부담을 지우지 않으려고 그렇게 한 것이지 원래 복음 전하는 사람은 교회에서 생활비를 책임지는 것이 옳다고 가르치고 있다.

1절, "내가 자유인이 아니냐 사도가 아니냐"

설교 프리노트

당시 사도 바울에 대해 여러 가지 오해가 있었다. 그 중 하나는 사도 바울이 종종 자기를 '그리스도의 종'이라고 말했기 때문에 그가 다른 사람의 종이라고 생각하는 사람이 있었다. 또한 사도 바울이 다른 사도보다 겸손하다는 점을 들어 사도가 아니라고 생각한 사람이 있었고, 이를 근거로 사도 바울이 예수님을 본 적이 없다고 주장하는 사람도 있었다. 그러나 사도 바울은 부활하신 주님을 보았다.

2절, "다른 사람들에게는 내가 사도가 아닐지라도"

당시 예루살렘 출신 가운데 여전히 바울의 사도권을 인정하지 않는 사람이 많았던 것으로 보인다. 이방인은 사도 바울로부터 복음을 들었는데, 특히 고린도인은 사도 바울을 통해 첫 복음을 들었기 때문에 바울이 그들의 사도가 아닐 수 없었다.

3절, "나를 비판하는 자들에게 변명할 것이"

당시 사도 바울에 대한 비판이 있었음을 알 수 있다. 그것은 그가 고린도 교회로부터 사도권이나 재정적 지원을 받을 권리가 없다고 말하는 사람들의 비판이었다.

4-6절, "우리가 먹고 마실 권리가 없겠느냐 ……"

여기서 먹고 마시는 것은 고린도 교회의 손님이나 사도로서 섬김을 받고 접대 받는 것을 의미한다. 사도는 당연히 교회의 중요한 지도자로서 교회에서 대접 받을 자격이 있다.

"믿음의 자매 된 아내를"

베드로는 교회를 방문할 때마다 자기 아내를 데리고 다녔다. 그렇게 함으로써 베드로는 더 안정적으로 교회 일을 할 수 있었고, 베드로의 아내는 아내대로 여자 성도를 도울 수 있었을 것이다. 그러나 부부가 함께 다니다 보니 먹는 것을 비롯해 비용 문제에 더 큰 부담이 있었을 것이다.

"나와 바나바만 일하지 아니할 권리가 없겠느냐"

바나바와 바울은 자비량으로 일하며 계속 돈을 벌면서 복음 전하는 일을 했다.

7절, "누가 자기 비용으로 군 복무를"

사도 바울은 복음 전하는 자가 교회로부터 지원 받아야 하는 상식적 예로 세 가지를 들고 있다. 첫 번째는 군인이 군대에 쓰는 물건을 자기가 준비하지 않고 국가로부터 지원을 받는 권한, 두 번째로 포도를 심었을 때는 나중에 포도를 딸 때 포도를 먹을 수 있는 권한, 세 번째로 양을 치면 양 젖을 짤 때 마실 수 있는 권한이다.

9절, "모세의 율법에 곡식을 밟아 떠는 소에게 망을 씌우지 말라"

소는 추수할 때 주위에 떨어져 있는 곡식을 먹으려고 한다. 그때 주인은 소가 곡식을 먹어치우지 못하도록 소 입에 망을 씌우는데, 율법에서는 그렇게 하지 말라고 했다. 소도 추수할 때만큼은 실컷 곡식을 먹을 권리가 있다고 생각했기 때문이다. 이것은 복음 전하는 자가 필요한 비용을 교회로부터 지원 받는 것을 의미한다.

11절, "신령한 것을 뿌렸은즉 너희의 육적인 것을 거두기로"

영적 교환의 원리다. 말씀의 종이 하나님 말씀과 영적 복을 주었기 때문에 교인은 필요한 양식과 생활할 수 있는 집을 제공하는 것이 상호간의 좋은 교제다.

12절, "우리가 이 권리를 쓰지 아니하고"

사도 바울은 전도자로서, 사도로서 당연히 고린도 교회에서 생활비를 받을 수 있었지만 그리스도의 복음에 장애가 없도록 하기 위해 이 권리를 사용하지 않았다. 그러나 성경적으로 성전에서 일하는 사람은 성전에서 나는 것을 먹으며(13절), 복음을 전하는 자는 복음으로 말미암아 사는 것이 올바른 원리다(14절).

본문 이해를 위한 질문

1. 사도 바울에 대해 어떤 오해가 있었는가?

사도 바울이 노예일지도 모른다는 오해와 어쩌면 사도가 아니고 사도의 자격도 없는 사람일지도 모른다는 오해가 있었다.

2. 사도 바울은 고린도 교회에 대해 어떤 권리가 있었는가?

사도 바울도 고린도 교회에서 손님으로 먹고 마시고 대접받을 수 있고, 아내를 데리고 올 수도 있으며, 일하지 않고 복음 전하는 일에만 전념할 수도 있었다.

3. 복음 전하는 자가 교회에서 생활비를 받는 것은 옳은 일인가?

상식적으로 생각해도 군인이 군 복무를 할 때 국가의 지원을 받고, 포도 심는 사람은 포도를 딸 때 먹을 수 있고, 양 치는 사람은 양젖을 먹을 수 있다. 성경적으로는 성전에서 일하는 사람은 성전에서 나는 것으로 먹으며, 복음 전하는 자는 복음으로 말미암아 살리라고 했다.

성경 강해

우리는 이 세상에 살면서 이상과 현실 사이에 너무 많은 차이가 있음을 발견하곤 합니다. 사실 이 차이를 발견한다는 것 자체가 엄청나게 성숙했음을 말해줍니다. 공자는 중국이 힘으로 약한 나라를 정복하는 춘추전국시대에 도덕이 다스리는 나라를 실현하기 위해 13년에 걸쳐 여러 나라를 돌아다녔지만 어느 나라에서도 환영 받지 못했습니다. 어느 날 공자가 제자와 헤어져 혼자 성 밖에 있었는데, 제자가 어떤 사람에게 스승을 보지 못했느냐고 물으니 그는 키가 엄청 크고 옷은 다 떨어져 집 나온 개 같은 사람을 봤다고 대답했습니다. 나중에 공자는 그 말을 듣고 웃으면서 집 나온 개 같다고 한 말이 맞다고 했습니다. 공자는 결코 현실 세계에서 실현될 수 없는 꿈을 가지고 그것을 실현시키려고 했습니다. 그렇다 보니 당시 노자 쪽 사람들로부터 무시와 조롱을 당하기도 했습니다. 반면 공자의 제자들은 스승의 높은 뜻을 존경했습니다. 결국 공자의 꿈은 이루어지지 않았지만 그의 사상은 제자들이 편집한 『논어』를 통해 지금까지도 사람들에게 읽히고 있습니다. 하물며 하나님 말씀을 읽고 배운 사람이 『논어』의 수준을 따라가지 못한다고 하는 것은 말이 되지 않습니다.

사람은 자기가 돈을 내고 자기가 희생을 치른 것은 아끼고 소중하게 생각하지만 엄청나게 중요한 것이라도 자기가 돈을 내지 않으면 귀한 줄 모릅니다.

예수님도 "네 보물 있는 그곳에는 네 마음도 있느니라"(마 6:21)고 하셨는데, 사람은 자기가 희생하지 않은 것은 귀한 줄 모른다는 것입니다.

군대에서 엄청 터져 가면서 강하게 훈련 받은 사람은 자기가 속한 부대에 대해 엄청난 자부심을 가지고 자랑스럽게 생각하는 데 반해 훈련도 제대로 받지 않고 너무 편하게 지낸 군대에 대해서는 불만도 많고 욕도 더 많이 하는 것을 볼 수 있습니다. 군대에서 부하들이 하고 싶은 대로 하게 하면 군기가 해이해지는데, 나중에 보면 총기 사고나 다른 사고가 많이 일어납니다. 그래서 지혜로운 지휘관은 부하들에게 너무 잘해주지 않고 어느 정도 군기를 유지하며, 훈련은 신사적으로 하면서도 높은 강도로 합니다.

대학교나 대학원에서도 교수가 너무 쉽게 학점을 주고 과제물도 내지 않고 학생들이 하자고 하는 대로 하면 당장은 학생들이 좋아하는 것 같지만 나중에 보면 학생들이 그 교수에 대해 실력도 없고 배운 것도 하나 없다고 하면서 욕하는 것을 보게 됩니다. 반면 교수가 학점을 아주 짜게 주고 과제를 많이 내주어 학생들이 밤을 새우거나 코피 흘리면서 공부하게 하면 쉽게 무시하지도 못하고 나중에 "그 교수 실력 있더라"고 말하는 것을 보게 됩니다. 이처럼 사람에게 무한정으로 잘해준다고 해서 반드시 좋은 것은 아닙니다.

기독교를 믿지 않는 사람이 가장 이해하기 어려운 것은 예수 믿는 사람은 자기들끼리 믿으면 될 일인데 왜 다른 사람까지 전도해 믿게 하려는가 하는 점입니다. 예수 믿지 않는 사람이 더 이해하기 어려운 것은 예수 믿는 청년이 왜 자기 목숨이 위태로운 그런 나라에까지 가서 복음을 전하려고 하는가 하는 점입니다. 옛날에는 선교사라고 하면 당연히 남자 선교사를 생각했습니다. 그러나 지금 선교 훈련이나 단기 선교, 비전 트립은 여성이 남성보다 훨씬 더 많이 참여하고 있습니다.

예를 들어 '국경없는 의사회'에서 봉사하는 의사들을 보면 그들은 자기

나라에 있으면 엄청나게 높은 연봉을 받으면서 잘살 수 있지만 학생 시절 아프리카나 가난한 아시아 나라에 자원봉사를 가서 의사도 없고 약도 없어 고통 받는 사람을 보면서 결국 모든 것을 버리고 그들을 도우러 갑니다. 그래서 그런 가난한 나라에 사는 사람도 의료 혜택을 받게 된 것입니다. 우리는 이 세상에서 하나님을 알지 못하고 우상을 섬기며 사는 사람을 보면 안타까워서 견딜 수가 없습니다.

복음의 놀라운 점은 영혼을 구원한다는 이상적인 면이 있는 동시에 복음 전도자도 인간이기에 먹어야 하고 돈이 필요하다는 사실입니다. 복음 전하는 자가 인간이 아니고 먹을 필요도 없고 돈도 필요 없다면 모든 것을 머리로 생각해 엄청나게 이상적인 관점에서 바라볼 것입니다. 그러나 복음 전하는 자도 사람이기에 머리를 숙여 헌금을 받아야 하고, 생활비를 받으면서 감사함을 느끼는 것입니다.

본문 말씀을 보면 복음을 전하는 데 있어 이상과 현실의 조화가 얼마나 어려운 일인지 알게 됩니다.

1. 예수님의 복음 전도 방법

예수님이 본격적으로 복음을 전하신 기간은 딱 3년밖에 되지 않습니다. 예수님은 이 기간에 잠시도 쉬지 않고 많은 곳을 다니면서 복음을 전하시고 병자들을 고치셨습니다. 예수님이 많은 병자를 고치시고 귀신 들린 자들을 고치신 것은 하나님의 나라가 임한 증거였습니다. 그리고 예수님은 열두 제자를 택하시고 나서 이들을 갈릴리 여러 곳에 보내어 복음을 전하고 귀신을 쫓게 하셨습니다. 열두 제자가 나가 복음을 전하게 되자 예수님 혼자서 하실 때보다 열두 배의 효과가 나타났습니다. 예수님은 제자들에게 복음을 전할 때 그들이 지켜야 할 원칙에 대해 말씀하셨습니다.

"너희 전대에 금이나 은이나 동을 가지지 말고 여행을 위하여 배낭이나 두 벌 옷이나 신이나 지팡이를 가지지 말라 이는 일꾼이 자기의 먹을 것 받는 것이 마땅함이라"(마 10:9-10).

제자들을 복음을 전하러 보내시면서도 예수님은 살아계신 동안 외국에 선교사로 보내지 않으셨습니다. 그리고 제자들을 다른 곳에 장기 체류하면서 복음을 전하게 하지도 않으셨습니다. 예수님은 제자들에게 장기 체류하면서 전도하는 것처럼 돈 지갑을 가지고 다니거나 여러 벌의 옷이나 지팡이 등을 가지지 말라고 말씀하셨습니다. 예를 들어 며칠 동안의 단기 선교를 가면서 거의 이삿짐을 싸듯 옷과 책 등 짐을 잔뜩 가지고 가면 사람들은 이상하게 생각할 것입니다. 예수님은 제자들에게 어느 도시에 가면 어느 집이든지 들어가 그 집의 평안을 빌고 그 집에서 주는 것을 먹으라고 말씀하셨습니다. 예수님이 제자들에게 가르쳐주신 전도 방법은 '믿음의 전도' 였습니다. 즉 제자들이 예수님의 보냄을 받아 전도하러 나가면 어디를 가든지 하나님이 준비하신 집이 있을 테니 그 집에 가서 먹고 잠을 자면 된다는 것입니다. 그런 집을 찾지 못하면 처마 밑이나 창고 같은 곳에서 잠을 자면 된다고 하셨습니다.

예수님이 이런 전도 방식을 가르쳐주신 것은 제자들에게 복음 전도의 긴급성을 깨닫게 하기 위해서였습니다. 예수님은 제자들이 그분이 살아계신 동안 유대 사회 전체에 복음 전하는 것을 목표로 세우신 것 같습니다. 제자들은 예수님이 십자가에 못 박하시기 전까지 유대 동네를 다 다니면서 복음을 전했습니다. 그러나 얼마 지나지 않아 예수님은 십자가에 못 박혀 죽으실 것입니다. 예수께 이 일은 너무 긴급하기 때문에 제자들은 먹을 것을 준비하고 돈을 준비하면서 다닐 시간이 없었습니다. 그리고 하나님은 제자들이 어느 곳에서 복음을 전하든지 함께하시기 때문에 그들은 먹을 것이나 입을 것을 염려하지 말고 복음만 전하기만 하면 되었습니다.

예수님은 제자들에게 "누구든지 너희를 영접하지도 아니하고 너희 말을 듣지도 아니하거든 그 집이나 성에서 나가 너희 발의 먼지를 떨어버리라"(마 10:14)고 하셨습니다. 유대인에게 복음을 전하는 것이 너무 긴박하기 때문에 끝까지 말씀을 듣지 않는 마을 한 곳 때문에 씨름하고 있을 시간이 없다는 것입니다. 그리고 예수님은 "이스라엘의 모든 동네를 다 다니지 못하여서 인자가 오리라"(마 10:23)고 말씀하셨습니다. 이것은 제자들이 유대의 모든 동네를 다 다니기 전에 예수님은 부활하시고 이제는 복음이 이방인을 향해 전 세계로 증거 되리라는 뜻입니다. 예수님은 유대인이 머지않아 로마와의 대전쟁으로 무참히 멸망당할 것을 알고 계셨습니다. 그래서 모든 유대인이 적어도 예수님이 살아계신 동안 복음을 듣고 예수를 믿기를 원하셨습니다.

지금도 선교하면서 '믿음의 선교 방식'을 택하는 선교단체가 있습니다. 이런 선교단체는 주님이 외국에 선교사로 보내신다면 반드시 필요한 것은 채워주시리라는 것을 믿고 사람들에게 선교비 지원 요청을 하거나 빚을 지지 않는 방식을 택합니다. 허드슨 테일러는 중국 내지에 선교사로 가기 전 영국에서 어떤 의사의 조수로 일했습니다. 그런데 그 의사는 기억력이 너무 나빠서 허드슨 테일러에게 봉급 주는 것을 종종 잊어버렸다고 합니다. 허드슨 테일러는 중국 선교의 꿈을 가지고 중국에 가면 선교비 지원을 받기가 어려울 거라고 여겨 기도로 공급받는 훈련을 하기로 했습니다. 그래서 의사가 봉급 주는 것을 잊어버리고 퇴근해도 자기 입으로 달라고 하지 않고 하나님께 열심히 기도했습니다. 그랬더니 의사가 병원으로 다시 돌아와 허드슨 테일러에게 봉급을 주고 가기도 했다고 합니다.

우리는 목회를 하거나 선교를 하러 나가기 전 자신이 왜 이 일을 해야 하며, 어떤 원칙을 갖고 이 일을 할 것인지 미리 결심하는 것이 좋습니다. 그렇지 않으면 선교하러 간 것인지 외국에 놀러간 것인지 목회를 하는 것인지 기업체를 운영하는 것인지 헷갈리기 때문입니다.

목회하면서 예수님의 분명한 부르심과 자기 나름의 분명한 원칙이 없으면 현실의 엄청난 파도에 휩쓸려 떠내려가게 됩니다.

예수님은 제자들이 유대의 여러 마을에 복음을 전하러 갈 때 복음 외에는 일체 다른 것을 생각하지 못하게 하셨습니다. 즉 복음 전하는 자는 입을 것이나 먹을 것, 지팡이 같은 것을 일체 가져가지 말고 가서도 오직 복음만 전하라고 하셨습니다. 그런데 제자들은 잠잘 곳이 없고 먹을 것이 없어 굶주리게 되면 어떻게 해야 할지 걱정스러웠습니다. 예수님은 그런 걱정을 하지 말하고 말씀하셨습니다. 제자들이 다른 사람의 병을 고치고 귀신을 쫓고 복음을 전하면 기쁨으로 그들을 영접하는 자가 반드시 있다는 사실을 믿으라고 하셨습니다. 즉 예수님이 제자들을 보내실 때는 그냥 보내시는 것이 아니라 능력을 주어 보내시기 때문에 믿음으로 가면 반드시 능력이 나타나고, 그 복음의 능력으로 주님을 믿게 된 자들이 제자들에게 잘 곳을 마련해주고 먹을 것을 준다는 것을 믿어야 합니다.

예수님은 사람들이 제자들을 영접하는 것이 아니라 예수님을 영접하는 것이고, 예수님을 영접하는 자는 예수님을 영접하는 것이 아니라 하나님을 영접하는 것이라고 하셨습니다. 그러므로 제자들을 영접하는 그 가정에 하나님의 복이 임하고 하나님의 나라가 임하게 됩니다.

우리는 하나님 말씀 하나를 가지고 가면 어디서나 부흥이 일어난다는 것을 믿어야 합니다. 이것을 믿지 못하면 그리스도의 사자가 될 수 없습니다. 그 대신 복음 전하는 자는 자신의 취미생활이나 안락한 생활, 귀족적인 생활을 포기해야 합니다. 어떤 사람이 복음을 전하러 간다고 하면서 바둑이나 골프채 같은 것을 챙겨 가고, 그곳에서 엉뚱한 세상 이야기만 잔뜩 늘어놓는다면 그는 복음의 사자가 아닌 거짓 선지자입니다. 그리고 전도자는 외국에 가서 그곳에 있는 사람이 먹는 음식을 먹어야지 그들이 먹는 음식을 절대로 안 먹겠다고 하고, 음식이나 물을 본국에서 수송해 먹는다면 불신을 받게 될 것입니다.

복음을 전하기 위해선 선교지 사람을 사랑해야 합니다. 허드슨 테일러는 영국인이지만 중국 옷을 입고 머리도 변발해서 완전히 중국 사람처럼 다녔고, 중국어로 하나님 말씀을 전했습니다. 그러자 중국인들은 기꺼이 그의 복음을 들었습니다. 즉 하나님 말씀은 말로써 전달되지만 그 마음에 사랑으로 심어지게 됩니다.

복음을 전하는 사람은 하나님 말씀을 가지고 갔을 때 그 말씀을 듣고 새사람이 되는 사람이 있으리라는 것을 믿어야 합니다. 선교사는 그런 확신이 없으면 오래 견디지 못할 것입니다. 설교자는 설교할 때마다 말씀을 듣는 자들 가운데 하나님이 분명히 역사하셔서 마음속에 큰 기적이 일어나고, 응답이 일어난다는 것을 믿어야 성경대로 설교할 용기가 생깁니다. 그런 믿음이 없다면 자신 있게 설교하지 못할 것입니다.

2. 사도 바울의 선교

사도 바울은 고린도에서 복음을 전하면서 고린도 교인으로부터 경제적 도움을 받지 않고 자기 직업을 가지고 일하면서 복음을 전했습니다. 이것이 사도 바울의 자비량 선교입니다.

1절, "내가 자유인이 아니냐 사도가 아니냐 예수 우리 주를 보지 못하였느냐 주 안에서 행한 나의 일이 너희가 아니냐"

사도 바울은 먼저 자기가 "자유인이 아니냐"고 묻습니다. 여기서 자유인은 사도 바울의 사회적 신분을 말하는 것입니다. 사도 바울은 언제나 자기 자신을 예수 그리스도의 종이라고 소개했기 때문에 그가 진짜 노예일지도 모른다고 생각하는 사람이 있었던 것 같습니다. 노예는 아무리 일해도 사람들로부터 직접 사례를 받을 수 없고 오직 주인에게만 먹을 것을 받을 수 있었습니다. 여기서 사도 바울이 자기를 종이라고 한 것은 영적 의미에서 종이라는 것이지 실제로 종이나 노예는 아니었습니다. 사도 바울은 예수님의 말씀에 순종하는 종이지 사람들이 마음대로 부려도 되는 종은 아니었습니다.

사도 바울은 이번에 자신이 "사도가 아니냐"라고 묻습니다. 사도라는 신분은 기독교에서 가장 중요한 직책으로 예수님의 부활을 목격한 사람들 가운데서 복음을 전하고 교회를 세우도록 주님으로부터 직접 명령을 받은 사람입니다.

사도 바울은 사도인 증거로 그가 직접 주님을 보았고, 주님으로부터 명령을 받았다고 말합니다. 이것이 진정한 사도의 자격입니다.

2절, "다른 사람들에게는 내가 사도가 아닐지라도 너희에게는 사도이니 나의 사도 됨을 주 안에서 인친 것이 너희라"

사도 바울은 사도들 가운데서도 특히 이방인의 복음을 위해 세움을 받았는데, 고린도에서 본격적으로 이방인에게 복음을 전해 부흥이 일어나고 교회가 세워지게 되었습니다. 어떤 의미에서 고린도는 사도 바울의 이방인 사도 자격에서 아주 중요한 기초가 되는 곳이었습니다. 그럼에도 고린도의 많은 목회자나 교인 가운데 바울이 사도가 아니라고 생각하는 자들이 있었습니다. 그들은 대개 예루살렘 사도를 추종하는 자들이었을 거라고 생각됩니다. 물론 예루살렘 사도, 즉 베드로나 야고보 같은 사람과 사도 바울 사이에는 이견이 없었습니다. 그러나 사도라고 하면 처음부터 예수님을 따라다니면서 가르침을 받고 기적을 행한 사람이어야 하는데 바울은 예수님을 따라다닌 자가 아니었다고 말하는 사람이 있었을 것입니다. 이런 식으로 예루살렘 교회 출신 교인 가운데 다수가 바울의 사도권을 인정하지 않았습니다.

예루살렘 출신의 열한 제자는 교인으로부터 사도로 인정을 받았고 존경도 받았고 선교비 지원도 받았지만, 사도 바울은 대개 유대인 신자로부터 사도로 인정받지 못하고 선교비 지원도 전혀 받지 못했습니다. 사도 바울이 워낙 겸손해서 자신이 사도임에도 떠들어대거나 논쟁하지 않고 조용히 이방인 중심으로 복음을 전한 것일 뿐, 실제로 그는 예루살렘 사도들과 비교해서도 전혀 부족함이 없고 오히려 더 뛰어난 진리를 가진 사도였습니다. 그러나 사도 바울이 고린도 지방을 떠난 뒤 들어온 교회 지도자들 가운데 예루살렘 교회의 영향을 받은 사람이 많았던 것 같습니다. 그들은 사도 바울의 모든 가르침을 무시하고 부인하는 말을 했습니다.

3절, "나를 비판하는 자들에게 변명할 것이 이것이니"

고린도 교회에서 사도 바울을 비판하는 사람이 있었습니다. 그들은 바울이 고린도 교회에서 생활비를 받지 않은 것은 그가 예루살렘 사도들처럼 당당하게 생활비를 요구할 사도의 자격이 없기 때문이라고 했습니다. 즉 사도 바울은 정식 사도가 아니라 이방인 전도를 위한 전도자에 불과해 정식으로 생활비를 받을 자격이 없다는 것입니다. 그들이 한 가지 더 주장한 것은 앞서 언급한 이유로 말미암아 사도 바울의 가르침은 예루살렘 사도의 가르침에 비해 신빙성이 떨어진다는 것이었습니다. 즉 사도 바울이 가르친 것은 진짜 복음이 아니고 예루살렘 제자들이 가르친 것만이 진짜 복음이라고 했습니다.

우리나라의 한 저명한 학자가 바울 서신의 어느 구절이 후대에 첨가된 것이라는 주장을 내놓았습니다. 개인적으로 그 학자가 그런 주장을 할 권한이 있는지 이해되지 않습니다.

사도 바울이 고린도에서 교회로부터 생활비를 받지 않았던 이유는 두 가지입니다. 첫 번째 이유는 처음 바울이 선교할 때 고린도 교회가 너무 어려 목회자에게 생활비를 줄 수 있는 수준이 되지 못했기 때문입니다. 부모가 자녀들을 키우면서 아이들이 너무 어릴 때는 그들에게 돈을 벌어 오라고 하지 않습니다. 어린 아이들은 잘 먹고 쑥쑥 크고 열심히 공부하면 그것으로 충분합니다. 두 번째 이유는 당시 고린도인이 진리를 학원이나 선생에게 돈을 주고 배웠기 때문입니다. 특히 당시에는 소피스트라는 웅변술이나 변론술을 돈 받고 가르쳐주는 선생이 있었는데 학비가 상당히 비쌌지만 인기가 있었습니다. 이 소피스트들은 요즘으로 치면 강남의 논술학원 선생과 같습니다. 사도 바울은 복음을 전하면서 복음은 하나님이 주시는 온전한 은혜이며 선물인데 이것을 돈을 주고 배우는 지식이 되면 안 된다고 생각했습니다. 그래서 어떤 사례도 거절하자 고린도 교인은 복음을 세상 철학이나 지식과 다르게 보게 되었고, 하나님 말씀을 전적으로 신뢰해 부흥이 일어나게 되었습니다.

그런데 사도 바울 뒤에 온 사람들은 바울이 돈을 받지 않은 것에 대해 그가 무자격자이기 때문이라고 비난했습니다. 이를 통해 예수 믿는 사람이나 목회자에게서 하나님의 은혜가 떠나면 얼마나 못된 인간이 되는지 알 수 있습니다. 그들은 자신의 정당성을 입증하기 위해 어떤 복음도 부정했습니다.

사도 바울은 자신이 고린도 교회에서 생활비를 받을 권리가 없어서 안 받은 것이 아니라는 사실을 설명합니다.

4절, "우리가 먹고 마실 권리가 없겠느냐"

복음 전하는 자는 하나님의 사자이고 천사의 자격으로 왔지만 우리 모두는 인간이기에 먹어야 하고 입어야 하고 잠을 자야 합니다. 하나님의 일을 하면서 우리는 자신이 인간이라는 사실을 잊어선 안 됩니다. 이 세상에서 돈을 버는 것이 얼마나 어렵고 헌금하는 것이 얼마나 어려운지 잊어버리는 순간, 우리는 입만 살아있는 공상주의자가 되고 맙니다. 이런 사람은 마치 게임을 하듯 선교를 하고 목회를 합니다.

게임 중독에 빠진 아이들의 문제는 현실 감각이 없다는 것인데, 이들은 사람 죽이는 것을 게임의 하나로 생각합니다. 요즘 미군은 폭격할 때 드론이라는 무인 비행기를 사용하는데, 전쟁에서 사람 죽이는 것을 하나의 게임으로 생각하지 않을까 걱정입니다. 옛날에는 산을 넘고 시내를 건너 사람을 만나서 복음을 전했습니다. 전혀 전도를 받지 않을 것 같은 사람들이 전도지를 소중하게 가지고 가는 것을 보면 참으로 신기하다는 생각이 들었습니다. 그러나 이제는 전도도 일종의 게임 이론으로 바라보는 사람이 있습니다.

우리는 모두 인간이기에 먹어야 하고 입어야 하고 돈도 있어야 합니다. 먹지 않고 입지 않아도 살 수 있다면 우리는 엄청 오만했을 것입니다. 우리는 돈을 벌어야 하기 때문에 어쩔 수 없이 세상에 나가 사람들에게 고개를 숙이면서 일하고 그 돈을 가지고 헌금을 하는 것입니다. 이것을 보면 신앙은 대단히 실제적인 것입니다. 우리는 이 세상에 천사로 보냄을 받았지만 결코 천사는 아닙니다. 우리는 먹어야 하고 입어야 하며 집이 필요한 현실 가운데서 예수를 믿고 있습니다.

사도 바울은 당시 예루살렘 출신 사도들이 대접받은 것을 예로 들어 말하고 있습니다.

5-6절, "우리가 다른 사도들과 주의 형제들과 게바와 같이 믿음의 자매된 아내를 데리고 다닐 권리가 없겠느냐 어찌 나와 바나바만 일하지 아니할 권리가 없겠느냐"

여기서 예루살렘 사도들이 다른 지방에서 설교하거나 교회를 돌보러 다닐 때 부인을 데리고 다녔다는 것을 알 수 있습니다. 사실 사도들이 부인을 데리고 다니는 것이 꼭 나쁘다고 말할 수는 없습니다. 사도나 설교자들이 부인과 함께 있음으로써 심리적으로 안정되고 마귀가 틈탈 기회도 적어지기 때문입니다. 그러나 사도들이 찾아가는 교회의 입장에서는 이중 부담이 될 수도 있었습니다. 이런 이유를 내세워 초대교회가 사도들이 부인을 데리고 오는 것을 싫어하거나 반대하지는 않았던 것 같습니다.

한편 바울과 바나바는 독신으로 다녔고 선교비와 생활지 지원도 받지 못한 채 일하면서 설교를 해야만 했습니다. 본문을 보면 "일하지 아니할 권리가 없겠느냐"라고 말씀하고 있는데, 사도 바울 역시 일하지 않고 선교비와 생활비를 달라고 할 수 있었지만 교인들의 유익을 위해 하지 않았던 것입니다.

3. 선교의 원칙

사도 바울은 자신과 바나바가 고린도에서 천막을 짜서 직접 돈을 벌어 선교한 것이 일반적인 일은 아니었다고 말합니다. 이것은 어디까지나 교인이 너무 어리기 때문에 그들을 도우려고 한 것이지 원칙은 아니라는 뜻입니다. 그래서 복음 전하는 자에 대해서는 후원 교회가 부담하든지 현지 교회가 부담하든지 생활비와 선교비를 전적으로 부담하는 것이 옳다고 말하고 있습니다.

7절, "누가 자기 비용으로 군 복무를 하겠느냐 누가 포도를 심고 그 열매를 먹지 않겠느냐 누가 양 떼를 기르고 그 양 떼의 젖을 먹지 않겠느냐"

사도 바울은 세 가지 예를 들어 설명하고 있는데, 우선 전쟁하는 군인은 먹는 것과 입는 것을 국가가 책임져야 한다는 것입니다. 즉 군인은 몸으로 가서 싸우면 되는 것이지 자기 먹을 것까지 책임지지 않습니다. 특히 군인에게 있어 식사는 아주 중요합니다. 아무리 현대식 무기를 갖췄어도 굶으면서 전쟁을 할 수 없습니다. 그리고 군인은 추워도 전쟁을 할 수가 없습니다. 두 번째, 포도 농사를 짓는 사람은 포도 열매를 얼마든지 먹을 수 있습니다. 일꾼은 포도 열매 전부를 팔거나 처분하지는 못하지만 포도밭에서 일할 때 포도 열매 정도는 얼마든지 먹을 수 있습니다. 세 번째, 양젖을 짜는 목동은 양젖을 짜면서 목이 마르면 양젖 정도는 얼마든지 마실 수 있습니다.

사도 바울은 드디어 모세의 율법을 가지고 말합니다.

9-10절, "모세의 율법에 곡식을 밟아 떠는 소에게 망을 씌우지 말라 기록하였으니 하나님께서 어찌 소들을 위하여 염려하심이냐 오로지 우리를 위하여 말씀하심이 아니냐 과연 우리를 위하여 기록된 것이니 밭 가는 자는 소망을 가지고 갈며 곡식 떠는 자는 함께 얻을 소망을 가지고 떠는 것이라"

구약 율법은 소가 일 년 내내 밭일을 하다가 드디어 추수 때가 되어 곡식을 탈곡할 때 먹을 것이 천지에 널려 있는데, 주인이 소 먹는 것이 아까워 곡식을 먹지 못하게 입에 망을 씌우는 것을 금합니다. 하나님은 주인에게 소의 입장에서 한번 생각해보라고 하십니다. 소가 일 년 내내 일하고 추수 때 먹으면 얼마나 먹는다고 그 입에 철망을 씌워 못 먹게 하느냐는 것입니다. 추수할 때만이라도 소가 실컷 먹도록 망을 씌우지 말라고 하셨습니다.

사람이 한 번씩 좋은 대접을 받으면 자아상이 엄청 올라가기 때문에 서비스의 질이 더 높아질 수 있습니다. 특히 요즘은 서비스의 질로 승패가 결정되는 사회이기 때문에 가능한 한 좋은 자질을 가진 사람을 뽑아 제대로 교육을 시키고 충분히 좋은 대접을 해주면 수준 높은 서비스가 나오게 될 것입니다. 그런데 이것을 아까워하면 서비스의 질이 떨어질 수밖에 없습니다.

사도 바울은 하나님의 일을 하면서 소망을 가지는 것이 중요하다고 말합니다. 밭을 가는 자도 소망을 가지고 밭일을 하고 곡식 떠는 자도 소망을 가지고 하는데 사람은 누구든지 자기가 죽도록 수고하면 하나님이 자기를 더 축복하실 거라는 기대를 가지게 됩니다.

11절, "우리가 너희에게 신령한 것을 뿌렸은즉 너희의 육적인 것을 거두기로 과하다 하겠느냐"

목회자와 교인 사이에는 신령한 교류가 있어야 합니다. 즉 목회자는 하나님 말씀을 공급하고 교인은 목회자의 생활을 책임져야 합니다. 하나님 말씀은 엄청나게 깊이가 있어 다른 일에 종사하면서 연구할 수가 없기 때문입니다.

그러나 여기에는 단계가 있습니다. 교회가 개척 단계이거나 교인의 신앙이 너무 어릴 때는 경제적 부담을 지울 수가 없습니다. 이때는 무작정 사랑이나 열정, 말씀을 퍼부어줄 때입니다. 특히 청소년이라든지 대학생 사역을 하는 사람은 그들에게 경제력이 없기 때문에 그냥 사랑을 부어주어야 합니다. 그러면 청소년이나 청년, 가난한 사람은 엄청난 사랑을 받고 아름답게 자랄 것입니다. 그들이 성인이 되고 어느 정도 경제력을 갖추면 하나님의 일에 물질로 참여하게 해야 합니다. 그렇지 않으면 언제나 떠먹여 주어야 하는 어린 아이에 머물러 있을 것입니다. 사도 바울은 나중에 고린도 교회에서 헌금을 거두어 예루살렘 교회를 도우러 갑니다. 목회자가 교인에게 생활비를 더 달라고 하고 집도 옮겨 달라고 하면 목사님이 변했고 돈만 밝힌다고 하면서 비난하는 사람이 생깁니다. 그러나 때가 되면 어느 정도 이유식이 필요합니다. 늘 사랑만 받고 이론적으로만 믿던 사람들이 때가 오면 목회자에게 실망하기도 하고 충격을 받기도 하는데, 이는 현실을 배우는 것입니다. 그러고 나서 자신이나 자기 자식이 선교사, 목회자, 교회의 봉사자로 나가야 합니다. 그리고 그때까지 말씀을 가르쳐주었던 영적 아버지는 무대에서 내려와야 합니다. 무대에서 내려온 다음에는 자꾸 간섭하면 안 됩니다. 지금은 새로운 리더십을 필요로 하기 때문입니다.

12절, "다른 이들도 너희에게 이런 권리를 가졌거든 하물며 우리일까 보냐 그러나 우리가 이 권리를 쓰지 아니하고 범사에 참는 것은 그리스도의 복음에 아무 장애가 없게 하려 함이로다"

구원은 돈을 주고 살 수 있는 것이 아닙니다. 하나님은 헌금을 많이 낸다고 해서 더 구원하거나 헌금을 적게 낸다고 해서 덜 구원하지 않으십니다. 하나님은 누구나 똑같이 구원하십니다. 그러나 구원받은 사람이 어느 정도 자라면 자신의 돈으로 목회자나 선교사를 책임지고 도와야 합니다.

이상한 것은 사람은 자기가 비싼 대가를 지불하고 얻은 것은 소중하게 여기지만 누군가가 공짜로 준 것은 귀하게 여기지 않습니다.

오늘날 많은 그리스도인의 문제가 무엇인가 하면 복음을 공짜로 생각해 가치 없다고 생각하는 것입니다. 그렇다 보니 우리 삶 가운데서 복음이 우선순위에서 종종 밀리는 것을 봅니다.

하나님이 우리에게 값없는 구원을 주신 것은 이것이 너무 귀한 것이어서 도저히 값으로 계산할 수 없기 때문입니다. 그러나 사람은 복음을 가장 무가치한 것으로 생각합니다.

13-14절, “성전의 일을 하는 이들은 성전에서 나는 것을 먹으며 제단에서 섬기는 이들은 제단과 함께 나누는 것을 너희가 알지 못하느냐 이와 같이 주께서도 복음 전하는 자들이 복음으로 말미암아 살리라 명하셨느니라”

신앙은 결코 이상이 아닙니다. 성전 일을 하는 레위인이나 제사장은 천사가 아니었습니다. 그래서 하나님은 구체적으로 이스라엘 백성에게 어떤 것을 바칠 때 부위까지 정해주셨습니다. 그렇게 하지 않으면 좋은 부위를 서로 챙겨 가려고 싸울 것이기 때문입니다. 하나님의 종이 교회로부터 생활비를 받는 것은 부끄러운 것도 아니고 잘못된 것도 아닙니다. 하나님의 제단에서 봉사하는 자들은 제단의 제물을 자기 수입으로 가져가도록 되어 있습니다. 마찬가지로 주님은 복음을 전하는 자들이 복음을 직업 으로 삼아 살아가게 하셨습니다.

본문에서 우리에게 말씀하시고자 하는 것은 무엇입니까? 그것은 우리 신앙이 거저 주어진 것이지만 결코 값싼 은혜가 아니라는 것입니다. 오히려 이것은 너무 귀하고 값진 것이어서 도저히 값으로 환산할 수 없어 거저 주어진 것입니다. 그러나 사람들은 복음이 공짜이기 때문에 무가치하게 여기거나 너무 이상적으로 생각해 복음 전하는 자의 생활비를 주지 않으려고 하는 등 인색한 모습을 보입니다. 교인도 자신이 책임질 것은 책임져야 성숙한 신앙인이 될 수 있습니다.

성경 토의

1. 복음 전하는 자들은 교회에서 사례를 받아 생활하는데, 요즘 이것에 대하여 어떤 생각의 변화가 일어나고 있는가?

2. 도시 교회의 목회자와 농어촌 교회의 목회자, 개척교회 목회자 사이에는 사례에 있어 많은 차이가 난다. 또한 선교사 사이에서도 많은 차이가 나는데 어떻게 생각하는가?

3. 선교사 가운데 충분한 지원을 받지 못해 어려움을 겪는 이들이 있는데, 우리는 그들을 어떻게 도와야 하는가?

20_복음의 전략

고린도전서 9:15-27

전체적 설명

전쟁이나 운동 경기를 할 때 무조건 힘으로 밀어붙인다고 해서 이길 수 있는 건 아니다. 전략이 있고 목표가 있어야 군사와 물자를 효율적으로 쓸 수 있고 궁극적으로 전쟁에서 이길 수 있다. 이것은 복음 증거에서도 마찬가지인데 아무 계획이나 희생 없이 무턱대고 복음을 전하는 것은 열심히 하는 것처럼 보이지만 그 결과는 미약하다. 사도 바울은 복음을 효과적으로 전하기 위해 전략적으로 접근하고 있다.

설교 프리노트

15절, "그러나 내가 이것을 하나도 쓰지 아니하였고"

사도 바울은 분명히 고린도 교회로부터 대접 받고 생활비를 받을 권리가 있었지만 그 권리를 전혀 사용하지 않았다. 그 이유는 사도 바울에게는 죽음을 각오한 선교 목표가 있었기 때문이다. 사도 바울은 지금이라도 고린도 교회에게 자기를 지원해 달라고 말하는 것이 아니라고 했다. "내가 차라리 죽을지언정" 은 죽음을 각오한 목표가 있다는 뜻이다. 이는 자신의 자랑이

헛된 것이 되지 않도록 하는 것이었다. 즉 사도 바울은 목숨 걸고 복음을 전했는데 그 결과가 엉뚱한 것이 되지 않게 하는 것을 목표로 삼았던 것이다. 어떤 경우에는 복음 전도자가 마지막 순간에 금전적 욕심을 버리지 못해 한평생 열심으로 복음을 전한 것이 무효가 되고 만다.

16절, **"내가 복음을 전할지라도 자랑할 것이 없음은"**

복음 전하는 일은 사도 바울이 하고 싶어 한 일이 아니었다. 이는 주님이 사도 바울에게 특별히 주신 사명이었고, 전하지 않으면 책임 추궁을 당하고 화를 입을 수 있는 절대적 명령이었다. 교인 가운데는 자기가 원해 봉사도 하고 전도도 하고 선교도 하는 사람이 많다. 이들은 자원한 만큼 기뻐서 하는 것이고 좋아서 하는 것으로 상을 받게 될 것이다. 사도나 목사, 선교사는 오직 그 일을 하기 위해 특별히 부름 입은 자들이기에 중요한 사명을 가졌다.

18절, **"내가 복음을 전할 때에 값없이 전하고"**

사도 바울은 복음을 전할 때 그것이 오직 하나님의 은혜가 되게 하기 위해 돈을 받지 않았다. 당시 고린도에서는 소피스트들로부터 처세술이나 웅변술을 배울 때 돈을 내야 했는데, 지식을 가르쳐 부자가 되는 사람이 많았다. 사도 바울이 많은 복음을 전하면서 대가성 있는 돈을 받았다면 이것은 복음을 전한 것이 아니라 지식 장사를 한 것이다.

"내게 있는 권리를 다 쓰지 아니하는 이것이로다"

사도 바울은 자기에게 있는 권리를 다 쓰지 않는 것이 가능한 한 많은 사람에게 복음을 전할 수 있는 방법이라고 생각했다. 모든 권리를 누렸다면 그런 생각을 가진 지식층이나 돈 있는 사람은 가까이 할 수 있었을지 모르지만 돈 없고 가난한 자들에게 복음은 그림의 떡이었을 것이다.

19절, **"내가 모든 사람에게서 자유로우나"**

이는 사도 바울이 영혼을 건지지 위한 원칙이다. 그는 자유인이었지만 자유인처럼 살지 않고 노예처럼 살았던 것은 많은 노예에게 복음을 전하기 위해서였다.

20절, **"유대인들에게 내가 유대인과 같이 된 것은"**

사도 바울은 물론 유대인이지만 이방인에게 복음을 전할 때는 죄가 되지 않는 이상 이방인의 시선에 모든 것을 맞췄다. 그는 유대인으로 돌아가 유대인에게 자신의 기준을 강요하지 않고 얼마든지 유대인처럼 복음을 전할 수 있었다. 그 이유는 사람들이 이질감을 느끼지 않고 복음을 받도록 하기 위해서였다.

21절, "율법 없는 자에게는"

하나님의 율법을 전혀 알지 못하는 이방인을 말한다. 사도 바울은 이방인에게도 구약의 선지서나 율법을 가르치기는 했지만 율법적 행위를 강요하지는 않았다. 이것은 복음의 본질적 부분이 아니었기 때문이다.

22절, "여러 사람에게 여러 모습이 된 것"

사도 바울은 가능한 한 자신이 전도하는 사람의 생활방식이나 외모, 언어, 풍습이 성경과 대치되지 않는 이상 받아들이려고 노력했다. 그 결과 여러 모습을 가진 사람처럼 보였지만, 그것 모두는 사람의 마음을 얻기 위한 선교 전략이었다.

24절, "운동장에서 달음질하는 자들이"

당시 고린도에는 이스무스라는 운동 경기가 있었는데 달리기 시합도 있었다. 달리기 선수는 여러 사람이 함께 달리지만 가장 빨리 달리는 한 선수만 월계관을 쓸 수 있었다. 경기에서 월계관을 쓴 사람은 잘 달리기 위해 모든 쓸데없는 물건이나 옷을 다 벗어던지고 오직 상 받는 목표 하나만을 위해 달렸기 때문에 일등을 할 수 있었다.

25절, "그들은 썩을 승리자의 관을 얻고자 하되"

당시 달리기 대회에서 우승한 자는 월계관과 일등이라는 명예를 얻었다. 그러나 그 월계관은 오래가지 않으며 시들어버리는 상이었다. 요즘은 금으로 된 메달을 주지만 일 년 후에는 또 다른 우승자가 나오기 때문에 그 명예는 시간이 흐를수록 사라지기 마련이다. 그러나 하나님의 경기에서 우승한 사람은 영원히 시들지 않는 상을 받게 된다.

26절, "싸우기를 허공을 치는 것같이 아니하며"

권투하는 선수가 주먹을 허공을 향해 친다면 상대 선수를 쓰러뜨리지 못한다. 권투 선수는 자기 주먹으로 상대방을 정확하게 때려야 상대를 쓰러뜨리고 시합에서 승리할 수 있다.

27절, "내가 내 몸을 쳐 복종하게 함은"

운동선수에게 가장 중요한 것은 자기 몸을 복종시켜 꾸준한 훈련을 통해 경기에 이기는 것이다. 아무리 재능이 있는 선수일지라도 훈련을 게을리 하면 경기에서 이길 수 없다.

"남에게 전파한 후"

복음 증거자에게 가장 두려운 것은 남에게 복음을 전한 뒤 자기는 죄에 빠짐으로써 버림받을 수 있다는 사실이다. 청교도 목사였던 리처드 백스터는 복음을 전해 다른 사람은 천국 가게 하고 자신은 지옥에 가는 목사가 많을 거라고 했다.

본문 이해를 위한 질문

1. 사도 바울이 자신에게 부여된 사도의 권리를 사용하지 않은 이유는 무엇인가?

사도 바울은 자신이 당연히 복음을 전해야 하는 사람이라 생각했고, 값없이 복음을 전한 뒤 주님으로부터 상 받기를 원했다.

2. 사도 바울은 어떤 자세로 복음을 전했는가?

자유인이지만 종의 자세로 복음을 전했고 유대인에게는 같은 유대인으로, 율법을 모르는 자에게는 자신도 율법을 모르는 사람의 수준에서 복음을 전했다.

3. 주의 일을 하는 자는 어떤 자세로 전력을 다해야 하는가?

달리기 선수가 금메달을 목에 걸기 위해 최선을 다해 뛰듯이 전력을 다해 달려야 한다. 복음 전하는 자가 늘 자신을 쳐서 복종시키지 않으면 남에게 실컷 복음을 전한 뒤 정작 자신은 버림받게 된다.

성경 강해

얼마 전 영화 〈인천 상륙작전〉이 개봉되었습니다. 우리나라가 북한군에게 밀려 낙동강에서 사투를 벌이고 있을 때 맥아더는 북한군의 허를 찔러 인천 상륙작전을 성공시켜 북한 군대의 허리를 잘랐습니다. 그때 한국 해군 특공대의 활약이 중요한 역할을 했다고 합니다.

전쟁은 초등학교 운동회 때 줄다리기를 하듯 힘만 쓴다고 해서 이길 수 있는 것이 아닙니다. 전쟁에서 가장 중요한 것은 적의 힘과 전략을 알아내는 것인데, 적의 허점을 뚫고 들어가 적군을 무너뜨려야 이길 수 있습니다. 장군이 전쟁에 이겼을 때는 그냥 우연히 이긴 것이 아니라 반드시 이긴 이유가 있을 것입니다.

이것은 올림픽 경기에서도 마찬가지인데, 상대방의 전략을 탐색하고 그것을 이길 수 있는 방법으로 훈련한 팀은 결국 우승합니다. 그러나 상대의 전략을 모르고 돈 때문에 자기들끼리 파벌싸움을 벌이거나 하는 팀은 모두 예선에 올라가지 못한 채 탈락하고 맙니다. 결국 전쟁이나 경기에서 이기려고 하면 상대방과의 머리싸움에서 이겨야 하고, 자기 자신과의 게으름이라는 싸움에서 이겨야 합니다.

우리가 복음을 전하고 신앙생활을 하는 것은 사실 눈에 보이지 않는 전쟁을 하고 있는 것과 같습니다. 이때 우리가 머리로 싸워야 할 대상은 사람이 아니라 사탄입니다. 사탄은 우리 눈에 보이지 않지만 기가 막히게 머리가 좋고 우리의 약점을 샅샅이 알고 있습니다. 이런 사탄과의 싸움에서 이기고, 자신이 사탄의 편에 있는 줄도 모르고 악한 꾀나 힘으로 공격하는 사람과 싸워 이기려면 엄청난 지혜와 믿음이 필요합니다. 주님을 철저하게 의지하면 주님은 반드시 우리에게 이김을 주신다고 하셨습니다. 어느 때는 너무 힘이 없어서 전멸할 것 같은데 순간 상황이 뒤집어지면서 이기기도 합니다.

눈에 보이지 않는 전쟁을 모른 채 겉멋만 부리려고 하고 폼이나 잡으려고 하고 대접이나 받으려고 하는 자들은 결국 사탄에게 실컷 이용당하기만 하고 가치 있는 일도 하지 못합니다. 우리는 예수 믿고 복음 전하는 것이 전쟁이 되어야 하는데, 지금 우리 모두는 천국에 들어간 것이 아닙니다. 우리도 끝까지 하나님 말씀에 순종해야 구원받을 수 있는 것이지 예수를 믿거나 목회자라고 해서 제멋대로 날뛰면 다른 사람은 실컷 천국 가게 해놓고 자기는 지옥에 떨어질 수도 있습니다. 앞서 말했듯이 청교도 목회자 리처드 백스터는 열심히 설교하고 잘 가르쳐 다른 사람은 천국 가게 해놓고 막상 자기 자신은 하나님 말씀에 순종하지 않아서 지옥에 갈 목사가 수두룩할 거라고 했습니다. 지금 모든 것이 끝난 게 아닙니다. 우리는 지금도 경기 중에 있고 전투 중에 있으므로 끝까지 믿음의 선한 싸움을 잘 싸워야 승리의 금메달을 목에 걸 수 있습니다.

1. 사도 바울의 목표

고속도로에서 길이 여러 갈래로 갈라지는 곳에서 잠깐 방심하면 엉뚱한 길로 갈 때가 종종 있습니다. 특히 이런 길은 내비게이션도 혼동하기 때문에 내비게이션이 가라고 하는 대로 무조건 따라갔다가 원하지 않는 길로 갈 수도 있습니다.

마찬가지로 하나님의 일에도 길이 너무 많아서 길을 잃는 경우가 많습니다. 예를 들어 기독교 안에 제자훈련도 있고 가난한 자 구제도 있고 선교도 있고 종교 음악도 있고 신앙 상담도 있고 내적 치유도 있고 원어 공부도 있고 기도나 금식, 수도원 운동 등 길이 너무 많다 보니 길을 잃기가 쉽습니다.

우리 한국 교회도 너무 많은 은사와 가르침과 길과 성공이 있어 목회자들이 길을 잃고 헤맬 때가 많습니다. 즉 목회자들을 위한 목회 세미나가 많은데 거기에 가면 교회를 성장시키고 부흥시킬 수 있는 비결을 배울 수 있습니다. 목회자들은 기도의 능력도 받고 싶고 설교도 잘하고 싶고 해외 선교사도 많이 보내고 싶고 병을 낫게 하는 은사도 받기를 원합니다. 또 어떤 목회자는 교회를 수만 명 모이는 교회로 성장시켜 존경과 명예를 누리고 있는데 자기는 왜 이처럼 교인이 늘지 않는지 답답한 사람도 있을 것입니다.

사도 바울은 고린도에서 복음을 전해 부흥이 일어나게 했고 여러 교회를 세웠습니다. 사도 바울이 떠난 뒤에 지적으로 무장한 목회자들이 왔는데, 예루살렘 사도들의 제자였습니다. 그들은 사도 바울에 대해 좋지 않게 말했는데, 사실 사도의 자격도 없는 자였고 예수님의 진짜 제자도 아닐뿐더러 세상 물정을 전혀 모르는 자라고 비판했습니다. 그들은 사도 바울이 고린도 교회에서 돈을 받지 않은 것은 그럴 만한 자격이 없기 때문이라고 말했습니다. 보통 사람은 자기가 죽도록 수고해 세운 교회가 자기를 불신하고 좋지 않은 말을 한다는 소식을 들으면 그들을 책망하고 공격할 텐데 사도 바울은 그렇게 하지 않았습니다. 사도 바울은 오히려 복음 전하는 자는 교회에서 돈을 받아야 한다는 그들의 말이 맞다고 했습니다. 자기가 고린도 교회에서 돈을 받지 않은 것은 자신의 권한을 쓰지 않음으로써 고린도 교인의 신앙이 잘 자라게 하기 위해서였다고도 했습니다. 즉 사도 바울은 어느 누구와도 원수처럼 대적하거나 욕하고 싸우지 않았습니다. 이는 영적으로 성숙하지 않으면 불가능한 일입니다.

15절, "그러나 내가 이것을 하나도 쓰지 아니하였고 또 이 말을 쓰는 것은 내게 이같이 하여 달라는 것이 아니라 내가 차라리 죽을지언정 누구든지 내 자랑하는 것을 헛된 데로 돌리지 못하게 하리라"

사도 바울은 복음을 전하는 자의 생활 원칙은 헌금으로 사는 것이 옳다는 지금 목회자들의 말이 맞다고 말합니다. 그는 일하는 소의 입에 망을 씌우지 말라는 말씀이나 복음 전하는 자는 복음으로 말미암아 살리라는 말씀이 맞다고 했습니다. 그러나 자기는 이 권한을 하나도 쓰지 않았다고 말합니다. 그 이유는 고린도 교인을 사랑했기 때문이라고 했습니다. 사람이 다른 사람을 사랑하면 아무리 자신을 희생해도 아깝지가 않습니다. 어머니는 자식들을 사랑하기 때문에 자식들을 위해 아낌없이 희생합니다. 그래서 어떤 어머니는 자식이 이미 성공했고 부자인데도 모든 것을 아끼고 손수 농사를 짓고 폐지까지 모아 돈을 모읍니다.

사도 바울은 "차라리 내가 죽을지언정" 이라고 말합니다. 그에게 복음을 전한다는 것은 세상에서 기업가로 성공하는 것도 아니고 연예인으로 유명해지는 것도 아니고 자신의 생명을 바치는 일이었던 것입니다. 사도 바울에게는 하나님을 모르는 사람의 생명 하나하나를 살리는 것이 자기 목숨을 건 일이었기에 그들의 영혼을 살리는 것이 가장 중요했고 생활비를 받는 것은 전혀 중요한 문제가 아니었다고 말합니다. 예를 들어 전쟁터에서 폭탄이 터져 사람들이 폭탄 파편에 맞아 피 흘리며 쓰러져 있을 때 군인들은 달려가 한 명이라도 살리는 것이 중요하지 한 명씩 살릴 때마다 정부로부터 돈을 얼마나 받고, 그 개인에게 돈을 얼마나 받느냐 하는 것은 생각하지 않습니다. 어떤 사람이 물에 빠진 사람을 건질 때 그 사람에게 돈이 있느냐고 묻고, 돈이 없다고 하면 죽도록 내버려두었다면 그는 악한 사람입니다.

사도 바울은 매 순간 죽음을 각오하고 복음을 전했으며, 고린도에서도 굶어죽을 각오로 복음을 전했다고 말합니다. 그리고 자기는 다른 영혼을 너무 소중하게 생각해서 돈 때문에 그들을 시험에 들게 하기보다 차라리 자기가 죽는 것을 택하겠다고 말합니다. 이것을 보면 복음을 전하는 것은 하나의 직업이나 세상적 성공이 될 수 없음을 알 수 있습니다. 즉 복음을 전하는 것은 죽어가는 영혼을 살리기 위한 목숨을 건 전투입니다. 복음 전하는 자가 이 정신을 끝까지 고수할 때 그는 순수할 수 있습니다.

예를 들어 큰 사고나 지진이 났을 때 사고 현장 가까이 있는 종합병원의 응급실은 전쟁터를 방불케 합니다. 이때 의사는 없고 수혈할 피도 모지라는데 환자가 밀려들면 전쟁터와 같을 것입니다. 옆에서 계속 사람이 죽어나가고 새로운 환자가 자꾸 밀려오면 환자를 눕힐 곳이 없어 복도에 눕히기도 하고, 수혈할 피가 없으면 의사나 간호사의 피를 뽑아 수혈하기도 합니다.

복음 전하는 일은 생명을 살리는 일보다 더 치열한 전쟁입니다. 사람들이 마귀의 폭격을 받아 여기저기서 살점이 떨어져 나가고 다리가 잘려 나간 상태에서 살려 달라고 소리 지를 때 목회자나 선교사는 그 가운데를 뛰어다니면서 사람을 살려야 합니다.

사도 바울은 복음을 전하면서 이것을 하나의 전쟁으로 생각했다고 고백합니다. 그래서 언제나 죽을 각오로 복음을 전했고, 앞으로도 죽을 각오로 일할 거라고 말합니다. 사도 바울은 자신에게 돈 문제는 그렇게 중요한 것이 아니라고 했습니다. 사실 목회자나 선교사가 죽음을 각오하고 복음을 전할 때가 가장 순수하고 아름답습니다. 그러나 이 열정의 순간이 지나면 그때부터 파벌싸움이 일어나고 도덕적으로 타락한 행동이 나오고 돈을 더 받으려고 다투게 됩니다.

16절, "내가 복음을 전할지라도 자랑할 것이 없음은 내가 부득불 할 일임이라 만일 복음을 전하지 아니하면 내게 화가 있을 것이로다"

어떤 일을 할 때 그것을 직업으로 하는 사람과 취미로 하는 사람은 자세가 다릅니다. 바둑이나 테니스, 골프 등 운동을 취미로 할 때는 잘해도 되고 꼭 잘하지 않아도 됩니다. 그러나 이런 일을 직업으로 하는 사람은 이것이 바로 자기 생활이고 생계이기 때문에 사력을 다하지 않으면 안 됩니다. 그래서 프로 선수들은 아마추어 선수가 흉내 낼 수 없는 실력과 굳은 각오로 경기에 임합니다. 프로야구 선수가 점프해서 잡을 수 없는 공을 잡거나, 프로 골퍼가 도저히 상상할 수 없을 정도로 정교하게 공을 쳐서 홀 가까이에 갖다 붙이면 사람들은 열광합니다. 그러나 주의 종들은 일하는 것은 프로처럼 하지만 돈 문제는 아마추어처럼 하면 순수함과 실력을 겸할 수 있습니다.

요즘은 목회도 하나의 좋은 직업으로 인정받고 있으며, 목회자로 크게 성공할 수도 있다는 생각으로 많은 젊은이가 지망하고 있습니다. 참으로 안타까운 일입니다. 어떤 사람은 목회자가 되면 교인의 존경을 받고 대접을 받고 책 읽을 시간이 많아서 지원하기도 하는데, 이런 경우 대개 실패하고 맙니다. 여기서 "부득불 할 일"은 자기 속에 불이 있어 복음을 전하지 않고 설교하지 않으면 죽는다는 것입니다. 즉 마음속에 불덩어리가 있어 복음을 전하지 않으면 죽는다는 것입니다. 목회자는 아무리 사람이 적게 모이고 보수가 적어도 설교만 할 수 있으면 행복할 수 있어야 합니다.

17절, "내가 내 자의로 이것을 행하면 상을 얻으려니와 내가 자의로 아니한다 할지라도 나는 사명을 받았노라"

본문을 보면 복음 전하는 것을 자의로 하는 사람이 있습니다. 사실 초대 교회 때는 모든 신자가 전도자였는데 이들은 자원해서 전도했습니다. 오순절에 성령이 오시고 사람이 은혜를 받자 모두 예수님처럼 살고 싶어 집이나 밭을 팔아서 헌금으로 내고 지팡이 하나 없이 돌아다니면서 복음을 전하는 자가 많이 있었습니다. 이들이 바로 자원해서 일하는 자들로, 천국의 상을 받게 될 사람들이었습니다. 그러나 사도 바울은 주님으로부터 직접 임명을 받았습니다. 그는 복음이 자신의 의무이고 사명이며 복음을 전하지 않으면 주님의 명령 불복종 죄로 형벌에 처해지게 됩니다.

18절, "그런즉 내 상이 무엇이냐 내가 복음을 전할 때에 값없이 전하고 복음으로 말미암아 내게 있는 권리를 다 쓰지 아니하는 이것이로다"

사도 바울은 자신에게 상은 이 세상의 성공이나 대접을 받는 것보다 주님 앞에서 인정받는 것이라고 말합니다. 주님 앞에서 상 받는 비결은 우리 인간이 보기에 성공한 목회를 하는 것이 아니라 값없이 복음을 전하고 죽도록 충성하는 것이라고 했습니다.

요즘 사람처럼 자기가 누릴 특권을 다 누리고 큰소리칠 것 다 치면서 신앙생활을 하면 상이 없습니다. 우리가 주님 앞에서 상 받는 비결은 모든 세상 자랑이나 특권을 포기하고 오직 복음 하나만을 위해 죽도록 충성하는 것입니다.

2. 복음의 문화 적응

사도 바울은 예수님을 만나고 나서 그때까지 자기가 가지고 있던 모든 가치관이 붕괴되는 것을 깨달았습니다. 이것이 진짜 멘붕일 것입니다. 사도 바울은 예수님을 만나기 전 세상에서 최고가 되는 것을 꿈꾸었는데, 그 자신은 율법 지식으로 최고가 되겠다고 생각했습니다. 그리고 사람은 선행을 쌓을수록 하나님 앞에서 상이 많아진다고 생각했고, 유대인이 아닌

자나 율법을 모르는 자는 아무 가치가 없는 자이고 멸망 받아야 마땅한 자라고 생각했습니다. 그런데 예수님을 만나고 나서 모든 것이 변했습니다. 예수님을 만나고 나서 모든 인간의 가치가 다 똑같다는 것을 알게 되었습니다. 이 세상에서 최고로 가치 있는 것은 사람의 영혼인데, 복음만이 이 영혼을 건지고 치료할 수 있다는 것을 알게 되었습니다. 그리고 모든 사람이 하나님 앞에서 똑같이 소중한 한 생명이라는 것도 알았습니다. 더 중요한 것은 누구든지 오직 예수를 믿기만 하면 구원받고, 굳이 유대인이 될 필요가 없다는 것이었습니다. 옛날 사도 바울은 유대인이 아니면 구원받지 못한다고 생각했는데, 예수님을 만나고 나서 보니 모두가 시간낭비였던 것입니다. 이때부터 사도 바울의 복음 전략은 완전히 달라졌습니다. 전도 대상으로 유대인이나 이방인, 인종을 구별하지 않았습니다. 그리고 사람들에게 구원받기 위해 할례를 받을 필요도 없고 유대교를 지키지 않아도 된다고 가르쳤습니다. 이것은 유대인에게는 완전히 매국노적인 행동이었지만 실제로는 올바른 진리였습니다.

예루살렘 사도들도 사실은 갈릴리 사도로 베드로나 요한 등도 이 사실을 알고 있었지만 그들은 유대인의 벽이 너무 높아서 자유롭지 못했습니다. 그러나 사도 바울은 어려서부터 이방 지역에서 자랐고 헬라어를 자유자재로 사용할 수 있어 이방인 전도에 아주 유리했습니다.

19절, "내가 모든 사람에게서 자유로우나 스스로 모든 사람에게 종이 된 것은 더 많은 사람을 얻고자 함이라"

사도 바울은 과거 유대교에 있을 때 자신이 아주 대단하다고 생각했지만 알고 보니 유대교의 쇠창살 안에 갇혀 지냈을 뿐이었습니다. 예수를 믿고 나서 기존의 가치관과 잘못된 인생관에서 벗어날 수 있었습니다. 그러고 나서 사도 바울은 자기가 깨달은 복음을 모든 문화와 사람에게 전하는 철저한 종의 원리를 채택했습니다.

중국인이나 일본인, 우리나라 사람이 하나님 앞에서 가치가 다 똑같다면 굳이 한국이라는 국가에 집착할 필요가 없습니다. 이것을 알기 때문에 선교사로 가는 것입니다. 외국에 가면 무한한 어장을 발견할 수 있습니다. 또 어른의 가치와 청년, 어린이의 가치가 똑같다면 굳이 담임목사가 되지 않아도 됩니다.

사람은 오직 겉으로 보이는 자리나 대접 받는 것을 더 중요하게 생각해 죽어라 자리를 가지려고 하고 높은 자리에 올라가려고 합니다. 그러나 하나님 앞에서는 한 사람이라도 더 건지는 것이 중요하지 높은 자리에 앉아 폼 잡는 건 중요하지 않습니다.

20절, "유대인들에게 내가 유대인과 같이 된 것은 유대인들을 얻고자 함이요 율법 아래에 있는 자들에게는 내가 율법 아래에 있지 아니하나 율법 아래에 있는 자같이 된 것은 율법 아래에 있는 자들을 얻고자 함이요"

사도 바울은 유대인에게는 유대인처럼 복음을 전했습니다. 이것은 유대인인 척했다는 뜻이 아닙니다. 그리고 사도 바울 자신이 유대인 혈통을 자랑했다는 뜻도 아닙니다. 유대인에게 가장 강력한 진리의 수단은 구약 성경이었습니다. 바울은 히브리어에 능통한 랍비였고, 그 해박한 구약 성경 지식으로 유대인에게 복음을 전해 상당한 효과를 보았습니다.

여기서 "율법 아래 있는 자"는 유대교로 개종한 사람을 말합니다. 그들은 모두 할례 받고 율법을 지키려고 했는데, 바울은 그들의 개종을 인정해 주었습니다. 그리고 그들이 거부감이 들지 않도록 불필요한 규정도 복음과 충돌하지 않으면 함께 지켰습니다. 사실 바울은 유대인 회당을 중심으로 설교했고 안식일 집회를 많이 이용했습니다. 여기서 사도 바울은 대성공을 거두었습니다.

21절, "율법 없는 자에게는 내가 하나님께는 율법 없는 자가 아니요 도리어 그리스도의 율법 아래에 있는 자이나 율법 없는 자와 같이 된 것은 율법 없는 자들을 얻고자 함이라"

여기서 "율법 없는 자"는 순수한 이방인을 말합니다. 사실 율법에 젖어 있던 사도 바울이 율법의 규칙을 깨고 다른 사람과 어울린다는 것은 쉬운 일이 아니었습니다. 그러나 그는 이방인에게 굳이 율법을 지킬 것을 강요하지 않았습니다.

대학 다닐 때 주일학교에서 모이는 채플이 있었습니다. 그때 학생이 대략 50명 모였는데 목사님이 가게에 가서 콜라를 몇 박스를 사가지고 와서 학생들을 대접했습니다. 그때까지만 해도 주일에 물건 사는 것을 큰 죄로 생각했는데 그 목사님은 그 틀을 깨어버렸습니다. 그 목사님은 나중에 선교사로 나가셨습니다.

사도 바울은 이방인에게도 자신을 맞췄습니다. 그 이유는 한 사람이라도 더 얻기 위해서였습니다. 그는 약한 자에게는 약한 것을 인정했습니다. 안식일을 중요하게 생각하는 사람에게는 그것을 인정했습니다. 할례를 중요하게 생각하는 자에게는 그것을 인정했습니다. 좋은 학벌을 가진 사람에게는 그 학벌을 인정해주었다는 것입니다.

여기서 잘못하면 기준 자체가 왔다 갔다 하는 것처럼 생각될 수도 있습니다. 그러나 이것은 기준이 왔다 갔다 하는 것이 아닙니다. 복음은 하나이지만 옷은 여러 옷을 입을 수 있다는 것입니다. 진리는 동일하지만 표현 방식은 다양합니다. 청소년을 얻으려면 어른에게 하는 식으로 설교하면 안 됩니다. 그러나 복음 자체가 달라지면 안 됩니다.

3. 목표가 분명한 달음질

운동하는 사람은 올림픽이라든지 체전이라든지 큰 경기에 우승하는 목표를 갖고 있습니다. 이런 목표를 가진 사람이 친구들과 놀 것 다 놀고 구경할 것 다 하면서 우승하는 것을 불가능합니다. 그래서 우리나라에서는 아예 경기를 앞두고 선수들을 합숙 훈련을 시키면서 새벽부터 저녁까지 빡빡한 스케줄을 짜놓고 땀을 뻘뻘 흘리며 운동하게 합니다.

마찬가지도 사도 바울은 우리는 믿음의 경기를 하고 있기 때문에 모두 죽자 살자 덤벼들어야 주님 앞에서 상을 받게 될 거라고 했습니다.

23절, "내가 복음을 위하여 모든 것을 행함은 복음에 참여하고자 함이라"

운동선수의 목표는 현역 선수로 뛰는 것입니다. 은퇴가 아름답다고 하지만 운동선수가 운동을 하지 않으면 어떻게 살아야 할지 굉장히 고민스러울 것입니다.

사도 바울이 복음에 참예한다고 하는 것은 언제까지나 현역으로 뛰기를 바란다는 뜻입니다. 복음을 전하는 자에게 은퇴란 없습니다. 제도상 교회나 선교지에 후계 문제를 위해 은퇴하는 것이지 복음 전하는 일은 영원한 현역입니다.

사도 바울은 복음을 전하기만 하면 말씀 듣는 자들은 다 살아난다고 말합니다. 그래서 복음 전도자는 건강만 있으면 죽을 때까지 복음을 전해야 합니다. 사실 사도 요한은 에베소에서 목회할 때 이미 고령이었습니다. 그럼에도 도미티아누스 황제 때 예수에 대하여 설교했다고 해서 밧모 섬으로 유배 가게 됩니다. 밧모 섬은 나무가 없고 물이 없는 곳으로 유명한데 여름에는 씻을 수 없고 겨울에는 난방이 되지 않았습니다. 사도 요한은 거기서 일 년 반을 견디면서 예수님의 묵시를 보았습니다. 그때 주님은 다시 복음을 전해야 한다고 말씀하셨습니다. 사도 요한은 자신이 밧모 섬에 유배됨으로써 모든 사역이 끝난 줄 알았는데, 도미티아누스가 암살당한 후에 풀려나서 에베소에서 많은 성도가 모인 가운데 다시 설교하게 되었습니다. 실로 감동적인 일이었습니다.

사도 바울은 지금 우리가 하나님의 일을 하는 것을 올림픽 경기의 달리기에 비유하고 있습니다.

24절, "운동장에서 달음질하는 자들이 다 달릴지라도 오직 상을 받는 사람은 한 사람인 줄을 너희가 알지 못하느냐 너희도 상을 받도록 이와 같이 달음질하라"

당시 고린도에는 이스무스 경기가 있었습니다. 예전에 우리나라에서 세계 육상 경기대회가 열렸는데, 그때 자메이카 육상 선수 우사인 볼트는 세계적인 인기 스타였습니다. 그의 달리는 모습을 보면 미사일이 발사되는 것 같았습니다. 단거리나 장거리 경기에서 우승하려면 거기에 맞춰 철저하게 훈련하되 절대로 딴 것을 생각해서는 안 됩니다. 그리고 경기에 임해서는 숨통이 끊어질 정도로 온 힘을 다해 달려야 합니다. 처음에 열심히 달리다가 나중에 숨이 차거나 힘이 빠진다고 천천히 뛰면 꼴찌의 수치를 당하게 됩니다.

바이올리니스트 역시 늘 연주하는 곡일지라도 30분 미리 연습하지 않으면 실패한다고 합니다. 피아니스트들은 피아노가 없는 곳에 가지도 않는다고 합니다. 설교자에게 설교 준비와 영성과 도덕은 아주 중요하고 생명과 같습니다. 그런데 설교자가 영감이 죽고 열정이 죽으면 그는 죽은 것과 같습니다. 운동경기에서 이기는 것은 명성이나 관록으로 이기는 것이 아니라 눈에 보이지 않는 엄청난 훈련량으로 이기는 것입니다. 훈련량이 많으면 많을수록 실패할 가능성이 낮습니다.

그러기 위해서는 목표가 분명해야 합니다. 여러 개의 목표를 좇는 자는 실패할 수밖에 없습니다. 또한 목표가 정해진 사람은 다른 모든 것을 포기해야 합니다.

25절, "이기기를 다투는 자마다 모든 일에 절제하나니 그들은 썩을 승리자의 관을 얻고자 하되 우리는 썩지 아니할 것을 얻고자 하노라"

당시 운동선수들은 고문에 가까울 정도로 절제하면서 훈련했습니다. 그래서 그들이 얻을 수 있는 것은 썩는 면류관이었습니다. 영원한 천국의 상급을 받고자 하는 사람은 모든 것을 참아야 하고 절제해야 하고 자신을 혹독하게 훈련시켜야 합니다.

하나님의 백성은 철저하게 자기 자신을 쳐서 복종시켜야 합니다.

27절, "내가 내 몸을 쳐 복종하게 함은 내가 남에게 전파한 후에 자신이 도리어 버림을 당할까 두려워함이로다"

예수님은 "나더러 주여 주여 하는 자마다 다 천국에 들어갈 것이 아니요 다만 하늘에 계신 내 아버지의 뜻대로 행하는 자라야 들어가리라"(마 7:21)고 말씀하셨습니다. 하나님의 종들 가운데 입으로는 "주여 주여" 하면서 자기 자신은 전혀 복음을 믿지 않는 사람이 있습니다. 이런 사람은 남 좋은 일만 실컷 하고 있는데, 사실 이것은 남 좋은 일도 아니고 다 망하게 하는 일입니다.

하나님 앞에 상을 받으려고 하면 한 영혼이라도 더 건져내야 합니다. 그리고 어떻게 해서든지 하나님의 진리를 연구해 그분의 진리를 더 밝히는 자가 상을 받습니다. 무엇보다 자기 자신을 말씀에 쳐서 복종시켜 자기 안을 말씀으로 채워 보물을 만드는 사람이 상을 받습니다.

성경 토의

1. 사도 바울은 평신도가 아니라 하나님으로부터 특별히 목회자나 선교사로 부름 받은 자들에게 어떤 책임이 있다고 말하는가?

2. 사도 바울은 한 명의 영혼이라도 더 건지기 위해 자신의 모든 것을 버리는 전략을 썼는데, 우리는 복음 전도나 선교를 위해 어떤 전략을 가지고 있는가?

3. 사도 바울은 실컷 복음을 전하고 하나님의 일을 하고 나서 자신은 버림당하는 자들이 있다고 했는데, 오늘날 우리나라 목회나 선교의 현실은 어떠한가? 그리고 목회자들이 버림을 당한다면 주로 어떤 문제 때문에 버림당한다고 생각하는가?